普通高等教育铁道部规划教材

高速铁路隧道设计

高　波　主　编
王英学　副主编
赵　勇　主　审

中国铁道出版社
2010年·北京

内容简介

本书共分十二章，主要内容包括：绪论、铁路隧道规划与位置选择、铁路隧道工程地质、高速铁路隧道气动效应及隧道设计、铁路隧道设计方法、隧道衬砌结构设计、高速铁路隧道缓解气动效应工程措施设计、高速铁路隧道衬砌结构养护维修、隧道洞口景观设计、铁路隧道抗震设计、高速铁路隧道黄土区设计、寒区铁路隧道设计等。

本书为高等学校道路与铁道工程专业教材，也可作为相关专业工程技术和工程管理人员参考书。

图书在版编目(CIP)数据

高速铁路隧道设计/高波主编. —北京：中国铁道出版社，2010.12
普通高等教育铁道部规划教材
ISBN 978-7-113-12160-0

Ⅰ.①高… Ⅱ.①高… Ⅲ.①高速铁路—铁路隧道—设计—高等学校—教材 Ⅳ.①U459.1

中国版本图书馆 CIP 数据核字(2010)第 227763 号

书　　名：高速铁路隧道设计
作　　者：高　波　主编

责任编辑：程东海　　**电话**：010-51873135　　**教材网址**：www.tdjiaocai.com
封面设计：崔丽芳
责任校对：孙　玫
责任印制：陆　宁

出版发行：中国铁道出版社（100054，北京市宣武区右安门西街 8 号）
网　　址：http://www.tdpress.com
印　　刷：三河市华丰印刷厂
版　　次：2010 年 12 月第 1 版　2010 年 12 月第 1 次印刷
开　　本：787 mm×1 092 mm　1/16　印张：14　字数：334 千
书　　号：ISBN 978-7-113-12160-0
定　　价：30.00 元

前　言

本书是普通高等教育铁道部规划教材，是由铁道部教材开发领导小组组织编写，并经铁道部相关业务部门审定，适用于高等院校铁路特色专业教学以及铁路技术人员使用。本书为铁道工程系列教材之一。

铁路运输作为节能、环保的交通工具，一直是我国客货运输的生命线。自20世纪70年代开始，随着以日本和欧洲等国家高速铁路建设的兴起，高速铁路建设进入快速发展阶段。在国家各部委的关心指导下和大批高速铁路科研工作者、建设者的辛勤工作下，我国高速铁路建设也取得了骄人的成绩，自郑西、武广时速350 km客运专线的正式运行标志着我国高速铁路技术的成熟和完善。

根据国务院批准的《中长期铁路网规划》，到2020年，我国大陆将建设客运专线1.6万km以上。随着高速铁路建设在全国范围内的大规模铺开，高速客运网络将覆盖我国大部分地区，不仅铁路网规模实现大幅度扩展，同时我国高速铁路的技术标准和准备水平也实现了质的飞跃。

我国幅员辽阔，山岭众多，而高速铁路的列车运行速度高，要求线路曲率半径大，线路平顺性好，于是高速铁路的线路中必然出现大量的隧道工程。根据规划，客运专线隧道建设总长度将超过1 000 km，已经开工和即将开工建设的高速铁路隧道长度近900 km。

高速铁路隧道的设计不同于低速运行的铁路隧道，不仅要考虑结构的安全性和耐久性，同时要考虑高速列车通过隧道时所引起的气动效应对车上乘客和隧道出口外环境的影响。

本书参考借鉴了国内外高速铁路隧道的设计方法和研究成果，编写了该教材，以期为我国高速铁路建设提供参考和借鉴。

本书由西南交通大学高波担任主编，王英学担任副主编，铁道部工程设计鉴定中心赵勇担任主审。全书分为12章，包括铁路隧道规划、工程地质、隧道车隧气动效应分析、隧道设计和养护、隧道专项设计等内容。各章节的分工如下：第一章、第四章、第七章为王英学编写；第二章、第三章、第八章为申玉生编写；第五章、第六章、第十章为周佳媚编写；第九章、第十一章、第十二章为全晓娟编写。

在编写过程中，可能存在一些疏漏或不足，敬请专家及同行指正。

编者

2010年10月

目　录

第一章
绪论

第一节　高速铁路及高速铁路隧道的发展历程

一、高速铁路发展历史和现状

铁路运输远远早于汽车运输，1825 年 9 月 27 日，世界上第一条铁路在英国 Stockton 和 Darlington 之间开通，利用蒸汽机车牵引列车。到了 19 世纪末 20 世纪初，铁路运输业进入第一个兴旺发达时期。进入 20 世纪以后，汽车、航空、水运和管道运输迅速发展，汽车的短途客货运输量逐渐超过了铁路运输量。尤其是高速公路网的形成，不仅吸引了大量的中短途旅客，而且大型集装箱的运输能快捷方便的达到目的地。各国铁路客货运输量逐年下降趋势，尤其是发达国家出现了大幅度下降，连年经营亏损。到了 20 世纪 50 年代，在发达国家铁路运输业成了夕阳产业。

1964 年 10 月，日本建成世界第一条现代化高速铁路——东海新干线，运营速度为 210～230 km/h。这条高速线在几十年的运营中，吸引了东京至大阪 90% 的乘客，列车运行时间误差低于 1 min，耗能为汽车的 1/5，无废气排放，取得举世瞩目的成就。由此，铁路运输尤其高速铁路运输引起世界各国的高度重视。

近 20 年来，一些经济技术发达国家相继修建了高速铁路。高速铁路速度目标值一直在提高。20 世纪 60 年代到 80 年代初，列车速度由 210 km/h 提高到 250 km/h 以上，80 年代中到 90 年代末，列车速度由 250 km/h 提高到 300 km/h。到现在为止，国际上高速列车和线路运行速度达到 350 km/h 已是成熟的技术。许多国家即将修建的高速铁路大多瞄准这个目标值。

中国铁路建设起步较晚。1881 年，由清政府洋务派的主持修建的唐山至胥各庄铁路，成为中国的第一条铁路。唐胥铁路自唐山起至胥各庄（今丰南县）止，全长 9.7 km。采用 1 435 mm的轨距和 15 kg/m 的钢轨。这条铁路是为了开发开平煤矿，在清政府洋务派主持下，由开平矿务局负责集资修建。1881 年 6 月 9 日中国制造出第一辆蒸气机车——叫做“龙号”。

2008 年 8 月 1 日，中国第一条高等级城际高速铁路——京津高速铁路开通运行。京津高速铁路一端是北京，一端是天津，120 km 长的铁路线将北京和天津两个举足轻重的城

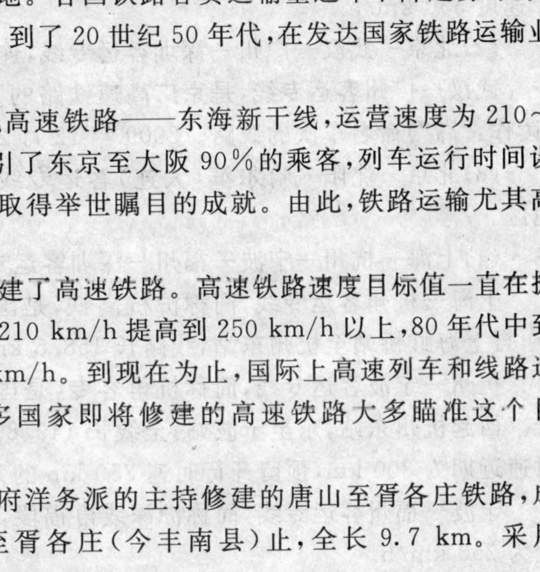

图 1-1　行进中的京津高速铁路

市连在一起。列车为国产设计时速 350 km CRH_3/CRH_{2C} 型动车组。其中 CRH_3 在试验中最高时速达 394.3 km/h，CRH_{2C} 在试验中跑出了 383 km/h 的最高车速。作为中国第一条开工建设的高等级城际高速铁路，运行时速 350 km，29 min 走完全程，京津高铁直接提升了城市间的交通能力，京津高速铁路拉开中国高速铁路建设的崭新一幕。

京津城际铁路的开通，只是拉开了中国高速铁路建设和运营的序幕，在它的背后，是正在编织着的中国高速铁路网，和正在实现的中国经济的再一次跨越性发展。

目前，我国已经进入高速铁路快速发展阶段，为满足快速增长的旅客运输需求，建立省会城市及大中城市间的快速客运通道，规划“四纵四横”等客运专线以及经济发达和人口稠密地区城际客运系统。建设客运专线 1.6 万 km 以上。

1.“四纵”客运专线

(1)北京—上海客运专线，包括蚌埠—合肥、南京—杭州客运专线，贯通京津至长江三角洲东部沿海经济发达地区。

北京—上海客运专线，俗称京沪高铁，起点为北京南站，终点为上海虹桥站，设计长度 1 318 km，设计速度 350 km/h，已开工建设，预计 2011 年通车。

南京—杭州客运专线，俗称宁杭城际，专用于旅客运输的南京至杭州的高速铁路。全长 249 km，线路由京沪高铁南京南站引出，2008 年 12 月 27 日开工建设，预计工期 3 到 4 年，设计速度 350 km/h。

(2)北京—武汉—广州—深圳客运专线，连接华北和华南地区。

武汉—广州客运专线，是京广高速铁路的重要组成部分，简称武广高铁，全路首次以“G”(读作：“高”)命名车次的线路。2009 年 12 月 26 日正式开通运营，设计速度 350 km/h。

(3)北京—沈阳—哈尔滨(大连)客运专线，包括锦州—营口客运专线，连接东北和关内地区。

(4)上海—杭州—宁波—福州—深圳客运专线，连接长江、珠江三角洲和东南沿海地区。

上海—杭州客运专线，简称沪杭高铁，是国家铁路“十一五”规划中沪深客运专线的一部分，自上海虹桥站至杭州东站，线路长 158.5 km，设计速度 350 km/h，现已通车。

杭州—宁波客运专线，简称杭甬客专，是国家铁路“十一五”规划中沪深客运专线的一部分。西起杭州东站，东至宁波站，全线长 149.890 km。杭甬客运专线将开行电气化车组，设计时速近期为 300 km，预留开行时速 350 km 的条件，计划于 2011 年底完工。

宁波—福州客运专线，简称沪深线甬福段，2009 年 9 月 28 日正式通车运营，最高运行速度为 250 km/h。

2.“四横”客运专线

(1)徐州—郑州—兰州客运专线，连接西北和华东地区。

郑州—西安客运专线，简称郑西客专，是我国中长期铁路规划中徐兰客运专线(徐州—郑州—西安—宝鸡—兰州)最先开工的一段，即将于近期投入运营，设计速度 350 km/h。

(2)杭州—南昌—长沙—贵阳—昆明客运专线，连接西南、华中和华东地区。

(3)青岛—石家庄—太原客运专线，连接华北和华东地区。

(4)南京—武汉—重庆—成都客运专线，连接西南和华东地区。

南京—武汉段由合宁、合武客运专线连接起来，是沪汉蓉快速通道的重要组成部分。合宁客运专线，亦称合宁城际铁路，已于 2008 年 4 月 18 日投入运营，同年 8 月 1 日首次开行动车组，设计速度 250 km/h。合武客运专线于 2009 年 4 月 1 日正式投入运营，设计速度 250 km/h。

同时，建设南昌—九江、柳州—南宁、绵阳—成都—乐山、哈尔滨—齐齐哈尔、哈尔滨—牡丹江、长春—吉林、沈阳—丹东等客运专线，扩大客运专线的覆盖面。

3. 城际客运系统

在环渤海、长江三角洲、珠江三角洲、长株潭、成渝以及中原城市群、武汉城市圈、关中城镇群、海峡西岸城镇群等经济发达和人口稠密地区建设城际客运系统，覆盖区域内主要城镇。

长三角城际客运系统如下：

(1)沪宁城际铁路：南京与上海之间建设联系区域内部交通的高速铁路规划。沪宁城际全线长约 300 km，列车设计时速 300 km。2008 年 7 月 1 日正式开工，现已投入运营。

(2)宁杭城际铁路，又称宁杭客运专线。

(3)宁安城际铁路：东起京沪高铁南京南站，经马鞍山、芜湖、铜陵、池州，跨长江铁路大桥后抵达安庆，全长 257 km，设计速度为每小时 250 km，并预留了 350 km/h 的条件。2008 年 12 月 18 日开工建设，计划将于 2012 年年底建成。

(4)沪杭城际铁路：中国规划建设的一条连接上海和杭州的城际铁路，与沪深客专沪杭段分工不同。

(5)合宁城际铁路：又称合宁客专，已于 2008 年 4 月 18 日投入运营。

(6)杭甬城际铁路：规划建设连接杭州和宁波的客运线路，与沪深客专杭甬段分工不同。

(7)沪通铁路：接南通和上海的沪通铁路是我国沿海铁路的重要组成部分。

二、高速铁路隧道的发展现状

1. 铁路隧道发展

铁路隧道是修建在地下或水下并铺设铁路供机车车辆通行的建筑物。根据其所在位置可分为三大类：为缩短距离和避免大坡道而从山岭或丘陵下穿越的称为山岭隧道；为穿越河流或海峡而从河下或海底通过的称为水下隧道；为适应铁路通过大城市的需要而在城市地下穿越的称为城市隧道。这三类隧道中修建最多的是山岭隧道。

自英国于 1826 年起在蒸汽机车牵引的铁路上开始修建长 770 m 的泰勒山单线隧道和长 2 474 m 的维多利亚双线隧道以来，英、美、法等国相继修建了大量铁路隧道。截至 2006 年底最长的是瑞士的勒奇山隧道(Loetschberg)，总长 34 km，1994 年开始开凿，2005 年 4 月 28 日贯通。我国青藏铁路风火山隧道全长 1 338 m，轨面高程 4 905 m，是现今世界最高的标准轨距铁路隧道(截至 2006 年底)。在 19 世纪 60 年代以前，修建的隧道都用人工凿孔和黑火药爆破方法施工。1861 年修建穿越阿尔卑斯山脉的仙尼斯峰铁路隧道时，首次应用风动凿岩机代替人工凿孔。1867 年修建美国胡萨克铁路隧道时，开始采用硝化甘油炸药代替黑火药，使隧道施工技术及速度得到进一步发展。

在 20 世纪初期，欧洲和北美洲一些国家铁路形成铁路网，其中较长的瑞士和意大利间的辛普朗铁路隧道长 19.8 km。美国长约 12.5 km 的新喀斯喀特铁路隧道和加拿大长约 8.1 km的康诺特铁路隧道都采用中央导坑法施工。其施工平均年进度分别为 4.1 和 4.5 km，是当时最高的施工进度。至 1950 年，世界铁路隧道最多的国家有意大利、日本、法国和美国。日本至 20 世纪 70 年代末共建成铁路隧道约 3 800 座，总延长约 1 850 km，其中 5 km 以上的长隧道达 60 座，为世界上铁路长隧道最多的国家。1974 年建成的新关门双线隧道，长 18 675 m，为当时世界最长的海底铁路隧道。1981 年建成的大清水双线隧道，长 22 228 m，为世界最长的山岭铁路隧道。连接本州和北海道的青函海底隧道，长达 53 850 m，为当今世界最长的海底铁路隧道。

随着高速铁路事业的大发展，高速铁路线路的选线以及隧道的设计成为重大课题。高速铁路行车速度高，对基础设施建设标准要求高。线路最小曲率半径较大，所以高速铁路的选线设计，必然会出现大量的隧道工程。据不完全统计，截止 2005 年底，全世界建成的高速铁路隧道总长度已经超过 1 300 km，其中日本 784 km，法国 50 km，德国 201 km，意大利 71 km，英国 26 km，韩国 116 km，中国台湾地区 44 km。我国在建和拟建的隧道总长度将超过 1 000 km。其中 2006 年已经开工建设的项目中，隧道座数超过 500 座，总长度超过 700 km。

2. 高速铁路隧道的特点

高速铁路隧道与一般铁路隧道相比有较多的不同。高速铁路隧道的特点主要是与列车空气动力学相关。当列车进入隧道时，原来占据空间的空气被排开，空气的黏性以及隧道壁面和列车表面的摩阻作用使得被排开的空气不能像在隧道外那样及时、顺畅地沿列车两侧和上部形成统流。于是，列车前方的空气受到压缩列车后方则形成一定的负压，因而产生一个压力波动过程。这种压力波动又以声速传播至隧道口，形成反射波，回传、叠加，产生一系复杂的空气动力学效应。高速铁路隧道工程的研究，涉及隧道的洞口形式、隧道及列车的横断面积、列车头部形状、车辆密封性、隧道结构的耐久性、洞内设施及轨道类型等一系列问题。

三、世界各国及地区高速铁路隧道技术要点

1. 日本新干线隧道

日本建设高速铁路隧道历史最久，数量最多。日本新干线铁路隧道多采用单洞双线断面，其净空有效面积只有 62～64 m^2，是目前世界各国双线高速铁路隧道中断面最小者。为解决乘车舒适度和降低洞口微气压波，日本新干线铁路隧道采用了提高列车密封性能和在洞口设置缓冲结构的措施。早期的新干线隧道内一般采用碎石道床，后来修建的隧道内一般采用无砟轨道结构，并且以板式无砟轨道居多。隧道主要采用复合式衬砌，初期支护为主要受力结构，多采用型钢钢架支护，二次衬砌的主要作用是安全储备，厚度一般采用 30 cm。

2. 韩国高速铁路隧道

韩国首尔至釜山高速铁路列车运行速度设计目标值为 350 km/h，隧道净空有效面积采用 107 m^2，是世界各国高速铁路隧道中断面最大者。衬砌内轮廓采用半径为 7.1 m 的单心圆形状。隧道底部不设置仰拱，而采用钢筋混凝土底板，底板厚度随不同围岩地质情况而异。隧道一般按排水型设计，在底板两侧设置排水沟。一般隧道内采用有砟轨道，特长隧道和第二期修建的隧道多采用无砟轨道。洞口采用喇叭口状的斜切式结构。

3. 德国高速铁路隧道

德国早期修建的曼海姆—斯图加特和汉诺威—维尔茨堡高速铁路，隧道净空有效面积采用 82 m^2，而 2002 年建成通车的科隆—法兰克福高速铁路隧道净空有效面积采用 92 m^2。洞口形式大多采用帽檐式的斜切式结构，有利于提高乘车舒适度和减缓高速铁路隧道的空气动力学效应。德国近期修建的高速铁路隧道防水全部采用“全封闭”结构，不允许地下水流入隧道，衬砌结构除考虑围岩和其他荷载外，还承受部分水压力。所以，德国新修建的隧道全部采

用钢筋混凝土衬砌，且其内轮廓均采用圆顺连接，仰拱厚度一般比拱墙衬砌厚度大，不良地层中仰拱填充厚度通常大于 2.0 m。德国高速铁路隧道设置有完善的防灾救援系统，隧道内两侧设有贯通的救援通道，洞口一般设有救助车辆停放场，并且通过便道与公路网连通，救援交通较为便利。

4. 法国高速铁路隧道

法国高速铁路隧道相对较少，其净空有效面积与各线路列车的运行速度密切相关。大西洋线的双线隧道净空有效面积为 55～71 m^2，巴黎地区联络线双线隧道净空有效面积仅有 58 m^2，而北方线、东南延伸线和地中海线的双线隧道净空有效面积均为 100 m^2，单线隧道净空有效面积为 70 m^2。法国大部分高速铁路隧道采用碎石道床结构，隧道内设置避车洞，侧壁上设人行扶手杆。接触网固定件预埋在模筑混凝土衬砌内。

5. 其他国家高速铁路隧道

西班牙第一条高速铁路设计行车速度目标值为 300 km/h，双线隧道净空有效面积采用 75 m^2。第二条高速铁路设计行车速度目标值为 350 km/h，双线隧道净空有效面积采用 100 m^2。隧道内均采用中心排水沟。意大利高速铁路隧道衬砌内轮廓均采用双心圆形状，轨面以上与轨面以下均为单心圆，在修建的各条高速铁路隧道中圆的半径有逐渐增大的趋势。荷兰高速铁路隧道由于埋深较浅，地下水位较高，一般采用盾构法、沉管法或明挖法施工。瑞士岩质长隧道居多，一般采用掘进机法开挖。

6. 我国台湾地区高速铁路隧道

我国台湾台北至高雄高速铁路设计行车速度目标值为 350 km/h，考虑隧道内空气动力学效应，净空有效面积采用 90 m^2。对于长度大于 3 km 的隧道，为防止列车出洞时引起突爆噪声，隧道洞口采用挑檐式、斜度为 45°的斜切式结构，另设置缓冲结构扩大段，其净空有效面积是正常隧道段的 1.5 倍，顶部设 2 处开孔，将微气压波逐渐释放。台湾高速铁路隧道为避免影响区域水文变化，对长度大于 3 km 的隧道，大部分设计为不排水型，并全部采用钢筋混凝土衬砌。

第二节 我国高速铁路发展现状

一、部分高速铁路隧道概况

根据《中长期铁路网规划》，到 2020 年，我国大陆将建设客运专线 1.6 万 km 以上，客车速度目标值不小于 200 km/h。根据规划，客运专线隧道建设总长度将超过 1 000 km。目前已经开工和即将开工建设的高速铁路隧道长度约 892 km。各客运专线隧道列于表 1-1 中。

各客运专线中，长度大于 10 km 的特长隧道共有 8 座，分别是石太线的太行山隧道(27 839 m)和南梁隧道(11 526 m)、合武线的大别山隧道(13 256 m)和金寨隧道(10 766 m)、温福线的霞浦隧道(13 099 m)、武广线的大瑶山一号隧道(10 081 m)、广深港线的狮子洋隧道(10 800 m)、厦深线的大南山隧道(12 701 m)。其中狮子洋隧道采用盾构法施工，其他隧道均采用钻爆法施工。

1. 武广客运专线

武广客运专线长 869 km，全线共新建双线隧道 222 座，总延长 172 km，隧道比为 19.8%。全线最长的隧道为大瑶山一号隧道，长 10 081 m。设计行车速度目标值为 350 km/h。双线隧道净空有效面积为 100 m²。全线隧道均按铺设无砟轨道设计。

表 1-1　各客运专线隧道比例统计表

序号	线(段)别	线路长度(km)	隧道座数	隧道长度(m)	隧线比(%)	速度目标值(km/h)
1	武　广	869	222	172 152	19.8	350
2	广深港	103	24	32 016	31.1	350
3	郑　武	473	40	41 154	8.7	350
4	郑　西	458	38	76 879	16.8	350
5	石　太	190	32	74 904	39.4	250
6	甬台温	282	59	88 115	31.2	250
7	温　福	298	59	149 423	50.1	250
8	福　厦	256	37	40 406	15.8	250
9	厦　深	502	80	118 377	23.6	250
10	合　武	359	37	64 076	17.8	250
11	合　宁	133	2	2 005	1.5	250
12	广　珠	142	4	4 172	2.9	200
13	哈　大	914	8	9 694	1.1	350
14	京　沪	1 318	18	14 376	1.1	350
15	新广州站	68	2	4 266		350
合计		6 365	662	891 975	14.0	

武广线乌龙泉至韶关段，线路通过中低山区、丘陵区、河流冲积平原区三大地貌单元，沿线平原区、谷地区大面积分布第四系冲积、湖积、冲洪积、残坡积松散堆积层。基岩自下第三系至远古界沉积岩、变质岩及燕山期多次侵入的岩浆岩均有分布。沿线地下水类型可划分为松散岩类孔隙水、红层裂隙孔隙—溶洞水、基岩裂隙水及碳酸盐岩类岩溶水。

除浏阳河隧道采用非爆破开挖法外，其余隧道均采用钻爆法施工。浏阳河隧道设 3 座竖井和 1 座无轨运输斜井。大瑶山一号隧道设置长度约 2 226 m 的平行导坑和 1 个横洞，大瑶山二号隧道设 2 个横洞，大瑶山三号隧道设进口平行导坑和出口平行导坑，平行导坑和横洞均采用无轨运输。

2. 广深港客运专线

广深港客运专线广深段位于广东省中南部，设计线路长度 103 km。全线共有隧道 24 座，总长 32 km，隧线比为 31.1%，其中 23 座位双线隧道，1 座位双洞单线隧道。全线最长的隧道为狮子洋水下隧道，长 10.8 km。最长的山岭隧道为羊台山隧道，长 4.772 km。设计行车速度目标值为 350 km/h，双线隧道净空有效面积为 100 m²，单线隧道净空有效面积为 65 m²。全线隧道均按铺设无砟轨道设计。

线路位于东南沿海低山丘陵范围内，有大岭山、莲花山、羊台山等山脉，多呈北东向延伸。以变质岩和花岗岩剥蚀残丘为主，地形波状起伏。山顶高程一般为 150～300 m，相对高差多为 50～200 m，植被发育。谷地较平缓，多辟建厂房等建筑。

线路位于低山丘陵区，丘坡与谷地相间。丘间谷地广泛覆盖人工填土，下为第四系冲洪积粉质黏土，局部夹砂层及淤泥质土层。丘陵区出露基岩主要为坚硬的花岗岩、较破碎软弱的变质岩、碎屑岩，一般全风化层厚 10～15 m，局部大于 20 m。隧道围岩为Ⅱ～Ⅴ级。

狮子洋隧道设置 2 座竖井作为盾构始发井，并兼作运营养护和防灾救援的通道，其余隧道均为设置辅助坑道。除狮子洋隧道采用盾构法施工外，全线其余隧道均采用钻爆法施工。

3. 郑武客运专线

郑武客运专线北起新郑州站，南至武汉天兴洲长江大桥北端，全长 473 km，设计行车速度目标值为 350 km/h，线间距为 5 m。全线新建双线隧道 40 座，总延长为 41 km，隧线比为 8.7%。最长隧道为黄龙寺隧道，长 8 716 m。双线隧道净空有效面积为 100 m^2。

郑武线在信阳以北和武汉地区分属黄淮冲积平原、汉江平原，地形平坦开阔；在信阳以南豫鄂交界的大别山地区为低山区，地形起伏较大，其他岗地地形波状起伏，不良地质有采空区、风沙区、高烈度地震区等，特殊岩土有软土、松软土、膨胀土。

黄龙寺隧道穿越地层主要为中粗粒黑云二长花岗岩，岩石较致密完整，节理局部发育。隧道通过地区地表水系较发育，但对混凝土不具侵蚀性。隧道超前支护采用的主要工程措施有超前长管棚、超前小导管及超前锚杆等，同时对可能发生突水突泥的断层破碎带采取超前预注浆进行加固。隧道中设无轨运输斜井 1 座。

4. 郑西客运专线

郑西客运专线东起中原中心城市郑州市，横贯中州大地和关中平原东部，正线全长 458 km，设计行车速度目标值为 350 km/h。全线新建隧道 38 座，总延长约为 77 km，隧线比为 16.8%。最长的隧道为张茅隧道，长 8 483 m。

郑西线隧道均为双线隧道，线间距 5.0 m，双线隧道净空有效面积为 100 m^2。全线隧道均按铺设无砟轨道设计。

郑西线隧道均采用复合式衬砌，分别按黄土隧道、非黄土隧道采用相应的结构形式。其中，洞口及洞身埋段均按抗震设防要求加强，当隧道下穿公路或建筑物时，对其影响范围的衬砌结构予以加强。郑西线重点隧道为张茅隧道、函谷关隧道和秦东隧道。其中张茅隧道为全线最长隧道，长度为 8 483 m。函谷关隧道为全线最长的黄土隧道，长度为 7 851 m。秦东隧道位于河南与陕西两省分界处，长度为 7 684 m，也是一座黄土隧道。各隧道的地理位置分布如图 1-2 所示。

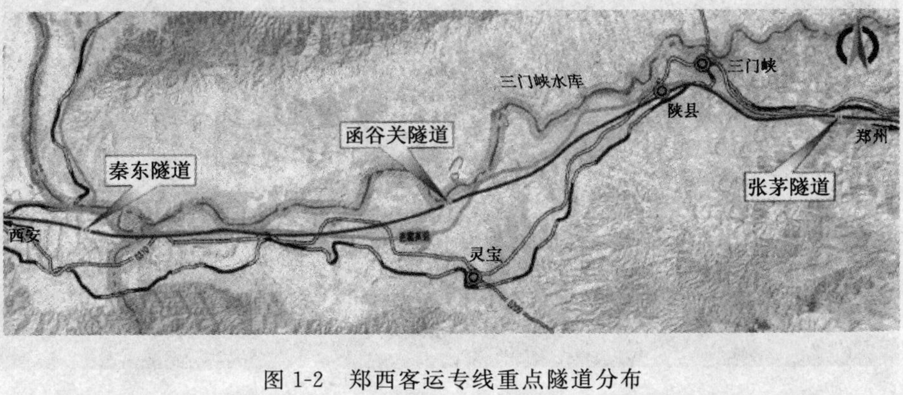

图 1-2 郑西客运专线重点隧道分布

郑西线余顶隧道、大峪沟隧道、巩义隧道、南山口隧道、盘东隧道、潼洛川隧道均各设1座无轨运输斜井作为施工辅助坑道，交口隧道设置2个横洞，张茅隧道设置2座斜井，函谷关隧道设置1个横洞与3座斜井，秦东隧道设置3座斜井。建成后，每座隧道各选1个辅助坑道作为紧急出口。

隧道通过地段为Ⅲ～Ⅴ级围岩及新、老黄土地层。岩石地层隧道开挖采用光面爆破，锚喷初期支护；黄土地层隧道采用人工配合小型机械开挖，锚喷初期支护，仰拱超前施工。Ⅲ级围岩采用全断面法或台阶法施工，Ⅳ～Ⅴ级围岩采用台阶法、弧形开挖法、中壁法、CRD法或双侧壁导坑法施工。

5. 石太客运专线

石太客运专线铁路设计客车速度目标值为250 km/h。全线新建线路全长190 km，共有隧道32座，总延长约75 km（以左线为准），隧线比为39.4%。其中太行山隧道长27.839 km（左线）由两座相互平行的单线隧道组成，为全线最长隧道。南梁隧道长11.526 km（左线），由双线段加2个单线段隧道组成，其中喇叭口段最大开挖断面为300 m^2。净空有效面积单线隧道采用60 m^2，双线隧道采用92 m^2。

沿线所经地区地层出露较齐全，下元古界、元古界、古生界、中生界、新生界均有分布。华北平原、太原盆地及丘陵间谷地分布了第四系黏性土、砂类土和碎石类土，黄土广泛分布于寿阳、阳泉。山区分布了新生界第三系砾岩、砂岩、泥岩，中生界三叠系的砂岩，古生界寒武系、奥陶系、石炭系、二叠系的灰岩和砂页岩，下元古界滹沱群及中元古界长城系的古老地层。

地下水类型主要有第四系孔隙潜水、碳酸盐岩岩溶水和基岩裂隙水，除角砾状泥灰岩外，大部地区地下水对混凝土不具侵蚀性。

太行山隧道设9座斜井，南梁隧道设4座斜井，石板山隧道设2座斜井，作为施工辅助坑道。长度大于6 km的隧道铺设无砟轨道，其余隧道采用碎石道床。全线隧道均采用钻爆法施工。

6. 合武客运专线

合武客运专线铁路东起合肥市，西至武汉市，全长359 km，设计客车速度目标值为250 km/h，线间距为4.6 m。全线共新建双线隧道37座，总延长64 km，隧线比为17.8%。最长隧道为大别山隧道，长度为13 256 m。双线隧道净空有效面积采用92 m^2。线路走向和主要隧道分布如图1-3所示。

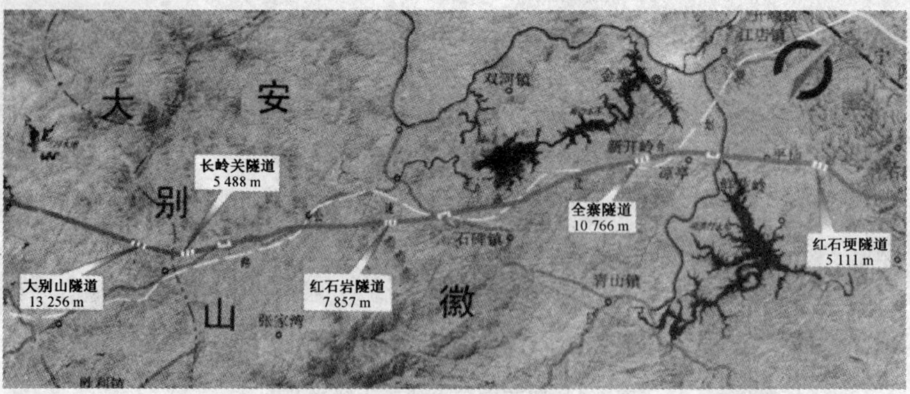

图1-3　合武线线路走向和主要隧道分布

合武线横跨安徽、湖北两省。合肥至六安市为江淮冲洪积、堆积平原区，地势平坦。六安至金寨县以东，为剥蚀丘陵区。金寨县以西至麻城段属大别山中段北坡，为江淮分水岭主脉，为低山区。麻城至武汉段，除局部为丘陵外，皆属江汉湖积、冲洪积平原区及长江一、二、三级阶地区。隧道通过地层主要为石英片岩、片麻岩和花岗岩，一般地下水不发育，围岩一般为Ⅱ～Ⅴ级，其中Ⅱ、Ⅲ级围岩长度约占隧道全长的60%。

大别山隧道设无轨运输斜井2座，金寨隧道设无轨运输斜井1座，作为施工辅助坑道。长度大于3 km的隧道按铺设无砟轨道设计，其余隧道采用碎石道床。全线隧道均采用钻爆法施工。

7. 甬台温客运专线

甬台温客运专线铁路北起宁波，南至温州南，全长282 km，设计客车速度目标值为250 km/h，并预留进一步提速条件。全线共新建隧道59座，总延长88 km，隧线比为31.2%。其中双线隧道57座，总延长87.469 km。三线隧道1座，长0.504 km。单线隧道1座，长0.142 km。全线最长隧道为凤凰山隧道，长度为7 979 m。线路走向和主要隧道分布如图1-4所示。

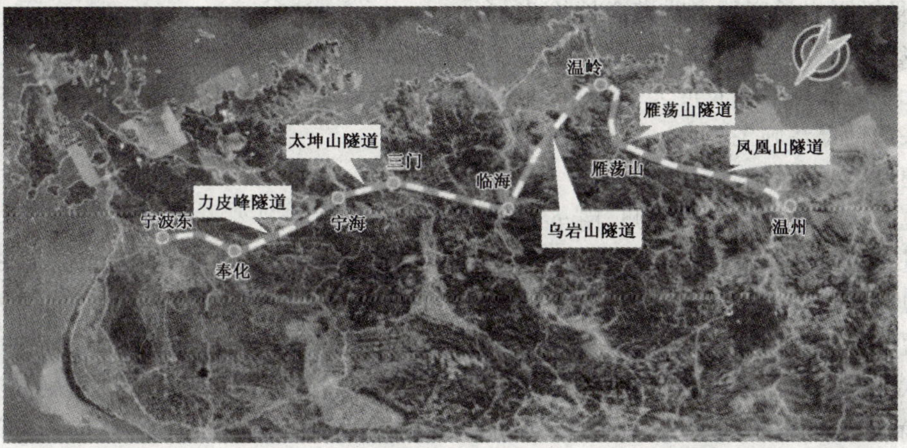

图1-4　甬台温铁路线路走向和主要隧道分布示意图

双线隧道净空有效面积采用92 m^2。三线隧道为温州枢纽的大跨隧道，由甬台温线2条正线和金温线1条正线组成。单线隧道为改建金温联络线上的隧道，内轮廓面积满足行车速度目标值140 km/h和建筑限界的要求。

甬台温线位于低山丘陵区，主要出露侏罗系上统火山碎屑岩、白垩系下统沉积碎屑岩、燕山期侵入岩等地层，一般地下水不发育。围岩一般为Ⅱ、Ⅲ级，该类围岩长度约占隧道全长的80%。

太坤山隧道设置1座无轨运输斜井，作为施工辅助坑道。长度大于6 km的隧道和九牛山隧道（长3 461 m）按铺设无砟轨道设计，其余隧道采用碎石道床。全线隧道均采用钻爆法施工。

8. 温福客运专线

温福客运专线铁路北起温州，南至福州，全长298 km，设计客车速度目标值为250 km/h，并预留进一步提速条件。全线共新建双线隧道59座，总延长149 km，隧线比为50.1%。全线最长隧道为霞浦隧道，长度为 13 099 m。双线隧道净空有效面积采用 92 m²。线路走向和主要隧道分布如图 1-5 所示。

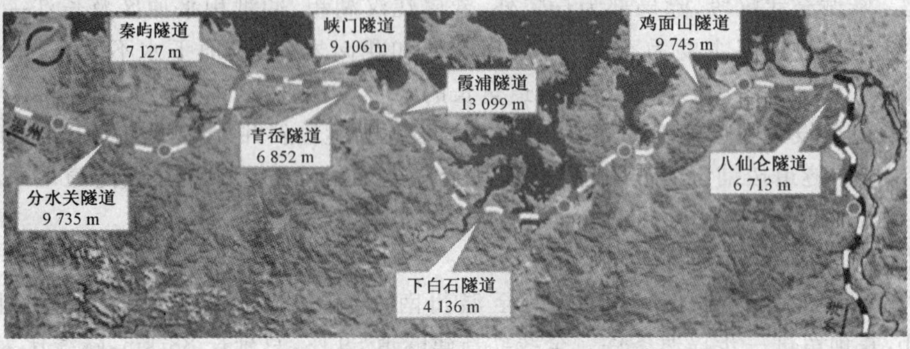

图 1-5　温福铁路线路走向和主要隧道分布

温福线隧道位于低山丘陵区，主要出露侏罗系上统火山碎屑岩、白垩系下统沉积碎屑岩夹火山岩、燕山期侵入岩等地层，以凝灰岩、花岗岩为主，一般地下水不发育。围岩为Ⅱ～Ⅴ级，其中Ⅱ、Ⅲ级围岩长度约占隧道全长的 80%。

分水关隧道、峡门隧道和鸡面山隧道各设 1 座无轨运输斜井，霞浦隧道设贯通的平行导坑和 2 座无轨运输斜井。长度大于 6 km 的隧道铺设无砟轨道，其余隧道采用碎石道床。全线隧道均采用钻爆法施工。

9. 福厦客运专线

福厦客运专线铁路北起福州，南至厦门，全长 256 km，设计客车速度目标值为 250 km/h，并预留进一步提速条件。全线共新建双线隧道 37 座，总延长 40 km，隧线比为 15.8%。全线最长隧道为黄晶岭二号隧道，长度为 5 735 m。

福厦线位于东南沿海，地貌单元主要为低山丘陵地貌、滨海平原台地地貌及冲积平原地貌。下伏地层为侏罗系上统南园组第三段晶屑凝灰熔岩、晶屑凝灰岩及第二段凝灰熔岩、凝灰岩，侵入岩体为燕山早期第一次侵入的花岗岩及脉岩及燕山晚期第一次侵入的石英闪长岩，一般地下水不发育。围岩为Ⅱ～Ⅴ级。

黄晶岭一号、二号隧道按铺设无砟轨道设计，其余隧道采用碎石道床。全线隧道均采用钻爆法施工。

10. 厦深客运专线

厦深客运专线铁路北起厦门，南至深圳，全长为 502 km，设计客车速度目标值为 250 km/h，并预留进一步提速条件。全线共规划新建双线隧道 80 座，总延长 118 km，隧道比为 23.6%。全线最长隧道为大南山隧道，长度为 12 701 m。双线隧道净空有效面积采用 92 m²。

厦深铁路潮汕至新深圳段位于广东省东南部沿海地带，地貌为中低山丘陵及堆积平原区，总的地势为西北高、东南低，山脉多呈北北东—南南西走向延伸，与海岸线大致平行，主要出露燕山期多期次侵入花岗岩系、侏罗系火山—沉积岩系，少量出露奥陶系、泥盆系、石炭系、白垩系及下第三系各类砂岩、砾岩、页岩和灰岩等沉积岩地层，一般地下水不发育。

大南山特长隧道设置贯通的平行导坑和 1 座无轨运输斜井，作为施工辅助坑道。长度大于 6 km 的隧道按铺设无砟轨道设计，其余隧道采用碎石道床。全线隧道均采用钻爆法施工。

11. 哈大客运专线

哈大客运专线铁路南起大连，北至哈尔滨，全长 914 km，设计客车速度目标值为 350 km/h。全线共有隧道 8 座，总延长 9 694 m，隧线比为 1.1%。其中最长的隧道为九里庄隧道，长 4 340 m。最短的隧道为黄旗隧道，长 278 m。正线隧道全部为双线隧道，净空有效面积为 100 m^2。

沿线主要岩性为第四系覆盖层、半成岩的泥岩、砂岩、砾岩以及页岩、凝灰岩、泥灰岩、油页岩、玄武岩、细砂岩、粗砂岩、煤层等。

12. 京沪高速铁路

京沪高速铁路起于北京市北京南站，终点为上海市虹桥火车站，线路全长约 1 318 km，设计行车速度目标值为 350 km/h。

全线共有隧道 18 座，总延长 14 376 m，隧线比为 1.1%。其中最长的隧道为西渴马一号隧道，长 2 812 m。最短的隧道为光星村隧道，长 106 m。正线隧道全部为双线隧道，净空有效面积为 100 m^2。

京沪高速铁路经过我国华北地区和东华地区，沿线以平原和低山丘陵区为主。出露基岩为古生界寒武系、奥陶系、石炭系、二叠系，岩性为石灰岩、页岩、砂岩、泥岩、千枚岩、石英砂岩及侵入岩等。

13. 广珠城际铁路

广珠城际快速轨道交通工程（含中山—江门）穿越珠江三角洲中部，线路大部分通过北江、西江及其支流合成的三角洲平原，线路穿过中山市后进入五桂山山脉一带沿海低山丘陵区。贯通方案线路全长 142 km，设计行车速度目标值为 200 km/h，线间距 4.4 m。

广珠城际铁路新建双线隧道 4 座，总延长 4 172 m，隧线比为 2.9%。隧道净空有效面积为 85 m^2。最长隧道为凤凰山隧道，长 3 218 m。隧道通过地区出露地层主要有中上侏罗统百足山群（K1bz）、第四系（Q），岩浆岩主要为燕山二期侵入的花岗岩等。

二、我国大陆高速铁路隧道的特点

我国大陆高速铁路隧道除具有各国高速铁路隧道的共性外，还具有如下特点：

1. 隧道座数多，长度长

已经开工的拟开工建设的高速铁路隧道座数达 660 余座，总延长超过 890 km，包括规划的高速铁路隧道，总延长将超过 1 000 km。正在建设中的石太线太行山特长隧道是现今亚洲最长的山岭隧道，也是世界行车速度目标值最高的特长隧道之一。规划即将建设的青藏线西宁至格尔木段增建第二线的新关角隧道，设计客车速度目标值为 200 km/h，长度超过太行山隧道。

2. 隧道内行车速度目标值高，相关工程技术标准要求高

我国高速客运专线隧道设计行车速度目标值为 350 km/h，如京沪、郑武、武广、广深港、郑西、哈大线，为世界上行车速度目标值最高的铁路。运营初期客货共线隧道设计行车速度目标值不小于 250 km/h，并且大部分隧道采用无砟轨道，技术标准要求高。

3. 隧道分布区域广，所处环境和地质情况复杂

我国高速铁路隧道分布在东北、华北、华东、中南、东南沿海及中西部地区，所通过的地形及地质情况异常复杂，尤其是武广客运专线隧道通过岩溶地区，郑西、石太客运专线部分隧道在黄土地区，有下穿高速公路和既有建筑物的隧道，有位于自然保护区的隧道，有穿越珠江狮

子洋水域的水下隧道，有穿越浏阳河和长沙市区的浏阳河隧道，有下穿天津市的海河隧道，还有通过采空区的山岭隧道等。总之，建设环境和地质情况复杂。

三、需要在建设实践中进一步研究和验证的问题

1. 高速铁路隧道空气动力学问题

由于我国高速铁路隧道空气动力学研究的工程实践经验不足，空气动力学效应对衬砌结构、洞外环境、机车车辆、轨道类型等方面的影响到底有多大，隧道洞口是否需要设置缓冲结构，根据我国实际情况各条客运专线需要配备多大密封指数的车辆，对客货共线铁路上的运输组织如何编排等，都与空气动力学效应密切相关，亟待结合工程实际和建成后的多项现场测试成果研究定夺。

2. 隧道的防排水问题

高速铁路隧道对防水提出了很高的要求，但根据目前的技术和施工现场环境条件，要实现这一目标还有一定的困难，下一步应加强工程地质和水文地质的勘察工作，系统研究和制定切实可靠的防排水措施，并尽可能地做到可维护，优化各项防水措施的施工工艺，并应由防水专业队伍精心施工，把防水当作一个包含设计、施工、选材、管理的系统工程来研究。

3. 隧道消防和防灾救援问题

高速铁路隧道的消防和防灾救援是一个系统工程，应尽快研究制定我国高速铁路的消防和防灾救援条例，对不同的结构物制定相应的消防和防灾救援标准，以指导各相关工程的消防和防灾救援设计，完善消防和防灾救援工程措施。

4. 大断面和超大断面隧道施工设计、施工技术的研究

高速铁路双线隧道开挖面积达 140～170 m^2，属超大断面隧道，与一般隧道比较，施工难度急剧增加。如果施工方法选择不当，将直接影响到隧道施工进度、施工安全、工程投资、运营养护等。对隧道的施工方法，特别是浅埋与超浅埋段、软弱破碎围岩段的施工方法，应进行深入研究。

5. 黄土隧道的关键技术

超大断面黄土隧道的大规模建设在我国还是首次，现时对超大断面黄土隧道的力学行为的认识还不明晰，应在黄土隧道施工现场结合科研测试对支护参数和施工方法进行深入的研究。

第三节　高速铁路隧道缓解气动效应设计

由于高速列车在隧道中行驶产生的空气动力效应，如瞬变压力、空气动力阻力、气动噪声等，它们将影响旅客和作业人员的安全舒适度、干扰洞口附近的环境，以及增加牵引能耗量或者降低隧道通过能力。这是关系到改善运营条件、提高经济效益和社会效益的重要问题，因此，在隧道设计中必须认真考虑。这也是高速铁路设计与一般隧道设计相比较的重要特点。目前，在高速铁路的隧道设计中，绝大多数的隧道在设计中考虑了修建减缓车隧气动效应的工程设施。缓冲设施的设计是高速铁路隧道设计的重要内容，它直接影响着隧道断面的选取、车辆密封参数的选定、以及工程投资的大小、缓解气动效应的效果等多方面内容。

由于缓冲设施的设计涉及流体动力学、声学、人体生理学等多方面内容，并且缓冲设施的

参数敏感性很强，同时还需要考虑施工工艺、结构安全等多方面内容，因此其结构设计非常复杂。由于现有已经有了许多工程实例，并且前期的许多研究已经得出了初步规律，可供设计参考。对于支洞众多的复杂隧道，或为了优化隧道缓冲设施设计，需要采用数值方法、模型试验等多种研究手段综合运用，提高缓解设施效率，以便提出最优设计方案。

目前广泛采用的缓冲设施方案包括如下几种形式：

1. 扩大隧道断面和减小阻塞比

增大隧道断面、减小阻塞比是降低瞬变压力的有效途径。各国针对列车的不同运行速度设置的隧道断面设置标准各不相同，表 1-2 给出了国外一些国家高速铁路隧道的设计参数。

表 1-2　各国高速铁路隧道设计参数

项　目	日　本				法　国		德　国		意大利
	东海道	山阳	东北	上越	东南	大西洋	曼海姆—斯图加特	汉诺威—维尔茨堡	罗马—佛罗伦萨
线路长度(km)	515	554	496	270	426	284	99	327	236
开始建设年份	1959	1967	1972	1971	1976	1985	1976	1973	1970
开始运营年份	1964	1975	1982	1982	1983	1990	1991	1991	1988
运营方式	客运专线				客运专线		客货混运		客货混运
设计速度(km/h)	210	260	260	260	270	300	250	250	250
线间距(m)	4.20	4.30	4.30	4.30	4.20	4.20	4.70	4.70	4.00
隧道宽度(m)	最大 9.60 基底 7.99	9.60 7.99	9.60 8.40	9.60 8.40	无隧道	双线 10.00 单线 8.24	基底 12.50	12.50	最大 9.44
隧道有效面积(m^2)	60.5	63.4	63.4	63.4		双线 71.0 单线 46.0	直墙 82.0 曲墙 94.0	82.0 94.0	53.8
隧/线比例(%)	13.0	50.0	23.0	39.0	0	6.0	30.0	37.0	32.5
阻塞比	0.21～0.22	0.20～0.21	0.20	0.20		双线 0.13～0.15 单线 0.20	0.13	0.13	0.18

可以看出，针对相同的列车运行速度，日本的隧道断面积较小(为 63.4 m^2)，而德国的隧道断面积则扩大了许多(直墙为 82 m^2，曲墙为 94 m^2)。增大隧道断面对于降低隧道气动效应会取得明显效果，但工程造价也还有很多提高。当然，隧道断面的选取不仅要考虑工程造价，还需要考虑车辆的制造水平、密封性能、线路情况、人员对舒适度要求水平及体质情况等多种因素，因此，在制定舒适度标准及隧道断面设计标准时，需要结合本国国情，经过深入研究后确定。

2. 改变隧道入口形式

为了降低瞬变压力和微气压波引起洞口附近的噪声干扰，在国外对入口型式采取了以下对策。

在传统的隧道入口处，外接一段明洞，并在其墙壁上开设通气孔(图 1-6)。英美有些专家认为，对这种入口边墙上的最佳开孔率为隧道横断面的 25%，沿边墙等距离排列。

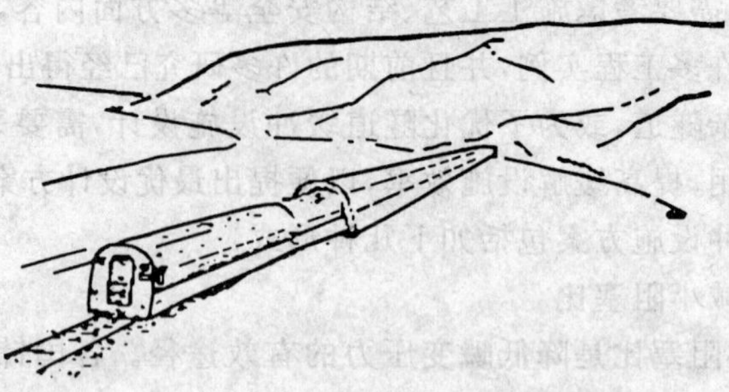

图 1-6　隧道洞口外接的开孔明洞

3. 设置通风竖井

在隧道内合理地设置通风竖井，可将因高速行车产生的瞬变压力幅值降低 50%左右。当考虑修建竖井（或斜井）时，应尽可能利用施工中留下的竖井，因此在确定施工竖井的位置时，最好能兼顾到高速列车中降低瞬变压力的要求。

4. 修建平行辅助隧道

对于特长的隧道，往往因埋深很大，不宜设置竖井，则可在行车的主隧道旁修建一座小断面的平行辅助隧道，且每隔一定距离用横通道与主隧道连通。

这种情况下运行时的主要特征是，每当列车经过一个横通道口就产生一次压力脉冲。虽其瞬变压力变化频繁，但强度较弱，使旅客较易承受。

上面对高速列车在隧道中行驶产生的空气动力效应的一般工程措施进行了介绍，在后面的章节中，将做详细论述。

复习思考题

1. 高速铁路发展的内在动因是什么？
2. 高速铁路隧道设计与中低速铁路隧道设计有哪些不同？
3. 我国高速铁路发展的状态以及未来趋势怎样？

第二章
铁路隧道规划与位置选择

第一节 铁路隧道线路位置选择

铁路隧道是山区线路穿越山岭时用来克服高程障碍的一种建筑物，是整条线路的组成部分，同迂回绕线的方法相比，往往可以缩短线路长度、改善线路的平纵断面以及日后的运营条件，但它相对路基建筑物而言，造价比较高，施工难度大，施工进度也比较慢。

铁路隧道是铁路线上的一种建筑物，其位置选择与线路走向有着密切关系。一般而言，中、短隧道的位置服从于线路走向的大体位置，可作小幅度的调整。对于长大隧道，如遇到复杂地质情况，修建技术上有一定困难时，隧道成为线路修建的控制工程，其位置往往影响线路走向的位置，这时线路就得服从隧道所选择的最优位置。所以，隧道位置的选择与线路的选线是相互关联的，应该综合考虑两者的利弊来决定。

隧道具体位置的选择与区域工程地质条件、水文地质条件、地形地貌条件、工程难易程度、投资的数额、工期的要求，以及现有的施工技术水平和今后运营条件等因素有关。

1. 越岭线上隧道平面和立面位置的选择

当铁路线路从一个水系过渡到另一个水系时，穿越高程很大的分水岭而修建的隧道称为越岭隧道。选择越岭隧道的位置主要以选择垭口和确定隧道高程两大因素来决定。

(1)选择垭口

分水岭的山脊线上高程较低处称为垭口。平面位置选择主要是对隧道穿越分水岭的不同高程的多个垭口的选择，选择时主要考虑垭口地质条件、隧道长度、两侧展线的难易程度、线形和工程量的大小。比选考虑的主要因素有：接近线路航空方向的低垭口、具有良好的展线条件的沟谷且不损失越岭高程者、两边沟谷标高相差不多且两边沟谷平面位置接近处、工程和水文地质条件良好、施工难易度和运营条件等。

(2)选定高程

越岭隧道立面位置的选择主要是对隧道高程的选择。高程不同带来不同长度的隧道方案，一般讲隧道位置高，山体较薄，隧道长度短，工程量小，但线路拔起高度大，两端引线长度增加，技术条件恶化；低位置隧道则与之相反。所以在选定隧道高程时，务必全面衡量，从技术和经济两方面，尤其在今后长远运营条件上，做出综合的比较，决定取舍。

2. 傍山隧道位置的选择

铁路线沿河傍山修建的隧道称为傍山隧道。傍山隧道受山坡和河谷的制约，一般埋藏较浅，岩层风化破碎，常有不良地质现象，洞顶覆盖薄，易受山体的偏侧压力，对施工和结构受力不利。因此在选择傍山隧道位置时，应根据地形地质、河流冲刷情况以及洞外相关工程和运营条件等综合考虑。并注意在埋藏较浅的地段处洞身覆盖的厚度，隧道位置“宁里勿外”，即隧道位置以稍向内靠为好。一般要求隧道外侧最小覆盖厚度不应小于表 2-1 中的数值。当岩层结构面倾向山体一侧时，岩层比较稳定，覆盖厚度可以酌减。当岩层结构面倾向河流一侧时，覆盖厚度易于加大。河岸存在冲刷现象的地段，要考虑冲刷对山体和洞身稳定的影响，隧道位置最好设在稳定的岩层中。

3. 地质条件对隧道位置的影响

隧道是埋置在岩层内的结构物，它受岩体的包围。周围岩层的地质条件，对隧道结构型式和施工方法都有着决定性的影响。如何避开不良地质的区域，或如何拟定克服不良地质的措施，是选择隧道位置时必须审慎考虑的问题。

表 2-1 傍山浅埋隧道最小覆盖厚度参考表

围岩级别	最小覆盖层厚度 t(m)	
	单线	双线
Ⅲ	4～6	7～9
Ⅳ	7～10	10～15
Ⅴ	11～20	16～30

注：1. t 为覆盖层或风化破碎层厚度；
2. 表列数值不适用于有显著不利结构面的情况；
3. 表列数值未考虑隧道外侧有其他工程或建筑物的情况。

(1)单斜构造

在单斜构造的地区，岩层各层面间，有紧密的，也有张开的，有胶结或无胶结的，有充填或无充填的不同情况。不管是哪一种情况，层间接触面比之岩层实体总是较为薄弱的。从力学观点来看，一种岩体的强度常常不是由岩石本身的强度来控制，而是由它的软弱结构面的强度来控制的。

单斜构造的层面大体平行而有同一倾角，当层间的抗剪强度不足时，岩层在外力作用下将会发生层间相对错动。如果隧道的位置恰在层间软弱面上，岩层滑动将使隧道结构受到很大的剪力，以致把结构物损坏。如果隧道恰在层间软弱面处，岩层滑动会使隧道的某一段发生横向推移，而导致断开错位，如图 2-1 所示。因此，在单斜构造的地质条件下，必须事先把岩层的构造和倾角大小调查清楚，一定要尽可能避开大型软弱结构面。尽量不要把隧道中线设计成与软弱结构面的走向一致或平行，要正交或成一定的交角。

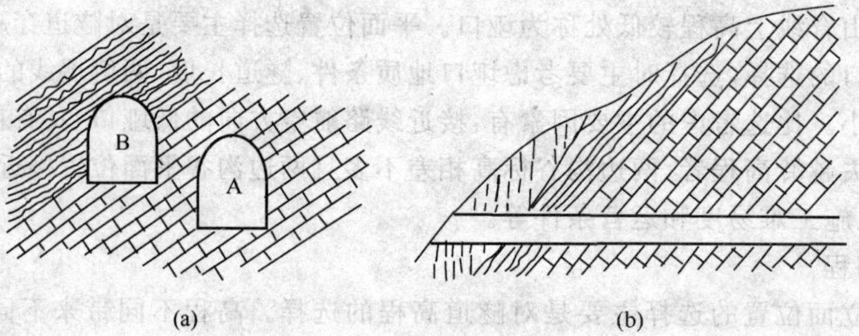

图 2-1 隧道位置选择

(2)褶曲构造

在褶曲构造的地区，岩层一部分向上弯曲翘起成为背斜，另一部分向下弯曲挠成为向斜。背斜的岩层受弯而在下面出现节理、裂隙，切割岩体成为上大下小的楔块，楔块受到两侧邻块的挟制，使得楔块的重量由邻块分担，因而只产生小于原重的压力。与此相反，向斜地层受弯而在下面开裂，切割岩体成为上小下大的楔块，这种楔块在重力作用下，极易脱离母岩而坠落，于是产生较大的压力，也就是给结构物以较大的荷载，而且在施工时，极易发生掉块或坍方，对工程产生不利影响。所以，隧道穿过褶曲构造时，选在背斜中要比在向斜中有利。如果恰在褶曲的两翼，将受到偏侧压力，结构需加强，如图 2-2 所示。

在断层构造的地区，断层带中的岩体呈破碎状态，称为断层碎裂体；当严重揉挤可成为泥状。断层带的强度很低，而且往往是地下水的通道。施工时，遇到这种地质条件，十分困难。选择隧道位置时，应尽可能避开。不得已时，隧道走向与断层走向隔开足够的安全距离，或隧道走向正交与斜交跨过。施工时，还应作好各种支护及防水措施。

图 2-2　褶曲构造隧道位置选择

(3)其他不良地质条件

从地质条件进行隧道位置选择时，最重要的影响因素是不良地质。不良地质是指滑坡、崩塌、岩堆、泥石流、溶洞和含瓦斯地区等。它们各有其特点，也各有其影响。

①滑坡地区——山坡地区，由于地下水的活动，或河流冲刷坡脚，或人为切坡，造成山坡土体在重力作用下，沿某一软弱面整体下滑。隧道通过滑坡地区时，将会受到突然的土体推力，造成隧道挤压或剪切破坏，甚至可能使隧道整体随土体下移。所以，选择隧道位置时，应尽量避开滑坡体或在可能滑动面以下一定深度通过，其深度一般参考傍山障道最小覆盖厚度来确定。在不得已必须将隧道置于滑坡体内时，应考虑上部减载和加强排水措施。

②崩塌地区——山坡陡峻的地段，山体裂隙受风化而崩解，脱离母岩，成块地从斜坡翻滚坠落。它的出现是突然的，冲击力很大，不易防范。选择隧道位置时，最好不要沿这类山坡通过。不得已时，应当尽可能地把隧道置于山体之中，穿过稳定的岩层。岩体崩塌的情形不太严重，而洞口又必须落在崩塌地区，则可设置一段明洞来解决。

③岩堆地区——岩石经过风化作用，分解和剥离成为大小不一的块体，从山坡上方滚下，或冲刷夹持而堆积在山坡较平缓处或坡脚处，形成无粘结力的堆积体。隧道通过这类地区，开挖时极易发生坍方，给施工带来极大困难。这时，宜把隧道位置放在岩堆以下的稳定岩体之中。

④泥石流——山顶积聚的土壤和各种砾石、岩块受到洪水的浸融成为流体，顺山沟或峡谷而下，来势凶猛，破坏力极大。有时可能摧毁铁路路基，甚至掩埋铁路、堵塞隧道。因此，在选择隧道位置时，务必躲开泥石流泛滥区，如躲避不开，也应选在泥石流下切深度以下的基岩中。要查明泥石流洪积扇范围，不可把洞口放在洪积扇范围以内。

⑤溶洞地区——碳酸盐类岩石(如灰岩、白云岩)可溶类岩石在水力和水的化学作用下溶蚀而形成各种岩溶现象，溶洞形式是其中之一。溶洞中无水或积水，无填充或填充。选择隧道位置时，应尽可能避开。如无法避开时，应探明溶洞的规模、性质和与隧道的位置关系，采取相应的设计和施工措施。

⑥瓦斯地区——在煤系地层中，蕴藏着如甲烷(CH_4)、二氧化碳(CO_2)等有害气体。隧道开挖时，有害气体逸出。轻者致人窒息，重则引起爆炸，危害甚大。选择隧道位置时，尽量避开。

⑦地下水——地下水多是由地表水的渗透或地下水源补给的。例如岩层裂隙中的裂隙

水，或溶洞中储藏的岩溶水，它们有时是流动的，有时是静止的，有时还有压力水头。它们的存在，使岩石软化、强度降低，层间夹层软化或稀释，促成了层间的滑动。裂隙中的水在开挖时涌入坑道，使施工困难加大，给以后养护也带来无休止的灾害。选择隧道位置时，最好不从富水区中经过。

第二节 铁路隧道规划——洞口位置的选择

隧道位置选定以后，隧道长度由它两端的洞口位置确定(即隧道长度为其进出口洞门墙外表面与线路内轨顶面标高线交点之间的距离)。洞口位置选择是否合理，将对隧道的施工工期、造价、运营安全等产生重大的影响。所以在隧道线路设计中，洞口位置的选择应结合洞口的地形、工程地质和水文地质条件、施工技术、运营条件以及附近相关工程综合考虑，详细比较、决定。其中最重要的是考虑洞门边坡的稳定和仰坡的安全。一般应尽量避免大挖方和大刷坡，破坏地层稳定状态。

根据我国多年实践经验，总结出“早进晚出”的原则，洞口位置尽量设在山体稳定、地质较好、地下水不太丰富的地方，避免不良地质。避不开时，要采取措施保证施工和运营安全。

理想的洞口位置应选择地质条件良好，地势开阔，施工方便，技术、经济合理之处。在选择隧道洞口位置时应注意以下几个原则：

1. 洞口不宜设在垭口沟谷的中心或沟底低洼处(如图 2-3 中的 A 线)，在一般情况下，垭口沟谷在地质构造上是最薄弱的环节，常会遇到断层带、古坍方、冲积土等不良地质。此外，地表流水都汇集在沟底，再加上洞口路堑开挖，破坏了山体原有的平衡，更容易引起坍方，甚至不能进洞。所以，洞口最好选在沟谷一侧(如图 2-3 中的 B 线)。

图 2-3 沟底附近洞口平面位置示意图

2. 洞口应避开不良地质地段，如断层、滑坡、岩堆、岩溶、流砂、泥石流、盐岩、多年冻土、雪崩、冰川等，以及避开地表水汇集处。

3. 当隧道线路通过岩壁陡立，基岩裸露处时，最好不刷动或少刷动原生地表，以保持山体的天然平衡。此时，洞口位置应根据具体情况，采取贴壁进洞(图 2-4)或设置一段明洞(当山坡上有落石、掉块而难以清除时)(图 2-5)；或修建特殊结构洞门，如悬臂式洞门、钢筋混凝土锚杆洞门、洞门桥台联合结构、悬臂式托盘基础洞门或长腿式洞门等。

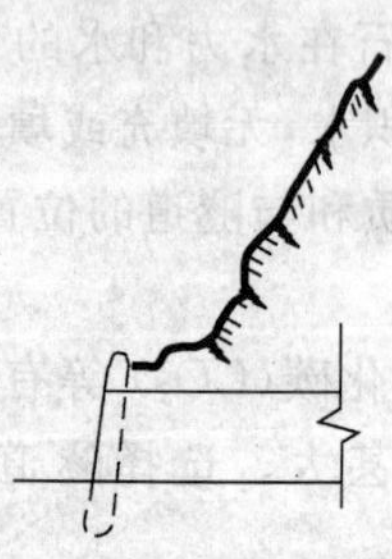

图 2-4 贴壁进动时洞口纵断面示意图

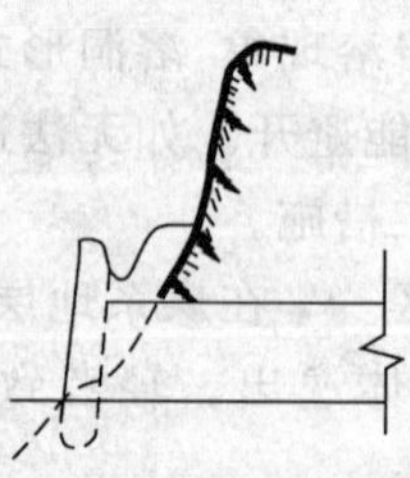

图 2-5 陡壁下接常明洞时纵断面示意图

4.减少洞口路堑段长度,延长隧道,提前进洞。对处于漫坡地形的隧道,其洞口位置变动范围较大,一般应采取延长隧道的办法,以解决路堑弃土及排水的困难。

5.洞口线路宜与等高线正交。使隧道正面进入山体(图 2-6),洞口结构物不致受到偏侧压力。对于傍山隧道因限于地形,有时无法与等高线正交,只能斜交进洞时,其交角不应太小(不小于 45°),并根据具体情况,采取斜交洞门、台阶式正交洞门或修建一段明洞。

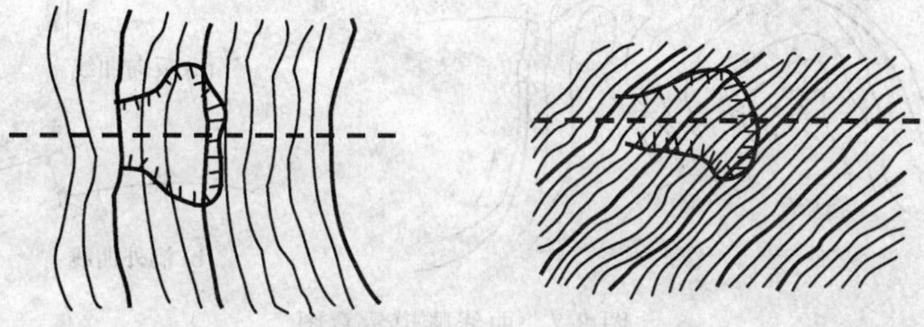

(a) 正交洞门　　(b) 斜交洞门

图 2-6　洞门平面示意图

6.当线路位于有可能被水淹没的河滩或水库回水影响范围以内时,隧道洞口标高应高出洪水位加波浪高度,以防洪水灌入隧道。

7.为了确保洞口的稳定和安全,边坡及仰坡均不宜开挖过高。

8.当洞口附近遇有水沟或水渠横跨线路时,可设置拉槽开沟的桥梁或涵洞,排泄水流。

9.当洞口地势开阔,有利于施工场地布置时,可利用弃渣有计划、有目的地改造洞口场地,以便布置运输便道、材料堆放场、生产设施用地及生产、生活用房等。另外,在桥隧相连时,应注意防止因弃渣乱堆造成堵塞桥孔或推坏桥梁墩台建筑物。

总之,隧道洞口位置的选择,应根据地形、地质条件,考虑边坡、仰坡的稳定,结合洞外有关工程及施工难易程度,本着“早进晚出”的指导思想,全面综合地分析确定。

第三节　铁路隧道平面与纵断面设计

铁路隧道是线路的一个组成部分,平、纵断面设计首先应满足露天线路地段的各种技术要求,还应考虑适应隧道内特点的一些要求,如运营、养护条件比明线地段差等特点。

一、隧道平面设计

隧道平面是指隧道中心线在水平面上的投影,显然是越直越好。因此,在可能的情况下,隧道平面线形应尽量采用直线或大半径曲线,避免小半径曲线。因隧道位于曲线上,将有下列缺点:

(1)曲线隧道建筑限界需加宽,净空尺寸相应加大,增加了开挖和衬砌的工程量;

(2)列车在曲线隧道内运行,空气阻力加大,抵消了部分机车牵引力,并使洞内通风条件恶化;

(3)列车在曲线隧道行驶,产生的离心力使钢轨磨耗严重,增加了线路维修工作量;

(4)曲线隧道施工难度增加,支护和衬砌技术较为复杂。

受地形和地质条件的限制,曲线隧道在实际工程中是十分多见的。如河谷线的傍山穿过山嘴时，就会出现如图 2-7 所示的曲线隧道。考虑运营和施工的因素，隧道内应尽避免设置反向曲线；必须设置时，要求夹直线长度不宜小于 44 m。当洞外明线出现曲线时最好要使曲线的缓直，点(或直缓点)距洞口不小于 25 m，如图 2-7 所示。

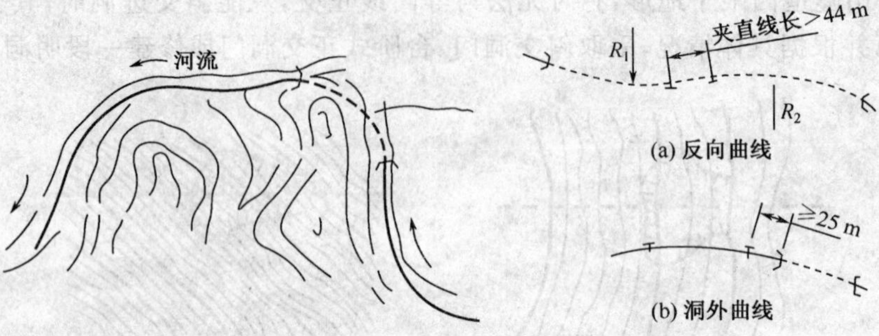

图 2-7　曲线隧道示意图

铁路隧道在曲线两端应设缓和曲线时，最好不使洞口恰恰落在缓和曲线上。缓和曲线在平面上半径总在改变，竖向的外轨超高也在变化，这样，在双重变化下，列车行驶不平稳。所以，应尽可能将缓和曲线设在洞外一个适当距离以外，圆曲线的长度也不应短于一节车厢的长度。在一座隧道内最好不设一个以上的曲线。尤其是不宜设置反向曲线或复合曲线。如果列车同时跨在两个曲线上，行驶很不稳当。所以，两曲线间应有足够长的夹直线，一般是要求在 3 倍车辆长度以上。

二、隧道纵断面设计

隧道纵断面是中心线展直后在垂直面上的投影。纵断面设计主要是对坡度的设计，包括隧道内线路的坡道形式、坡度大小和折减、坡段长度和坡段间的衔接等内容。

1. 铁路隧道

(1)坡道型式

隧道处于岩层之中，除了地质有变化以外，线路走向不受任何限制，不必采用复杂多变的形式。一般可采用单面坡形[图 2-8(a)]或人字坡形[图 2-8(b)]。

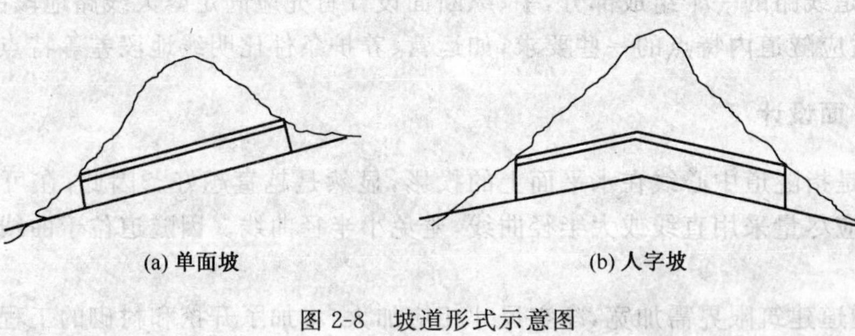

图 2-8　坡道形式示意图

单面坡多用于线路的紧坡地段或是展线的地区，因为单面坡可以争取高程，拔起或降落一定的高度。单面坡隧道两洞口的高程差较大，由此而产生的气压差和热位差也大，能促进洞内的自然通风。它的缺点是：在施工阶段，由于下坡开挖，洞内的水自然地流向开挖工作面，使开挖工作受到干扰，需要随时抽水外排。此外，运渣时，空车下坡重车上坡，运输效率低。

人字形坡道多用于长隧道,尤其是越岭隧道。因为越岭无需争取高程,而垭口两端都是沟谷地带,同是向下的人字形坡道,正好符合地形条件。人字坡的优点是:施工时水自然流向洞外,排水措施相应地简化,而且重车下坡,空车上坡,运输效率高。它的缺点是:列车通过时排出的有害气体聚集在两坡间的顶峰处,尽管用机械通风,有时也排除不干净,长时间积累,浓度渐渐增大,使司机以及洞内维修人员的健康受到影响。

两种不同的坡形适用于不同的隧道。对位于紧坡地段,要争取高程的区段上的隧道、位于越岭隧道两端展线上的隧道、地下水不大的隧道或是可以单口掘进的短隧道,可以采用单面坡形。对于长大隧道、越岭隧道、地下水丰富而抽水设备不足的隧道,宜采用人字坡形。

(2)坡度大小

铁路隧道对于行车来说线路的坡度以平坡为最好。但是,天然地形是起伏不定的,为了能适应天然地形的形状以减少工程数量,只好随着地形的变化设置与之相适应的线路坡度。但依据地形设计坡度时,注意应不超过限制坡度,如果在平面上有曲线,还需为克服曲线的阻力,再减去一个曲线的当量坡度,即

$$i_{允}=i_{限}-i_{曲}$$

式中　$i_{允}$——设计中允许采用的最大坡度(‰);

$i_{限}$——按照线路等级规定的限制最大坡度(‰);

$i_{曲}$——曲线阻力折算的坡度当量(‰)。

隧道内行车条件要比明线差,对线路最大限制坡度的要求更为严格。因此,隧道内线路的最大允许坡度要在明线最大限制坡度上乘以一个折减系数。考虑坡度折减有以下原因:

①列车车轮与钢轨踏面间的黏着系数降低——机车的牵引能力有时是由车轮与轨面之间的黏着力来控制的。隧道内空气的相对湿度较露天处大,因而钢轨踏面上凝成一层薄膜,使轮轨之间的黏着系数降低,于是机车的牵引力也随之降低。此外,如果是蒸汽机车牵引,机车喷出的煤烟渣滓落在轨面上,也会使黏着系数降低。因此,隧道内线路的限制坡度应比明线的限制坡度有所减小。

②洞内空气阻力增大——列车在隧道内行驶,其作用犹如一个活塞,洞内空气将像活塞那样给前进的列车以空气阻力,使列车的牵引力减弱。所以,隧道内的限制坡度要比明线的限制坡度小。

由于上述原因,隧道内线路的限制坡度要在明线限制坡度上乘以一个小于1的折减系数。按现行铁路隧道设计规范,除隧道长度小于400 m时,上述影响不太显著,坡度可以不折减以外,其他凡长度大于400 m的隧道都要考虑坡度的折减。折减的方法按下式进行:

$$i_{允}=mi_{限}-i_{曲}$$

式中,m为隧道内线路的坡度折减系数,它与隧道的长度有关。当隧道内有曲线时,注意要先进行隧道内线路坡度的折减,然后再扣除曲线折减,如上式所列。

表2-2　各种牵引种类的隧道内线路最大坡度系数 m

隧道长度(m)	电力牵引	内燃牵引
401～1 000	0.95	0.90
1 001～4 000	0.90	0.80
>4 000	0.85	0.75

铁路隧道设计规范中规定了隧道内线路坡度折减系数m的经验数值,列于表2-2可参照使用。

另外,不但隧道内的线路应按上述方式予以折减,洞口外一段距离内,也要考虑相应的折

减。因为当列车的机车一旦进入隧道，空气阻力就增加，黏着系数也开始减少。所以在上坡进洞前半个远期货物列车长度范围内，也要按洞内一样予以折减。至于列车出洞，机车已达明线，就不存在折减的问题了，如图 2-9 所示。

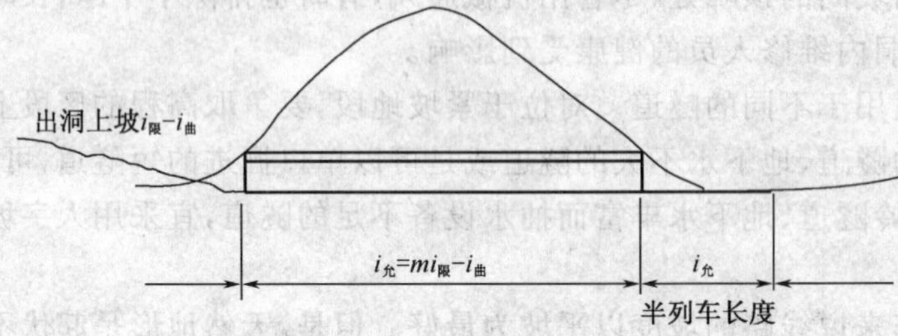

图 2-9　隧道内线路坡度折减

除了最大坡度的限制以外，还要限制最小坡度。因为隧道内的水全靠排水沟向外流出。《铁路隧道设计规范》规定，隧道内线路不得设置平坡，最小的允许坡度应不小于 3‰。

(3)坡段长度

铁路隧道内线路的坡型单一，但不宜把坡段定得太长，尤其是单坡隧道，坡度已用到了最大限度。如果是一气上大坡，列车就必须用尽机车的全部潜在能力，持续奋进。这样，会越爬越慢，以至有停车的可能或出现车轮打滑的情况，容易发生事故。在下坡时，由于坡段太长，制动时间过久，机车闸瓦摩擦发热，将使燃油失效，以致刹不住车，发生溜车事故。所以，在限坡地段，坡段不宜太长。如果隧道很长，坡度又不想变动，为了不使机车爬长坡，可以设缓坡段，使机车有一个喘息和缓和的时间。

此外，顺坡设排水沟时，如果坡段太长，水沟就难以布置。不是流量太大，就是沟槽太深，有时为此需要设置许多抽水、扬水设施，分级分段排水。这也给今后的运营和维修增加了工作量。所以，隧道内线路的坡段不宜太长。

(4)坡段连接

对于铁路隧道来说，为了行车平顺两个相邻坡段坡度的代数差值不宜太大，否则会引起车辆之间仰俯不一，车钩受到扭力，容易发生断钩。因此，在设计坡度时，坡间的代数差要有一定的限制。从安全的观点出发，两坡段间的代数差值 Δi 不应大于重车方向的限坡值 i。《铁路隧道设计规范》规定，旅客列车设计行车速度小于 160 km/h 的铁路段，相邻坡段的坡度差大于 3‰时，应以圆曲线型竖曲线连接，竖曲线的半径应采用 10 000 m；旅客列车设计行车速度为 160 km/h 的铁路段，相邻坡段的坡度差大于 1‰时，应以圆曲线型竖曲线连接，竖曲线的半径应采用 15 000 m，竖曲线不宜与平面圆曲线重叠设置，困难条件下，竖曲线可与半径不小于 2 500 m的圆曲线重叠设置；特殊困难条件下，经技术经济比较，竖曲线可与半径小于 1 600 m 的圆曲线重叠设置。

隧道内线路坡度不但要考虑上述因素，还要检算列车在相应坡段上的行车速度。因为列车上坡需要有一定的速度，才能将动能转为势能。如果列车开始上坡时，还有足够的前进能力，行至中途机车的效能就会有所降低，逐渐衰减以至趋近于不能前进而出现打滑、停车以致倒退等危险情况。即使能勉强爬上，缓缓而过，洞内行车时间过长，发出的污蚀空气会使机车乘务人员以及旅客感到非常不舒服，甚至酿成窒息、晕倒等事故。

第四节　隧道横断面设计

一、直线隧道净空

隧道净空是指隧道衬砌的内轮廓线所包围空间。铁路隧道净空是根据“隧道建筑限界”确定的，而“隧道建筑限界”是根据“基本建筑限界”制定的，“基本建筑限界”又是根据“机车车辆限界”制定的。

“限界”是一种规定的轮廓线，这种轮廓线以内的空间是保证列车安全运行所必需的。“建筑限界”是建筑物不得侵入的一种限界。

1. 机车车辆限界

它是指机车车辆最外轮廓的限界尺寸。要求所有在线路上行驶的机车车辆停在平坡直线上时，沿车体所有部分都必须容纳在此限界范围内而不得超越。

2. 基本建筑限界

它是指线路上各种建筑物和设备均不得侵入的轮廓线。它的用途是保证机车车辆的安全运行及建筑物和设备不受损害。

3. 隧道建筑限界

它是指包围“基本建筑限界”外部的轮廓线，即要比“基本建筑限界”大一些，留出少许空间，用于安装通信信号、照明、电力等设备。

对于时速 120 km 新建和改建的蒸汽及内燃牵引的单线和双线铁路隧道，采用“隧限-1A”和“隧限-1B”，如图 2-10 所示。新建和改建的电力牵引的单线和双线铁路隧道，采用“隧限-2A”和“隧限-2B”，如图 2-11 所示。对于时速 200 km 新建铁路单线和双线隧道，建筑限界如图 2-12 所示。

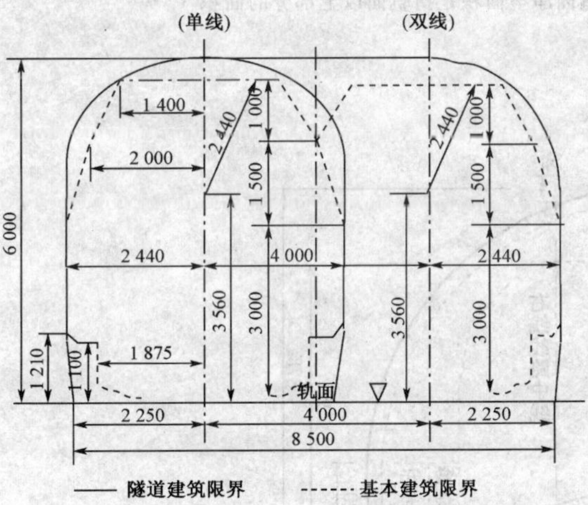

图 2-10　蒸汽及内燃牵引的单线、双线隧道限界图

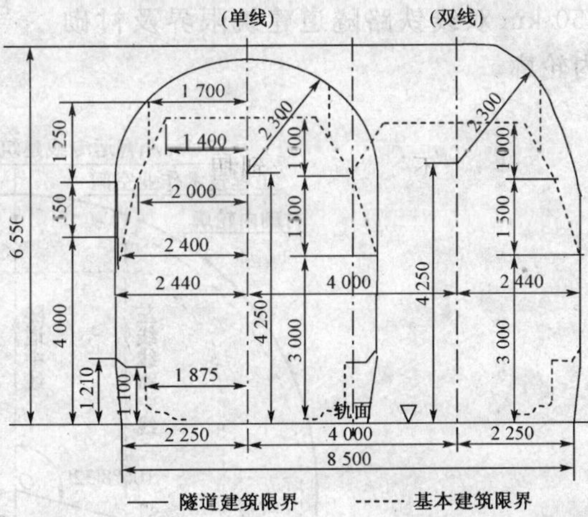

图 2-11　电力牵引的单线、双线隧道限界图

4. 直线隧道净空

“直线隧道净空”要比“隧道建筑限界”稍大一些，除了满足限界要求外，考虑避让、救援通道，还考虑了在不同的围岩压力作用下，衬砌结构的合理受力形状(拱部采用三心圆，边墙采用

直墙式或曲墙式)以及施工方便等因素。

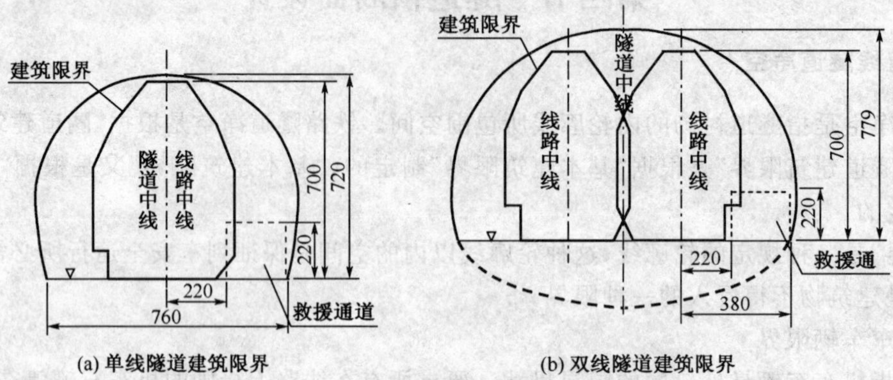

图 2-12　时速 200 km 新建铁路隧道建筑限界(单位:cm)

我国客运专线隧道的建筑限界根据不同的速度目标值、不同种类的货运限界组合,共分为速度目标值 200 km/h 客运专线兼顾普通货物运输和双层集装箱运输的单、双线隧道建筑限界;速度目标值 250 km/h 的客运专线兼顾普通货物运输和双层集装箱运输的单、双线隧道建筑限界;速度目标值 350 km/h的客运专线单、双线隧道建筑限界。在满足上述限界和速度目标值的条件下,考虑空气动力学效应和各种安全预留空间,拟定相应的隧道有效内净空面积,如表 2-3 所示。图 2-13 为时速 350 km 双线铁路隧道建筑限界及衬砌内轮廓。

表 2-3　我国客运专线隧道采用的有效内净空面积

类别标准	单线(m^2)	双线(m^2)
200 km/h 客专兼顾普货运输	52.86	85.8
200 km/h 客专兼顾双箱运输	56.67	92.94
250 km/h 客专兼顾普货运输	58	90.16
250 km/h 客专兼顾双箱运输	58	95.06
350 km/h 客运专线	70	100

注:隧道内净空面积是指轨面以上部分的面积

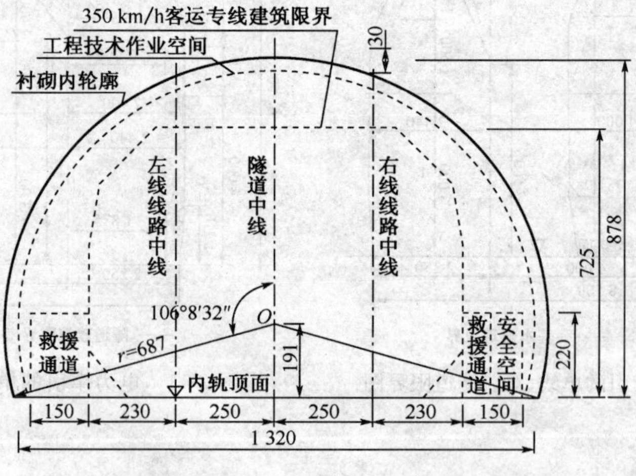

图 2-13　时速 350 km 新建铁路隧道建筑限界(单位:cm)

二、曲线隧道净空加宽

1.加宽原因

(1)车辆通过曲线时，转向架中心点沿线路运行，而车辆本身却不能随线路弯曲仍保持其矩形形状。故其两端向曲线外侧偏移($d_{外}$)，中间向曲线内侧偏移($d_{内1}$)，如图 2-14 所示。

(2)由于曲线外轨超高，车辆向曲线内侧倾斜，使车辆限界上的控制点在水平方向上向内移动了一个距离 $d_{内2}$，如图 2-15 所示。据此，曲线隧道净空的加宽值为

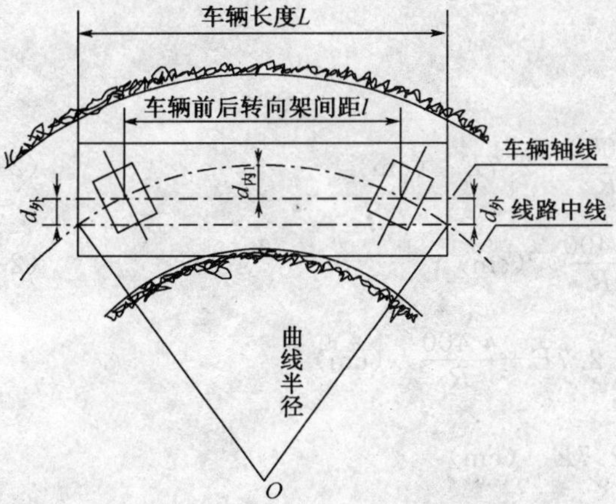

图 2-14　曲线隧道净空加宽原因图

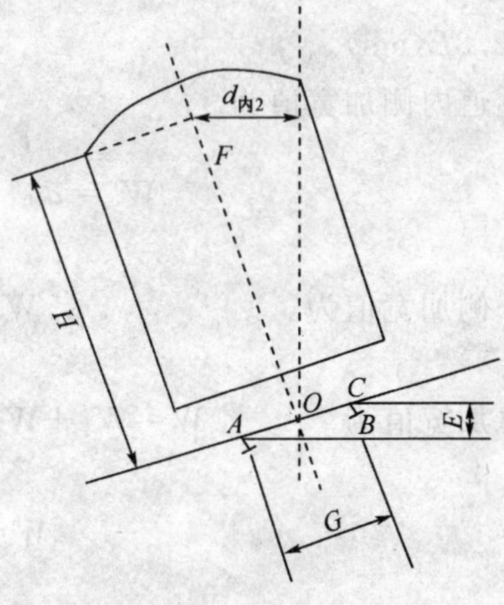

图 2-15　曲线隧道净空加宽原因断面示意图

内侧加宽　　$W_1=d_{内1}+d_{内2}$

外侧加宽　　$W_2-d_{外}$

总加宽　　$W=W_1+W_2=d_{内1}+d_{内2}+d_{外}$

2.加宽值的计算

(1)单线曲线隧道加宽值的计算

①车辆中间部分向曲线内侧的偏移 $d_{内1}$

$$d_{内1}=l^2/(8R) \tag{2-1}$$

式中　l——车辆转向架中心距，取 18 m；

R——曲线半径(m)。

则

$$d_{内1}=\frac{18^2}{8R}\times100=\frac{4\ 050}{R}\quad(\text{cm})$$

②车辆两端向曲线外侧的偏移 $d_{外}$

$$d_{外}=\frac{L^2-l^2}{8R} \tag{2-2}$$

式中，L 为标准车辆长度，我国为 26 m。

$$d_{外}=\frac{26^2-18^2}{8R}\times100=\frac{4\ 400}{R}\quad(\text{cm})$$

③外轨超高使车体向曲线内侧倾移 $d_{内2}$

$$d_{内2}=\frac{H}{150}E\quad(\text{cm}) \tag{2-3}$$

式中　H——隧道限界控制点自轨面起的高度(cm)；

　　E——曲线外轨超高值，其最大值不超过 15 cm，且

$$E=0.76\frac{v^2}{R}\quad(\text{cm})\tag{2-4}$$

其中，v 为铁路远期行车速度(km/h)。

在我国铁路隧道标准设计中，$d_{内2}$ 系将相应的隧道建筑限界绕内侧轨顶中心转动 $\text{arctg}\frac{E}{150}$ 角求得，非电气化铁路隧道可近似取 $d_{内2}=2.7E$(cm)，电气化铁路隧道可近似取 $d_{内2}=2.8E$(cm)。

隧道内侧加宽值为

$$W_1=d_{内1}+d_{内2}=\frac{4\ 050}{R}+2.7E\quad(\text{cm})\tag{2-5}$$

隧道外侧加宽值为

$$W_2=d_{外}=\frac{4\ 400}{R}\quad(\text{cm})\tag{2-6}$$

隧道总加宽值为

$$W=W_1+W_2=\frac{4\ 050}{R}+2.7E+\frac{4\ 400}{R}\quad(\text{cm})$$

或

$$W=\frac{8\ 450}{R}+2.7E\quad(\text{cm})$$

(2)双线曲线隧道加宽值的计算

双线曲线隧道的内侧加宽值 W_1 及外侧加宽值 W_2 与单线隧道加宽值的计算相同。内外侧线路中线间的加宽值 W_3 按以下情况计算。

当外侧线路的外轨超高大于内侧线路的外轨超高时，有

$$W_3=\frac{8\ 450}{R}+\frac{H}{150}\times\frac{E}{2}\quad(\text{cm})\tag{2-7}$$

式中　H——车辆外侧顶角距内轨顶面的高度，取 360 cm；

　　E——外侧线路的外轨超高值(cm)；

　　R——同前。

则

$$W_3=\frac{8\ 450}{R}+\frac{360}{150}\times\frac{E}{2}\quad(\text{cm})$$

或

$$W_3=\frac{8\ 450}{R}+1.2E\quad(\text{cm})\tag{2-8}$$

其他情况时

$$W_3=\frac{8\ 450}{R}\quad(\text{cm})\tag{2-9}$$

3.曲线隧道中线与线路中线偏移距离

从以上计算可知，曲线隧道内外侧加宽值不同(内侧加宽大于外侧加宽)，断面加宽后，隧道中线应向曲线内侧偏移一个 d 值。

单线隧道如图 2-17 所示，其 d 值计算如下：

$$d=\frac{1}{2}(W_1-W_2)\quad(\text{cm})\tag{2-10}$$

双线隧道如图 2-16 所示，其 d 值计算如下：

内侧线路中线至隧道中线的距离

$$d_1=200-\frac{1}{2}(W_1-W_2-W_3)\quad(\text{cm}) \tag{2-11}$$

外侧线路中线至隧道中线的距离

$$d_2=200+\frac{1}{2}(W_1-W_2+W_3)\quad(\text{cm}) \tag{2-12}$$

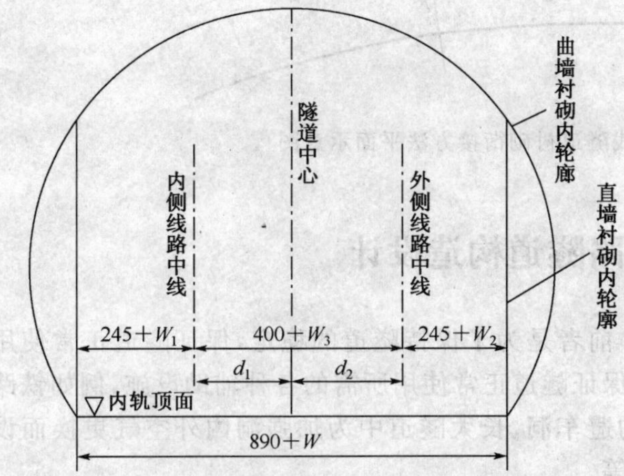

图 2-16 双线隧道曲线加宽示意图

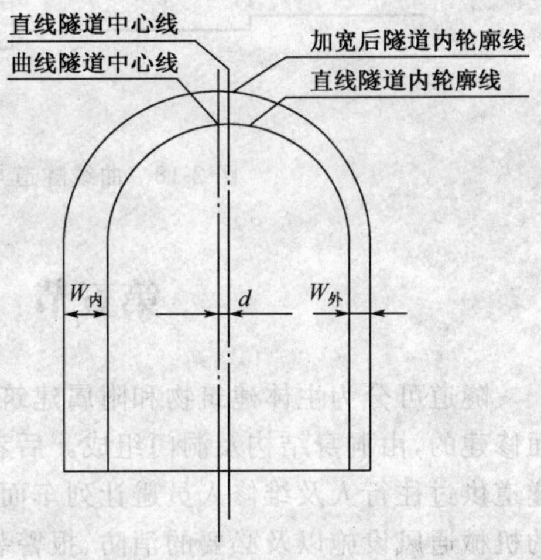

图 2-17 单线隧道曲线加宽示意图

4. 时速 200 km 以上曲线隧道净空加宽

最高时速 200 km 的新建铁路单、双线隧道内净空面积采用 52 m^2 和 80 m^2 断面形式也是经过优化比选的，既充分满足了空气动力学效应标准的要求，又完全满足建筑物接近限界及其他工程使用空间的需要，且留有富余量，考虑到最高时速 200 km 新建铁路隧道线路采用最小圆曲线半径 2 200 m，推荐圆曲线半径为 3 500～6 000 m，按《铁路隧道设计规范》曲线隧道的加宽也是较小的，完全在富余量以内，可以不考虑内轮廓加宽，见表 2-4。

表 2-4 按《铁路隧道设计规范》计算的最高时速 200 km 新建铁路曲线隧道加宽表

圆曲线半径(m)	外轨超高(mm)	隧道内外侧加宽总和(cm)
2 500	45	15
3 000	35	12
4 000	25	9

最高时速 200 km 以上的新建铁路单、双线隧道，因考虑满足空气动力学标准的要求，其净空已满足建筑物接近限界需要，且留有富余量。因此，曲线上的隧道内轮廓不考虑曲线加宽。

三、曲线隧道与直线隧道衬砌的衔接方法

根据《铁路隧道设计规范》规定：位于曲线地段的隧道，断面加宽除圆曲线部分按上述计算值予以加宽外，缓和曲线部分可分两段加宽，即自圆曲线至缓和曲线中点，并向直线方向延长

13 m，采用圆曲线加宽断面（按 W 值加宽）；其余缓和曲线，并自直缓分界点向直线段延长 22 m，采用缓和曲线中点加宽断面，其加宽值取圆曲线之半（即按 $W/2$ 加宽）（图 2-18）。

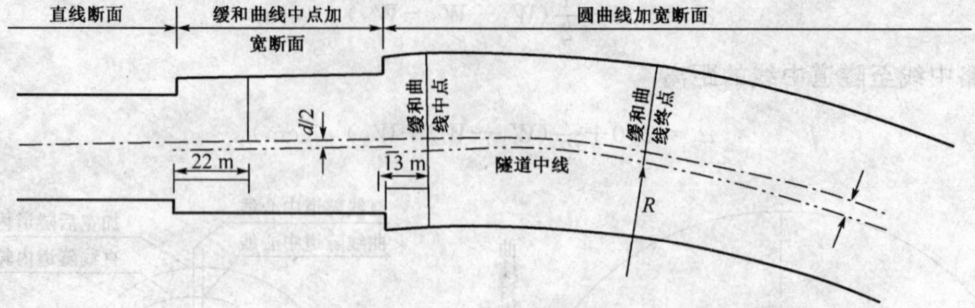

图 2-18　曲线隧道与直线隧道衬砌衔接方法平面示意图

第五节　铁路隧道构造设计

隧道可分为主体建筑物和附属建筑物。前者是为了保持隧道的稳定，保证隧道正常使用而修建的，由洞身结构及洞门组成。后者指保证隧道正常使用所需的各种辅助设施，例如铁路隧道供过往行人及维修人员避让列车而设的避车洞、长大隧道中为加强洞内外空气更换而设的机械通风设施以及必要的消防、报警装置等。

一、衬砌构造

开挖后的隧道，为了保持围岩的稳定性，一般需要进行支护和衬砌。支护的主要方式有：锚杆、钢架、钢筋网、喷射混凝土及其他的组合。衬砌的主要方式有：整体式混凝土衬砌、拼装式衬砌、喷射混凝土衬砌和复合式衬砌等。

1. 整体式混凝土衬砌

隧道开挖后，以较大厚度和刚度的整体模筑混凝土作为隧道的结构。为防止围岩掉块，坍塌，采用支撑或临时支护（传统上为各类支撑，如木支撑、钢支撑等），随着喷锚技术形成改为喷锚支护。但这种支撑或支护现作临时支护，而不作为结构的组成部分。

整体式衬砌按照工程类比不同的围岩类别采用不同的衬砌厚度，其形式有直墙式和曲墙式两种，而曲墙式又分为有仰拱和无仰拱两种。当有较大的偏压、冻胀力、倾斜的滑动推力或施工中出现大量坍方以及七度以上地震区等情况时，则应根据荷载特点进行个别设计。

(1)直墙式衬砌

这种类型的衬砌适用于地质条件比较好，垂直围岩压力为主而水平围岩压力较小的情况。主要适用于Ⅰ～Ⅲ级围岩，在短距离的高级别围岩相同的Ⅳ级围岩区段也可采用。衬砌由上部拱圈、两侧竖直边墙和下部铺底三部分组合而成。图 2-19 为铁路隧道Ⅲ级围岩直墙式衬砌定型设计图，拱部内轮廓线系由三心圆曲线组成。

(2)曲墙式衬砌

曲墙式衬砌适用于地质较差，有较大水平围岩压力的情况。主要适用于Ⅳ级及以上的围岩，Ⅲ级围岩双线。多线隧道也采用曲墙有仰拱的衬砌。它由顶部拱圈、侧面曲边墙和底板（或铺底）组成。除在Ⅳ级围岩无地上水，且基础不产生沉降的情况下可不设仰拱，只做平铺底外，一般均设仰拱，以抵御底部的围岩压力和防止衬砌沉降，并使衬砌形成一个环状的封闭整体结构，以提高衬砌的承载能力，图 2-20 为铁路隧道Ⅴ级围岩整体曲墙式衬砌标准图，其内部轮廓线由五心圆曲线组成。

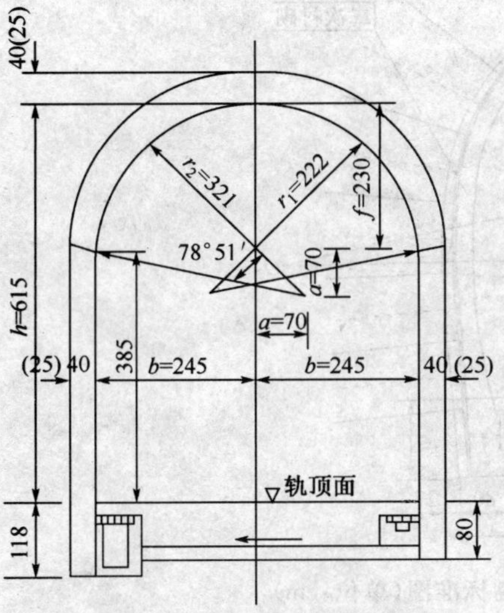

图 2-19　铁路隧道Ⅲ级围岩整体式衬砌标准图(单位：cm)

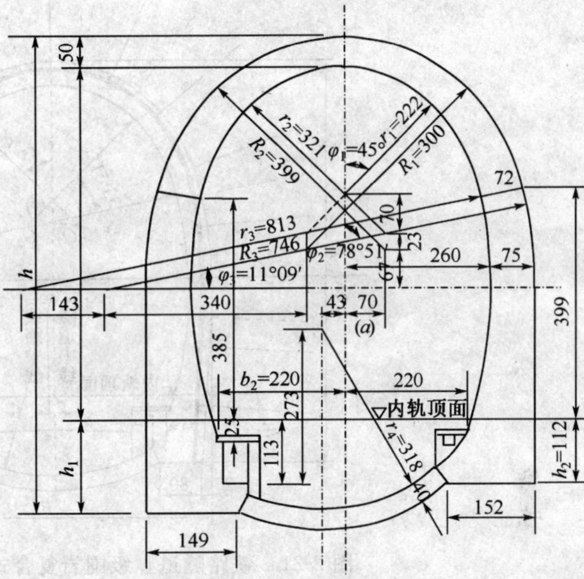

图 2-20　铁路隧道Ⅴ级围岩整体曲墙式衬砌标准图(单位：cm)

2. 装配式衬砌

装配式衬砌是将衬砌分成若干块构件，这些构件在现场或工厂预制，然后运到坑道内用机械将它们拼装成一环接着一环的衬砌。这种衬砌的特点是：拼装成环后立即受力，便于机械化施工，改善劳动条件，节省劳力。目前多在使用盾构法施工的城市地下铁道和水底隧道中采用。在铁路、公路隧道中由于装配式衬砌要求有一定的机械化设备，施工工艺复杂，衬砌的整体性及抗渗性差而未能推广使用。

3. 锚喷式衬砌

锚喷式衬砌是锚喷结构既作为隧道支护，又作为隧道永久结构的形式。它具有隧道开挖后衬砌及时，施工方便和经济的显著特点，特别是纤维喷射混凝土技术显著改善喷混凝土性能后，在围岩整体性较好的军事工程、各类用途的使用期较短及重要性较低的隧道中广泛使用。在公路、铁路隧道设计规范中，都有根据隧道围岩地质条件、施工条件和使用要求可采用锚喷衬砌的规定。铁路隧道设计规定中规定，锚喷衬砌设计应符合下列要求：①锚喷衬砌内轮廓线应比整体式衬砌适当发大，除考虑施工误差和位移量外，应再预留 10 cm 作为必要时补强用。②遇下列情况不应采用锚喷衬砌：地下水发育或大面积淋水地段；能造成衬砌腐蚀或特殊膨胀性围岩地段；最冷月平均气温低于－5 ℃地区的冻害地段；有其他要求的隧道。

4. 复合式衬砌

复合式衬砌把衬砌分成两层或两层以上，可以是同一种形式、方法和材料施作的，也可以是不同型式、方法、时间和材料施作的。目前大都采用内外两层衬砌。按内外衬砌的组合情况可分为：锚喷支护与混凝土衬砌；根据围岩条件不同分别采用不同的断面形式和支护、衬砌参数。如图 2-21 所示铁路隧道Ⅳ级围岩复合式衬砌标准图。

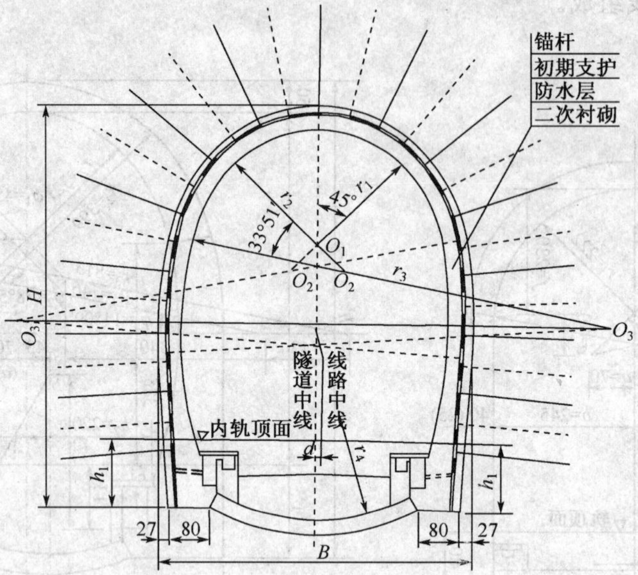

图 2-21　铁路隧道Ⅳ级围岩复合式衬砌标准图(单位：cm)

复合式衬砌是先在开挖好的洞壁表面喷射一层早强的混凝土(有时也同时施作锚杆)，凝固后形成薄层柔性支护结构(称初期支护)。它既能容许围岩有一定的变形，又能限制围岩产生有害变形，其厚度多在 5～20 cm 之间。一般待初期支护与围岩变形基本稳定后再施作内衬。为了防止地下水流入或渗入隧道内，可以在外衬和内衬之间设防水层，其材料可采用软聚氯乙烯薄膜、聚异丁烯片、聚乙烯等防水卷材，或用喷涂防水涂料等。

总之，复合式衬砌可以满足初期支护施作及时、刚度小易变形的要求，且与围岩密贴，从而能保护和加固围岩，充分发挥围岩的自承作用。二衬后，衬砌内表面光滑平整，可以防止外层风化，装饰内壁，增强安全感，是一种合理的结构形式，是目前公路铁路隧道主要的结构形式。

二、洞门与明洞

1. 洞门

(1)洞门的作用

洞门的作用有以下几个方面：

①减少洞口土石方开挖量。洞口段范围内的路堑是根据地质条件以一定坡率开挖的，当隧道埋置较深时，开挖量较大，设置隧道洞门可以起到挡土墙的作用，减少土石方开挖量。

②稳定边、仰坡。修建洞门可减小引线路堑的边坡高度，缩小正面仰坡的坡面长度，使边坡及仰坡得以稳定。

③引离地表水流。地表水流往往汇集在洞口，如不排除，将会浸害线路，妨碍行车安全。修建洞门可以把水流引入侧沟排走，确保运营安全。

④装饰洞口。洞口是隧道唯一外露部分，是隧道的正面外观。修建洞门可起装饰作用，特别在城市附近、风景区及旅游区内的隧道更应配合当地的环境，给予艺术处理进行美化。

(2)洞门的形式

由于隧道洞口所处的地形、地质条件不同,洞门形式也有所不同,主要有如下几种,如图 2-22 所示。

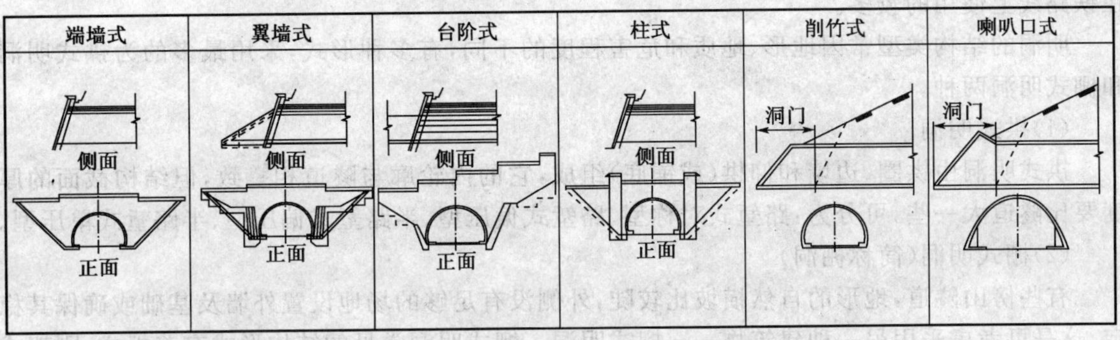

图 2-22　洞门形式图

①洞口环框

当洞口石质坚硬稳定(Ⅰ～Ⅱ级围岩),且地形陡峻无排水要求时,可仅修建洞口环框,以起到加固洞口和减少洞口雨后滴水的作用。

②端墙式(一字式)洞门

端墙式(一字式)洞门是最常见的洞门。它适用于地形开阔、石质较稳定(Ⅱ～Ⅲ级围岩)的地区,由端墙和洞门顶排水沟组成。端墙的作用是抵抗山体纵向推力及支持洞口正面上的仰坡,保持其稳定。洞门顶水沟用来将仰坡流下来的地表水汇集后排走。

③翼墙式(八字式)洞门

当洞口地质较差(Ⅳ级及以上围岩),山体纵向推力较大时,可以在端墙式洞门的单侧或双侧设置翼墙。翼墙在正面起到抵抗山体纵向推力,增加洞门的抗滑及抗倾覆能力的作用。两侧面保护路堑边坡起挡土墙作用。翼墙顶面与仰坡的延长面相一致,其上设置水沟,将洞门顶水沟汇集的地表水引至路堑侧沟内排走。

④柱式洞门

当地形较陡(Ⅳ级围岩),仰坡有下滑的可能性,又受地形或地质条件限制,不能设置翼墙时,可在端墙中部设置 2 个(或 4 个)断面较大的柱墩,以增加端墙的稳定性。柱式洞门比较美观,适用于城市附近、风景区或长大隧道的洞口。

⑤喇叭口式洞

高速铁路隧道,为减缓高速列车的空气动力学效应,在单线隧道洞一般设喇叭口洞口缓冲段,同时兼作隧道洞门。

上述几种洞门是铁路隧道常用的主要形式。在工程实际中,还有根据地形和地质条件减小圬工数量、洞门墙受力状态、控制仰坡坡高度等原因而采用的“台阶式”、“削竹式”、“斜交式”洞门等形式。

2. 明洞

明洞是隧道的一种变化形式,它用明挖法修筑。所谓明挖指把岩体挖开,在露天修筑衬砌,然后回填土石。这样修筑的构筑物,外形几乎与隧道无异,有拱圈、边墙和底板,净空与隧道相同,和地表相连处,也设有洞门、排水设施等。

明洞一般修筑在隧道的进出口处，当遇到地质差且洞顶覆盖层较薄，用暗挖法难以进洞时，或洞口路堑边坡上有落石而危及行车安全时，或铁路、公路、河渠必须在铁路上方通过，且不宜做立交桥或涵渠时，均需要修建明洞。它是隧道洞口或线路上起防护作用的重要建筑物，在铁路线上使用的较多。

明洞的结构类型常因地形、地质和危害程度的不同，有多种形式，采用最多的为拱式明洞和棚式明洞两种。

(1)拱式明洞

拱式明洞由拱圈、边墙和仰拱(或铺底)组成，它的内轮廓与隧道相一致，但结构截面的厚度要比隧道大一些，可分为：路堑式对称型、路堑式偏压型、半路堑式偏压型、半路堑式单压型。

(2)棚式明洞(简称棚洞)

有些傍山隧道，地形的自然横坡比较陡，外侧没有足够的场地设置外墙及基础或确保其稳定，这是可考虑采用另一种建筑物——棚式明洞。棚式明洞常见的结构形式有盖板式、刚架式和悬臂式三种。

三、附属建筑物

为了使隧道正常使用，保证列车安全运营，除上述主体建筑物外，还要修筑一些附属建筑物。其中包括：防排水设备、电力及通信信号的安放设备及运营通风设施等。

1. 防排水设施

保持隧道干燥是使其能够正常运营的重要条件之一。但隧道内经常有一些地下水渗漏进来，且维修工作也会带来一些废水。隧道漏水易引起漏电事故和造成金属的电蚀现象，使隧道内的各种附属设施霉烂、锈蚀、变质、失效。公路隧道内路面积水将改变路面反光条件，引起眩光，使车辆打滑，影响正常行驶。在严寒地区，冬季渗入洞内的水结成冰凌，倒挂在衬砌拱顶上，侵入净空限界，危及行车安全。因此隧道的防排水是隧道设计、施工和运营中的一个重要问题。

隧道的永久性防排水，是用防排水工程措施实现的。通过理论和实践经验的总结，提出了“截、堵、排”综合治理的方法。

(1)“截”

它是指截断地表水和地下水流入隧道的通路。为了防止地表水渗入地层内，主要采取以下措施：

①在洞口仰坡外缘 5 m 以外，设置天沟，并加以铺砌。当岩石外露，地面坡度较陡时可不设天沟。仰坡上可种植草皮、喷抹灰浆或加以铺砌。

②对洞顶天然沟槽加以整治，使山洪渲泄畅通。

③对洞顶地表的陷穴、深坑加以回填，对裂缝进行堵塞。处理隧道地表水时，要有全局观点，不应妨害当地农田水利规划，做到因地制宜，一改多利，各方满意。

(2)“堵”

它是指衬砌防水，即堵住地下水从衬砌背后渗入隧道内。其办法是在衬砌外围、衬砌中间或在其内表面设置防水层，或进行压浆。

①防水层：防水层种类很多，大致可归纳为两类。一类为粘贴式防水层，如用沥青将油毡(或麻布)粘贴在衬砌的外表面(适用于明挖修建的地下工程)，复合式衬砌在初期支护与二次

模筑衬砌之间可粘贴软聚氯乙烯薄膜/聚异丁烯片、聚乙烯片等防水卷材。另一类为喷涂式防水层，如“881”涂膜防水胶、阳离子乳化沥青等防水剂。

②压浆：向支护背后压注水泥砂浆，用以充填支护与围岩之间的空隙，以堵住地下水的通路，并使支护与围岩形成整体，改善支护受力条件。采用压浆分段堵水，使地下水集中在一处或几处后再引入隧道内排出，此法可收到良好的防水效果。

(3)“排”

它是将地下水排入隧道内，再经由洞内的水沟排走。隧道内设置的排水建筑物有：

①排水沟。除了长度在100 m以下，且常年干燥无水的隧道以外，一般的隧道都应设置排水沟，使渗漏到洞内的和从道床涌出的地下水，沿着带有流水坡的排水沟，顺着线路方向引出洞外。排水沟的断面按排水量计算确定，但一般沟底宽不应小于40 cm，沟深不应小于35 cm。沟底纵坡宜与线路纵坡一致。水沟上面应设有预制的钢筋混凝土盖板，其顶面应与避车洞底面齐平。排水沟在一定长度上应设检查井，以便随时清理残渣。

②盲沟。在衬砌背后，用片石或埋管设置环向或竖向盲沟，以汇集衬砌周围的地下水，并通过盲沟底部泄水孔(或预埋管)引入隧道侧沟排出。

2.隧道附属建筑物

(1)避车洞

当列车通过隧道时，为了保证洞内行人、维修人员及维修设备(小车、料具)的安全，在隧道两侧边墙上交错均匀修建的人员躲避及放置车辆、料具的洞室叫避车洞。时速200 km以上的高速铁路隧道，避车洞的设置将从空气动力学上影响高速运行的列车，而高速运行的列车将产生强烈的列车风。采用较大的隧道内净空面积后，在隧道内净空轮廓范围内设置宽1.2 m人员待避区时，不再设置避车洞；或从维修管理模式上改变行车及行车间隔时间，进洞维修。每天集中时停车“天窗”进行综合检查与维修时，可不设人员待避区或避车洞。

避车洞根据其断面尺寸的大小分为大避车洞及小避车洞两种。

①大避车洞

在碎石道床的隧道内，每侧相隔300 m布置一个避车洞，在整体道床的隧道内，因人员行车待避较方便，且线路维修工作量较小，为此，每侧相隔420 m布置一个大避车洞。

当隧道长度在300～400 m时，可在隧道中间布置一个大避车洞；隧道长度在300 m以下时，可不布置大避车洞；如果两端洞口接桥或路堑，当桥上无避车台或路堑两边侧沟外无平台时，应与隧道一并考虑布置大避车洞。

②小避车洞

无论在碎石道床或整体道床的隧道内，每侧边墙上应在大避车洞之间间隔60 m(双线隧道按30 m)布置一个小避车洞。如隧道邻近有农村市镇，或曲线半径小，视距较短时，小避车洞可适当加密。

(2)电缆槽

穿越铁路隧道的各种电缆，如照明、通信、信号以及电力等电缆，必须有一定的保护措施，即设置电缆槽来防止潮湿，腐烂以及人为的破坏。

电缆槽用混凝土浇筑，可与水沟同侧并与水沟并行，或设置在水沟的异侧。槽内铺以细砂做垫层，低压电缆可直接放在垫层面上，高压电缆则吊在槽边预埋的托架上。槽顶设有盖板防护。盖板顶面应与避车洞底面或道床顶面齐平。当电缆槽与水沟同侧并行时，应与水沟盖板齐平。通信、信号电缆可设在一个电缆槽内，也可以分设。但通信、信号电缆必须和电力电缆分槽设置。

复习思考题

1. 隧道平面位置和洞口位置选择的影响因素和选择原则是什么？
2. 曲线隧道加宽的原因及方法是什么？曲线隧道加宽后与曲线隧道的衔接方式如何？
3. 隧道洞身衬砌的作用、构造、衬砌类型及其适用条件是什么？
4. 什么是隧道净空？什么是建筑限界？它们是如何确定的？
5. 洞口的类型有哪些？各自的特点是什么？

第三章　铁路隧道工程地质

隧道或地下工程修筑在地质体中，因此，合理地进行隧道结构的设计和施工的前提是正确地理解和掌握这种地质体的基本性质和工程性质。

从宏观上说，地质体基本上可分岩体和土体两大类，岩体是由岩石、各种类型的结构面及充填物组成的；而土体通常是指土和破碎岩石等非胶结的粒状集合体。大多数隧道工程都是修筑在岩体中的。

隧道围岩是指隧道开挖所影响的那一部分岩(土)体，或是对隧道稳定性有影响的那一部分岩(土)体。这部分岩(土)体因受到开挖和支护过程的影响，其性质有所变化。一般来说，岩(土)体处在原始状态之下，未受到人为的工程外力(开挖、爆破等)的干扰和破坏；而围岩则不同，它受到人为的工程外力的作用，变得松弛，强度也会降低、劣化。所以研究和了解围岩工程性质的这种变化，在隧道工程中是极其重要的。

第一节　铁路隧道一般工程地质问题

地下结构围岩的工程性质，一般包括3个方面：物理性质、水理性质和力学性质。而对围岩稳定性最有影响的是力学性质，即围岩抵抗变形和破坏的性能。围岩既可以是岩体，也可以是土体。本节仅涉及岩体的力学性质，有关土体的力学性质将在土力学中研究。

岩体是在漫长的地质历史中，经过岩石建造、构造形变和次生蜕变而形成的地质体。它被许许多多不同方向、不同规模的断层面、层理面、节理面和裂隙面等各种地质界面切割为大小不等、形状各异的各种块体。工程地质学中将这些地质界面称为结构面或不连续面，将这些块体称为结构体，并将岩体看作是由结构面和结构体组合而成的具有各种结构特征的地质体。所以，岩体的力学性质主要取决于岩体的结构特征、结构体岩石的特性以及结构面的特性。环境因素尤其是地下水和地温对岩体的力学性质影响很大。在众多因素中，哪个起主导作用需视具体情况而定。

在软弱围岩中，节理和裂隙比较发育，岩体被切割得很破碎，结构面对岩体的变形和破坏都不起什么作用，所以，岩体的特性与结构岩石的特性并无本质区别。当然，在完整而连续的岩体中也是如此。反之，在坚硬的块状岩体中，由于受软弱结构面切割，使块体之间的联系减弱，此时，岩体的力学性质主要受结构面的性质及其在空间的位置所控制。

由此可见，岩体的力学性质必然是诸因素综合作用的结果，只不过有些岩体是岩石的力学性质起控制作用，而有些岩体则是结构面的力学性质占主导地位。

岩体与岩石相比，两者有着很大的区别，与工程问题的尺度相比，岩石几乎可以被认为是均质、连续和各向同性的介质。而岩体则具有明显的非均质性、不连续性和各向异性。

一、岩石的力学性质

岩石通常是由不同矿物经由各种地质作用而形成的,因而其性质主要由构成岩石的矿物成分、排列顺序和矿物间的联系状态而定。自然界中存在的矿物种类极多,故岩石的基本性质也是多样的,而且变化幅度也较大。

本节重点介绍岩石的力学性质,即强度及变形性质。强度性质包括抗压、抗拉、抗剪性能以及描述这些性能的指标;变形性质包括描述岩石变形特征的物理量和岩石在不同荷载状态作用下的应力—应变关系。其他可参阅有关岩石力学专著。

1. 岩石的变形性质

岩石变形的基本特征是联系应力和变形的变形模量 E 和泊松比 μ,另一个在物理方程中常常遇到的系数 G 是由前两个派生出来的。在线弹性变形范围内,E 具有弹性模量的含义并可用法向应力与该方向的应变值之比来表示。在这种情况下,G 有剪切模量的含义,也是一个常数,即

$$G=\frac{E}{2(1+\mu)} \tag{3-1}$$

与金属不同,岩石的弹性极限是一个极有条件的性质,因为当应力水平较小的时候就会出现残余变形。如果采取多次加载、卸载的方法,得到的弹性模量值将比一次加载确定的弹性模量大 1.2～1.5 倍,在某些情况下甚至更大些。

岩石属于各向异性材料,其受压、受拉的性能是不相同的,所以,视荷载作用方向,变形模量也是不同的。遗憾的是,目前还没有这方面的充分资料。对某些页岩研究的个别结果指出,受压时的变形模量比受拉时大 1.2～1.5 倍,对砂黏土是 1.5～5 倍。受拉与受压时变形模量的不同是由于变形过程的不同性质所决定的。受压时,其变形过程可分为若干阶段:如裂隙闭合、形成新裂隙、裂隙的不稳定扩展以及强度丧失等,而受拉时上述情况几乎是同时出现的。

岩石的变形性质与应力状态有关。由单向应力状态变为多向应力状态时,由于平均的法向应力(σ_{cp})的增大,将导致变形模量的增加,这个现象与试件密度的变化有关,特别是对空隙率大的岩石。例如对冻结砂岩,当 σ_{cp} 由 4 MPa 增大到 8 MPa 时,变形模量增大 1.5 倍。对石灰岩,当各向压力从 0 增加到 10 MPa 时,变形模量增加 10%,而黏土增加 2.5%,砂岩则增加 35%～40%。

另一个重要的变形指标——泊松比 μ 是横向应变 ε' 与纵向应变 ε(单向受拉或受压)比值的绝对值,即

$$\mu=\left|\frac{\varepsilon'}{\varepsilon}\right| \tag{3-2}$$

在线性变形范围内,泊松比是个常数。

通常情况下,通过试验测得的 μ 值从形成裂隙阶段的 0.22 增加到强度丧失阶段的 0.33。在某些情况下,在岩石破坏阶段 μ 值会大于 0.5。但 μ 值并不影响岩石应力—应变状态的定性图式,对这个状态定量方面的影响也不大,例如,把 0.3 代以 0.5,误差约为 10%～15%,即处在实验精度范围之内。因此,在解决弹塑性问题时,令 $\mu=0.5$ 是有根据的。

应该指出，在地下工程实践中，岩石多数是处在多向应力状态之下的。通过三轴压缩试验所得的结果，大体上可把岩石试件的内部变化分为4个阶段（图3-1）。

第1阶段：在O—Ⅰ部分上加轴压差（轴向压力σ_1与围压σ_3之差，以下同）应力σ后，纵向产生很大应变，随着σ的增大，轴向应变ε_a的增幅逐渐减小，即变形模量E增大，并接近一定值；但是横向应变ε_e的增幅比纵向应变小，所以泊松比μ逐渐减小，这说明随着σ的增加，体应变也减小。在第1阶段，岩石的空隙在围岩轴压作用下闭合。

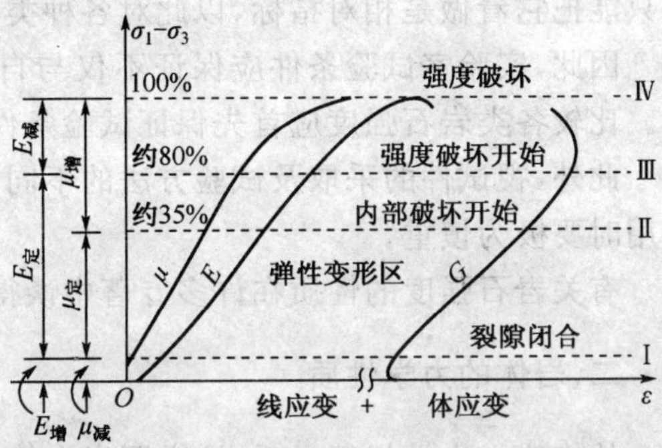

图3-1　三轴压缩试验时岩石的应力—应变关系

第2阶段：图中的Ⅰ—Ⅱ部分，轴差应力和纵向应变、横向应变、体应变之间皆呈直线关系，即符合虎克定律的条件。在这一阶段空隙闭合，岩石成为构成矿物粒子的紧密的固体集合物，即显示完全确定的性质。在此阶段弹性模量E、泊松比μ和剪切模量G均为定值。

第3阶段：轴差应力大于Ⅱ点后，轴向应力σ_a和轴向应变ε_a的关系没有变化，即变形模量仍为定值，但横向应变ε_e增大，所以泊松比也变大。这说明，试件体积变小的比例比以前减小了，在试件内部逐渐产生纵向裂隙。因此Ⅱ点是开始产生纵向裂隙的始点，即在Ⅱ点这个试件开始破坏。

第4阶段：轴差应力超过Ⅲ点，纵向应变和横向应变都比前一阶段增大，应力和纵向应变的关系偏离直线关系，E值减小。此外μ的增大比例也比Ⅱ—Ⅲ阶段大。在这一阶段裂隙逐步贯穿试件，构成岩石的颗粒被压碎，因此产生空隙，体积增大。但增大的体积应变在Ⅲ点达到最大值后逐渐减小，Ⅲ点是发生不稳定裂隙的始点。因此第4阶段是岩石材料破碎.分解的过程。

依上所述，岩石的变形、破坏现象与压力条件有关。在一定应力水平或长期作用下，岩石会由弹性变形转变为非弹性变形，甚至塑性流动变形。因此研究岩石的应力—应变本构关系是非常重要的。

2.岩石的强度性质

岩石强度是指它抵抗各种力的作用而不被破坏的能力。岩石强度通常有抗压强度、抗拉强度、抗剪强度（包括内摩擦角及黏聚力）等，它们在岩石和隧道工程设计中具有不同的重要性。

岩石的单轴抗压强度通常是以单轴试验得到的破坏前的最大应力定义的，它与岩石的其他物性指标有较好的互换性，而且试验数据的分散性较小，试验方法简单，在隧道工程设计中应用较广。

由单轴拉伸试验得到的最大应力定义为抗拉强度，一般可用劈裂试验确定。前已指出，坑道周围岩体的破坏，多数是由拉应力造成的。因此，研究岩石的抗拉强度很重要。

抗压强度与抗拉强度之比谓之脆性度。岩石的脆性度约为10～20。

抗剪强度指在三轴试验得到的破坏应力圆的包络线与τ轴相交的长度（$\sigma=0$），与此同时可以决定内摩擦角φ。

影响岩石强度的因素很多，通常可以分为两类。第1类包括与岩石构造—力学性质有关的因素，如岩石的组成、构造、组织、非均质性、各向异性、含水量等。第 2 类包括与进行试验工艺方面有关的因素，其中重要的有：试件端部的接触条件、试件尺寸及其形状、加载速度等。因而只能把它看做是相对指标，以此对各种类型岩石的强度进行比较。

因此，实验室试验条件应保证不仅与自然条件有相似的应力状态，也应有同样的破坏性质。比较各类岩石强度应首先保证试验条件的一致，否则会得出错误的结论。

此外，视试件的采取及试验方法的不同，岩石力学性质有很大的变化，数值极为分散，因此使用时要极为慎重。

有关岩石强度的性质在许多专著中谈得较多，此处从略。

二、岩体的力学性质

从构造—力学特征上看，坑道围岩大体上可分为无裂隙岩体和裂隙岩体两大类。地下工程在多数情况下是修筑在裂隙岩体中的，因此目前许多研究重点都放在裂隙岩体的构造—力学特征上。

1. 裂隙岩体的构造及其破坏特征

裂隙岩体的地质构造特征是结构面的存在。结构面是由各种地质原因形成的，有的是原生的（节理、层面等），有的是次生的（构造、风化等）。结构面的存在使岩体的力学、变形的各向异性极为显著，不均质性也很突出（本节只分析裂隙岩体的构造对力学性质的影响）。

结构面使岩体变成不同岩块的组合体，从而赋予岩体不同的结构形态或破碎状态。根据它们对岩体的力学性质和围岩稳定性的影响（称为岩体的结构效应），工程地质学将岩体划分为 4 种结构类型：

（1）整体结构，含整体结构和块状结构。其变形的重要特征是横向应变与纵向应变之比小于 0.5，破坏前的应变是连续的，在低围压作用下的破坏是脆性的，高围压时为剪切破坏，应力传播遵循连续介质中的传播规律，如图 3-2 所示。

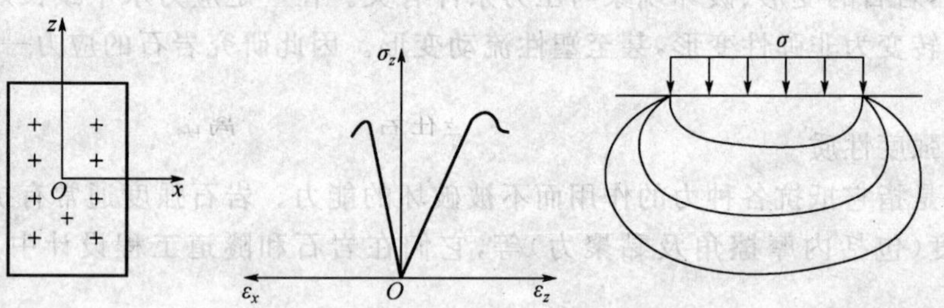

图 3-2　连续介质中应力的传播规律

（2）层状结构，含层状结构和板状结构。其变形特征主要是结构面的变形，一般不用变形模量，而是用变形系数来表示。岩体的破坏则是沿结构面的滑移，应力传播具有明显的不连续性（图 3-3）。

（3）碎裂结构，含镶嵌结构、层状碎裂结构和碎裂结构。其变形初期是将裂隙和空隙压密，表现出更大的不可恢复的塑性变形；随后是结构体的变形，并伴随有结构面张开，破坏形式主要为剪切变形。应力的传播与岩体结构特征关系十分密切，并具有不连续性。但这种不连续性是有限度的，随着围压的提高很快消失，随之转化为连续。

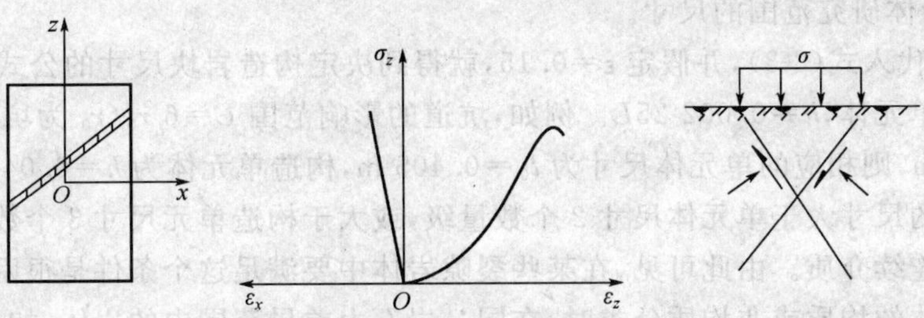

图 3-3　裂隙岩体中应力的传播规律

(4)散体结构。与碎裂结构的变形和破坏形式相同。

在各种类型的结构面中，软弱结构面对岩体稳定性影响很大，它是决定岩体强度的基本条件。对地下坑道来说，围岩中存在单一的软弱面，一般并不会影响坑道的稳定，这是与岩石边坡所不同的。只在出现 2 组或 2 组以上的断裂系统时，才能形成分离的岩块。另外，在进行稳定性分析时，还要对结构面的性质进行判断，要判断哪些是软弱面。有些虽然是结构面，但不一定是软弱面，如硅质、钙质胶结的节理面和岩脉接触面等，它们的强度很大。因此，软弱面基本是指断层、剪切带、破碎带、泥质充填的节理、软弱夹层等控制岩体强度的结构面，其强度较岩石强度低。

由此可见，岩石只是构成岩体的一部分，它的性质并不能代表岩体的性质，这一点是必须明确的。由上述条件决定的岩体构造—力学特征是非连续性、非均质性、各向异性和突变性的。

是否存在着可能性，将非连续性、非均质性、各向异性和突变性视为连续体？

连续性的数学概念是要求应力和变形的连续。由于岩体结构的颗粒、层理、裂隙等都破坏了岩体的连续性，结果把岩体分割成层状、块状等单元体。但是，如果所有这些单元，像一个整体似的变形，从这个概念的数学意义上来说则可视为连续介质。

利用连续介质力学研究岩体的方法是以下述原则为基础的：首先，研究叫做单元体的某一小范围岩体的应力状态，以此来代表欲研究的岩体；其次，这个单元体可以代表整个岩体的状态。因此，采用连续介质力学方法的必要条件是在岩体中能分离出单元体，且单元体应具有该岩体的所有性质，但是比研究的对象小很多，以便它的应力—应变状态可以视为一点的状态。换句话说，单元体是无限小的岩体，但还具有岩体的全部性质。

因此，在确定问题和选择解决问题的方法时，首先必须确定岩体是连续体还是散粒体。如果可以视为连续介质，则岩体的单元体就要包含足够的构造岩块，以保持岩体的整个构造特性。可用下式确定单元体的尺寸：

$$l_0 \approx 10h \tag{3-3}$$

式中　l_0——单元体的尺寸；

h——构造岩块的平均尺寸。

即单元体的尺寸约比构造岩块尺寸大一个数量级。此外，单元体尺寸还应保证应力或变形值的变化不超过 15%。据此，曾确定单元体上应力偏差值(与平均应力的差值)与单元体尺寸的关系为

$$\varepsilon = \sqrt{l_0 / L} \tag{3-4}$$

式中　L——岩体研究范围的尺寸。

把式(3-4)代入式(3-3)，并假定 $\varepsilon=0.15$，就得到决定构造岩块尺寸的公式，并能够在研究的岩体内分出单元体，$h=0.002\,25L$。例如，坑道的影响范围 $L=6\,r_0$（r_0 为坑道半径），当 $r_0=3.0$ m，$L=18$ m，则相应的单元体尺寸为 $l_0=0.405$ m，构造单元体为 $h=0.040\,5$ m。这说明，如果研究范围的尺寸大于单元体尺寸 2 个数量级，或大于构造单元尺寸 3 个数量级，则裂隙岩体就可视为似连续介质。由此可见，在某些裂隙岩体中要满足这个条件是很困难的。

在进行岩体的均质或非均质分类时，在同一岩石力差异范围内的岩体，如果它的性质的离散系数不超过 25%，就可认为是似均质的。

2. 裂隙岩体的强度性质

裂隙岩体的变形及强度性质的研究是目前岩体力学研究的重大课题之一。迄今为止，各国都对此进行了大量的试验研究和理论分析，但还没有得到完善的解决。

根据日本京都大学足立纪尚等人用模拟裂隙岩块试验研究了不连续面对岩体强度的影响。不连续面角度 α 为 0°、15°、30°、45°和 60°。图 3-4 为其试验结果。图中上面实线为无不连续面的最大岩石强度，下面实线相当于岩石的残余强度。由图可知，有不连续面的岩体强度，视 α 角变动在岩石的最大强度和残余强度之间。其次，当 $\alpha=60°$ 时，岩体强度最低，岩体强度极其接近岩石的残余强度，因此足立纪尚等建议用岩石的残余强度来近似地表示有不连续面的岩体强度。

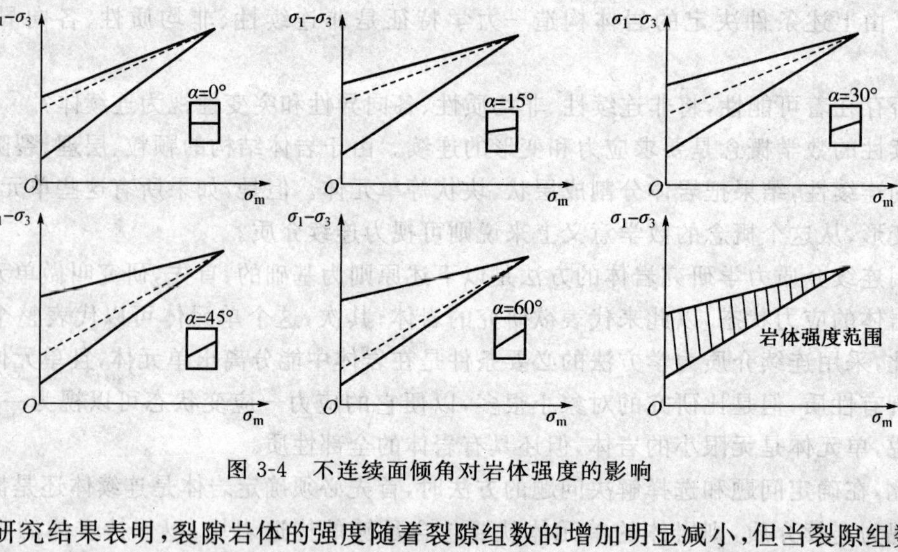

图 3-4　不连续面倾角对岩体强度的影响

试验研究结果表明，裂隙岩体的强度随着裂隙组数的增加明显减小，但当裂隙组数增加到一定程度之后，强度不再继续降低，而接近岩石的残余强度，如表 3-1 所示。

表 3-1　裂隙组数对岩体强度影响的试验结果

砌体类型							说　明
试验值	1.0	0.72	0.47	0.31	0.14	0.16	试件尺寸(cm)：15×15×30 试件强度(MPa)：31.8～34.6 结构面强度：$c=0.11$ MPa，$\varphi=38°$
建议值	>0.9	0.7	0.5	0.30	<0.15		

注：表中数值为试件的强度与岩石试件强度的比值。

裂隙岩体强度的理论预估也表明，随着岩体中不连续面的增加，岩体的强度性态有逐渐变为各向同性的趋势。因此，在地下工程设计中，把含有4条或4条以上不连续面的岩体当做各向同性体看待是合理的。

影响岩体强度的因素很复杂，以致目前还很难用一个公认的函数式加以表达。因此根据岩体的状态用经验的方法加以估计，有时是可取的。

例如前苏联学者建议用下式估计岩体的强度：

$$R_{cs}=R_c\eta \tag{3-5}$$

式中　R_c——岩石试件强度；

η——岩体构造削弱系数，其值见表3-2。

表3-2　岩体构造对强度的削弱系数 η

岩体状态	η的建议值
层厚大于1.0 m，有1组裂隙，间距大于1.5 m	0.9
层厚在0.5～1.0 m之间，不超过2组裂隙，间距在1～1.5 m之间	0.7
层厚在0.5～1.0 m之间，有三四组裂隙，间距在0.5～1.0 m之间	0.5
层厚小于0.5 m，裂隙少于6组，间距小于0.5 m	0.3
层厚小于0.3 m，裂隙大于6组，间距小于0.3 m	0.1～0.2

由表3-2中可见，η是与岩体质量相关的系数，可通过多种方法决定，并赋予不同的定义。例如以岩芯未破坏岩块（大于10 cm）的总长$\sum l_i$与所取岩芯总长L的比值来决定，以百分数表示。此时定义岩石的质量指标

$$\text{RQD}(\%)=\sum l_i/L\times 100\% \tag{3-6}$$

将RQD代入式(3-5)，得

$$R_{cs}=R_c\text{RQD}/100 \tag{3-7}$$

或用现场测定的岩体弹性波速度v的平方与同种岩石试件弹性波速度v_0的平方的比值来决定，此时定义为岩体完整性指数，则

$$K_v=\frac{v^2}{v_0^2} \tag{3-8}$$

在石质围岩中，当裂隙间没有黏土充填时，K_v可按下列经验式估算，则

$$K_v=\frac{1}{100}(115-3.3J_v)$$

式中　J_v——每立方米的裂隙数（当$J_v\leqslant 4.5$时，$K_v=1$）。

将K_v代入式(3-5)，得

$$R_{cs}=K_vR_c=(v^2/v_0^2)R_c \tag{3-9}$$

日本曾用砂质黏板岩进行一系列试验。在试验中根据其裂隙状态将岩体分为下述4类，并研究了岩体抗压强度与弹性波速度之间的关系，列于表3-3。从表中可以看出，通过裂隙系数换算的R_{cs}与试验值极为接近。这为用弹性波法确定岩体强度提供了一条途径。

上述几个系数实质上是用以综合评定岩体质量的，把它们用于决定岩体强度只能认为是近似的，但由于它结合了地质的构造因素并与地质勘探技术相适应，故得到了较多的应用。

表 3-3 岩体抗压强度与弹性波速度之间的关系

类别	岩体弹性波速度 v (km/s)	岩石弹性波速度 v_0 (km/s)	完整性系数 $K_v=v^2/v_0^2$	岩体强度(MPa) $R_{cs}=K_vR_c$	含有裂隙的试件强度 R_{cs}(试验值)(MPa)
A	1.4～2.3	5.14	0.06～0.17	8.1～21.8	10.0～30.0
B	3.0～3.6	5.38	0.29～0.39	37.2～50.7	40.0～60.0
C	4.0～4.5	5.53	0.51～0.65	66.0～83.8	70.0～90.0
D	4.8～5.2	5.61	0.73～0.86	95.0～112.0	90.0～115.0

注：R_c=130 MPa。

可以这样认为，只要当岩体结构面的规模较小且结合力很强时，岩体的强度才能与岩石的强度接近。一般情况下，岩体的抗压强度只有岩石的70%～80%；结构面发育的岩体，仅5%～10%。和抗压强度一样，岩体的抗剪强度主要也是取决于岩体内结构面的性态，包括它的力学性质、充填情况、产状、分布和规模等；同时还受剪切破坏方式所制约。当沿结构面滑移时，多属于塑性破坏，峰值剪切强度较低，其强度参数 φ(内摩擦角)一般变化于10°～45°之间；c(黏聚力)变化于0～0.3 MPa之间，残余强度和峰值强度比较接近。当岩石被剪断时的破坏属于脆性破坏，剪断时的峰值强度较上述的高得多，其 φ 值一般变化于30°～60°之间，c 值有高达几十兆帕的，残余强度和峰值强度之比随峰值强度的增大而减小，变化在0.3～0.8之间。当受结构面影响而沿岩石剪断时，其强度介于上述两者之间。在 τ-σ 平面上画出岩体、岩石和结构面的抗剪强度包络线就能看出这三者之间的关系如图3-5所示。

3. 裂隙岩体的变形性质

裂隙岩体的变形性质与完整岩体的变形性质不同。它比完整岩体更易变形，这主要是因为构造岩块彼此间的位移所造成的。同时，在它们的接触面(可能是全面接触、点接触或一般接触)上还发生摩擦力。沿构造岩块接触面变形(滑动和转动)的可能性有时会导致破坏其变形的一般规律。

岩体的抗拉变形能力很低，或者根本没有。因此，岩体受拉后立即沿结构面发生断裂，一般没有必要专门研究岩体的受拉变形性能。

岩体的受压变形性能，可以用它在受压时的应力—应变曲线，亦称本构关系来说明。岩石的应力—应变关系比较明显，说明它以弹性变形为主。软弱结构面的应力—应变呈现出非线性关系，说明它以塑性变形为主。而岩体的应力—应变关系要复杂得多。图3-6分别画出了典型的岩石、软弱结构面和岩体单轴受压时的应力—应变曲线。

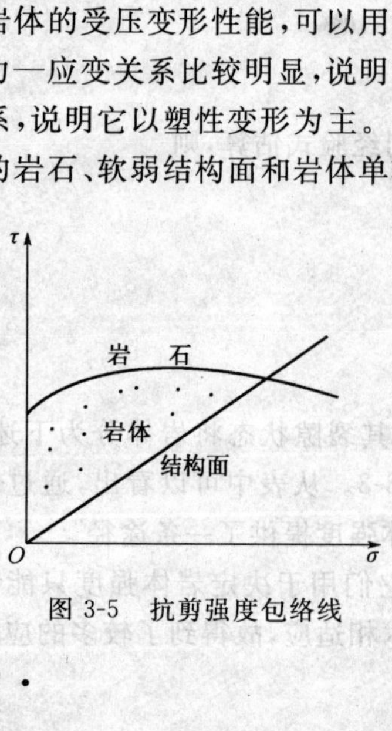

图 3-5 抗剪强度包络线

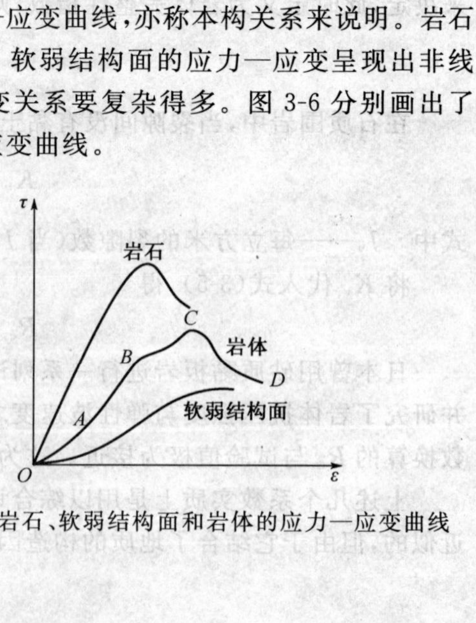

图 3-6 岩石、软弱结构面和岩体的应力—应变曲线

从图中可以看出，典型的岩体应力—应变曲线可以分解为4个阶段：

(1) 压密阶段(OA)：主要是由岩体中结构面的闭合和充填物的压缩而产生的，形成了非线性凹状曲线，变形模量小，总的压缩量取决于结构面的性态，且这部分变形本质上是不能恢复的，属于不可恢复的塑性变形。

(2) 弹性阶段(AB)：岩体充分压密后便进入弹性阶段。所出现的弹性变形是岩体的结构面和结构体共同产生的，应力—应变关系呈直线。同时，岩体的弹性模量也趋近于整体岩石的数值。

(3) 塑性阶段(BC)：岩体继续受力，变形发展到弹性极限后便进入到塑性阶段，此时岩体的变形特征受结构面和结构体的变形特性共同制约。整体性好的岩体延性小，塑性变形不明显，达到强度极限后便迅速破坏。破裂岩体塑性变形大，有的甚至从压密阶段直接发展到塑性阶段，而不经过弹性阶段。

(4) 破裂和破坏阶段(CD)：应力达到峰值后，岩体即开始破裂和破坏。破坏开始时，应力下降比较缓慢，说明破裂面上仍具有一定的摩擦力，岩体还能承受一定的荷载。而后，应力急剧下降，岩体全面崩溃。

从岩体的应力—应变曲线的分析中可以看出，岩体既不是简单的弹性体，也不是简单的塑性体，而是较为复杂的弹塑性体。整体性好的岩体接近弹性体，破裂岩体和松散岩体则接近于塑性体。

第二节 铁路隧道围岩分级

一、概　述

围岩是指隧道开挖后其周围产生应力重分布范围内的岩体，或指隧道开挖后对其稳定性产生影响的那部分岩体(这里所指的岩体是土体与岩体的总称)。

修建隧道所遇到的地质条件从松散的流砂到坚硬的岩石，从完整的岩体到极破碎的断裂构造带等，其变化幅度大。在不同的岩体条件中开挖隧道后岩体所表现出的性态是不同的，可归纳为充分稳定、基本稳定、暂时稳定和不稳定四种。

由于隧道工程所处的地质环境十分复杂，人们对它的认识还远不够完善。根据长期的工程实际，工程师们认识到各种围岩的物理性质之间存在一定的内在联系和规律，依照这些联系和规律，可将围岩划分为若干级，这就是围岩分级。围岩分级的目的是：作为选择施工方法的依据；进行科学管理及正确评价经济效益；确定结构上的荷载(松散荷载)；给出衬砌结构的类型及其尺寸；制定劳动定额、材料消耗标准的基础等等。

围岩分级在当前以经验判断为主的技术水平的情况下，显得尤为重要。因此各国都研究实施了众多的分级方法，人们从使用的角度，要求比较理想的分级方法是：①准确客观，有定量指标，尽量减少因人而异的随机性；②便于操作使用，适于一般勘测单位所具备的技术装备水平；③最好在挖开地层前得到结论。

二、围岩的分级方法

围岩分级的原则有多种，它是在人们的不断实践和对围岩的地质条件逐渐加深了解的基础上发展起来的。不同的国家，不同的行业根据各自的工程特点提出了各自的围岩分级原则。

现行的许多围岩分级方法中，作为分级的基本要素大致有三大类：

第Ⅰ类：与岩性有关的要素，例如分为硬岩、软岩、膨胀性岩类等。其分级指标是采用岩石强度和变形性质等。例如岩石的单轴抗压强度、岩石的变形模量或弹性波速度等。

第Ⅱ类：与地质构造有关的要素，如软弱结构面的分布与性态、风化程度等。其分级指标采用诸如岩石的质量指标、地质因素评分法等。这些指标实质上是对岩体完整性或结构状态的评价。这类指标在划分围岩的级别中一般占有重要的地位。

第Ⅲ类：与地下水有关的要素。

目前国内外围岩的分级方法，考虑上述三大基本要素，按其性质主要分为如下几种：

1. 以岩石强度或岩石的物性指标为代表的分级方法

(1)以岩石强度为基础的分级方法

这种围岩分级方法，单纯以岩石的强度为依据。例如我国解放前及解放初期(如修成榆线时)的土石分级法，即把岩石分为坚石、次坚石、松石及土四类，并设计出相应的四种隧道衬砌结构类型。在国外，如日本初期采用的"国铁铁石分级法"。

这种分级方法认为坑道开挖后，它的稳定性主要取决于岩石的强度。岩石愈坚硬，坑道愈稳定；反之，岩石愈松软，坑道的稳定性就愈差。实践证明，这种认识是不全面的。例如我国陕北的老黄土，无水时直立性很强，稳定性相当高，在无支护条件下可维持十几年、几十年之久，但其单轴抗压强度却很低；又如在江西、福建一带的红砂岩，整体性好，坑道开挖后稳定性较好，但其强度却不高。因此单纯以岩石强度为基础的分级方法需要改进完善。

(2)以岩石的物性指标为基础的分级方法

在这类分级方法中具有代表性的是前苏联普洛托奇雅柯诺夫教授提出的"岩石坚固性系数"分级法(或谓之"f"值分级法，或叫普氏分级法)，把围岩分成十类。这种分级法曾在我国的隧道工程中得到广泛的应用。"f"值是一个综合的物性指标值，它表示岩石在采矿中各个方面的相对坚固性，如岩石的抗钻性、抗爆性、强度等。但以往人们确定"f"值主要采用强度试验方法，再兼顾其他指标，即用 $f_{岩石}=\frac{1}{100}R_c\sim\frac{1}{150}R_c$($R_c$ 为岩石饱和单轴极限抗压强度)表示，它仍是岩石强度指标的反映。

我国把"f"值应用到隧道工程的设计、施工时，考虑了地质条件的影响，即考虑了围岩的节理、裂隙、风化等条件，实质上是把由强度决定的"f"值适当降低，即 $f_{岩体}=K\cdot f_{岩石}$(K 为地质条件折减系数)。

2. 以岩体构造、岩性特征为代表的分级方法

(1)太沙基分级法

这种分级法是在早期提出的，限于当时条件，仅把不同岩性、不同构造条件的围岩分成九类，每类都有一个相应的地压范围值和支护措施建议。在分级时是以坑道有水的条件为基础的，当确认无水时，4～7 类围岩的地压值应降低 50%。这一分级方法曾长期被各国采用，至今仍有广泛的影响。

(2)以岩体综合物性为指标的分级方法

20 世纪 60 年代我国在积累大量铁路隧道修建经验的基础上，提出了以岩体综合物性指标为基础的"岩体综合分级法"，并于 1975 年经修正后正式作为铁路隧道围岩分级方法，后来多次修订后列入我国现行的《铁路隧道设计规范》(见后详述)。

3. 与地质勘探手段相联系的分级方法

(1)按弹性波(纵波)速度的分级方法

随着工程地质勘探方法，尤其是物探方法的进展，1970年前后，日本提出按围岩弹性波速度进行分级的方法。

围岩弹性波速度是判断岩性、岩体结构的综合指标，它既可反映岩石软硬，又可表达岩体结构的破碎程度。根据岩性、构造状况及土压状态，将围岩分成七类。我国从1986年起，也开始将围岩弹性波(纵波)速度引入我国围岩分级法中。

(2)以岩石质量为指标的分级方法——RQD方法

所谓岩石质量指标RQD是指钻探时岩芯复原率，或称岩芯采取率。岩芯复原率即单位长度钻孔中10 cm以上的岩芯占有的比例，可写为

$$\mathrm{RQD}=\frac{10\ \mathrm{cm}\text{以上岩芯累计长度}}{\text{单位钻孔长度}}\times 100\% \tag{3-10}$$

这个分级方法将围岩分成五类。

4. 组合多种因素的分级方法

比较完善的是1974年挪威地质学家巴顿等人提出的“岩体质量——Q”的分级方法。这个分级方法是把表明岩体质量的6个地质参数之间的关系表达为

$$Q=\frac{\mathrm{RQD}}{J_h}\cdot\frac{J_r}{J_a}\cdot\frac{J_w}{\mathrm{SRF}} \tag{3-11}$$

式中　RQD——岩石质量指标，取值方法见式(3-10)；

J_h——节理组数目；

J_r——节理粗糙度；

J_a——节理蚀变值；

J_w——节理含水折减系数；

SRF——应力折减系数。

通过进一步的分析发现，RQD/J_h表示岩块的大小；J_r/J_a表示岩块间的抗剪强度；J_w/SRF表示作用应力。所以岩体质量值Q实质上是岩块尺寸、抗剪强度和作用力的复合指标。根据不同的Q值，将岩体质量评为九级。

三、我国铁路隧道围岩分级方法

我国现行的《铁路隧道设计规范》中明确规定，目前铁路隧道围岩分级采用围岩稳定为基础的分级方法。

围岩基本分级应由岩石坚硬程度和岩体完整程度两个因素确定。岩石坚硬程度和岩体完整程度应采用定性划分和定量指标两种方法确定。

1. 岩石坚硬程度

将岩浆岩、沉积岩和变质岩三大岩类按岩性、物理力学参数、耐风化能力划分为硬质岩和软质岩两大类。然后根据单轴饱和极限抗压强度R_c再分为5级，即极硬岩、硬质岩、较软岩、软岩、极软岩，如表3-4所示。这些量级的规定是与工程实践密切联系的，其中强度在60 MPa以上的围岩完整性较好，开挖后的洞室一般在较长时间稳定而不坍塌；而30 MPa的限界是岩石能否取之作为建筑材料的限界指标；5.0 MPa是岩石能否成岩的限界。

表 3-4　岩石坚硬程度的划分

岩石类别		单轴饱和抗压强度 R_c(MPa)	代表性岩石
硬质岩	极硬岩	>60	花岗岩、闪长岩、玄武岩等岩浆岩；硅岩、钙质胶结的砾岩及砂岩、石灰岩、白云岩等沉积岩；片麻岩、石英岩、大理岩、板岩、片岩等变质岩
	硬　岩	30～60	
软质岩	较软岩	15～30	凝灰岩等喷出岩；砂砾岩、泥质砂岩、泥质页岩、灰质页岩、泥灰岩、泥岩、煤等沉积岩；云母片岩或千枚岩等变质岩
	软　岩	5～15	
	极软岩	<5	

2. 岩体的完整程度

这一指标所包含的内容十分丰富，其中主要是指围岩被各种结构面切割成单元体的特征及其被切割后的块度大小。它是评价围岩稳定程度最直接、最重要的指标。

此外，地质构造变动的特征（如性质、类型、规模、强弱和次数等），也控制着围岩的结构特征和完整状态，影响着围岩强度和稳定性。显然地质构造愈剧烈，规模愈大，次数愈多，则围岩的节理、裂隙、断裂、褶曲愈发育，围岩愈破碎，其稳定性也愈差。为了衡量围岩的完整程度要考虑以下几方面的因素：

(1)对于受软弱面控制的岩体，按照软弱面的产状、贯通性以及充填物的情况，可将围岩分为：完整、较完整、较破碎、破碎、极破碎。

(2)由于围岩的完整性与其所受的地质构造变动的程度有关，因此，按照围岩受地质构造影响的程度，可将围岩分为：构造变动轻微、较重、严重、很严重四个等级。

(3)由于围岩的完整性还与节理（裂隙）的发育程度有关，因此，按照节理（裂隙）发育程度的不同又分为：节理不发育、节理较发育、节理发育及节理很发育四级来作为围岩完整性的定量指标。

(4)当风化作用使结构发生变化时，还应按照岩体风化程度的不同将围岩分为：风化轻微、较重、严重、极严重四级。

对层状围岩，成层厚度对围岩的稳定有明显的影响，因此以厚层（厚度大于 0.5 m）、中层（厚度为 0.1～0.5 m）及薄层（厚度小于 0.1 m）来表示其定量化标准。岩体完整程度应按表 3-5 划分。

表 3-5　岩体完整程度的划分

完整程度	结构面状态	结构类型	岩体完整性指数
完　整	结构面 1～2 组，以构造型节理或层面为主，密闭性	巨块状整体结构	>0.75
较完整	结构面 2～3 组，以构造型节理、层面为主，裂隙多呈密闭型，部分为微张型，少有充填物	块状结构	0.55～0.75
较破碎	结构面一般为 3 组，以节理及风化裂隙为主，在断层附近受构造作用影响较大，裂隙以微张型和张开型为主，多有充填物	层状结构、块石碎石结构	0.35～0.55
破　碎	结构面大于 3 组，多以风化型裂隙为主，在断层附近受构造作用影响大，裂隙宽度以张开型为主，多有充填物	碎石角砾状结构	0.15～0.35
极破碎	结构面杂乱无序，在断层附近受断层作用影响大，宽张裂隙全为泥质或泥夹岩屑充填，充填物厚度大	散体状结构	≤0.15

四、围岩基本分级及其修正

1. 基本分级

根据以上分级的因素及指标，给出各类围岩的主要工程地质特征、结构特征和完整性及围岩弹性纵波速度等要素。《铁路隧道设计规范》将单、双线铁路隧道的围岩划分为六级，见表 3-6。

表 3-6　铁路隧道围岩分级

<table>
<tr><th rowspan="2">级别</th><th colspan="2">围岩主要工程地质条件</th><th rowspan="2">围岩开挖后的稳定状态（单线）</th><th rowspan="2">围岩弹性纵波速度（km/s）</th></tr>
<tr><th>主要工程地质特征</th><th>结构特征和完整状态</th></tr>
<tr><td>Ⅰ</td><td>硬质岩（单轴饱和抗压极限强度 R_c＞60 MPa）：受地质构造影响轻微，节理不发育，无软弱面（或夹层）；层状岩层为厚层，层间结合良好</td><td>呈巨块状整体结构</td><td>围岩稳定，无坍塌，可能产生岩爆</td><td>＞4.5</td></tr>
<tr><td rowspan="2">Ⅱ</td><td>硬质岩（R_c＞30 MPa）：受地质构造影响较重，节理较发育，有少量软弱面（或夹层）和贯通微张节理，但其产状及组合关系不致产生滑动；层状岩层为中层或厚层，层间结合一般，很少有分离现象，或为硬质岩石偶夹软质岩石</td><td>呈大块状砌体结构</td><td rowspan="2">暴露时间长，可能会出现局部小坍塌，侧壁稳定，层间结合差的平缓岩层，顶板易塌落</td><td rowspan="2">3.5～4.5</td></tr>
<tr><td>软质岩（R_c≈30 MPa）：受地质构造影响轻微，节理不发育；层状岩层为厚层，层间结合良好</td><td>呈巨块状整体结构</td></tr>
<tr><td rowspan="2">Ⅲ</td><td>硬质岩（R_c＞30 MPa）：受地质构造影响较重，节理较发育，有层状软弱面（或夹层），但其产状及组合关系不致产生滑动；层状岩层为中层或薄层，层间结合差，多有分离现象；或为硬、软质岩石互层</td><td>呈块（石）碎（石）状镶嵌结构</td><td rowspan="2">拱部无支护时可产生小坍塌，侧壁基本稳定，爆破震动过大易坍塌</td><td rowspan="2">2.5～4.0</td></tr>
<tr><td>软质岩（R_c＝5～30 MPa）：受地质构造影响轻重，节理较发育；层状岩层为薄层、中层或厚层，层间结合一般</td><td>呈大块状砌体结构</td></tr>
<tr><td rowspan="3">Ⅳ</td><td>硬质岩（R_c＞30 MPa）：受地质构造影响很严重，节理很发育；层状软弱面（或夹层）已基本被破坏</td><td>呈碎石状压碎结构</td><td rowspan="2">拱部无支护时可产生较大的坍塌，侧壁有时失去稳定</td><td rowspan="3">1.5～3.0</td></tr>
<tr><td>软质岩（R_c＝5～30 MPa）：受地质构造影响严重，节理发育</td><td>呈块（石）碎（石）状镶嵌结构</td></tr>
<tr><td>土体：1. 略具压密或成岩作用的黏性土及砂类土
2. 黄土（Q_1，Q_2）
3. 一般钙质、铁质胶结的碎、卵石土、大块石土</td><td>1、2. 呈大块状压密结构；3. 呈巨块状整体结构</td><td></td></tr>
<tr><td rowspan="2">Ⅴ</td><td>岩体：软岩，岩体破碎至极破碎；全部极软岩及全部极破碎岩（包括受构造影响严重的破碎带）</td><td>呈角（砾）碎（石）状松散结构</td><td rowspan="2">围岩易坍塌，处理不当会出现大坍塌，侧壁经常小坍塌，浅埋时易出现地表下沉（陷）或坍塌至地表</td><td rowspan="2">1.0～2.0</td></tr>
<tr><td>土体：一般第四系坚硬，硬塑的黏性土，稍密及以上、稍湿或潮湿的碎石土、卵石土、圆砾土、角砾土、粉土及黄土（Q_3，Q_4）</td><td>非黏性土呈松散结构，黏性土及黄土呈松软结构</td></tr>
</table>

续上表

级别	围岩主要工程地质条件		围岩开挖后的稳定状态(单线)	围岩弹性纵波速度(km/s)
	主要工程地质特征	结构特征和完整状态		
Ⅵ	岩体:受构造影响很严重呈碎石、角砾及粉末、泥土状的断层带	呈松软结构	围岩极易坍塌变形,有水时土砂常与水一齐涌出,浅埋时易坍塌至地表	<1.0(饱和状态的土<1.5)
	土体:软塑状黏性土、饱和的粉土、砂类土	黏性土呈易蠕动的松软结构,砂性土呈潮湿松散结构	围岩极易坍塌变形,有水时土砂常与水一齐涌出,浅埋时易坍塌至地表	<1.0(饱和状态的土<1.5)

2. 隧道级别的修正

围岩级别应在基本分级的基础上,结合隧道工程的特点,考虑地下水状态、初始地应力状态等必要的因素进行修正。

(1)地下水影响的修正

大量的施工实践表明,地下水是造成施工塌方、使隧道围岩丧失稳定的最重要因素之一,因此,在围岩分级中不能忽视地下水的影响。

地下水对围岩的影响主要表现在:

①软化围岩:使岩质软化、强度降低,对软岩尤其突出,对土体则可促使其液化或流动,但对坚硬致密的岩石则影响较小,故水的软化作用与岩石的性质有关。

②软化结构面:在有软弱结构面的岩体中,水会冲走充填物或使夹层软化,从而减少层间摩阻力,促使岩块滑动。

③承压水作用:承压水可增加围岩的滑动力,使围岩失稳。

根据单位时间的渗水量可将地下水状态分为 3 级,如表 3-7 所示。

表 3-7 地下水状态的分级

级别	状 态	渗水量[L/(min・10 m)]
Ⅰ	干燥或湿润	<10
Ⅱ	偶有渗水	10～25
Ⅲ	经常渗水	25～125

根据地下水状态对围岩级别的修正如表 3-8 所示。

表 3-8 地下水影响的修正

地下水状态分级	围 岩 级 别					
	Ⅰ	Ⅱ	Ⅲ	Ⅳ	Ⅴ	Ⅵ
Ⅰ	Ⅰ	Ⅱ	Ⅲ	Ⅳ	Ⅴ	—
Ⅱ	Ⅰ	Ⅱ	Ⅳ	Ⅴ	Ⅵ	—
Ⅲ	Ⅱ	Ⅲ	Ⅳ	Ⅴ	Ⅵ	—

(2)围岩初始地应力状态修正

围岩初始地应力状态，当无实测资料时，可根据隧道工程埋深、地貌、地形、地质、构造运动史、主要构造线与开挖过程中出现的岩爆、岩芯饼化等特殊地质现象，按表3-9做出评估。

表3-9　初始地应力状态评估

初始应力状态	主要现象	评估基准 R_c/σ_{max}
极高应力	硬质岩：开挖过程中时有岩爆发生，有岩块弹出，洞壁岩体发生剥离，新生裂缝多，成洞性差	<4
	软质岩：岩芯常有饼化现象，开挖过程中洞壁岩体有剥离，位移极为显著，甚至发生大位移，持续时间长，不宜成洞	
高应力	硬质岩：开挖过程中可能出现岩爆，洞壁岩体有剥离和掉块现象，新生裂缝较多，成洞性较差	4～7
	软质岩：岩芯时有饼化现象，开挖过程中洞壁岩体位移显著，持续时间长，成洞性差	

初始地应力对围岩级别的修正宜按表3-10进行。

(3)风化作用的影响

隧道洞身埋深较浅，应根据围岩受地表的影响情况进行围岩级别修正。当围岩为风化层时应按风化层的围岩基本分级考虑。围岩仅受地表影响时，应较相应围岩降低1～2级。

表3-10　初始地应力影响的修正

初始地应力状态	围岩级别				
	Ⅰ	Ⅱ	Ⅲ	Ⅳ	Ⅴ
极高应力	Ⅰ	Ⅱ	Ⅲ或Ⅳ*	Ⅴ	Ⅵ
高应力	Ⅰ	Ⅱ	Ⅲ	Ⅳ或Ⅴ**	Ⅵ

注：*围岩岩体为较破碎的极硬岩、较完整的硬岩时，定为Ⅲ级；围岩岩体为完整的较软岩、较完整的软硬互层时，定为Ⅳ级。

**围岩岩体为破碎的极硬岩、较破碎及破碎的硬岩时，定为Ⅳ级；围岩岩体为完整及较完整软岩、较完整及较破碎的较软岩时，定为Ⅴ级。

在隧道施工过程中，根据对隧道围岩的直接观察、量测和试验结果，可进一步核定岩层构造、岩性及地下水等情况，从而可以判断围岩的稳定程度。当发现设计文件与实际情况不相符合时，应及时修改围岩级别，并变更支护设计。

第三节　围岩压力

一、围岩压力及其分类

1. 围岩压力

围岩压力是指引起地下开挖空间周围岩体和支护变形或破坏的作用力。它包括由地应力引起的围岩应力以及围岩变形受阻而作用在支护结构上的作用力。因此，从广义来理解，围岩压力既包括围岩有支护的情况，也包括围岩无支护的情况；既包括作用在普通的传统支护，如架设的支撑或施作的衬砌上所显示的力学性态,也包括在锚喷和压力灌浆等现代支护的方法中所显示的力学性态。从狭义来理解,围岩压力是指围岩作用在支护结构上的压力。在工程中一般研究狭义的围岩压力。

2.围岩压力分类

围岩压力按作用力发生的形态,一般可分为如下几种类型:

(1)松动压力

由于开挖而松动或坍塌的岩体以重力形式直接作用在支护结构上的压力称为松动压力。松动压力按作用在支护上力的位置不同,分为竖向压力和侧向压力。松动压力常通过下列三种情况发生:

①在整体稳定的岩体中,可能出现个别松动掉块的岩石;

②在松散软弱的岩体中,坑道顶部和两侧边帮冒落;

③在节理发育的裂隙岩体中,围岩某些部位沿软弱面发生剪切破坏或拉坏等局部塌落。

(2)形变压力

形变压力是由于围岩变形受到与之密贴的支护如锚喷支护等的抑制,而使围岩与支护结构共同变形过程中,围岩对支护结构施加的接触压力。所以形变压力除与围岩应力状态有关外,还与支护时间和支护刚度有关。

(3)膨胀压力

当岩体具有吸水、应力解除等膨胀性特征时,由于围岩膨胀所引起的压力称为膨胀压力。它与形变压力的基本区别在于它是由吸水、应力解除等膨胀引起的。

(4)冲击压力

冲击压力是在围岩中积累了大量的弹性变形能以后,由于隧道的开挖,围岩的约束被解除,能量突然释放所产生的压力。

由于冲击压力是岩体能量的积累与释放问题,所以它与高地应力和完整硬岩直接相关。弹性模量较大的岩体,在高地应力作用下,易于积累大量的弹性变形能,一旦破坏原始平衡条件,它就会突然猛烈地大量释放。

二、影响围岩压力的因素

影响围岩压力的因素很多,通常可分为两大类。一类是地质因素,它包括初始应力状态、岩石力学性质、岩体结构面等;另一类是工程因素,它包括施工方法、支护设置时间、支护刚度、坑道形状等。

例如在隧道开挖过程中,由于受到开挖面的约束,使其附近的围岩不能立即释放全部瞬时弹性位移,这种现象称为开挖面的“空间效应”。如在“空间效应”范围(一般为1～1.5倍洞径)内,设置支护,就可减少支护前的围岩位移值。所以当采用紧跟开挖面支护的施工方法,支护时间的迟早必然大大地影响围岩的稳定和围岩压力的数值。因此,一般宜尽快地施作支护,封闭岩层,待围岩变形基本稳定后再施作二次衬砌,减少二衬的围岩压力。

三、围岩松动压力的形成和确定方法

1.围岩松动压力的形成

开挖隧道所引起的围岩松动和破坏的范围有大有小,有的可达地表,有的则影响较小。对于一般裂隙岩体中的深埋隧道，其波及范围仅局限在隧道周围一定深度。所以作用在支护结构上的围岩松动压力远远小于其上覆岩层自重所造成的压力。这可以用围岩的“成拱作用”来解释。下面以水平岩层中开挖一个矩形坑道，来说明坑道开挖后围岩由形变到坍塌成拱的整个变形过程，如图 3-7 所示。

(1)隧道开挖后，在围岩应力重分布过程中，顶板开始沉陷，并出现拉断裂纹[图 3-7(a)]，可视为变形阶段。

(2)顶板的裂纹继续发展并且张开，由于结构面切割等原因，逐渐转变为松动[图 3-7(b)]，可视为松动阶段。

(3)顶板岩体视其强度的不同而逐步塌落[图 3-7(c)]，可视为塌落阶段。

(4)顶板塌落停止，达到新的平衡，此时其界面形成一近似的拱形[图 3-7(d)]，可视为成拱阶段。

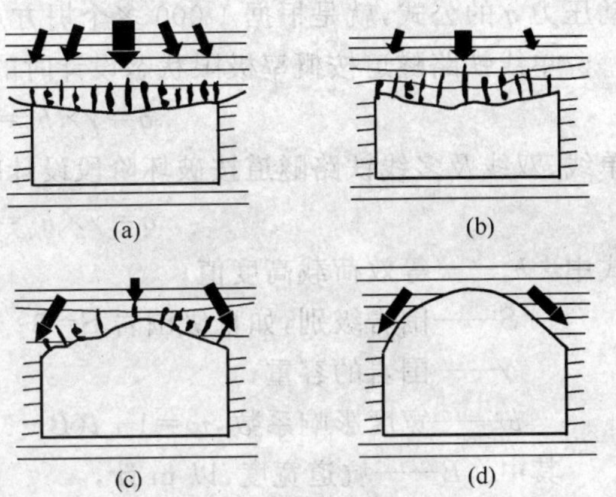

图 3-7　松动压力的形成

实践证明，自然拱范围的大小除了受上述的围岩地质条件、支护结构架设时间、刚度以及它与围岩的接触状态等因素影响外，还取决于以下诸因素：

①隧道的形状和尺寸。隧道拱圈越平坦，跨度越大，则自然拱越高，围岩的松动压力也越大。

②隧道的埋深。人们从实践中得知，只有当隧道埋深超过某一临界值时，才有可能形成自然拱。习惯上，将这种隧道称为深埋隧道，否则称为浅埋隧道。由于浅埋隧道不能形成自然拱，所以，它的围岩压力的大小与埋置深度直接相关。

③施工因素。如爆破的影响，爆破所产生的震动常常是引起塌方的重要原因之一，造成围岩压力过大。又如分部开挖多次扰动围岩，也会引起围岩失稳，加大自然拱范围。

2. 确定围岩松动压力的方法

确定围岩松动压力的方法有：现场实地量测；按理论公式计算确定；根据大量的实际资料，采用统计的方法分析确定。应该说，实地量测是今后的努力方向，但按目前的量测手段和技术水平来看量测的结果尚不能充分反映真实情况。理论计算则由于围岩地质条件的千变万化，所用计算参数难以确切取值，目前也还没有一种能适合于各种客观实际情况的统一理论。在大量施工坍方事件的统计基础上建立起来的统计方法，在一定程度上能反映围岩压力的真实情况。目前，采用几种方法相互验证参照取值是确定围岩压力较通用的方法。

(1)深埋隧道围岩松动压力的确定方法

当隧道的埋置深度超过一定限值后，由于围岩有“成拱作用”，其松动压力仅是隧道周边某一破坏范围(自然拱)内岩体的重量，而与隧道埋置深度无关。故解决这一破坏范围的大小就成为问题的关键。

①我国《铁路隧道设计规范》所推荐的方法

确定围岩松动压力的关键是找出其破坏范围的规律性，而这种规律性只有通过大量的实际破坏形态的统计分析才能发现。

围岩破坏的直接表现形式是施工中产生的坍方。因此，根据大量隧道坍方资料的统计分析，可找出隧道围岩破坏范围形状和大小的规律性，从而得出计算围岩松动压力的统计公式。由于所统计的坍方资料有限，加上资料的相对可靠性，所以这种统计公式也只能在一定程度上反映围岩松动压力的真实情况。我国现行《铁路隧道设计规范》中推荐的计算围岩垂直均布松动压力 q 的公式，就是根据 1 000 多个坍方点的资料进行统计分析而拟定的。

单线铁路隧道按概率极限状态设计时的垂直压力公式为

$$q=\gamma\times h_q=0.41\times1.79^S\times\gamma \tag{3-12}$$

单线、双线及多线铁路隧道按破坏阶段设计时垂直压力公式为

$$q=\gamma\times h_q=0.45\times2^{S-1}\times\gamma w \tag{3-13}$$

式中 h_q——等效荷载高度值；

S——围岩级别，如Ⅲ级围岩 $S=3$；

γ——围岩的容重；

w——宽度影响系数，$w=1+i(B-5)$

其中 B——坑道宽度，以 m 计，

i——B 每增加 1 m 时，围岩压力的增减率（以 $B=5$ m 为基准），当 $B<5$ m 时取 $i=0.2$，$B>5$ m 时，取 $i=0.1$。

公式(3-12)及式(3-13)的适用条件为：$H/B<1.7$（H 为坑道的高度）；深埋隧道；不产生显著的偏压力及膨胀压力的一般围岩；采用钻爆法施工的隧道。

随着现代隧道施工技术的发展，可将隧道开挖引起的破坏范围控制在最小限度内，所以围岩松动压力的发展也将受到控制。

在上述产生垂直压力的同时，隧道也会有侧向压力出现，即围岩水平分布松动压力 e，按表 3-11 中的经验公式计算（一般取平均值），其适用条件同式(3-12)及式(3-12)。

表 3-11　围岩水平分布松动压力

围岩级别	Ⅰ～Ⅱ	Ⅲ	Ⅳ	Ⅴ	Ⅵ
水平匀布压力	0	$<0.15q$	$(0.15\sim0.3)q$	$(0.30\sim0.5)q$	$(0.5\sim1.0)q$

除了确定压力的数值外，还要考虑压力的分布状态。根据我国隧道垂直围岩压力的一些量测资料表明，作用在支护结构上的荷载一般是不均匀的。这是因为岩体破坏范围的大小和形状，受岩体结构、施工方法等因素的控制极不规则。根据统计资料，围岩垂直松动压力的分布图大概可概括为以下四种，如图 3-8 所示。用等效荷载，即非均布压力的总和应与均布压力的总和相等的方法来确定各荷载图形的高度值。

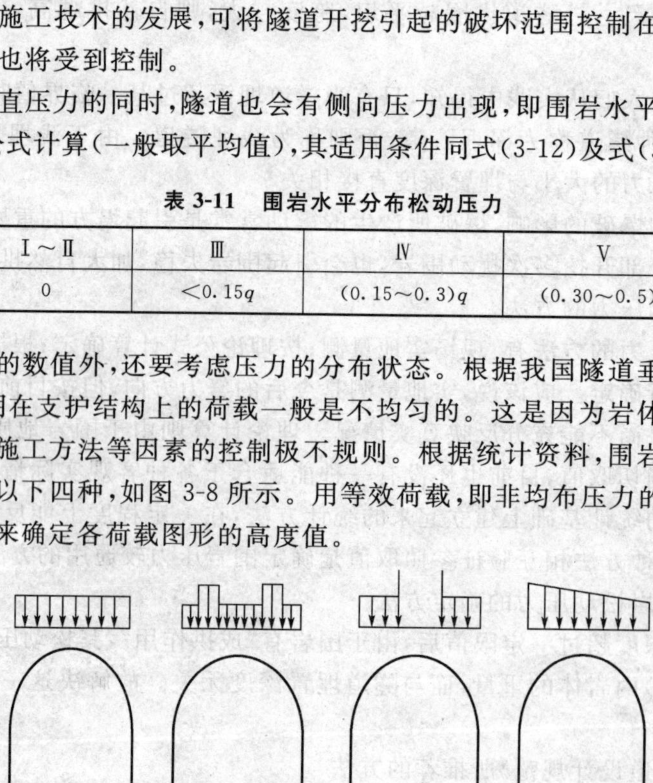

图 3-8　垂直松动压力的分布图

另外，还应考虑围岩水平松动压力非均匀分布的情况。

但上述压力分布图形只概括了一般情况，当地质、地形或其他原因可能产生特殊荷载时，围岩松动压力的大小和分布应根据实际情况分析确定。

②普氏理论

普氏认为，所有的岩体都不同程度被节理、裂隙所切割，因此可视为散粒体。但岩体又不同于一般的散粒体，其结构面上存在着不同程度的黏结力。基于这种认识，普氏提出了岩体的"坚固性系数"f（又称侧摩擦系数）的概念。

岩体的抗剪强度 $\tau=\sigma\tan\varphi+c$，现将岩体视为散粒体，但又要保证其抗剪强度不变，则 $\tau=\sigma f$，有

$$f=\tau/\sigma=(\sigma\tan\varphi+c)/\sigma=\tan\varphi+c/\sigma=\tan\varphi_0 \tag{3-14}$$

式中　φ、φ_0——岩体的内摩擦角和似摩擦角；

τ、σ——岩体的抗剪强度和剪切破坏时的正应力；

c——岩体的黏结力。

由此可以看出，岩体的坚固性系数 f 是一个说明岩体特性（如强度、抗钻性、抗爆性、构造、地下水等）的综合指标。

为了确定围岩的松动压力，普氏进一步提出了基于"自然拱"概念的计算理论。他认为在具有一定黏结力的松散介质中开挖坑道后，其上方会形成一个抛物线形的自然拱，作用在支护结构上的围岩压力就是自然拱内松散岩体的重量。而自然拱的形状和尺寸（即它的高度 h_k 和跨度 b_t）与岩体的坚固性系数 f 有关。具体表达式为

$$h_k=b_t/f \tag{3-15}$$

式中　h_k——自然拱高度；

b_t——自然拱的半跨度。

在坚硬的岩体中，坑道侧壁较稳定，自然拱的跨度即为坑道的跨度，如图 3-9(a)所示。在松散和破碎岩体中，坑道的侧壁受到扰动而产生滑移，自然拱的跨度也相应加大，如图 3-9(b)所示。此时的 b 值为

$$b_t=b+H_t\cdot\tan(45°-\varphi_0/2) \tag{3-16}$$

式中　b——坑道的净跨之半；

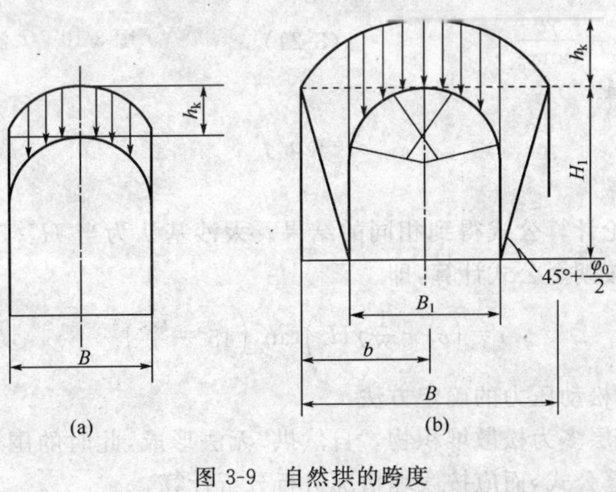

图 3-9　自然拱的跨度

H_t——坑道的净高；

φ_0——岩体的似摩擦角，$\varphi_0=\arctan f$。

围岩垂直均布松动压力为

$$q=\gamma h_k \tag{3-17}$$

围岩水平均布松动压力可按人们所熟悉的朗金公式计算，即

$$e=\left(q+\frac{1}{2}\gamma H_t\right)\tan^2\left(45°-\frac{\varphi_0}{2}\right) \tag{3-18}$$

按普氏理论算得的软质围岩松动压力，与实际情况相比较偏小，对坚硬围岩则偏大，一般在松散、破碎围岩中较为适用。

③太沙基理论

太沙基也将岩体视为散粒体，他认为坑道开挖后，其上方的岩体因坑道的变形而下沉，并产生如图 3-10 所示的错动面。假定作用在任何水平面上的竖向压应力 σ_v 是均布的，相应的水平力 $\sigma_H=\lambda\sigma_v$（λ 为侧压力系数）。在地面深度为 h 处取出一厚度为 dh 的水平条带单元体，考虑其平衡条件 $\sum V=0$，得

$$2b(\sigma_v+d\sigma_v)-2b\cdot\sigma_v+2\lambda\sigma_v\tan\varphi_0\cdot dh-2b\gamma\cdot dh=0$$

展开后，得

$$\frac{d\sigma_v}{\gamma-\dfrac{\lambda\sigma_v\tan\varphi_0}{b}}-dh=0$$

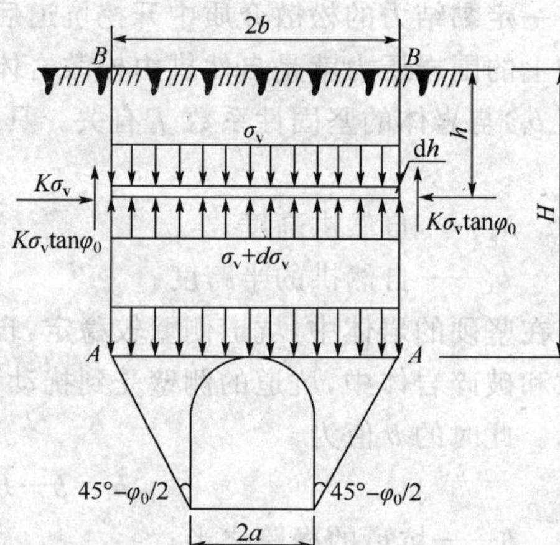

图 3-10　太沙基理论图示

解上述微分方程，并引进边界条件（当 $h=0$，$\sigma_v=0$），得洞顶岩层中任意点的垂直压力为

$$\sigma_v=\frac{\gamma b}{\tan\varphi_0\cdot\lambda}\left(1-e^{-\lambda\tan\varphi_0\cdot\frac{h}{b}}\right) \tag{3-19}$$

随着坑道埋深 h 的加大，$e^{-\lambda\tan\varphi_0\cdot\frac{h}{b}}$ 趋近于零，则 σ_v 趋于某一个固定值，且

$$\sigma_v=\frac{\gamma b}{\tan\varphi_0\cdot\lambda} \tag{3-20}$$

太沙基根据实验结果，得出 $\lambda=1\sim1.5$，取 $\lambda=1$，则

$$\sigma_v=\frac{\gamma b}{\tan\varphi_0} \tag{3-21}$$

如以 $\tan\varphi_0=f$ 代入，得

$$\sigma_v=\gamma b/f$$

式中，b、φ_0 意义同上。

此时便与普氏理论计算公式得到相同的结果。太沙基认为当 $H\geqslant5b$ 时为深埋隧道。至于侧向均布压力则仍按朗金公式计算，即

$$e=\left(\sigma_v+\frac{1}{2}\gamma H_t\right)\tan^2\left(45°-\frac{\varphi_0}{2}\right) \tag{3-22}$$

（2）浅埋隧道围岩松动压力的确定方法

当隧道浅埋时，地层多为松散堆积物，“自然拱”无法形成，此时的围岩压力计算不能再引用上述深埋情况的计算公式，而应按浅埋情况进行分析计算。

前已述及当隧道埋深不大时，开挖的影响将波及到地表而不能形成"自然拱"。从施工过程中岩体(包括土体)的运动情况可以看到，隧道开挖后如不及时支撑，岩体即会大量坍落移动，这种移动会影响到地表并形成一个坍陷区域，此时岩体将会出现两个滑动面，如图 4-3-5 所示。对于这样的情况，可以采用松散介质极限平衡理论进行分析。当滑动岩体下滑时，受到两种阻力作用：一是滑面上阻止滑动岩体下滑的摩擦阻力；二是支护结构的反作用力，这种反作用力的数值应等于滑动岩体对支护结构施加的压力，也就是我们所要确定的围岩松动压力。根据受力的极限平衡条件，有

滑动岩体重量＝滑面上的阻力＋支护结构的反作用力(围岩松动压力)

则　　　　围岩松动压力＝滑动岩体重量－滑面上的阻力

计算浅埋隧道围岩松动压力分两种情况：

①我国《铁路隧道设计规范》推荐的隧道埋深 h 小于或等于等效荷载高度 h_q(即 $h \leqslant h_q$)

因上覆岩体很簿，滑动面上的阻力很小，为安全起见，计算时可忽略滑面上的摩擦阻力，则围岩垂直均布压力为

$$q=\gamma h \tag{3-23}$$

式中　γ——围岩容重；

h——隧道埋置深度。

围岩水平均布压力 e 按朗金公式计算，即

$$e=\left(q+\frac{1}{2}\gamma H_t\right)\tan^2\left(45^\circ-\frac{\varphi}{2}\right) \tag{3-24}$$

式中符号同前。

②我国《铁路隧道设计规范》推荐的隧道埋深 h 大于等效荷载高度 h_q(即 $h>h_q$)

随着隧道埋置深度增加，上覆岩体逐渐增厚，滑面的阻力也随之增大。因此，在计算围岩压力时，必须考虑滑面上阻力的影响。

施工中，上覆岩体的下沉和位移与许多因素有关，如支护是否及时，岩体的性质、坑道的尺寸及埋置深度的大小，施工方法是否合理等等。为方便计算，根据实践经验作如下简化假定，如图 3-11 所示。

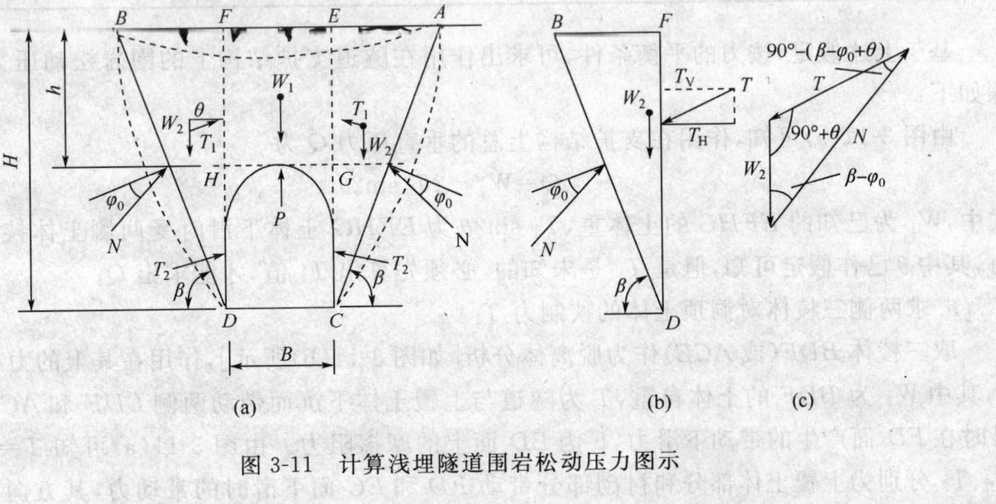

图 3-11　计算浅埋隧道围岩松动压力图示

岩体中所形成的破裂面是一个与水平面成β角的斜直面，如图 3-11 中的 AC、BD。

当洞顶上覆盖岩体 $FEGH$ 下沉时受到两侧岩体的挟持，应当强调它反过来又带动了两侧三棱岩体 ACE 和 BDF 的下滑，而当整个下滑岩体 $ABDHGC$ 下滑时，又受阻于未扰动岩体。据此所形成的作用力有：洞顶上覆盖岩体 $EFHG$ 的重量 W_1；两侧三棱体 ACE、BDF 的重量 W_2；两侧三棱体给予下沉岩体 $EFDL$ 的阻力 T（对整个下滑岩体来说为内力），$T=T_1+T_2$；整个下滑岩体滑动时，两侧未扰动岩体给予的阻力 N。

斜直面 AC、BD 是一个假定破裂滑面，该滑面的抗剪强度决定于滑面的摩擦角 φ 及黏结力 c，为简化计算采用岩体的似摩擦角 φ_0。应注意，洞顶岩体 $EFHG$ 与两侧三棱体之间的摩擦角 θ 与 φ_0 是不同的。因为 EG、FH 面上并没有发生破裂面，所以它介于零与岩体内摩擦角之间，即 $0<\theta<\varphi_0$。显然 θ 值与岩体的物理力学性质有着密切的关系。在计算时可以取一个经验数字，此处假定 θ 与 φ_0 有关（见表 3-12）。表中所推荐的数值，是根据隧道的埋深情况和地质、地形资料，经验算一些发生地表沉陷和衬砌开裂的隧道以后提出的，可供实际工作时使用。

表 3-12　θ 与 φ_0 的关系

岩体似摩擦角 φ_0	θ	岩体似摩擦角 φ_0	θ
<20°	$(0\sim0.1)\varphi_0$	45°～50°	$(0.5\sim0.6)\varphi_0$
20°～30°	$(01\sim0.2)\varphi_0$	50°～55°	$(0.6\sim0.7)\varphi_0$
30°～35°	$(0.2\sim0.3)\varphi_0$	55°～60°	$(0.7\sim0.8)\varphi_0$
35°～40°	$(0.3\sim0.4)\varphi_0$	60°～65°	$(0.8\sim0.9)\varphi_0$
40°～45°	$(0.4\sim0.5)\varphi_0$	>65°	$0.9\varphi_0$

还可以进一步把各类围岩具体的 θ 及 φ_0 计算值列表 3-13 中。

表 3-13　围岩类别与 θ、φ_0 的关系

围岩类别	Ⅵ	Ⅴ	Ⅳ	Ⅲ	Ⅱ	Ⅰ
θ 角（度）	73	60	43	23	12.5	7.5
φ_0 角（度）	>78	67～78	55～66	43～54	31～42	≤30

基于上述假定，按力的平衡条件，可求出作用在隧道支护结构上的围岩松动压力值，其步骤如下：

由图 3-11(a)可知，作用在支护结构上总的垂直压力 Q 为

$$Q=W_1-2T_1\sin2\theta \tag{3-25}$$

式中，W_1 为已知的 $EFHG$ 的土体重，$T_1\ \sin2\theta$ 为 $EFHG$ 土体下滑时受两侧土体挟制的摩擦力，其中 θ 已作假定可知，但是 T_1 是未知的，必须先算出 T_1 值，才能求出 Q。

a. 求两侧三棱体对洞顶土体的挟制力 T_1。

取三棱体 BDF（或 ACE）作为脱离体分析[如图 3-11(b)所示]，作用在其上的力有 W_2、T、F，其中 W_2 为 BDF 的土体自重，T 为隧道与上覆土体下沉而带动两侧 BDF 和 ACE 随着下滑时在 FD 面产生的带动下滑力，F 为 BD 面上的摩擦阻力。由图 3-11(a)可知 $T=T_1+T_2$，T_1、T_2 分别为上覆土体部分和衬砌部分带动 FD 和 EC 面下滑时的带动力，其方向如图中所

示。因此为了求出 T_1 必须先求 T。根据力的平衡条件，由图 3-11(c)所示的力三角形可求出 T 值。

三棱体重量 W_2 为

$$W_2=\frac{1}{2}\gamma\times\overline{BF}\times\overline{DF}=\frac{1}{2}\gamma H^2\ \frac{1}{\tan\beta} \tag{3-26}$$

式中，γ 为围岩容重；H、β 意义见图 3-11(a)。

按正弦定理，有

$$\frac{T}{\sin(\beta-\varphi_0)}=\frac{W_2}{\sin[90°-(\beta-\varphi_0+\theta)]}$$

将式(3-26)代入，化简后有

$$T=\frac{1}{2}\gamma H^2\ \frac{\tan\beta-\tan\varphi_0}{\tan\beta[1+\tan\beta(\tan\varphi_0-\tan\theta)+\tan\varphi_0\tan\theta]}\cdot\frac{1}{\cos\theta} \tag{3-27}$$

令
$$\lambda=\frac{\tan\beta-\tan\varphi_0}{\tan\beta[1+\tan\beta(\tan\varphi_0-\tan\theta)+\tan\varphi_0\tan\theta]} \tag{3-28}$$

则
$$T=\frac{1}{2}\gamma H^2\ \frac{\lambda}{\cos\theta} \tag{3-29}$$

分析式(3-29)的物理含义可知，从散体极限平衡理论可知，T 为 FD 面的带动下滑力，则 λ 即为 FD 面上侧压力系数，而 T 又为 T_1 和 T_2 之和，衬砌上覆土体下沉时受到两侧摩阻力为 T_1，这是我们所需要求的数值。T_1 值根据上述概念可直接写出为

$$T_1=\frac{1}{2}\gamma h^2\ \frac{\lambda}{\cos\theta} \tag{3-30}$$

可知欲求得 T_1 必须先求 λ。但是从式(3-23)中可以看出，λ 为 β、φ_0、θ 的函数。前面已说明，φ_0、θ 为已知，而 β 为 BD 与 AC 滑动面与隧道底部水平面的夹角，由于 BD 和 AC 滑动面并非极限状态下的自然破裂面，它是假定与土体 $EFHG$ 下滑带动力有关的，而其最可能的滑动面位置必然是 T 力为最大值时带动两侧土体 BFD 和 ECA 的位置。基于这一概念，应当利用求 T 的极值来求得 β 值。

b. 求破裂面 BD 的倾角 β

根据前述，令 $\frac{d\lambda}{d\beta}=0$，经简化得

$$\tan\beta=\tan\varphi_0+\sqrt{\frac{(\tan^2\varphi_0+1)\tan\varphi_0}{\tan\varphi_0-\tan\theta}} \tag{3-31}$$

由上式知，在 T 极值条件下的 β 值仅与 φ_0、θ 有关，而 φ_0、θ 是随围岩类别而定的已知值。在求得 β 后则 T_1 亦可求得。

c. 求围岩总的垂直压力 Q

将求得的 T_1 值代入式(3-25)，得 Q 值为

$$Q=W_1-2\times\frac{1}{2}\gamma h^2\ \frac{\lambda}{\cos\theta}\sin\theta$$

而 $W_1=Bh\gamma$，则

$$Q=Bh\gamma-\gamma h^2\tan\theta\cdot\lambda$$

即
$$Q=\gamma h(B-h\lambda\tan\theta) \tag{3-32}$$

d. 求围岩垂直均布松动压力 q

$$q=\frac{Q}{B}=\gamma h\left(1-\frac{h\lambda\tan\theta}{B}\right)=\gamma hK \tag{3-33}$$

式中　K——压力缩减系数，其值为 $K=1-\frac{h}{B}\lambda\tan\theta$；

B——隧道开挖宽度；

h——洞顶岩体覆盖层厚度。

e.求围岩水平均布松动压力

若水平压力按梯形分布，则作用在隧道顶部和底部的水平压力可直接写为

$$\left.\begin{aligned}e_1&=\gamma h\lambda\\e_2&=\gamma H\lambda\end{aligned}\right\} \tag{3-34}$$

式中，λ 为侧压力系数，可由式(3-28)求得。

若为均布时，则

$$e=\frac{1}{2}(e_1+e_2) \tag{3-35}$$

(3)深、浅埋隧道的判定原则

如上所述，隧道埋深不同，确定围岩压力的计算方法也应不同，因此有必要分清深埋与浅埋隧道的界限。一般情况下应以隧道顶部覆盖层能否形成"自然拱"为原则，但要确定出界限是困难的，因为它与许多因素有关，因此只能按经验作出概略的估算。深埋隧道围岩松动压力值是以施工坍方高度(等效荷载高度值)为根据，为了能形成此高度值，隧道上覆岩体就应有一定的厚度，否则坍方会扩展到地面。为此，深、浅埋隧道分界深度至少应大于坍方的平均高度且有一定余量。根据经验，这个深度通常为 2～2.5 倍的坍方平均高度值，即

$$H_p=(2\sim2.5)h_q \tag{3-36}$$

式中　H_p——深浅埋隧道分界的深度；

h_q——等效荷载高度值，见式(3-12)、式(3-13)。

其系数在松软的围岩中取高限，而在较坚硬围岩中取低限。对于某些情况，则应作具体分析后确定。

当隧道覆盖层厚度 $h\geqslant H_p$ 时为深埋，$h<H_p$ 时为浅埋。

深、浅埋分界的其他方法：前述比尔鲍曼公式中，当 h 增加到 σ_v 趋于常数时即为深埋；用太沙基公式当 $h\geqslant5b$ 时即为深埋。

复习思考题

1.描述岩石的强度和变形性质的指标有哪些？

2.说明裂隙岩体力学性质的影响因素，并说明如何描述岩体的强度性质、变形性质？

3.围岩分级的概念及分级的作用是什么？

4.说明铁路隧道围岩分级的因素指标中，定性和定量的指标及其相应的描述有哪些？其基本分级的修正因素有哪些？如何修正？

5.简述围岩压力的定义及影响因素，深、浅埋隧道分界方法为何？

6.简述围岩松动压力的形成和确定方法。

第四章 高速铁路隧道气动效应及隧道设计

随着列车技术性能的提高、线路运行条件的改善，列车运行速度不断提高，铁路运输的高速化成为交通运输发展的必然趋势。而高速列车进出隧道所引起的一系列列车隧气动效应问题也越来越引起人们的重视。深入研究和解决列车车隧气动力学问题对于促进我国经济发展，保障我国铁路运输提供更为安全、快捷、舒适的服务，具有十分重要的意义。

高速列车进入隧道过程中，所引起的列车车厢内、隧道内的压力波动，隧道空间内的牵弋风速增加、负压增大，隧道出口微压波释放等一系列问题被统称为车隧气动效应。其主要体现在如下几个方面：

(1)由于瞬变压力(Pressure transient)造成旅客耳朵不适，乘车舒适度降低，并对铁路员工和车辆产生危害。

(2)高速列车进入隧道时，会在隧道出口产生微压波(Micro pressure wave)，引起爆破噪声并危及洞口建筑物。

(3)行车阻力加大，引起对列车动力和总能量消耗的特殊要求。

(4)空气动力学噪声(和车速的6～8次方成正比)，主要产生于列车表面装置和特殊结构的特定位置，按其产生机理不同，大致可归纳为由于气流流经结构表面产生的噪声和紊流流动产生的噪声两类。

(5) 列车风加剧，并在列车尾部形成较大负压，影响隧道内人员作业及水沟盖板安全。

(6) 行车阻力加大，引起隧道内热量积聚和温度升高。

这些问题有些可以通过优化隧道设计参数、改变隧道出入口的形式来得以解决，但有些问题则需要与列车性能的提高和优化得以解决。

第一节 压缩波和微压波的产生

高速列车进出隧道与低速列车穿越隧道非常重要的差异就是压缩波和微压波的产生。高速列车通过隧道时，就好比活塞在管道中向前推进。当列车以高速进入隧道时，挤压列车前面的空气，在列车前面即产生压缩波。此波沿着隧道向前传播，在隧道出口洞门处，向隧道进口反射成膨胀波。与此同时，一个脉冲波自隧道出口向周围地区辐射出去，此脉冲波被称为微压波。它产生了一个新的环境问题，会对附近居民造成影响。微压波的压力与压缩波到达隧道出口时波前的压力梯度大致成正比。

在图4-1中，显示了列车进入隧道过程中，压缩波、微压波的产生过程。

列车进出隧道所产生的波动压力传播过程在隧道内是往复传播的。列车进入隧道产生的压缩波，在以声速传播到隧道出口时，一部分能量释放到隧道外成为微压波，令一部分能量转换为膨胀波，向隧道入口方向继续传播。

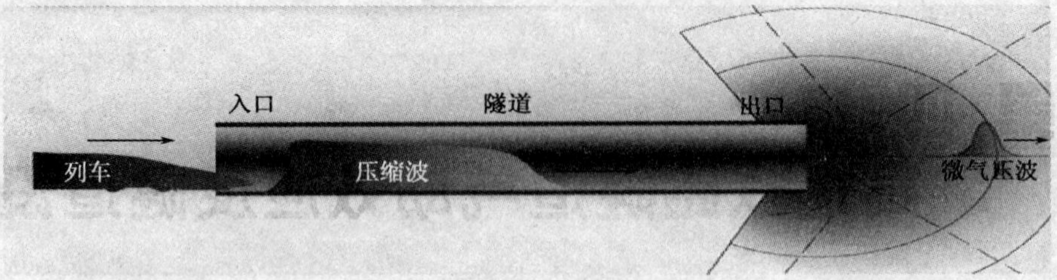

图 4-1　压缩波与微压波形成机理

图 4-2 中描绘的是单列车穿越隧道过程中，隧道内压缩波、膨胀波的产生、传播规律。

压缩波和微压波均为列车穿越隧道所产生的主要气动效应，压缩波为列车与隧道空间内的空气挤压作用直接产生的，称为原生波；而微压波是由压缩波到达隧道出口，再次向周围辐射二次诱发形成的，所以可以称为诱发波。

微压波现象的发展分三个阶段：

(1)列车进入隧道产生压缩波；

(2)压缩波通过隧道向前传播；

(3)微压波出隧道口后向外辐射。

在第一阶段，压缩波波前的最大压力梯度由公式(4-1)进行计算，即

$$\left(\frac{\mathrm{d}p}{\mathrm{d}t}\right)_{\mathrm{EN,max}}=\frac{1}{2}\rho\frac{v^3}{\tau d}\frac{1-(1-k)^2}{\left(1-\frac{v}{c}\right)\left[\frac{v}{c}+(1-k)^2\right]} \tag{4-1}$$

式中　v——列车进入隧道的速度；

k——列车与隧道横断面的面积比；

c——声音速度；

d——隧道水力直径；

ρ——空气密度；

τ——参数，表示压力上升的时间；

EN——脚注，表示隧道的进口。

第二阶段为压缩波在隧道内向前传播过程。

压缩波在由隧道入口向隧道出口传播过程中，由于隧道壁和底板的作用，会对隧道出口微压波的强度造成一定的影响。研究表明，铺设碎石道床对隧道出口的微压波具有一定的减缓作用，而对于在长隧道中当铺有板式道床的隧道比较长时，列车突入隧道时形成的压缩波将会由于摩擦和热效应等形成的非线性效应而变得越来越陡，最终转变为弱冲击波，从而会增强隧道出口微压波的强度。

图 4-3 对列车运行速度为 180 km/h 和 200 km/h 两种速度下，轨道结构分别为板式道床和碎石道床时，隧道出口微压波峰值(在距离隧道出口 20 m 处的实测值)与隧道的长度的关系进行了描述。

从图中可以看到，从隧道长度的影响来说，当采用板式道床时，长度在 1.5 km 以下和

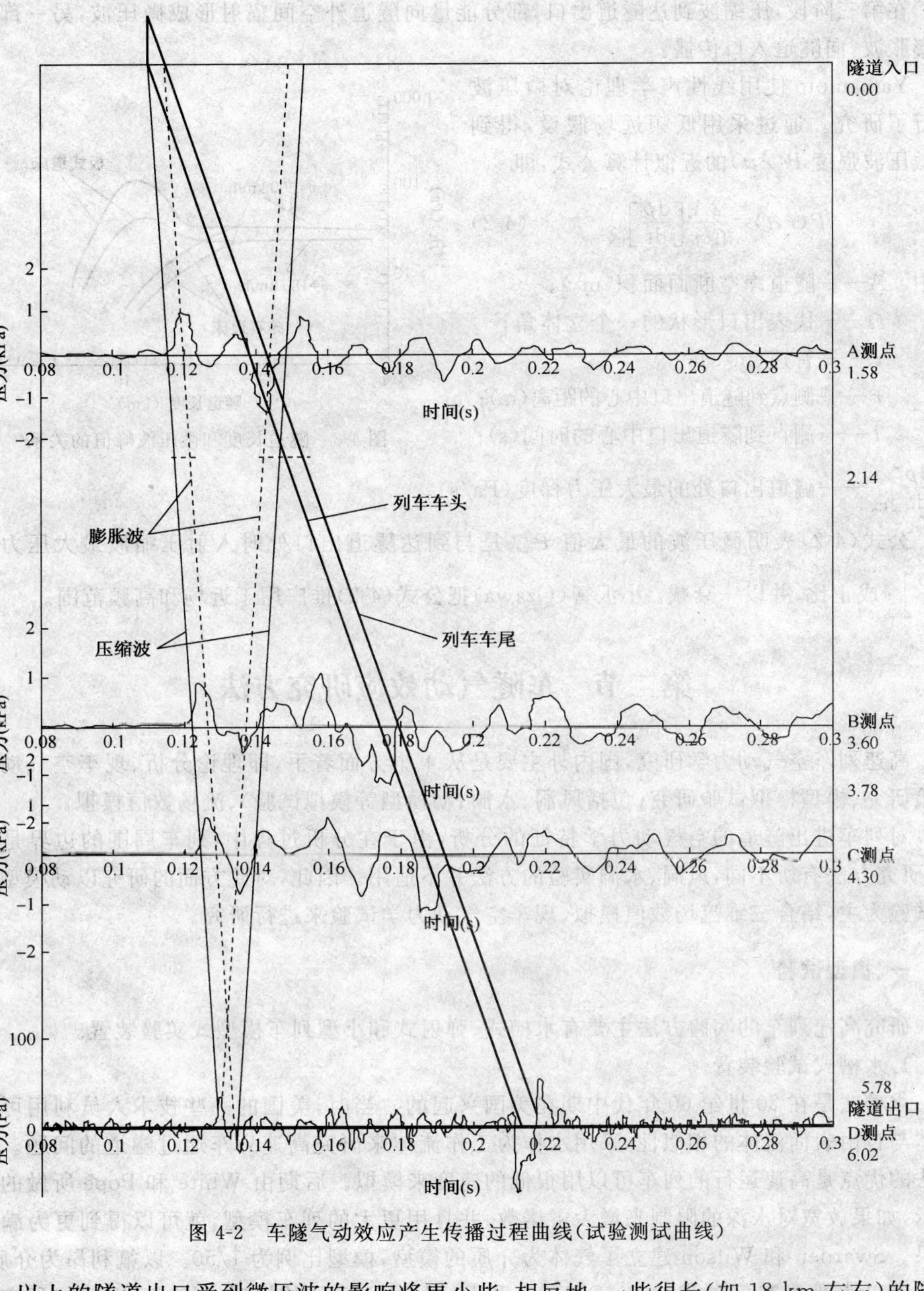

图 4-2　车隧气动效应产生传播过程曲线(试验测试曲线)

13 km以上的隧道出口受到微压波的影响将更小些，相反地，一些很长(如 18 km 左右)的隧道出口的微压波相对要小的多；当采用碎石道床时，当长度在 1 km 以下时，隧道长度对微压波的影响不明显，当隧道长度超出这一值时，由于碎石道床的吸音效果，其出口微压波的峰值将会随着隧道长度的增长而单调减小，从而可能比短隧道中的微压波峰值还要小得多。因而，当隧道比较长时(5～13 km)，采用碎石道床将能很有效地降低隧道出口的微压波效果。

在第三阶段，压缩波到达隧道出口，部分能量向隧道外空间辐射形成微压波，另一部分成为膨胀波，向隧道入口传播。

Yamamoto 使用线性声学理论对微压波进行了研究。通过采用低频远场假设，得到了微压波强度 $P(r,t)$ 的近似计算公式，即

$$P(r,t)=\frac{2A}{\Omega cr}\left[\frac{\mathrm{d}p}{\mathrm{d}t}\right]_{\mathrm{EX}} \tag{4-2}$$

式中 A——隧道净空断面面积(m^2)；

Ω——代表出口形状的一个立体角；

c——音速(m/s)；

r——测点到隧道出口中心的距离(m)；

t——测点到隧道出口中心的时间(s)；

$\left[\frac{\mathrm{d}p}{\mathrm{d}t}\right]_{\mathrm{EX}}$——隧道出口处的最大压力梯度(Pa/s)。

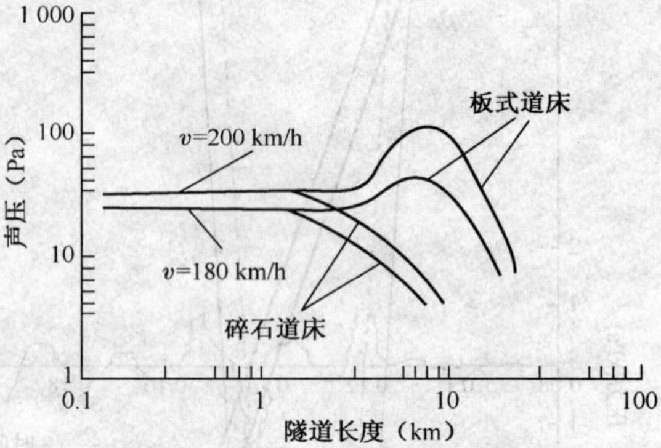

图 4-3 隧道长度和微压波峰值的关系

公式(4-2)表明微压波的最大值 $P_{\max}$ 是与到达隧道出口处时入射压缩波最大压力梯度 $\left[\frac{\mathrm{d}p}{\mathrm{d}t}\right]_{\mathrm{EX}}$ 成正比，并以 $\frac{1}{r}$ 衰减。小沢智(Ozawa)把公式(4-2)推广用于近场和高频范围。

第二节　车隧气动效应研究方法

高速列车空气动力学研究，国内外主要是从 4 个方面着手，即理论分析、现车空气动力学试验研究、模型模拟试验研究(包括风洞、水洞、动模型等模拟试验)、流场数值模拟。

对列车进出隧道的空气动力学特征的分析，由于在分析过程中，列车周围的边界是变化的，研究方法有所不同，风洞、水洞实验的方法并不适用。因此，对此方面的研究以动模型等模拟试验为主，结合三维流场数值模拟、现车空气动力学试验来进行研究。

一、模型试验

研究高速列车的实验方法主要有水槽式、弹射式和小型列车模型式实验装置。

1. 水槽式试验装置

水槽法是在 20 世纪 60 年代中期在美国兴起的。当时，美国的一些技术人员利用可压缩气体与自由表面流体的相似性，采用水作为工作流体来研究高速列车通过隧道的问题。这种方法的优点是高速运行的列车可以用很低的速度来模拟。后期由 White 和 Pope 所做的研究显示，如果放宽对水深的限制来增大雷诺数，并且用更大的列车模型，就可以得到更为满意的结果。Swarden 和 Wilson 建立了气体为介质的模型，模型比例为 1/50。以氟利昂为介质，马赫数可以达到 0.36。在 1979 年，Dayman 和 Vardy 用 1/100 的模型，以空气为介质，研究改变隧道设施，缓解压力变化。

西南交通大学的高品贤等人利用水槽模拟高速列车，采用实时检测技术。采用该模型对 500 m/s 的列车进行了模拟，得到的测试值与计算结果比较接近。

2. 小型列车模型实验装置

为了保证模型可靠实用，根据雷诺相似性，要求模型的尺寸不能小于 1/36。同时，模型的速度与全尺寸列车的速度相同。根据这些限制条件，英国的 C. W. Pope 建造了 1/25 的小比例列车模型实验装置，模型的车速达到 55 m/s，模型的质量为 10 kg，如图 4-4(a)所示。利用该模型，对短隧道中压力波的传播、隧道入口处压力的升高、隧道中交叉隧道的影响等进行了模拟，测试结果与实测数据非常吻合，表明该设备是很好的实验设备。

(a) 英国

(b) 中南大学

图 4-4　建成的小型列车模型实验台

与现场实验相比，该装置价格相对低廉，受外界气象条件影响小，不受隧道及车头形状限制等优点，并可模拟多种复杂情况。

中南大学研制了一套高速列车气动特性动模型试验系统，可以实现列车交会与过隧道等多种工况[图 4-4(b)]。

3. 弹射式列车模型实验装置

弹射式列车模型实验装置又分为两类：橡皮筋弹射式和压缩空气弹射式。压缩空气弹射式实验装置具有体积小，实施方便，测试精度高，试验费用低等优点，成为各国所推崇的高速列车试验方法。

20 世纪 70 年代，日本的佐宗章弘、小沢智(S. Ozawa)建立了以压缩空气为动力的模型试验系统，发射速度可达到 100 m/s。2001 年，西南交通大学建成了“211”工程标志性项目——“高速列车模型实验系统”(图 4-5)。该装置可以用于研究高速列车车隧气动效应规律的分析

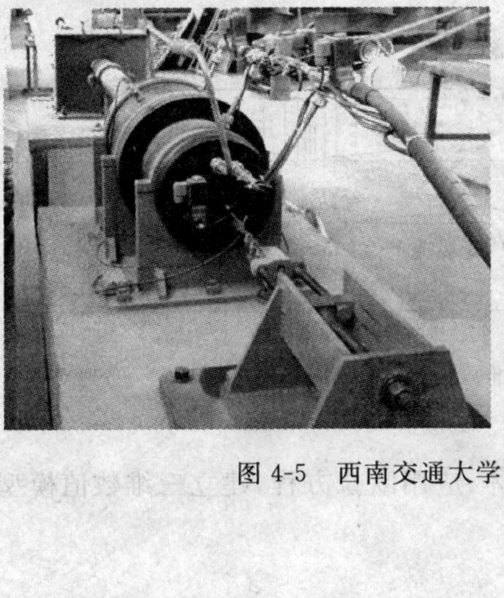

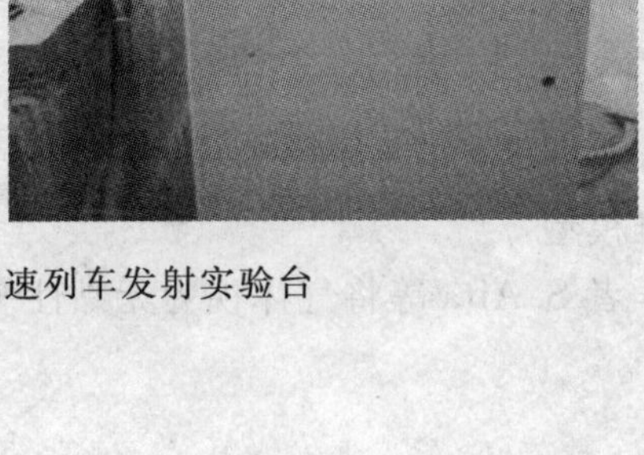

图 4-5　西南交通大学高速列车发射实验台

以及缓解气动效应措施的优化，列车模型发射速度可达到 50～100 m/s，是研究车隧气动效应，保障我国高速铁路安全、健康发展的重要试验设施之一。

二、数值模拟

人们采用数值方法研究高速列车空气动力学问题主要经历了 3 个阶段。由于计算机计算能力的限制，最初主要采用一维特征线法研究列车进入隧道时所产生的压缩波。此后，日本学者饭田雅宣将高速列车和隧道均简化为轴对称问题进行分析计算。目前，已经具有高性能的计算机，能够满足大型流体分析、计算的需要，因此，在考虑车型、缓冲设施等多种情况下，采用三维数值计算是研究分析车隧气动效应问题的首选。

1. 一维模型

在隧道及列车的长度远大于隧道的水力直径时，就可以将列车进入隧道引起的流动近似看作是准一维流动，一维流近似可满足实际工程应用的基本要求。

在 Yamamoto 使用的一维无黏流模型中，假定隧道和列车截面积为常数，忽略基本方程中的对流项。在该假定下，不必进行差分计算，可以得出一些简单的解析表达式。Woods 等人采用一维特征线法对列车进入隧道的过程进行了数值计算。隧道仍是等截面的管道，但考虑了非线性、壁面摩擦、传热等因素；在车头及车尾根据实验数据引入了压力损失系数。

Kage 等人对隧道压缩波进行了数值研究，将有效截面积，即隧道与列车截面积之差看成是空间和时间的二元函数，建立了相应的基本方程组，避免了移动边界处理。西南交通大学的余南阳、赵海鸿等学者对该方法的改进和程序化也开展了大量研究工作。

一维数值计算(特征线法)方法简单、易于操作。测试表明：对于研究隧道洞身的车隧气动特性，采用一维方法是可行的；在隧道的出入口处，流场状态复杂，结构形式多样，用一维分析不能完全满足精度要求。

2. 二维轴对称模型

1993 年，日本学者饭田雅宣将高速列车和隧道均简化为轴对称问题，应用柱坐标和欧拉方程，对高速列车通过隧道过程中的空气动力问题进行了假三维数值模拟计算研究，取得了一些有价值的研究成果(如图 4-6 所示)。但是，由于对研究对象进行了简化，如将问题简化为轴对称问题。这样，对于单孔双线隧道问题就无法准确地进行研究。同时，由于隧道出口微压波的产生强度是与散射角有关的。

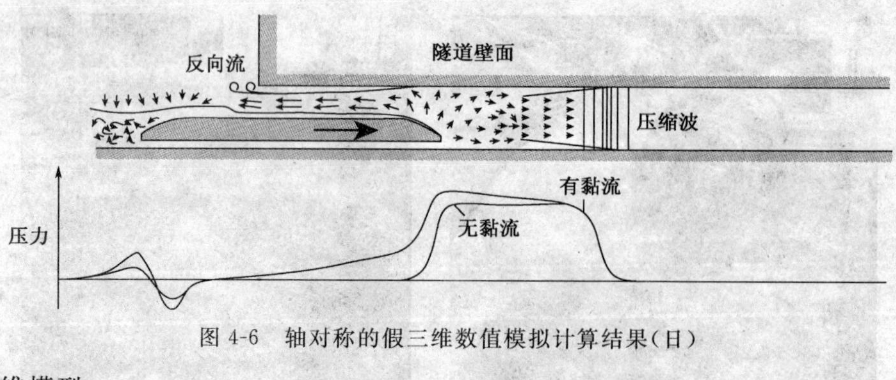

图 4-6　轴对称的假三维数值模拟计算结果(日)

3. 三维模型

法国学者 S. Aita 等将气体视为无黏性气体，应用欧拉方程，建立三维数值模型，求解无缓冲结构条件下单孔双线隧道的空气动力学问题，也取得了有参考价值的成果。

为了真实模拟车隧气动效应，需要求解 Navier-Stocks 方程。目前，许多学者都开始应用流体分析软件，并结合二次开发成果，对车隧空气动力学问题进行三维分析。

三、现场测试

现车试验要求试验者具有已建成的高速铁路，且具备进行现车试验的试验条件。另外，现车试验的费用比较高，试验的工况有限，但试验结果更为可靠。

目前国内外已经进行了大量的高速列车车隧气动特性的实测工作，得到了大量的第一手资料。

国外的欧洲铁路联盟曾经进行了大量的实测工作。

我国也在遂渝线的松林堡隧道和荆竹岭隧道针对车速为 200 km 的车隧气动效应及缓冲设施的效果进行现场测试。随后又在石太、武广等线路开展现场实车测试，为我国高速铁路的发展提供了宝贵资料。

第三节 气动效应对乘客的影响——列车舒适度标准

压力的瞬变会对乘客产生影响，它主要作用于人的耳膜，特别是在列车以高速通过隧道时影响更大，使乘客有不舒适感。车头或车尾的进入或驶出隧道所产生波的叠加，对乘客的影响是有利还是不利，取决于列车的速度、隧道的阻塞比(β)等多种因素。

一、舒适度标准制订所要考虑的因素

影响旅客舒适度的压力指标包括瞬变压力、车辆密封指数等。

1. 压力舒适度评价指标——瞬变压力

在很多情况下，虽然压力波动的绝对值较大，但是它的上升时间较长，人们逐步适应外部压力的变化，也不会对乘客造成很多的影响。相反，虽然压力波动的绝对值相对较小，但是它的上升时间较短，人们必须很快适应外部压力的变化，这样也会对乘客造成很多的影响和伤害。

目前气压变化环境下人体舒适度评价有两种方法，一种是从压力变化幅值和压力变化率两个指标来进行评估；另一种是考核某一段时间内的压力变化幅值，这一段时间是根据人耳对外界气压变化幅值和压力变化自我调整所需时间来确定的。后一种方法不仅考虑了压力变化幅值和压力变化率，还考虑了人体生理的需要，被大多数国家采用。

压力变化最大值是指最大正压与最大负压之差，单位为 Pa；瞬变压力最大值是指一段时间内，压力差的最大值，单位为 Pa/(ns)（n 为常数）。目前在压力舒适度统计标准中，计算瞬变压力的时间段有 1、3、4 s 等。

采用 3 s 或 4 s 的主要原因是：当外界压力增高时，鼻咽腔不会之随着增高的压力自动传到中耳，于是在耳膜两边产生压差。在此情况下，可以通过吞咽、打哈欠或挤捏鼻子等动作人为开启耳咽管，以消除耳膜两边的不平衡压力。而完成这个动作的时间一般在 3 s 到 4 s 的时间，因此，就以这个特定时间内压力单调变化值最为瞬变压力波动特征参数。

为了说明隧道长度对瞬变压力的影响，下面给出两种不同隧道长度时，车体的压力波动波

动曲线，如图 4-7 所示。

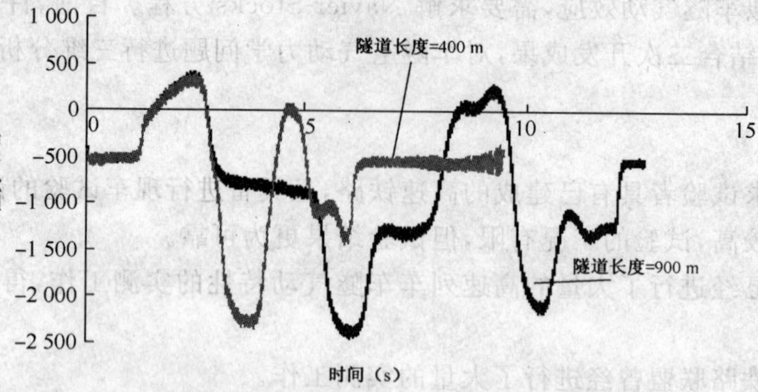

图 4-7　不同隧道长度情况下车体压力波动曲线（v=300 km/h，阻塞比=0.13）

两条曲线对应的压力峰值及瞬变压力如表 4-1 所示。

表 4-1　隧道长度对车体压力波动影响对照表

工况参数			压力峰值(kPa)		瞬变压力峰值(kPa)	
隧道长度(m)	列车长度(m)	列车速度(km/h)	正压	负压	1 s 内	3 s 内
400	100	300	0.38	2.3	2.6	2.8
900			0.38	2.3	1.6	2.7

可以看出，虽然两种工况的压力曲线压力峰值基本一致，但是按照 1 s 内的瞬变压力进行对比，曲线 1（隧道长度=400 m）要比曲线 2（隧道长度=900 m）大很多，乘客的压力舒适度状况也要差很多。从这一例子也说明，隧道长度对瞬变压力有很大影响。

在 UIC(779-11) 标准中，给出了隧道长度与瞬变压力峰值之间的相关曲线，如图 4-8 所示。

2. 车辆密封指数

列车的密封情况决定了车外压力传递到车内时，传输的快慢以及车厢内压力的大小。同时，在很多主干线路上，采用密封指数较高的车辆。这些车辆维护成本高，相应的票价较高，舒适度标准也要求较高。而密封指数差的车辆一般用于支线线路，车辆维护成本低，相应的票价较低，舒适度标准也要求较低。因此，在制定列车舒适度标准时，需要考虑列车的密封性，并结合线路等级，制定适当的压力舒适度标准。

图 4-9 是两列车同时相对地进入隧道时，车体压力波动曲线（v=300 km/h，隧道长度=978 m，β=0.13）。

可以看出，在密封指数为 5 s 和非密封列车两种工况下，车体上的压力差异明显。说明提高车辆密封指数对降低车内压力波动效果明显。

为了说明密封特性对列车舒适度的影响，下面对车内外压力传播规律进行分析。

当车辆完全不密封，即车内外空气质量交换完全无阻尼时，车外压力与车内压力相等。

当车辆完全密封，即车内外空气无质量交换、车体的刚度又较大时，则车外压力变化对车内无影响。在实际中，车辆一般都有一定的密封性，并随着时间的延续，车内外压力逐渐达到平衡，这个延续时间的长短则与车辆的密封特性有关。

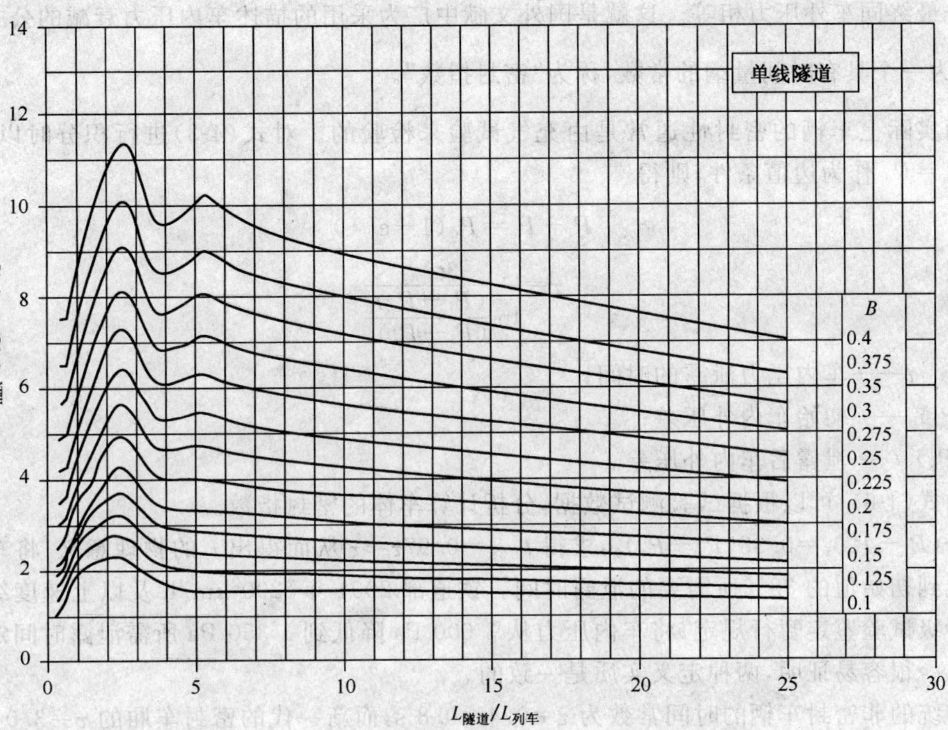

图 4-8　高速列车瞬变压力峰值与隧道-列车长度比及阻塞比相关曲线（v=300 km/h）

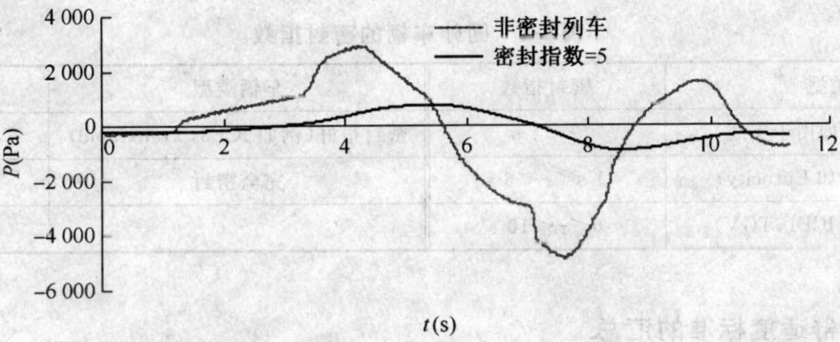

图 4-9　列车车体压力波动曲线（v=300，β=0.13）

为简单起见，可以假定车内压力的变化率与内外压差成正比。

采取基于线性假定的泄露模型，假定车内压力梯度与内外压差成正比，即

$$\frac{\mathrm{d}P_i(t)}{\mathrm{d}t}=-C_0[P_i(t)-P_e(t)] \tag{4-3}$$

式中　P_i——车内压力；

P_e——车外压力；

C_0——与车辆密封性有关的常数。

假定 P_e=const，以 $t=0$ 时，$P_i=0$ 作为边值条件，对式(4-3)积分得

$$P_i=P_e(1-\mathrm{e}^{-C_0t}) \tag{4-4}$$

由式(4-4)可知，根据这种模型，如果将车辆内部抽成真空，则车内的气压将呈指数规律逐渐上升最终同车外压力相等。这就是国外文献中广为采用的描述车内压力衰减的公式。其中 $\tau=\frac{1}{C_0}$ 为一个具有时间量纲的常数，称为“密封指数”。

而实际上车辆的密封性通常是由充气试验来检验的。对式(4-3)进行积分时以 $t=0$ 时 $P_i-P_e=P_0$ 作为边值条件，则得

$$P_i-P_e=P_0(1-e^{-\frac{t}{\tau}}) \tag{4-5}$$

$$\tau=\frac{t}{\ln\frac{(P_i-P_e)_f}{(P_i-P_e)_0}} \tag{4-6}$$

式中 t——车内压力泄露的时间；

$(P_i-P_e)_0$——初始车内外压差；

$(P_i-P_e)_f$——泄露后车内外压差。

由式(4-6)，可以根据试验测试数据，分析计算车体的密封指数。

令 $(P_i-P_e)_f=0.38(P_i-P_e)_0$，求得 $t_{0.38}=0.97\tau\approx\tau$ 从而得出 τ 的物理意义：将车内外压差降低到初始值的38%所需要的泄露时间。铁道部2001年《200 km/h及以上速度级列车密封设计级试验鉴定暂行规定》将车内压力从3 600 Pa降低到1 350 Pa所需泄露时间定义为密封指数。很容易证明，两种定义实质是一致的。

传统的非密封车辆的时间常数为 $\tau=0.4\sim0.8$ s，而新一代的密封车厢的 $\tau=3.0\sim8.0$ s，这说明现代建造及车辆密封技术有了很大提高。

国外给出了不同车型的车辆密封指数情况，如表4-2所示。

表4-2 国外车辆的密封指数

车辆类型	密封指数	车辆类型	密封指数
不密封车辆(例如用于支线)	$\tau<1$ s	密封很好(例如ICE3，Transrapid)	$\tau<10$ s
最低密封性(例如Eurocity)	1 s$<\tau<$6 s	完全密封	$\tau<\infty$
密封较好(例如ICE1，TGV)	$6<\tau<10$ s		

二、国内外舒适度标准的汇总

目前，世界许多国家都制定了列车压力舒适度标准，通过实际列车运行实验以及车厢压力的模拟实验得到了许多结论，可以归纳出人们对压力舒适程度感觉的一般结论：

(1)对于同样的压力变化，人们对此的反映则是相差很大。

(2)同一个人对于同一个压力变化在不同时刻反应也不一样。

这表现出这些反应与人的健康，疲劳情况情绪，环境等因素有关。然而，这种差别要比不同人之间的差别要小得多。

(3)人们承受压力升高时会感到很不舒适，而在压力降低时则不那么明显，这与人耳的生理结构有关。

(4)在车厢中所感觉到的由于快速压力变化所引起的不舒适水平主要与压力的幅度有关，而对人体舒适度更重要的是压力变化率。

(5)除了一个瞬时的压力特征之外，在一个长的时间里，压力的连续或重复性也是非常重要的。

列车行程中，有很少隧道的不舒适程度要好于行程中有多条隧道的线路。因此，有多条隧道的线路的压力舒适度标准应该需要更严格的压力限制。

(6)有证据显示，人们对压力具有短期记忆性。在行程中，在记忆中的严重的压力会很快被后期行程中的压力感觉所代替。

(7)对采用密封型列车也有一些应该关注，即尽管舒适度水平有了大幅度提高，但是在该水平上人们对压力的极端情况也更为苛刻。也就是，给旅客所提供的环境越舒适，他们对该条件下的任何恶劣情况的要求就越严格。

国内及国外压力舒适度标准如表 4-3、表 4-4 所示。

表 4-3　一些国家采用的压力波动临界值

国家	铁路类型	单双线	阈值				车速 (km/h)	车辆	注
			ΔP(kPa)	变化率 (kPa/s)	$\Delta P/\Delta t$ [kPa/(*n*s)]				
			—	—	kPa	*n*			
英国	城际铁路	双线	—	—	3.0	3	160	不密封	1986 年前
					4.0	4	200		1986 年
	海峡道联络线	单线	—	—	2.0	4	225～300	不密封	—
		双线	—	—	3.5	4			
美国	地铁	—	—	0.41	0.7	1.7	80～100	不密封	—
日本	新干线	双线	1	0.2			210、240、270	密封	普通
				0.3～0.4					放宽
意大利	FS	—	1.5	0.5			高速	密封	—
韩国	—	单线	—	—	0.8	3	高速	—	—
		双线			1.25	3			
瑞士	Rail2000		—	—	1.5	4	—	—	
ERRI C218/RPI	—	单线	—	—	3.0	4	—	不密封 $\tau<0.5$	—
		双线			4.5	4			

* 表中，P 为压力变化最大值；$[P]$ 为瞬变压力，即 $\Delta P/\Delta t$。

参照国外经验，中铁西南科学研究院，提出我国高速铁路舒适度准则如表 4-4 所示。

表 4-4　我国高速铁路舒适度准则(建议)

铁路类型		隧道长度 (占线路比例)	相互关系	隧道密集程度 (座/h)	瞬变压力 [kPa/(3 s)]
A(平原)	单线	＜10％	AND	＜4	2.0
B(平原)	双线	＜10％	AND	＜4	3.0
C(山丘)	单线	＞25％	OR	＞4	0.8
D(山丘)	双线	＞25％	OR	＞4	1.25

第四节　高速铁路限界

高速铁路限界是高速铁路的重要基础标准之一，它关系到机车车辆在线路上高速、安全的运行，也关系到与线路相邻的建筑物和人员的安全，并直接影响工程投资及铁路运输的效益。

现行铁路限界标准 GB 146—83 中的基本建筑限界和桥、隧建筑限界是按列车最高时速140 km 等基本条件制定的，现我国拟建时速为 250 km 的高速铁路，并且线、桥、隧等固定设备主要技术条件要按 350 km/h 高速客运专线进行预留。

一、我国高速铁路限界的特点

高速铁路限界主要包括机车车辆限界、基本建筑限界、隧道建筑限界等。

(1)我国的高速铁路既要高起点，又要有特色，制定的限界应符合我国国情。

结合我国国情和运输特点，高速铁路上还要有从既有铁路上进入的中、低速旅客列车，在相当长的时期内高、中速客车共线混跑的运输方式不可避免。因此要求高速铁路的机车车辆限界不能小于现行的机车车辆限界；同时也要求进入高速铁路区段的中、低速旅客列车车厢的结构强度、气密性等设计标准，考虑因邻线高速列车产生的空气动力效应诱发的各类问题，并按车辆动力学的观点研究车辆动态包络限界。

(2)高速铁路建筑限界的制定要考虑高速列车带来的空气压力的波动、瞬变压力的影响以及空气阻力等空气动力学问题。

选用对各种荷载模式适应性较强的隧道衬砌轮廓形式和先进合理的施工工艺，是确定隧道建筑限界的重要因素，同时也要考虑运营保障体系中隧道防灾和沟、管、洞、槽等各种设备的合理配置和维修养护问题，牵引供电接触网的高度要求以及电化下锚问题等。为减小隧道内空气阻力，除考虑衬砌内轮廓合理形式，增加衬砌表面光滑度以外，隧道底部道床类型，各种沟、槽布置形式的合理制定，也是减小空气阻力，拟定限界底部轮廓尺寸的重要因素。

(3)在引进国外先进技术并制定相应的各类限界标准时，要考虑造价和成本，也要考虑设备和工程建设中的经济效益问题，使高速铁路限界标准符合技术先进、安全适用、经济合理的要求。

二、用车辆动力学的观点研究机车车辆限界

现行的机车车辆限界考虑了车辆的制造公差和车辆因磨耗及弹簧变形等静态偏移在内的限界，没有考虑车辆在高速运行条件下的动态偏移量，将因车辆的动态偏移量和线路等原因造成的车辆偏移均化作安全量在建筑限界内考虑，这就造成建筑限界偏大。

(1)车辆限界的制定应采用动态和静态分析相结合。

高速铁路的机车车辆限界应该以车辆的动态包络线为基准，除静态情况下要考虑的各种因素外，还要考虑车辆在高速运行情况下的振动、侧滚、摇摆等多种偏移因素最不利组合的一种轮廓线。这样制定的车辆限界，在同样车型的条件下应该比静态的限界要大。

根据广深准高速客车的试验资料，按现行机车车辆限界(GB 146.1—83)，一系弹簧(车轮与转向架间)的动挠度为 10 mm，但在试验中，列车速度达到 170 km/h 时，直线上的最大动挠度达 11.33～28.57 mm，通过半径 1 400～1 600 m 曲线时，动挠度最大达 18.13 ～36.40 mm。

现行车辆限界中规定二系弹簧(转向架与车体间)动挠度为 20 mm,当列车速度达 170 km/h 时,二系弹簧动挠度已达到 26.14 mm,在半径 1 400 ～ 1 600 m 曲线上运行时实测值为 37.61 mm。大大超过限界中 20 mm 的规定,如果车速达到 250 km/h 以上时,机车车辆限界下部的动挠度显然要加大。

现行的机车车辆限界是适用于 140 km/h 及以下的中、低速列车的标准,使用十多年来发现有些问题,如上部两肩过窄,顶部与周边的安全余量分配不够均衡,限制了电力机车受电弓的工作范围。机车车辆下部,因受站台及建筑物的限制,在距轨面 350～1 250 mm 高度范围内,限界宽度为 2×1 600 mm,实际上成了机车车辆设计车体宽度的控制因素,使上部限界的最大宽度 2×1 700 mm 得不到充分利用。我国的机车车辆限界比日、法、德等国家的都大,由于上述原因,很难适用于高速铁路。

根据车辆动力学原理,车辆在高速运行中要产生振动,主要包含有自由振动,周期性的稳态强迫振动以及线路随机不平顺激发的随机振动等。其合成的振动形式又随线路结构、车辆结构、运行速度的不同而发生变化。拟定机车车辆动态包络限界时,要根据车辆和线路的技术状态、振动和受力状态的最不利条件进行组合,进行各项振动偏移量的计算,将几种主要振型相互叠加,按各控制振点的振谱最不利组合形成的振动最大偏移量轮廓线,依此作为确定机车车辆动态限界的主要依据。

(2)采用多种研究手段相结合,拟定符合我国国情的机车车辆动态包络限界。

目前,有高速铁路的国家大多采用机车车辆系统动态仿真综合软件,在计算机上研究车辆制造和运行技术状况的各项参数,研究车辆的各种设备和构件的技术性能和可靠度等,也可以模拟出机车车辆在高速行驶条件下的动态包络线,也有部分国家是按静态限界加安全余量的办法考虑动态环境下的车辆轮廓包络限界的。我国在动态仿真综合软件的开发方面还有好多不足,有待于深入研究。

我国的铁路客车车体宽度介于 3 004～3 106 mm 之间,对京沪高速铁路的车辆宽度,有关材料建议的宽度为 3 104 mm,车顶距轨面高度为 4 050～4 433 mm;高速车最大宽度 3 100 mm,高度为 3 850 mm。国外高速铁路的车辆设计参数中,以日本的车体最宽,为 3 380 mm,英国的最小,为 2 730 mm。在研究机车车辆限界之前,应根据我国车辆制造的技术水平,成套设备和技术引进等情况,确定车辆的技术标准,拟定标准计算车的类型,制定和提出合理的机车车辆限界。

对于机车车辆动态包络线的拟定办法各有不同,导致计算车辆振动偏移量的方法也有差别。因此,有关部门有必要组织攻关,通过现场实测与模拟试验、数值模拟相结合的方法,拟定符合我国国情的机车车辆动态包络限界。

三、用空气动力学的观点研究建筑限界

现行铁路建筑限界标准是在机车车辆(静态)限界基础上,考虑各种因素用增加安全余量的办法确定的。在列车高速运行情况下,确定这个安全余量的概念与中、低速时有所不同,在线路、桥梁、特别是隧道内,因空气动力效应产生的一系列问题,成为制定建筑限界的控制因素,这主要有旅客及作业人员的安全避让距离、线间距、允许最大侧向风速、隧道内瞬变空气压力场的影响、列车风以及隧道阻塞比等。

列车进入隧道后与洞外不同,高速列车像个大活塞,使空气在一维空间内受到很大压缩,

产生很大的压力瞬变，并迅速向车的前方和车厢内部传播，使旅客的耳朵很不舒服，双线隧道列车交会时，压力波动更大。

法国高速铁路有关的试验资料表明，当列车头部以 350 km/h 的速度通过时，在线路一侧距车厢表面 2 m 的位置上，模拟试验测得空气流的吸力为 100 N；当车尾通过时，在距车厢 2.4 m的位置上测试，因涡流效应引起的空气流吸力增至约 150 N。列车速度越高，产生的瞬变压力变化越大。根据德国有关资料，当运行速度为 300 km/h 的两列客车交会时，相对速度 600 km/h，在线间距为 5 m 时，压力变化在 4.5～5.5 kPa 之间，在隧道内将增大 2 倍。对这样大的压力瞬变，如不采取措施，旅客的耳膜很可能会被震破，过大的瞬变压力还能使列车车厢板面发生超应力或疲劳而引起结构的破坏，瞬变压力造成的冲击波也危及邻近建筑物和人员的安全。

据有关部门分析预测，京沪高速铁路采用中、高速车混跑，按高速 250 km/h 与中速 160 km/h的两车交会时的压力波强度计算，即使两列车体均有较理想的流线形外表，交会时的压力波动值也在 2.8 kPa 以上。因此，在研究线间距的同时，还要研究增加车厢的整体结构强度，增加车厢的气密性，尽量减小列车阻力，优化车头及尾部的流线形外表设计等，使车厢内的压力波动值控制在 0.5～1 kPa 之间。有关部门建议，京沪高速铁路用的车厢表面强度按 ±6 kPa设计，以保证车体的结构安全可靠和车内旅客的舒适度。

影响压力瞬变强度的因素主要有：①列车速度；②线间距；③列车头、尾部形状；④隧道断面积大小和形状；⑤隧道长度与列车长度的比值。

各国对于瞬变压力的标准不同。法国国铁用“耳膜舒适度”作瞬变压力标准，即变化不大于 500 Pa/s 时旅客感到满意，并按 500 Pa/s 的要求制定线间距和拟定隧道横断面积。英国铁路采用“听觉舒适度”标准是 4 s 内允许客车车厢内气压变化不大于 4 kPa。美国“舒适度”标准是 3 s 内变化不大于 1 242 Pa 等规定。我国在高速铁路论证中对此标准尚无定论。铁科院曾建议采用 3 s 内变化不大于 3 kPa 的标准。

列车在线路上高速行驶，带动了周围的空气随之运动，形成了压力很大的气流场。欧洲称之谓“绕流”或“滑流”，日本则称“列车风”。根据国外资料，在离线路一定距离后，列车对周围产生的滑流应力逐渐衰减，一般在距线路 3 m 以外，其应力最大值不再随列车速度增加而变化。

在隧道内则不同，除这种滑流效应外，因隧道内空间狭小，列车“活塞效应”与之组合，在列车通过隧道后相当长一段时间内，因滑流效应产生的空气压力变化仍然十分显著，这个紊乱的气流场不仅对建筑限界制定中各项安全参数有影响，对运营通风设计也是一个重要影响因素。

高速列车进入隧道后，会在隧道出口产生微气压波效应，引起空气压力变化和噪声，对洞口建筑物的安全产生影响，这方面的研究已在不少资料中有所阐述。对于这个问题在制定限界时应该考虑。在隧道内断面变化处，如电化下锚段的扩大断面范围内，组合气流场会对这段的洞内设备、悬挂物（如接触网）影响较大，应该采取结构安全措施，尽量少设或不设洞内的锚段关节扩大断面，以尽量减少空气阻力和气流场的变化。对解决微压波的问题，日本在隧道口部一般修建了缓冲结构，意大利在 1970 年修建高速铁路时，因隧道断面较小（双线断面积 53.5 m^2），曾在洞口加接带孔的明（棚）洞。另外，也可采用两个单线隧道中间加横洞的办法或加大隧道横断面积等，都是解决因空气动力效应产生的各类问题的有效办法。

在研究建筑限界时，解决因空气动力效应引发的各类问题在世界上目前主要有两种途径：一种是以日本新干线为代表，主要通过在隧道洞口修建缓冲棚，扩大洞口断面和提高列车车厢的密封性等来解决。另一种是以德国 NBS 为代表，主要以加大隧道断面和线间距的办法来解决。在隧道内用减小阻塞比(列车横断面积/隧道横断面积)的办法效果显著。按德、法等国的试验资料，隧道阻塞比＜0.15 时，高速列车在隧道内因空气动力效应产生的问题基本上可以解决。隧道断面加大，阻塞比减小，但工程投资却提高了。根据我国国情，拟定合适的线间距和阻塞比，是建筑限界研究中的重要课题。

四、隧道建筑限界研究中的几个问题

(1)最优阻塞比是解决空气动力效应问题的隧道最小断面和隧道工程最低造价的结合点，在此基础上制定的建筑限界应该是最合理的。

以双线隧道为例，德国的高速铁路新线隧道断面较大(直墙 82 m^2，曲墙式 94 m^2)，法国次之(71 m^2)，日本新干线隧道断面积为 60.5 ～63.4 m^2，意大利的最小，为 53.8 m^2。我国现行双线电化铁路隧道衬砌[专隧(93)0030]标准图，Ⅳ类围岩衬砌断面，内净空最大加宽时的面积为 81.8 m^2(线间距 4 m)，如果内轮廓经过适当变化，线间距为 4.5 m 时，内净空面积为85 m^2，按广深准高速列车车厢横断面面积估算(25Z 型空调车，3 104 mm×4 050 mm)，阻塞比为 β=0.147，与德国高速铁路线间距 4.7 m 时的隧道阻塞比相近(见表 4-5)。

(2)线间距和阻塞比考虑过大，势必增加购地费用，加大基本建设投资。我们在研究建筑限界中，根据三种机车车辆动态限界，三种线间距(a＝4.5、4.6、4.7 m)，三种阻塞比(β＝0.11、0.13、0.15)，所拟定的不同建筑限界，按Ⅳ类围岩双线高速铁路隧道复合衬砌断面计算，概算则按工程定额中平均单价 100 元/m^3 考虑，每公里隧道综合造价在线间距每增加 10 cm 时大约增加 110 万元左右。高速铁路全线区间、车站内的直线线间距均是一致的，线间距每增加 10 cm，工程投资更会增加很多。当然，线间距加大一些，车辆和有关设备的造价可能会有所降低。

表 4-5　几个国家高速铁路隧道情况

国家及线路名 项目	日本				法国		德国		意大利
	东海道	山阳	东北	上越	东南	大西洋	曼海姆—斯图加特	汉诺威—维尔茨堡	罗马—佛罗伦萨
线路长度(km)	515	554	496	270	426	284	99	327	236
设计速度(km/h)	210	260	260	260	270	300	300	250	250
线间距(m)	4.20	4.30	4.30	4.30	4.20	4.20	4.70	4.70	4.0
隧道宽度(m)	9.60	9.60	9.60	9.60	—	10.00	12.50	12.50	9.44
隧道横断面(m^2)	60.5	63.4	63.4	63.4	—	71.0	直墙 82 曲墙 94	直墙 82 曲墙 94	53.8
阻塞比	0.2～0.22	0.2～0.21	0.2	0.2	—	0.13～0.15	0.13	0.13	0.15

(3)牵引供电接触网的“结构高度”(即承力索下锚点处距接触导线的垂直高度)是影响建筑限界高度值的重要因素。

世界上的高速铁路目前大都采用电力牵引，其接触网日本采用复式重型悬挂，法国采用单链式悬挂。我国目前通用的全补偿链形悬挂尚不适用于高速铁路，应压低结构高度，提高材料绝缘性能，减少接触网导线硬点，采用高强度接触线和承力索，改善受流技术，改进补偿机构（如并联下锚方式），以保证低净空、高速度条件下的安全、稳定受电。

(4)隧道内沟、管、洞、槽等附属构筑物与机车车辆限界间的安全距离也是制定建筑限界的影响因素。各类电缆应该全部入沟（泄漏同轴除外）；行车信号指挥系统在高速铁路条件下，取消了用地面信号显示传递行车命令的方式而改为设在车内监控信号的自动控制列车速度系统，但高速线上有中速车的情况下隧道内仍要考虑设置信号机的位置。避车洞及各类设备洞要不要设置还有待研究。

在以往的限界研究中，一般很少考虑运营保障的各种要求，仅要求安全余量和设备的合理布置，如风压限界等均不考虑，隧道防灾和维修养护中的各种需要也考虑较少。如在现行隧道建筑限界中下部两侧向线路倾斜，造成隧道内设双侧水沟困难。在高速铁路区段，接触网维修作业和工务维修作业的方式不同，影响洞内附属构筑物（如梯车洞、作业通道等）设置也有所不同，另外消防设备的位置、照明及一些洞内有关设备（如运营通风射流风机位置）等，均应在制定隧道建筑限界时考虑。

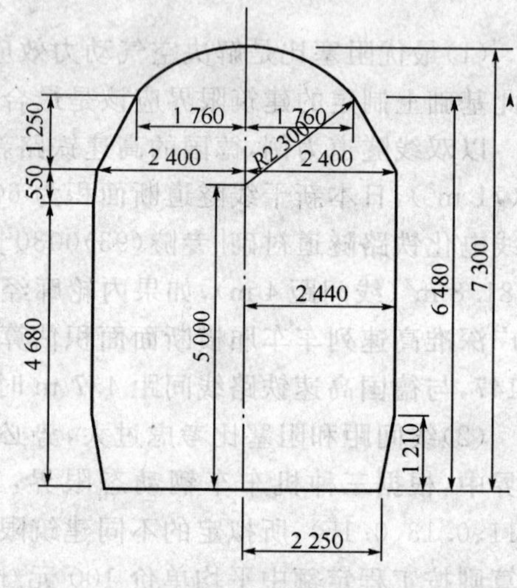

图 4-10　200 km/h 客货共线电力牵引铁路 KH-200 桥隧建筑限界

五、我国高速铁路建筑限界

我国高速铁路隧道建筑限界分为 200 km/h 客货共线，200 km/h 及以上客运专线，200 km/h 客货双层集装箱运输三种，如图 4-10、图 4-11、图 4-12 所示。

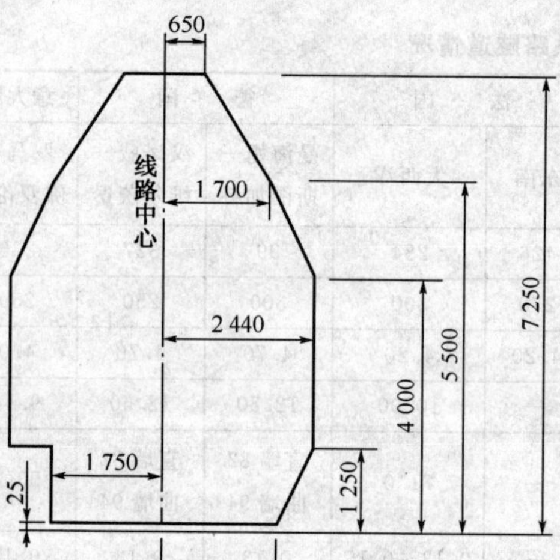

图 4-11　200 km/h 及以上客运专线铁路建筑接近限界基本尺寸及轮廓

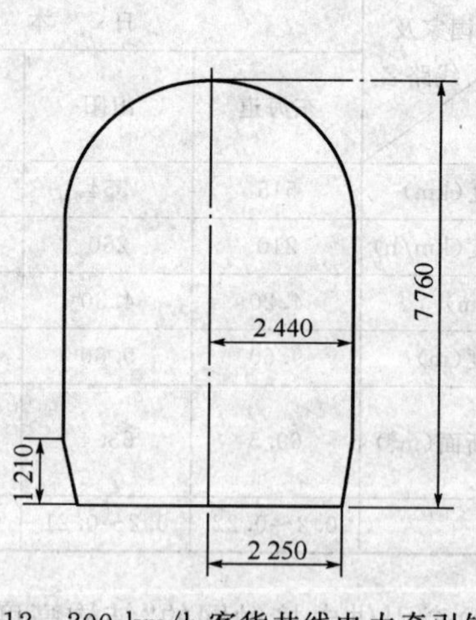

图 4-12　200 km/h 客货共线电力牵引铁路双层集装箱运输受到建筑限界

第五节　高速铁路隧道净空有效面积

高速铁路隧道净空有效面积，即隧道衬砌内轮廓轨顶面以上的净空断面积。根据我国不同的行车速度目标值和运行列车的限界，考虑空气动力学效应等各种情况，拟定的隧道净空有效面积标准如表 4-6 所示。

表 4-6　我国高速铁路隧道净空有效面积标准(m^2)

序号	类　别	单线	双线
1	200 km/h 客运专线兼顾普货运输	52(53.6)	80(85)
2	250 km/h 高速铁路	58	92
3	300～350 km/h 高速铁路	70	100

一、净空断面内各种功能空间的配置

前已述及，高速铁路隧道由于行车速度高引起的空气动力学效应对乘车的舒适度和周围环境有较大影响。一方面，隧道建筑物按满足 100 年正常使用的永久结构物设计；另一方面，客运专线上通行的列车全部为客车，列车一旦在隧道内发生事故、失去动力或无法及时将列车拉出洞外时，车上人员的紧急疏散、逃生和救援将成为非常关键和重要的问题。所以，高速铁路隧道净空断面设计时需要预留各种空间。

1. 安全空间

安全空间(或称安全区)是为铁路内部员工和特殊情况下养护人员预留的，安全区内包括靠衬砌侧安放施工设施(宽 0.3 m)或开关柜(宽 0.4 m、长 1.3 m)的空间(图 4 13)。安全区是相对于危险区而言的。当行车速度大于 160 km/h 时，危险区为线路中线至边缘 3.0 m。行车速度小于等于 200 km/h 时，人员可以在隧道内停留；行车速度大于 200 km/h 时，一般情况下，人员不准在隧道内停留。

安全空间的配置应遵守下列规定：

(1)安全空间应设在距线路中线 3.0 m 以外，单线隧道应设在有紧急出口一侧，两座平行单线隧道宜设在相邻侧，双线与多线隧道应在双侧设置；

(2)安全空间的尺寸，高度不应小于 2.2 m，宽度不应小于 0.8 m；

(3)安全空间的地面不应低于内轨顶面，地面与接触网设备带电部件间的距离不应小于 3.95 m。

一般情况下，安全空间地面设计与水沟电缆槽盖板面齐平，允许有 3% 的横向排水坡。德国规范规定的安全空间宽度和高度与我国设计暂行规定相同，其地面与接触导线及支撑部件间的距离至少为 3.95 m。在我国客运专线铁路隧道设计中，安全空间与隧道内水沟、电缆槽上部空间是共用的。我国客运专线设计行车速度均在 200 km/h 及以上，除个别城际轨道交通线外，大部分设计行车速度为 250 km/h 及以上。结合我国客运专线铁路养护维修体制，在运营期间，除特殊情况外，隧道内禁止人员进入。

2. 救援通道

在隧道内应设置贯通的救援通道，用于自救或外部救援。救援空间的配置应遵守下列

规定：

(1) 隧道内应设置贯通的救援通道(图 4-14)；

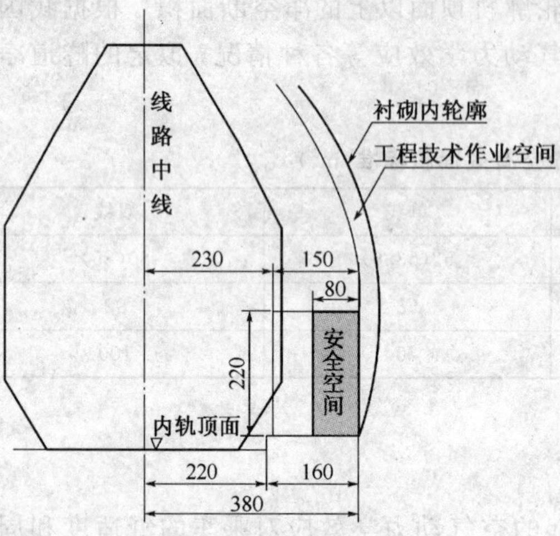

图 4-13　安全空间(单位：cm)

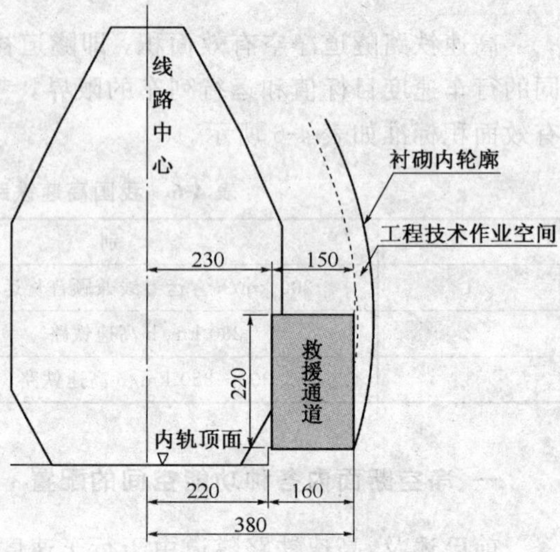

图 4-14　200 km/h 及以上客运专线隧道救援通道(单位：cm)

(2) 救援通道应设在安全空间一侧，距线路中线不应小于 2.3 m；

(3) 救援通道走行面不应低于内轨顶面，地表必须平整；

(4) 设计客车行车速度目标值为 200 km/h 的客货共线铁路隧道救援通道宽度不宜小于 1.25 m，设计客车行车速度目标值为 250 km/h 的客运专线隧道救援通道宽度不宜小于 1.5 m，在装设专业设施处宽度可适当减小，净高不应小于 2.2 m。

救援通道可部分侵入建筑限界，因为救援通道是在列车停运的情况下才使用的。德国规范规定，救援通道的宽度一般情况下为 1.25～1.6 m，科隆—法兰克福高速铁路隧道救援通道宽为 1.6 m。

3. 技术作业空间

技术作业空间用于安放施工辅助设施，作为预留加强衬砌或安装隔声板等的空间。该空间内允许在有限的长度范围内设置一些设备，如接触导线张力调整器和接触导线以及接头的紧回装置等。

技术作业空间沿隧道衬砌内轮廓环向设置，其宽度为 0.3 m。隧道的施工误差不应占用技术作业空间。

二、断面形式

根据高速铁路隧道建筑限界和隧道内必须配置的各功能空间的要求，结合隧道空气动力学研究的有关成果，我国统一制定了 200 km/h、250 km/h、350 km/h 不同行车速度条件下的隧道衬砌内轮廓，并编制了相应的双线隧道衬砌通用参考图。

(一)200 km/h 铁路隧道衬砌内轮廓

1. 客货共线铁路隧道衬砌内轮廓

(1) 单线隧道衬砌内轮廓：隧道一侧设置宽 125 cm 的救援通道，另一侧设置宽 125 cm 的水沟、电缆槽，当列车在隧道内停车时其上也可以作为救援通道使用。救援通道地面与内轨顶面齐平，其内轮廓形状如图 4-15 所示。隧道底部结构根据隧道长度和地质条件分别按有砟道床和无砟道床设计。隧道采用曲墙衬砌形式，Ⅱ级围岩设置钢筋混凝土底板，Ⅱ级以下围岩设置仰拱。水沟、电缆槽宽度分别为 40 cm、30 cm。

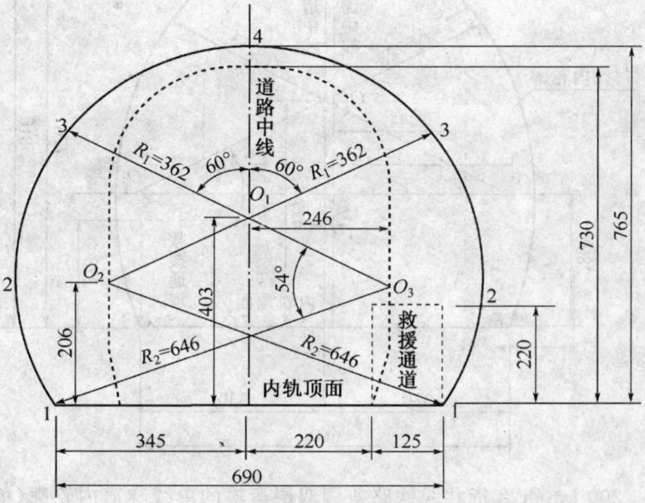

图 4-15　200 km/h 客货共线铁路单线隧道内轮廓(单位:cm)

(2) 双线隧道衬砌内轮廓：隧道两侧各设宽 125 cm 的救援通道。救援通道底面高出内轨顶面 30 cm，其内轮廓形状如图 4-16 所示。隧道底部结构根据隧道长度和地质条件分别按有砟道床和无砟道床设计。隧道采用曲墙衬砌形式，Ⅱ级围岩设置钢筋混凝土底板，Ⅱ级以下围岩设置仰拱。隧道两侧各设置两槽一沟，电缆槽宽为 25 cm，水沟宽 30 cm，水沟和电缆槽总宽度 135 cm。两侧排水沟的功能主要是集水，间隔适当距离与中心排水沟(管)连通。在隧道中线处仰拱填充内设置中心排水沟(管)。短隧道水量不大时，也可不设中心排水沟(管)。

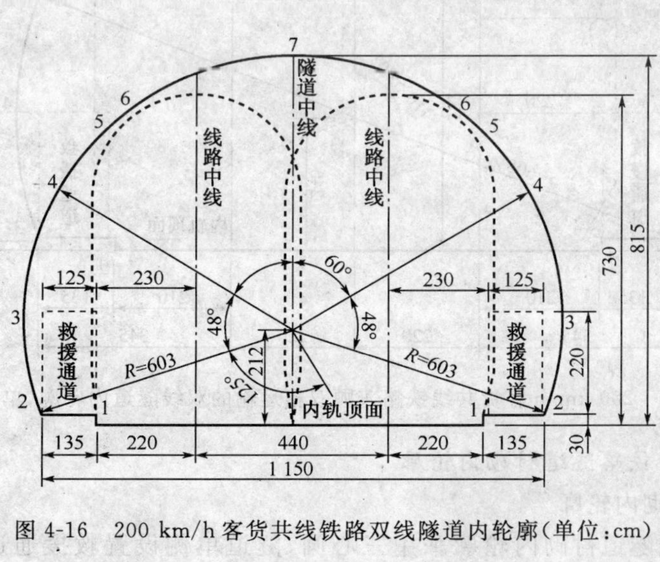

图 4-16　200 km/h 客货共线铁路双线隧道内轮廓(单位:cm)

2. 客货共线铁路兼顾双层集装箱运输的隧道衬砌内轮廓

兼顾双层集装箱运输与否的衬砌内轮廓，主要区别在于采用的建筑限界不同，水沟、电缆槽的布置则基本相同。其内轮廓形状如图 4-17 和图 4-18 所示。

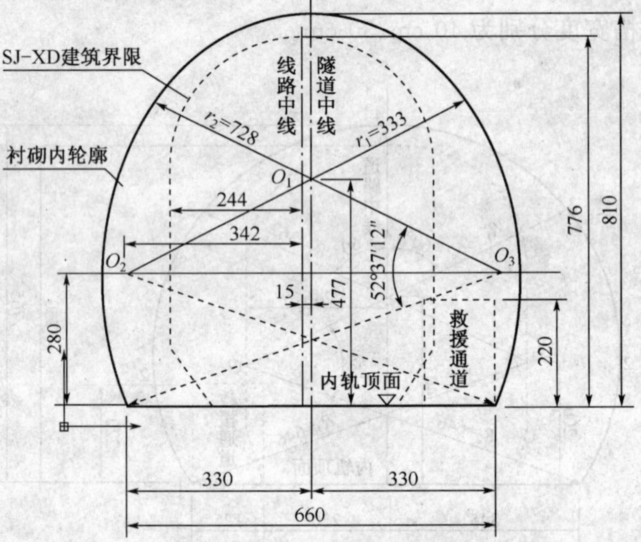

图 4-17 200 km/h 客货共线铁路兼顾双层运输的单线隧道内轮廓(单位：cm)

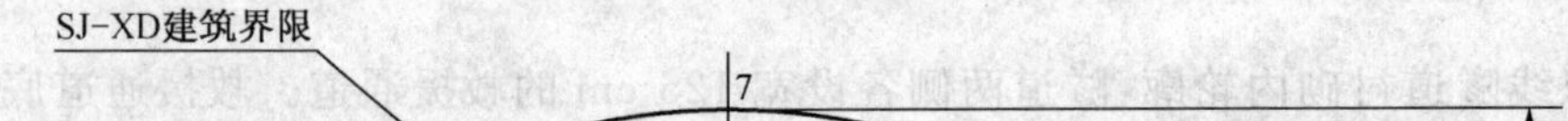

图 4-18 200 km/h 客货共线铁路兼顾双箱运输的双线隧道内轮廓(单位：cm)

(二)250 km/h 铁路隧道衬砌内轮廓

1. 单线隧道衬砌内轮廓

250 km/h 单线隧道衬砌内轮廓采用三心圆，隧道单侧设置救援通道宽度 1.5 m，高度

2.2 m，外侧距线路中线 2.3 m，救援通道与内轨顶面齐平。250 km/h 高速铁路单线隧道衬砌内轮廓形状如图 4-19 所示。

隧道内轮廓内考虑了 30 cm 的技术作业空间。救援通道侧设置两槽一沟，电缆槽宽 40、30 cm，水沟宽 50 cm，另一侧设置一槽一沟，电缆槽宽 40 cm，水沟宽 50 cm。

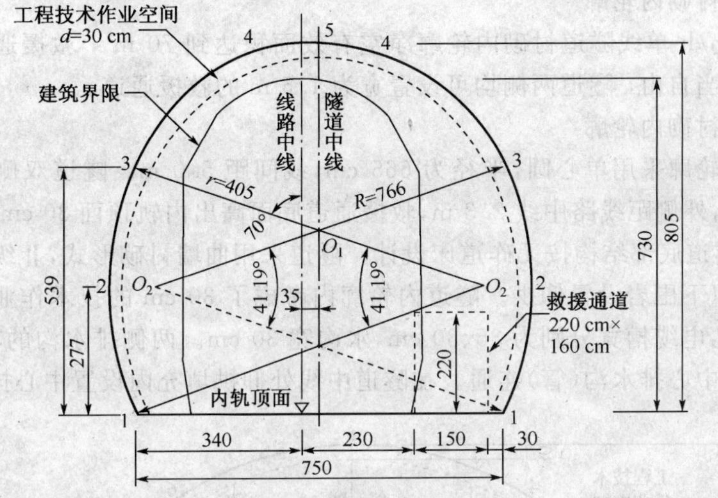

图 4-19　250 km/h 高速铁路单线隧道建筑限界及内轮廓(单位：cm)

2. 双线隧道衬砌内轮廓

双线隧道衬砌内轮廓按 250 km/h 行车速度的客车和普通货车、双层集装箱运输条件拟定，采用单心圆，半径为 641 cm，心间距 4.6 m。隧道双侧设置救援通道，宽 1.5 m、高 2.2 m，外侧距线路中心线 2.3 m，救援通道底面高出内轨顶面 30 cm。其内轮廓形状如图 4-20 所示。

隧道底部结构根据隧道长度和地质条件分别按有砟和无砟道床设计。隧道采用曲墙衬砌

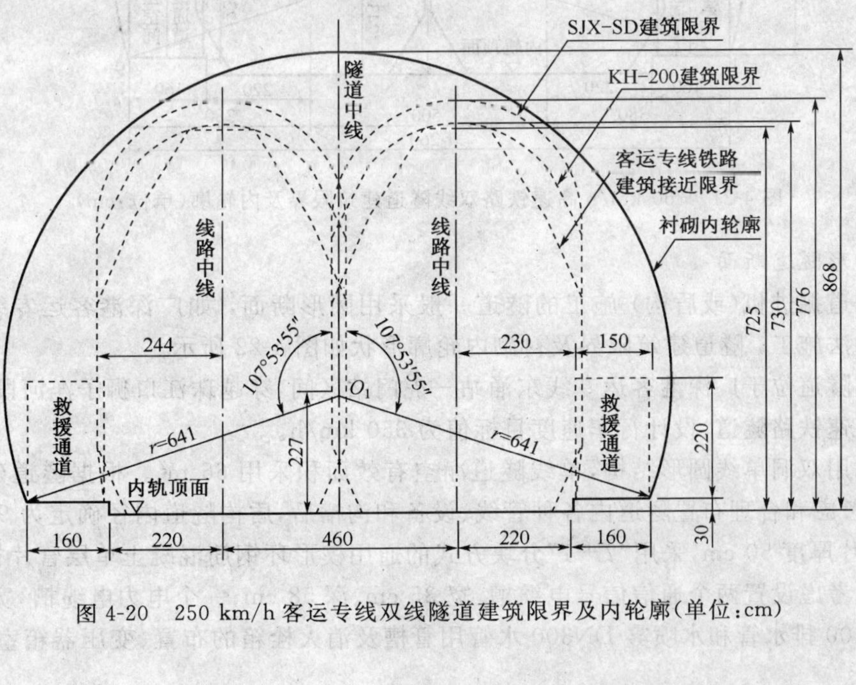

图 4-20　250 km/h 客运专线双线隧道建筑限界及内轮廓(单位：cm)

形式，Ⅱ级围岩隧道设置钢筋混凝土底板，Ⅱ级以下围岩设置仰拱。隧道两侧各设置两槽一沟，电缆槽宽35、30 cm，水沟宽50 cm，两侧排水管主要是集水，间隔适当距离与中心排水沟（管）连通。在隧道中线处仰拱充填内设置中心排水沟（管）。

（三）300～350 km/h铁路隧道衬砌内轮廓

1. 单线隧道衬砌内轮廓

由于350 km/h单线隧道衬砌内轮廓净空有效面积达到70 m^2，救援通道及工程技术作业空间的布置相当自由，隧道两侧均可设置宽为1.5 m的救援通道。

2. 双线隧道衬砌内轮廓

双线隧道内轮廓采用单心圆，半径为665 cm，线间距5.0 m。隧道双侧设置救援通道宽1.5 m、高2.2 m，外侧距线路中线2.3 m，救援通道底面高出内轨顶面30 cm，其内轮廓形状如图4-21所示。隧道底部结构按无砟道床设计。隧道采用曲墙衬砌形式，Ⅱ级围岩设置钢筋混凝土底板，Ⅱ级以下围岩设置仰拱。隧道内轮廓内考虑了30 cm的技术作业空间。隧道两侧各设置两槽一沟，电缆槽宽分别为35、30 cm，水沟宽30 cm。两侧排水沟的功能主要是集水，间隔适当距离与中心排水沟（管）连通。在隧道中线处仰拱填充内设置中心排水沟（管）。

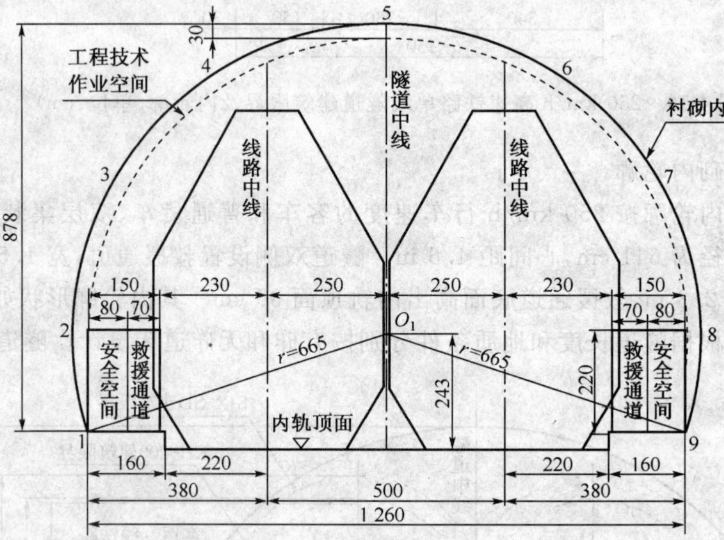

图4-21 350 km/h高速铁路双线隧道建筑限界及内轮廓（单位：cm）

（四）圆形隧道断面

采用隧道掘进机（或盾构）施工的隧道一般采用圆形断面，如广深港客运专线狮子洋隧道采用盾构法施工，隧道建筑限界及衬砌内轮廓形状如图4-22所示。

狮子洋隧道位于广深港客运专线东涌站—虎门站区间，穿越珠江口狮子洋河段，是国内第一座水下高速铁路隧道，设计行车速度目标值为350 km/h。

隧道采用双洞单线圆形结构，单线隧道净空有效面积采用66 m^2。根据隧道建筑限界要求，在综合考虑和合理布置隧道内各种管线、设备和沟槽后，盾构隧道内径确定为9.8 m，外径10.8 m，管片厚度50 cm，采用"7+1"分块方式的通用楔形环钢筋混凝土单层管片衬砌。隧道净空断面内考虑设置两个通信信号电缆槽，宽35 cm、深58 cm；一个电力电缆槽，宽30 cm、深43 cm；DN400排水管和水喷雾DN300水管用管槽及消火栓箱的布置、变压器箱室空间等；救援通道宽 150 cm。

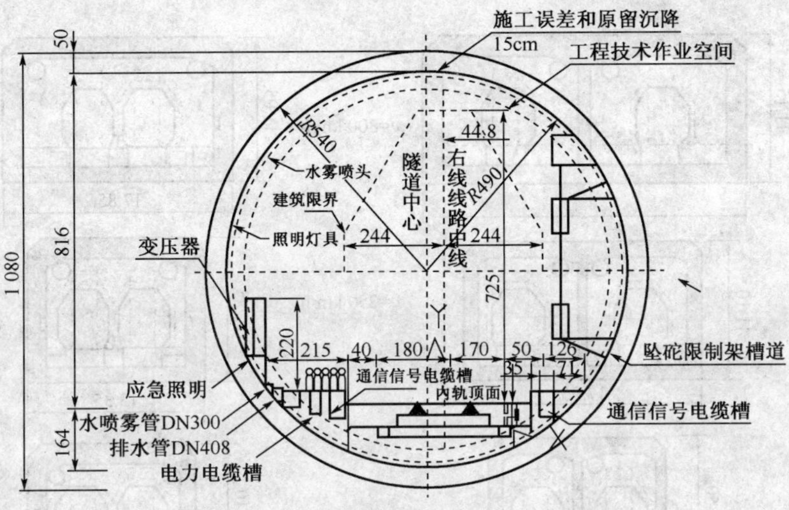

图 4-22　狮子洋隧道建筑限界及内轮廓(单位:cm)

三、单洞双线和双洞单线方案选择

高速铁路均设计为双线,隧道工程设计需作设一座双线隧道(单洞双线)和设两座单线隧道(双洞单线)的方案比较。

日本新干线上的隧道,考虑到空气动力学效应的影响,几乎全部采用单洞双线隧道断面,如新八甲田隧道(长度 26.455 km)、岩手一户隧道(长度 25.81 km)、饭山隧道(长度 22.2 km)等。

在单洞双线和双洞单线方案比较中,采用一座双线隧道的横断面积要比两座单线隧道横断面积总和小,经济性较好。这是日本新干线隧道采用一座双线隧道方案的主要原因。

在欧洲,当隧道长度较短时,采用单洞双线隧道较为普遍。如德国高速铁路隧道在设计时,重点考虑高速列车进入隧道所诱发的空气动力学效应,很注意隧道横断面的形状和选择较大的净空有效面积。德国高速铁路隧道的净空有效面积是世界各国高速铁路隧道中较大的,客货共线铁路隧道净空有效面积达 82 m^2,客运专线隧道净空有效面积为 92 m^2。德国高速铁路隧道断面内设计有专门用于养护维修、防灾救援所需的空间。

在欧洲,当隧道长度大于 20 km 时,考虑防灾救援等因素,一般采用两座单线隧道方案,其线间距一般为 30～50 m,按 250～400 m 距离设置横通道用作救援通道。如目前在建的瑞士圣哥达隧道(长 57 km)和在建的西班牙 pajares 隧道(长 25 km),均采用两座单线隧道方案。一般地说,在满足空气动力学要求的前提下,双线断面要比单线断面更有利一些。两座单线隧道断面积总和要比一座双线隧道断面积大。图 4-23 和图 4-24 是荷兰高速铁路跨越水道方案必选实例。法国的比较结果是:在列车速度为 300 km/h 的情况下,两座单线隧道的总断面积为 140 m^2,一座双线隧道的断面积为 100 m^2;在列车速度为 250 km/h 的情况下,相应的断面积分别为 100 m^2 和 72 m^2。

在特长隧道方案设计时,选择两座单线隧道方案还是一座双线隧道方案,应从地质条件、建设工期、施工难度和方法、运营通风、防灾救援和人员疏散、工程投资等多方面综合考虑,对高速铁路隧道还要考虑列车在隧道内运行的空气动力学效应。

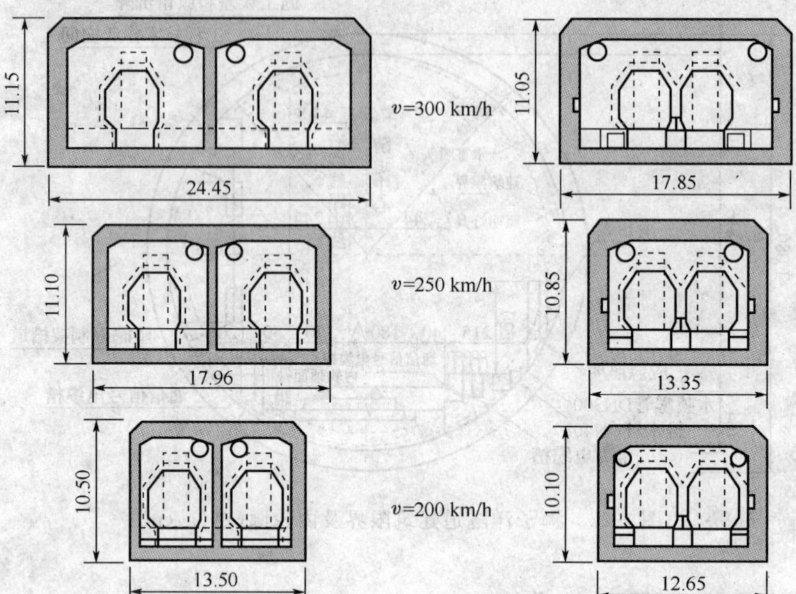

双洞单线断面　　单洞双线断面

图 4-23　双洞单线和单洞双线断面比较(矩形断面)(单位:m)

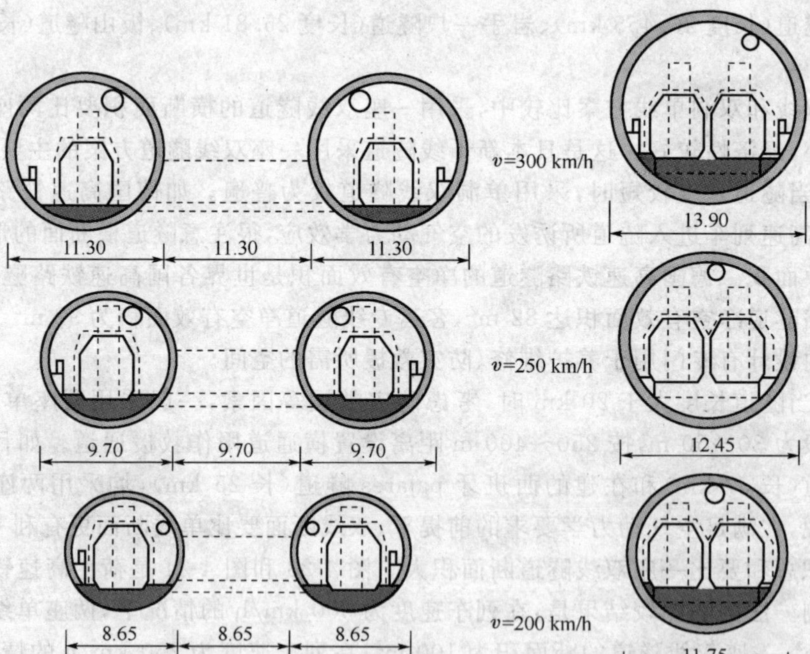

双洞单线断面　　单洞双线断面

图 4-24　双洞单线和单洞双线断面比较(矩形断面)(单位:m)

采用单洞双线隧道方案和双洞单线隧道方案各有其优缺点，对高速铁路隧道而言，采用单洞双线隧道方案，阻塞比较小，在满足洞内会车最不利条件的前提下，可有效地提高乘车舒适度；而采用双洞单线隧道方案十分有利于防灾救援，当一座隧道出现重大事故时，另一座可正常运营，且可利用其进行救援和旅客的疏散。

从地质条件看，在软弱破碎围岩地段，考虑施工难度和风险，宜选用跨度较小的双洞单线隧道方案，当地质条件好时，可选用单洞双线隧道方案。从施工方法看，当采用TBM或盾构施工时，考虑施工风险，采用直径较小的双洞单线隧道方案较为稳妥，施工风险相对较小。从运营通风看，双洞单线隧道方案可以充分利用列车活塞风改善隧道内的环境条件，而单洞双线隧道方案利用活塞风效果较差。就工程投资而言，双洞单线隧道方案通常较单洞双线隧道方案造价高20%～40%(表4-7)，特别在硬岩地段，单洞双线隧道方案具有明显的价格优势。故在确定隧道方案时，应结合线路的隧道分布和隧道两端引线等相关工程的具体情况，综合考虑。

表4-7　单洞双线和双洞单线隧道方案比较

比较项目	单洞双线隧道方案	双洞单线隧道方案
施工难度及风险	断面大，在软弱围岩中发生坍塌的机会较多，容易发生变形，风险较大	断面较小，发生坍塌、变形的机会相对较少，风险较小
运营通风	难以利用活塞风	可以充分利用活塞风
防灾救援	当隧道内发生火灾时，消防灭火与救援难度大，线路将中断运营	当一座隧道内发生火灾时，可通过另一座隧道帮助灭火，并利用横通道紧急疏散人员，仅中断一条线路运营
空气动力学影响	相对小	相对大
环境影响	相对小	相对大
工程投资	较低	大20%～40%

我国高速铁路隧道设计时选择“单洞双线隧道方案”还是“双洞单线隧道方案”，通常遵循下列原则。

(1)当隧道长度小于10 km时，一般采用单洞双线隧道方案，可利用施工时的辅助坑道作为防灾救援和人员疏散的紧急出口。如郑西客运专线函谷关隧道(长7 851 m)、秦东隧道(长7 684 m)等。

(2)当隧道长度为10～20 km时，应结合隧道两端引线、车站布点等相关工程情况进行系统的经济技术比选，也可结合防灾救援及养护维修考虑，采用双线隧道加贯通平导的方案进行比较。如霞浦隧道(长13 124 m)采用双线隧道加贯通平导的设计方案，贯通平导对养护维修非常方便。武广客运专线大瑶山隧道群之大瑶山1号隧道(长10 081 m)，为全线最长的山岭隧道，主要考虑隧道群及两端引线相关工程情况并结合空气动力学因素的影响，也设计为双线隧道，断面净空有效面积为100 m^2。

(3)当隧道长度大于20 km时，从防灾救援方面考虑，一般采用双洞单线隧道方案。如在建的石太客运专线太行山隧道(长27 839 m)和已竣工通车的兰武二线乌鞘岭隧道(长20 050 m)等。

复习思考题

1. 高速列车进入隧道所产生的气动效应包括哪些方面？

2. 车隧气动效应中的压缩波和微压波之间有哪些区别和联系？

3. 参考中低速铁路的隧道限界，总结分析高速铁路隧道限界与一般的中低速铁路的隧道限界的差别。

4. 影响列车压力舒适度标准制定的因素有哪些？我国高速铁路压力舒适度标准与国外标准有哪些差别？

5. 通过高速铁路隧道单洞单线与单洞双线方案的比较，从其他角度论述两设计方案的优缺点。

第五章
铁路隧道结构设计方法

隧道支护结构的设计应根据围岩条件(围岩的强度特性、初始地应力场等)和设计条件(隧道断面形状、隧道周边地形条件、环境条件等)选择合适的设计方法。由于隧道支护结构的特点,设计中,原则上采用以下方法:

(1) 经验设计法。

(2)解析的设计方法,有以下两种方法供选择:

①岩石力学方法(围岩支护相互作用模式或围岩-结构模式);

②结构力学方法(结构-荷载模式)。

(3)地下结构信息反馈设计方法。

隧道的设计通常是由两个阶段完成的,第一阶段是预设计,是在施工前提供的,用于指导施工。第二阶段就是信息反馈设计或修正设计,这是在施工过程中,通过已经暴露的地质情况和施工中发生的各种变异现象,对预设计进行修正和完善的设计过程。这也是隧道设计不同于其他工程结构物设计的最重要的特点之一。

(4)收敛约束设计模型。

收敛约束设计模型又称特征曲线设计模型或变形设计模型,是一种以理论为基础,实测为依据、经验为参考的较为完善的地下结构设计模型。收敛约束设计模型严格来说是连续介质设计模型之一。但由于该设计模型以现场实测结果为设计依据,与理论分析或数值结果为依据的连续介质设计模型存在较大的差别,通常将其单列为一种设计模型。

收敛约束设计模型的基本原理是按弹塑性理论等计算并绘出表示地层受力变形特征的洞周收敛曲线,同时按照结构力学的原理计算并绘出表示地下结构受力变形特征的支护约束曲线,得出两条曲线的交点,根据交点处表示的支护阻力值进行地下结构的设计。

由于篇幅所限,下面只介绍经验设计法和解析的设计方法。

第一节　铁路隧道经验设计法

一、铁路隧道经验设计概述

由于地下结构的设计受到各种复杂因素的影响,从当前地下工程设计现状来看,经验设计法往往占据一定的位置。即使内力分析采用了比较严密的理论,其计算结果往往也需要用经验类比来加以判断和补充。因此,在大多数情况下,隧道支护体系还是依赖“经验设计”的,并在实施过程中,依据量测信息加以修改和验证。“经验”是客观的,但也是主观的,如果使客观和主观很好地结合在一起,“经验设计”常常是极好的设计。

经验设计的前提是要正确地对坑道围岩进行分级，然后在分级的基础上，编制支护结构设计。

1. 对坑道围岩进行分级

首先对坑道围岩要有一个分级，这些分级大都是根据地质调查结果，为隧道单独编制的。不管采用何种分级，大体上都是把坑道围岩分为 4 种基本类型，即：①完整、稳定岩体；②易破碎、剥离的块状岩体；③有地压作用的破碎岩体；④强烈挤压性岩体或有强大地压的岩体。

2. 选择支护类型与参数

根据围岩的稳定情况选择合理的支护类型与参数并充分发挥其功效。在各级围岩中，一般情况下，初期支护应优先考虑选用喷射混凝土支护或锚喷联合支护。

支护结构参数大体是按下述原则确定的：

(1)支护类型的确定应根据围岩地质特点、工程断面大小和使用条件要求等综合考虑。

(2)选择合理的锚杆类型与参数，在围岩中有效形成承载环。

锚杆支护设计，主要是根据围岩地质、工程断面和使用条件等，选定锚杆类型，确定锚杆直径、长度、数量、间距和布置方式。

目前应用最广的是全长黏结式锚杆。端头锚固型锚杆一般用于局部加固围岩及中等强度以上的围岩中。预应力锚索一般用于大型洞室及不稳定块体的局部加固，而预拉力小且锚固于中硬以上岩体时宜采用胀壳机械式锚头。摩擦式锚杆目前主要用于服务期短的矿山工程。

锚杆的数量和间距的确定，一般应能充分发挥喷层的作用，即通过锚杆数量的变化使喷层始终具有有利厚度。合理的锚杆数量能使初期喷层恰好达到稳定状态，这样复喷才能提高文护强度的安全性。为了防止锚杆之间的岩体塌落，通常要求锚杆的纵横向间距不大于杆体长度的一半。在软弱岩体中，规定了锚杆的最大间距。为了施工方便，锚杆的纵向间距最好与掘进进尺相适应。锚杆长度的确定应当以能充分发挥锚杆的功能，并获得经济合理的锚固效果为原则。一般来说，锚杆的最小长度应超过松动圈厚度，留有一定安全余量，且不宜超过塑性区。对于裂隙岩体和层状岩体，锚杆主要是对节理、裂隙面起加固作用，这时锚杆宜适当长些，尽量穿过较多的节理和裂隙。根据我国锚喷支护的设计经验，锚杆长度可在洞跨$\frac{1}{4}$～$\frac{1}{2}$范围内选取。而国外采用的锚杆长度一般都超过我国所用的锚杆长度。

锚杆直径的选取通常视工程规模、围岩性质而确定，一般全长黏结型锚杆在 14～22 mm 之间。在选取描杆的钢材类型、直径和长度时，还应当充分考虑到尽量发挥锚杆的效用，力求使锚杆杆体的承载力与锚杆的拉力相当，并要考虑到锚杆杆体与砂浆的黏结力以及砂浆与围岩间的摩擦力相适应。

锚杆的布置应采用重点(局部)布置与整体(系统)布置相结合。为了防止危石和局部滑塌，应重点加固节理面和软弱夹层，重点加固的部位应放在顶部和侧壁上部。为防止围岩整体失稳，当原岩最大主应力位于垂直方向时，应重点加固边墙，以防止该处出现所谓“剪压破坏”，但在顶部仍应配置相当数量的锚杆。通常只锚固两侧的作法则不能收到预期的效果。图 5-1 中表示了不同锚固方案(岩石性质及参数均相同)有限元计算的结果，显然两侧和顶部都进行锚固的效果要好得多。当最大主应力位于水平方向时，则应把锚杆重点配置在顶部和底部。

锚杆的方向，应与岩体主结构面成较大角度，这样则能穿过更多的结构面，提高结构面上的抗剪强度,使锚杆间的岩块相互咬合。

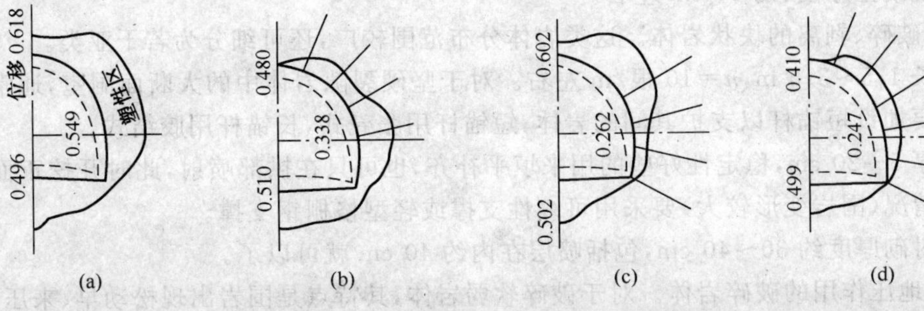

图 5-1　不同锚固方案对塑性区及洞周位移的影响(单位:cm)

(3)选择合理的喷层厚度,充分发挥围岩和喷层自身的承载力。

最佳的喷层厚度(刚度)应既能使围岩维持稳定,又允许围岩有一定塑性位移,以利于围岩承载能力的发挥和减小喷层的弯曲应力。

按上述的原则,无论是初次喷层厚度还是总厚度都不宜过大。根据使用经验,初始喷层厚度宜在 3～15 cm 之间,喷层总厚度不宜大于 20 cm,只有大断面洞室才允许适当增大喷层厚度。在地压较大、喷层不足以维持围岩稳定的情况下,应采取增设锚杆、配置钢筋网等联合支护或其他控制措施,而不能盲目地加大喷层厚度。另外,喷层太厚对发挥喷层材料的力学性能是不利的。一般地说,随喷层厚度的增加,支护的弯矩也显著增大,当喷层厚度 $d_s \leqslant D/40$(D 为开挖的隧道直径)时,喷层接近无弯矩状态。显然这是最有利的受力状态。

除了仅起防风化作用外,喷层支护的最小厚度一般不能小于 5 cm,而在有较大围岩压力的破碎软弱岩体中,喷层厚度以不小于 8～10 cm 为宜。

(4)合理配置钢筋网。

基于钢筋网具有防止或减小喷层收缩裂缝,提高支护结构的整体性和抗震性,使混凝土中的应力得以均匀分布和增加喷层的抗拉、抗剪强度等功能,在下列情况下可考虑配置钢筋网:

在土砂等条件下,喷射混凝土从围岩表面可能剥落时;

在破碎软弱塑性流变岩体和膨胀性岩体条件下,由于围岩压力大,喷层可能破坏剥落,或需要提高喷混凝土抗剪强度时;

地震区或有震动影响的洞室。

(5)合理选择钢支撑。

在下列场合必须考虑使用钢支撑:

①在喷射混凝土或锚杆发挥支护作用前,需要使洞室岩面稳定时;

②用钢管棚、钢插板进行超前支护需要支点时;

③为了抑制地表下沉,或者由于土压大,需要提高初期支护的强度或刚性时。

(6)二次衬砌通常是模筑的,在修二次衬砌之前要修防水层,形成具有防水性能的组合衬砌。应使衬砌成为薄壳,这样可减小弯矩而使弯曲破坏的发生为最小。因此,不仅一次衬砌,二次衬砌也要薄些。

根据以上的原则,可以建议下述的支护参数:

(1)完整、稳定的岩体锚杆长小于 1.5 m,n=4～4.2 根/m 左右。从力学上看是不期待设置锚杆的,围岩本身强度就可以支护坑道,但因有局部裂隙或岩爆等,用其加以控制而已。喷混凝土用于填平补齐，为确保洞内安全作业应设金属网防止顶部岩石剥离。二次衬砌用能灌注的最小混凝土厚度，约 30 cm 左右。

(2)易破碎、剥离的块状岩体。这类岩体分布范围较广，还可细分为若干亚类。

锚杆长 1.5～3.5 m，n=10 根/m 左右。对于坚硬裂隙岩体中的大断面洞室，通常在长锚杆之间还要加设短锚杆以支护其间的岩体；短锚杆用胀壳式，长锚杆用胶结式。

喷层厚 5～20 cm，稳定性好些的用来填平补齐，也可只在拱部喷射，此时开挖正面无需喷射。特殊情况(围岩变形较大)要采用可缩性支撑或轻型格栅钢支撑。

二次衬砌厚度约 30～40 cm，包括喷层在内约 40 cm 就可以了。

(3)有地压作用的破碎岩体。对于破碎软弱岩体，其特点是围岩出现松动早、来压快、容易形成大塌方。一定要早支护、早封闭、设仰拱、加强支护。一般必须采用锚喷联合支护。

锚杆长 3.0～4.0 m，有时用 6.0 m 的全长黏结式，n=10 根/m 左右。视围岩的单轴抗压强度与埋深压力的比值。预计有塑性区发生时，为控制它的发展，锚杆必须用喷混凝土等加强。喷层厚约 15～20 cm(拱部和侧壁同)，视情况正面也要喷 3 cm 左右。开挖进度要注意必要时控制在 1 m 以下。二次衬砌厚度，包括喷层在内为 40～50 cm，尽可能薄些。

(4)强烈挤压性岩体或有强大地压的岩体。塑性流变岩体的特点是围岩变形与时俱增，变形量很大、围岩压力也大且变化延续时间长。在这种围岩中施工是很困难的，要分台阶施工，限制分部的面积。

一般原则是：洞形要尽量做到与围岩压力分布相适应。一般来说，这种岩体是四周来压或有很大的水平压力。因此，应采用圆形、椭圆形或马蹄形等曲线形断面。

支护施作宜“先柔后刚”，设置仰供，形成全封闭环。因为变形量和地压都大，故初期支护应在围岩不致发生失稳前提下，有控制地充分“卸压”。为此，初期支护的刚度应有较大可缩性。又因为该类岩体有明显的“时间效应”，所以，必须适时地提高支护阻力，进行后期支护，以保证洞室长期稳定。为了增加支护的后期刚度，可考虑采用锚喷文护与模筑混凝土相结合的复合衬砌。

此外，在这类岩体中底鼓现象严重，因而，必须设置仰拱，适时形成全封闭环，以限制底鼓的发展和提高支护阻力。总之，在此类围岩中，根据不同时间阶段与支护的变化特征，调整支护阻力，使围岩支护的变形协调发展是取得支护成功的关键。

(5)无法形成自然平衡拱的地层。对于浅埋洞室，由于覆盖层厚度小，一般不能形成完整的承载环，支护结构主要承受松散压力，因此，支护的强度和刚度要大于一般深埋的情况。

(6)膨胀岩体。在膨胀潮解岩体中采用锚喷支护时，首先应及早封闭围岩和采用防排水的措施处理以防止岩体潮解和形成膨胀地压。

建议的支护参数：锚杆长 4.0～6.0 m，n=15 根/m 左右；喷层厚 20～25 cm，正面喷 3～5 cm；必须采用可缩性支撑，间距约 75 cm 左右；二次衬砌厚度，按总厚度 50 cm 决定；在 30 d 以内断面要闭合，即要修好仰拱。

二、我国与围岩分级有关的锚喷支护经验设计

目前在经验设计中一个重要的趋向是量测，即根据量测信息进行设计和施工。这方面已经有了许多成功的实例。在采用下述的经验设计标准时，应注意以下问题：

(1)事前完全掌握围岩的力学性态是不可能的，即使采用有限元法计算也不可能考虑时间

的影响。最好根据量测结果加以修正,再加上事前调查、围岩条件等方面的研究,从中当然会得出较可靠的结果。

(2)开挖面作业(钻孔、爆破、通风、出渣、喷混凝土、打锚杆)一循环所需时间要少于开挖面的自稳时间,在使用爆破法时,为使开挖面平整,不过度破碎,采用光面爆破较好。

(3)裂隙发育的围岩,预计在喷混凝土和锚杆发挥作用之前会有掉块时应采用钢背板或插板。通常只在上半断面设置,视围岩条件,下半断面也可设置。

(4)断面形状应极力避免有隅角出现。必要时做成圆弧形的。

(5)视现场条件,仰拱与其他作业同时施工,多数是有困难的,但围岩不好时,应尽早使断面封闭。后做仰拱时,宜在整个周边喷射。

(6)视围岩状态及地表条件等,预留洞周的变形量会有很大差别,可根据经验决定。

通常,以工程类比为基础的经验设计是根据锚喷支护规范中的锚喷支护类型及参数表给出,它们是由围岩级别及洞室跨度来确定的。但实际上,影响围岩稳定的工程因素,除跨度外尚有洞室形状及施工因素等。这些影响因素虽然一般没有在锚喷文护参数表中给出,但却是作为适用条件加以限制。如规范中规定锚喷支护工程应当采用控制爆破,对于高边墙洞室,边墙锚喷支护参数应做适当变更等等,所以实际上是考虑了这些因素。

锚喷支护参数表中的洞室跨度分级,一般按各部门的工程要求给出,多数以 5 m 或 4 m 的跨度分级。按照现代支护理论,锚喷支护参数应当是广义的,既包括文护类型、支护参数,又应包括开挖方法、仰拱施作时间和最终支护时间等。不过我国目前的锚喷支护规范还没有达到这一水平,只是规定了最终支护的施作时间,而在锚喷支护参数表中只给出了锚喷支护类型与参数。

在确定锚喷支护类型与参数时,应当体现如下原则:根据不同的围岩压力的特点,对拱、墙采用相应的支护参数。如对稳定和中等稳定围岩,主要承受松动压力,所以支护参数的选定应贯彻“拱是重点,拱、墙有别”的原则. 对不稳定围岩,它主要承受变形地压。所以拱、墙应采用相同的支护参数。

力求体现使用锚喷支护类型的灵活性及允许进行局部加固围岩的特点。同一级围岩中相同跨度洞室的支护类型与参数,可因岩体结构类型、结构面倾角、岩层走向与洞轴线交角不同而不同。例如,缓倾斜层状岩体或软硬互层的层状岩体,宜在拱部采用锚喷支护、而在边墙采用喷混凝土支护;如岩层走向与洞轴线夹角较小,且为陡倾斜岩层时,则在容易向洞内顺层滑落的边墙上必须采用锚喷支护。因此,在同一级围岩分级和洞室跨度中,有时在锚喷支护参数表中相应给出多种锚喷支护类型与参数,以便视情况选用任一种支护类型与参数。对于局部不稳定块体和局部不稳定部位,原则上应采用局部加固。如用锚杆进行局部加固,而不必配置系统锚杆或降低围岩级别。

锚喷支护参数表中给出的锚喷支护参数是根据工程类比确定的。虽然锚喷支护参数是根据工程类比确定的,但确定最终支护参数有的还要借助于监控设计与理论设计。对不稳定围岩,锚喷支护参数表中给出的数值只是供监控设计中选初参数用。对稳定围岩中的大跨度洞室,表中的锚喷支护参数作为理论验算中的推荐值,最终设计值还需经过修正设计后才能确定。

锚喷支护表中的锚喷参数,一般是根据本部门以往修建工程的设计参数,经统计和分析研究后确定的。

各国锚喷支护的设计规范,其提供的锚喷支护参数可能有较大不同。如我国采用的锚杆长度一般短于国外采用的锚杆长度。这是由于人们对锚杆机理的不同认识,采用的施工机具和工程习惯不同等原因所致。一般来说,在稳定岩体中,锚杆主要作用是加固不稳定块体,为了使锚杆穿过较多的节理面,锚杆宁可长一点、疏一点。在不稳定岩体中,锚杆长度应当超过松动区,同时还要有一定密度,除要求锚杆间距不大于 1/2 锚杆长度外,还要求锚杆间距小于规定的锚杆间距。表 5-1、表 5-2 分别列出了我国国家标准《锚杆喷射混凝土支护技术规范》、《铁路隧道喷锚构筑法技术规则》中的锚喷支护参数表。

表 5-1　隧洞和斜井的锚喷支护类型和设计参数

围岩分级	毛洞跨度(m)				
	$B\leqslant5$	$5<B\leqslant10$	$10<B\leqslant15$	$15<B\leqslant20$	$20<B\leqslant25$
Ⅰ	不支护	喷射混凝土厚 50 mm	(1)喷射混凝土厚 80～100 mm; (2)喷射混凝土厚 50 mm,锚杆长 2.0～2.5 m	喷射混凝土厚 100～150 mm,锚杆长 2.5～3.0 m,必要时配置钢筋网	喷射混凝土厚 120～150 mm,锚杆长 3.0～4.0 m
Ⅱ	喷射混凝土厚 50 mm	(1)喷射混凝土厚 80～100 mm; (2)喷射混凝土厚 50 mm,锚杆长 1.5～2.0 m	(1)喷射混凝土厚 120～150 mm,必要时配置钢筋网; (2)喷射混凝土厚 80～120 mm,锚杆长 2.0～3.0 m,必要时配置钢筋网	钢筋网喷射混凝土厚 120～150 mm,锚杆长 2.5～3.5 m	钢筋网喷射混凝土厚 150～200 mm,锚杆长 3.0～4.0 m
Ⅲ	(1)喷射混凝土厚 80～100 mm; (2)喷射混凝土厚 50 mm,锚杆长 1.5～2.0 m	(1)喷射混凝土厚 120～150 mm,必要时配置钢筋网; (2)喷射混凝土厚 80～120 mm,锚杆长 2.0～2.5 m,必要时配置钢筋网	钢筋网喷射混凝土厚 100～150 mm,锚杆长 2.0～3.0 m	钢筋网喷射混凝土厚 150～200 mm,锚杆长 3.0～4.0 m	
Ⅳ	钢筋网喷射混凝土厚 80～100 mm,锚杆长 1.5～2.0 m	钢筋网喷射混凝土厚 100～150 mm,锚杆长 2.0～2.5 m,必要时采用仰拱	钢筋网喷射混凝土厚 150～200 mm,锚杆长 2.5～3.0 m,必要时设置仰拱		
Ⅴ	钢筋网喷射混凝土厚 120～150 mm,锚杆长 1.5～2.0 m,必要时采用仰拱	钢筋网喷射混凝土厚 150～200 mm,锚杆长 2.0～3.0 m,采用仰拱,必要时架设钢拱架			

注:①表中的支护类型和参数,是指隧洞和倾角小于 30°斜井的永久支护,包括初期支护与二次支护。

②服务年限小于 10 年及洞跨小于 3.5 m 的隧洞和斜井,表中的支护参数,可根据工程具体情况适当减小。

③复合式衬砌的隧洞和斜井,初期支护采用表中的参数时,应根据工程的具体情况予以减小。

④急倾斜岩层中的隧洞或斜井易失稳的一侧边墙和缓倾斜岩层中的隧洞或斜井顶部,应采用表中第二种支护类型和参数,其他情况下,两种支护类型和参数均可采用。

⑤Ⅰ、Ⅱ级围岩中的隧洞和斜井,当边墙高度小于 10 m 时,边墙的锚杆和钢筋网可不予设置,边墙喷射混凝土厚度可取表中数据的下限值;Ⅲ级围岩中的隧洞和斜井,当边墙高度小于 10 m 时,边墙的锚喷支护参数可适当减小。

表 5-2(a) 铁路隧道锚喷支护的设计参数

围岩分级	单线	双线
Ⅰ	喷射混凝土厚 5 cm	喷射混凝土厚 8 cm,必要时设置锚杆,长 1.5～2.0 m,间距 1.2～1.5 m
Ⅱ	喷射混凝土厚 8 cm,必要时设置锚杆,长 1.5～2.0 m,间距 1.2～1.5 m	喷射混凝土厚 10 cm,锚杆长 2.0～2.5 m,间距 1.0～1.2 m,必要时设置局部钢筋网
Ⅲ	喷射混凝土厚 10 cm,锚杆长 2.0～2.5 m,间距 1.0～1.2 m,必要时设置局部钢筋网	喷射混凝土厚 15 cm,锚杆长 2.5～3.0 m,间距 1.0 m,设置钢筋网

表 5-2(b) 单线铁路隧道复合式衬砌设计参数

围岩分级	初期支护							二次衬砌厚度(cm)	
	喷射混凝土厚度(cm)		锚杆			钢筋网	钢拱架	拱部边墙	仰拱
	拱部边墙	仰拱	位置	长度(m)	间距(m)				
Ⅱ	5	—	—	—	—	—	—	25	—
Ⅲ	8	—	局部设置	2.0	1.2～1.5	—	—	25	—
Ⅳ	10	—	拱部、边墙	2.0～2.5	1.0～1.2	必要时设置	—	30	30
Ⅴ	15	15	拱部、边墙	2.5～3.0	0.8～1.0	拱部、边墙、仰拱	必要时设置	35	35
Ⅵ	20	20	拱部、边墙	3.0	0.6～0.8	拱部、边墙、仰拱	拱部、边墙、仰拱	40	40

表 5-2(c) 双线铁路隧道复合式衬砌设计参数

围岩分级	初期支护							二次衬砌厚度(cm)	
	喷射混凝土厚度(cm)		锚杆			钢筋网	钢拱架	拱部边墙	仰拱
	拱部边墙	仰拱	位置	长度(m)	间距(m)				
Ⅱ	5	—	局部设置	2.0	1.5	—	—	30	—
Ⅲ	10	—	拱部、边墙	2.0～2.5	1.2～1.5	必要时设置	—	35	35
Ⅳ	15	15	拱部、边墙	2.5～3.0	1.0～1.2	拱部、边墙、仰拱	必要时设置	35	35
Ⅴ	20	20	拱部、边墙	3.0～3.5	0.8～1.0	拱部、边墙、仰拱	拱部、边墙、仰拱	40	40
Ⅵ	通过试验确定								

第二节 结构力学的设计方法

一、基本原理

结构力学方法的基本原理是:将支护和围岩分开考虑,支护结构是承载主体,围岩作为荷载的来源和支护结构的弹性支承,其计算模式称为荷载—结构模式。隧道支护结构与围岩的相互作用是通过弹性支承对支护结构施加约束来体现的。当作用在支护结构上的荷载确定后,对应普通结构力学的方法求解超静定结构的内力及位移。

此法概念清楚，计算简单，但它没有真实地反映出坑道开挖对围岩应力的实际动态对支护结构的作用。

在围岩与支护结构相互作用的处理上却有几种不同的做法。

常用的计算模型(图 5-2)：

(1)主动荷载模型。当地层较为软弱，或地层相对结构的刚度较小，不足以约束结构的变形时，可以不考虑围岩对结构的弹性反力，称为主动荷载模型。如在饱和含水地层中的自由变形圆环、软基础上的闭合框架等，也常用于初步设计中。

(2)假定弹性反力模型。根据工程实践和大量的计算结果得出的规律，可以先假定弹性反力的作用范围和分布规律，然后再计算，得到结构的内力和变位，验证弹性反力图形分布范围的正确性。这种方法称为假定弹性反力图形的计算方法，如布加耶娃法用于圆形和曲墙拱形的计算。

(3)计算弹性反力模型。将弹性反力作用范围内围岩对衬砌的连续约束离散为有限个作用在衬砌节点上的弹性支承，而弹性支承的弹性特性即为所代表地层范围内围岩的弹性特性，根据结构变形计算弹性反力作用范围和大小的计算方法，称为计算弹性反力图形的方法。该计算方法需要采用迭代的方式逐步逼近正确的弹性反力作用范围，如弹性地基上的闭合框架、弹性支承法等。

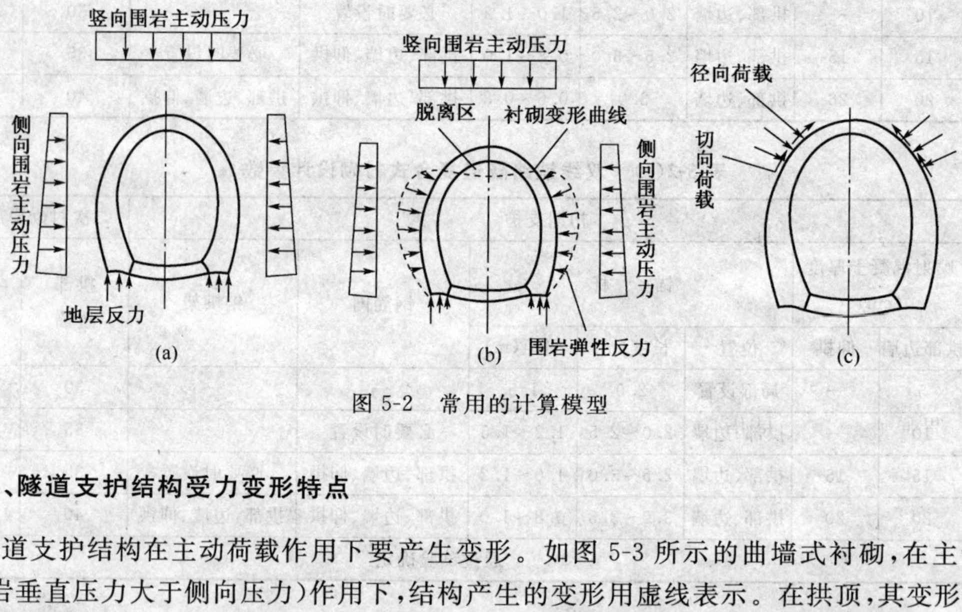

图 5-2　常用的计算模型

二、隧道支护结构受力变形特点

隧道支护结构在主动荷载作用下要产生变形。如图 5-3 所示的曲墙式衬砌，在主动荷载(设围岩垂直压力大于侧向压力)作用下，结构产生的变形用虚线表示。在拱顶，其变形背向地层，不受围岩的约束而自由变形，这个区域称为“脱离区”。而在两侧及底部，结构产生朝向地层的变形，并受到围岩的约束阻止其变形，因而围岩对衬砌产生了弹性抗力，这个区称为“抗力区”。

为此，围岩对衬砌变形起双重作用：围岩产生主动压力使衬砌变形，又产生被动压力阻止衬砌变形。这种效应的前提条件是围岩与衬砌必须全面地、紧密地接触。但实际的接触状态是相当复杂的。由于围岩的性质、施工方法、衬砌类型等因素的不同，致使围岩与衬砌可能是全面接触，也可能是局部接触，可能是面接触，也可能是点接触，有时是直接接触，有时通过回填物间接接触。为便于计算，一般将上述复杂情况予以理想化，即假定衬砌结构与围岩全面地、紧密地接触。因此，为了符合设计计算要求，施工中应严格按照施工规范要求进行施工。

三、隧道支护结构承受的荷载

以图 5-2(b)模式进行分析，作用在隧道支护结构上的荷载分为主动荷载和被动荷载两种。

1. 主动荷载

按作用情况分为主要荷载和附加荷载。

(1)主要荷载

主要荷载是指长期及经常作用的荷载，如围岩松动压力、支护结构的自重、地下水压力及列车、汽车活载等。其中围岩压力是最主要的。支护结构自重，可按预先拟定的结构尺寸和材料容重计算确定。在含水地层中，静水压力可按最低水位考虑，当静水压力不大，由于静水压力使衬砌结构物中的轴向力加大，对抗弯性能差的混凝土衬砌结构来说，相当于改善了它的受力状态，按排水结构设计时可不考虑水压力的作用；当静水压力较大，按不排水结构设计时，应考虑水压力的作用。对于没有仰拱的衬砌结构，列车、汽车活载直接传给地层，而对于设有仰拱的衬砌结构，列车、汽车活载对拱墙衬砌结构的受力影响应根据具体情况而定，一般可略去不计。

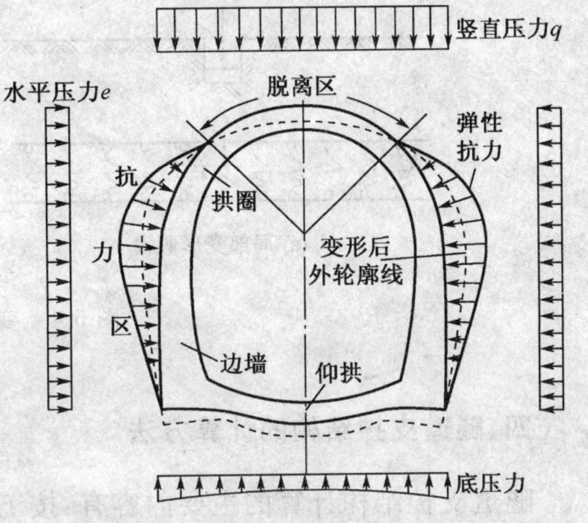

图 5-3　隧道结构受力变形

(2)附加荷载

附加荷载是指偶然的、非经常作用的荷载，如温差应力、施工荷载、灌浆压力、冻胀力及地震力等。其中主要的是地震力。

计算荷载应按上述两种荷载同时存在的情况进行组合。一般仅考虑主要荷载，只有在某些特殊情况时，如 7 级以上地震区，考虑地震荷载；最冷月平均气温低于－15 ℃地区的隧道应考虑冻胀力；对稳定性有严格要求的刚架和截面厚度大、变形受约束的结构，应考虑温度变化和混凝土收缩徐变的影响；结构构件在就地建造和安装时，应考虑作用在构件上的施工荷载。

2. 被动荷载(即围岩的弹性抗力)

所谓弹性抗力就是指由于支护结构发生向围岩方向的变形而引起的围岩对支护结构的约束反力。

弹性抗力的大小，目前多用温克尔(Winkler)假定为基础的局部变形理论计算。局部变形理论把围岩简化为一组彼此独立的弹簧(弹性支承)，某一弹簧受压缩时产生的反力值，只和其自身压缩量成正比，和其他弹簧无关，如图 5-4(a)所示。

$$\sigma_i = K\delta_i \tag{5-1}$$

式中　δ_i——支护结构表面某点 i 的位移(即对应的围岩表面某点的压缩变形)；

σ_i——在该点处围岩和结构相互作用的反力；

K——围岩的弹性反力系数。

这样假设和实际情况有出入，实际地层变形如图 5-4(b)所示，但局部变形理论简单明了，便于应用，且能满足一般工程设计的需要精度，故广为使用。围岩的约束作用是地下结构的一大特点，它有利于结构的稳定，限制了结构的变形，从而改善了结构的受力条件，提高了结构的承载力。

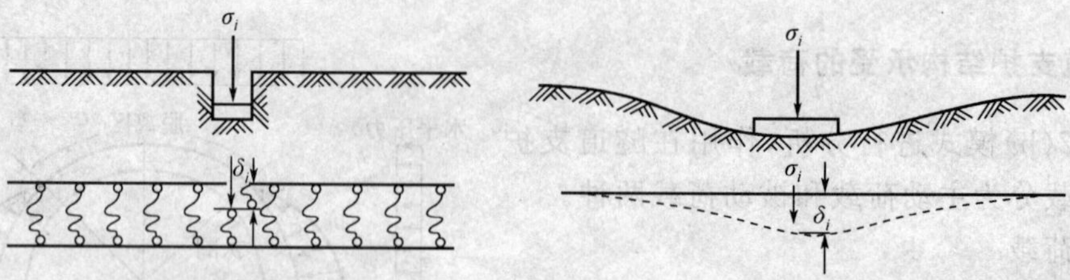

(a) 局部变形假设　　(b) 整体变形假设

图 5-4　变形引起反力的计算

四、隧道支护结构的计算方法

隧道支护结构计算的主要内容有：按工程类比方法初步拟定断面的几何尺寸；确定作用在结构上的荷载，进行力学计算，求出截面的内力（弯矩 M 和轴向力 N）；检算截面的承载力。

由前述知，隧道支护结构计算采用荷载—结构模式，即在主动荷载及被动荷载（弹性抗力）共同作用下的拱式结构。衬砌结构在主动荷载作用产生的弹性抗力的大小和分布形态取决于衬砌结构的变形，而衬砌结构的变形又和弹性抗力有关，所以衬砌结构的计算是一个非线性问题，必须采用迭代解法或某些简化的假定，使问题得以解决。为此，由于对弹性抗力的处理方法不同，而有几种不同的计算方法，下面以自由变形圆环、日本惯用法、弹性支承法为例来说明荷载—结构模式的计算。

五、自由变形圆环的计算

使用阶段自由变形圆环上的荷载分布见图 5-5。由于结构及荷载对称，拱顶剪力等于零，故整个圆环为二次超剪定结构。根据弹性中心处的相对角变和相对水平位移等于零的条件，列出下列力法方程：

$$\left.\begin{aligned}X_1\delta_{11}+\Delta_{1p}=0\\X_2\delta_{22}+\Delta_{2p}=0\end{aligned}\right\}\tag{5-2}$$

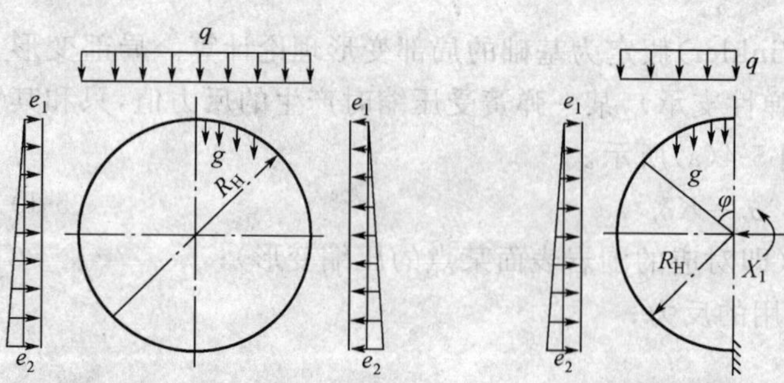

图 5-5　使用荷载自由变形圆形衬砌计算简图

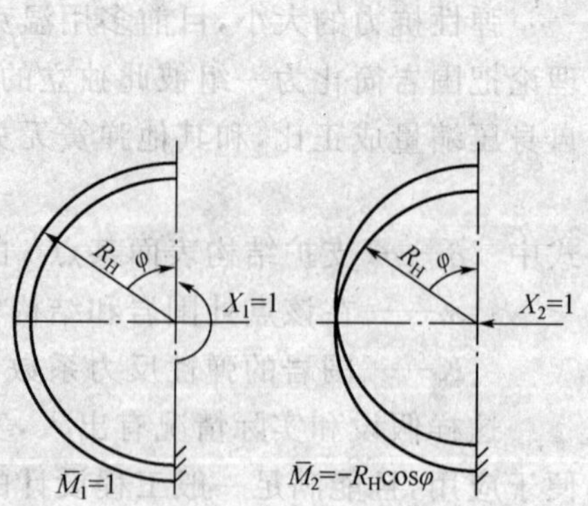

图 5-6　单位力作用下的内力

式中(见图 5-6)

$$\delta_{11}=\frac{1}{EI}\int_0^{\pi}\overline{M}_1^2R_{\mathrm{H}}\mathrm{d}\varphi=\frac{1}{EI}\int_0^{\pi}R_{\mathrm{H}}\mathrm{d}\varphi=\frac{\pi R_{\mathrm{H}}}{EI}$$

$$\delta_{22}=\frac{1}{EI}\int_0^{\pi}\overline{M}_2^2R_{\mathrm{H}}\mathrm{d}\varphi=\frac{1}{EI}\int_0^{\pi}(-R_{\mathrm{H}}\cos\varphi)^2R_{\mathrm{H}}\mathrm{d}\varphi=\frac{R_{\mathrm{H}}^3\pi}{2EI}$$

$$\Delta_{1\mathrm{p}}=\frac{R_{\mathrm{H}}}{EI}\int_0^{\pi}M_{\mathrm{p}}\mathrm{d}\varphi$$

$$\Delta_{2\mathrm{p}}=-\frac{R_{\mathrm{H}}^2}{EI}\int_0^{\pi}M_{\mathrm{p}}\cos\varphi\,\mathrm{d}\varphi$$

其中,M_{p} 为基本结构中外荷载对回环任意截面产生的弯矩;φ 为计算截面处的半径与竖直轴的夹角;R_{H} 为圆环的计算半径。

将上述各系数代入式(5-2),得

$$\left.\begin{aligned}X_1&=-\frac{\Delta_{1\mathrm{p}}}{\delta_{11}}=-\frac{1}{\pi}\int_0^{\pi}M_{\mathrm{p}}\mathrm{d}\varphi\\X_2&=-\frac{\Delta_{2\mathrm{p}}}{\delta_{22}}=\frac{2}{\pi R_{\mathrm{H}}}\int_0^{\pi}M_{\mathrm{p}}\cos\varphi\,\mathrm{d}\varphi\end{aligned}\right\}\tag{5-3}$$

由式(5-3),求出 X_1、X_2 后,圆环中任意截面的内力可由下式计算:

$$\left.\begin{aligned}M&=X_1-X_2R_{\mathrm{H}}\cos\varphi+M_{\mathrm{p}}\\N&=X_2\cos\varphi+N_{\mathrm{p}}\end{aligned}\right\}\tag{5-4}$$

将每一种单一的荷载作用在圆环上,利用式(5-3)和式(5-4),即可推导出表 5-3 中的计算公式。

表 5-3　断面内力系数表

荷载	截面位置	内力 M(kN·m)	内力 N(kN)	底部反力
自重	$0\sim\pi$	$gR_{\mathrm{H}}^2(1-0.5\cos\varphi-\varphi\sin\varphi)$	$gR_{\mathrm{H}}(\varphi\sin\varphi-0.5\cos\varphi)$	πg
竖向均布荷载	$0\sim\frac{\pi}{2}$	$qR_{\mathrm{H}}^2(0.193+0.106\cos\varphi-0.5\sin^2\varphi)$	$qR_{\mathrm{H}}(\sin^2\varphi-0.106\cos\varphi)$	q
	$\frac{\pi}{2}\sim\pi$	$qR_{\mathrm{H}}^2(0.693+0.106\cos\varphi-\sin\varphi)$	$qR_{\mathrm{H}}(\sin\varphi-0.106\cos\varphi)$	
底部反力	$0\sim\frac{\pi}{2}$	$p_{\mathrm{R}}R_{\mathrm{H}}^2(0.057-0.106\cos\varphi)$	$0.106p_{\mathrm{R}}R_{\mathrm{H}}\cos\varphi$	$q+\pi g$
	$\frac{\pi}{2}\sim\pi$	$p_{\mathrm{R}}R_{\mathrm{H}}^2(-0.443+\sin\varphi-0.106\cos\varphi-0.5\sin^2\varphi)$	$p_{\mathrm{R}}R_{\mathrm{H}}(\sin^2\varphi-\sin\varphi+0.106\cos\varphi)$	
均布侧压	$0\sim\pi$	$e_1R_{\mathrm{H}}^2(0.25-0.5\cos^2\varphi)$	$e_1R_{\mathrm{H}}\cos^2\varphi$	0
三角形侧压	$0\sim\pi$	$e_2R_{\mathrm{H}}^2(0.25\sin^2\varphi+0.083\cos^2\varphi-0.063\cos\varphi-0.125)$	$e_2R_{\mathrm{H}}\cos\varphi(0.063+0.5\cos\varphi-0.25\cos^2\varphi)$	0

六、假定弹性反力的计算方法(圆形结构计算方法——日本惯用法)

1. 基本假定

假定弹性反力分布为三角形，荷载分布详见图 5-7，土壤弹性反力图形分布在水平直径上下各 45°范围内，其分布规律为

$$p_{ki}=p_k(1-\sqrt{2}|\cos\varphi|) \tag{5-5}$$

$$y=\frac{(2q-2e_1-e_2+\pi w)R_H^4}{24(\eta EI+0.0454K_hR_H^4)} \tag{5-6}$$

式中 φ——所讨论截面与竖直轴夹角；

y——水平直径处的变位；

η——圆环刚度有效系数，$\eta=0.25\sim0.8$；

R_H——衬砌的计算半径；

K_h——侧向地层反力系数，$K_h=0.67\sim0.90K_v$；

K_v——竖向地层弹性反力系数，其值可参看表 5-4。

表 5-4 竖向弹性反力系数 K_v 与土壤类别的关系

土体种类	黏土	砂黏土	细砂	砂	粗砂
K_v(MPa/m)	20	30～50	50～60	80～100	110～130

2. 衬砌环水平直径处实际变位 y 的求法

衬砌环水平直径处的实际变位 y 是由主动外荷效作用产生的衬砌变位 y_1 和侧向弹性反力作用引起的衬砌变位 y_2 的代数和，即

$$y=y_1+y_2 \tag{5-7}$$

而 y_1 及 y_2，可按结构力学中求解超静定结构变位的计算公式求得，可忽略轴向力的作用在均布竖直荷载和均布侧向荷载作用下其变位公式为

$$y_1=(q-e)\frac{R_H^4}{12EI} \tag{5-8}$$

式中 q——均布竖向荷载之和；

e——均布侧向荷载之和。

侧向弹性反力作用下，水平直径处变位为

$$y_2=-0.0454\frac{p_kR_H^4}{EI} \tag{5-9}$$

自重引起的变位为

$$y_g=\frac{\pi wR_H^4}{24EI} \tag{5-10}$$

将梯形的水平侧压力分解为图 5-8 (a)、(b)的两种形式，其圆环的内力值相同，其中图(b)的反对称荷载 $e_2/2$ 引起的水平直径处的变位为零，这样图(a)所示的荷载引起的水平直径处的变位与图(b)中的均布水平侧向荷载引起水平直径处的变位是相等的。将 $e=e_1+e_2/2$ 及式(5-10)代入式(5-8)，并考虑接头刚度影响系数对变位的影响，可得

$$y_1=\frac{(2q-2e_1-e_2+\pi w)R_H^4}{24\eta EI} \tag{5-11}$$

将式(5-9)及式(5-11)代入式(5-7)，整理之后，即可得出式(5-6)。解出 y 值后，再将其乘以地层弹性反力系数，即可求得最大侧向弹性反力值，然后连接侧向弹性反力为零的上下端点

($\varphi=45°$、$135°$)，这就决定了整个弹性反力图形的大小。

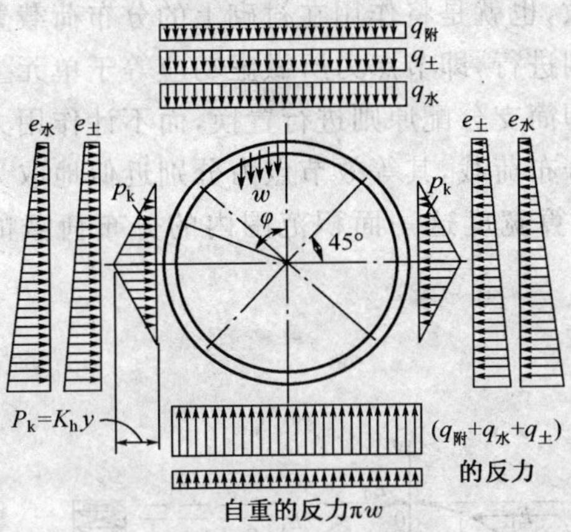

图 5-7　计算简图

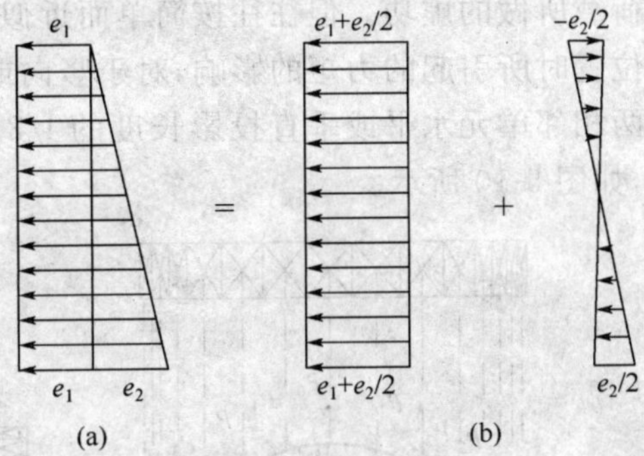

图 5-8　梯形的水平侧压力分解图式

七、弹性支承法

1. 计算原理

弹性支承法也称链杆法，是计算弹性反力图形解算衬砌内力的一种方法。该法的特点是按照“局部变形”理论考虑衬砌与围岩共同作用，将弹性反力作用范围内的连续围岩离散为彼此互不相干的独立岩柱，岩柱的一个边长是衬砌的纵向计算宽度，通常取单位长度；另一个边长是两个相邻的衬砌单元的长度和之半。岩柱的深度与传递轴力无关，故无须考虑。

为了便于计算，用具有和岩柱弹性特征相同的弹性支承代替岩柱，并以铰接方式作用在衬砌单元的节点上，所以它不承受弯矩，只承受轴力。

(1)结构离散化

地下结构的衬砌均为实体结构，常可把其离散为有限个单元，并将单元的连接点称为节点，节点位于结构的计算轴线上。单元数目视计算精度的需要而定，一般应不少于 16 个，如图 5-9(a)所示。每个单元的长度，通常都取为相等。只有在直墙式衬砌中，可以起拱线为界，拱、墙单元各取相等的长度，如图 5-9(b)所示。同时，还假定单元是等厚度的，其计算厚度取为单元两端厚度的平均值。如需要在计算中考虑仰拱的作用，则可将仰拱、边墙、拱三者一并考虑，其计算图式如图 5-9(c)所示。

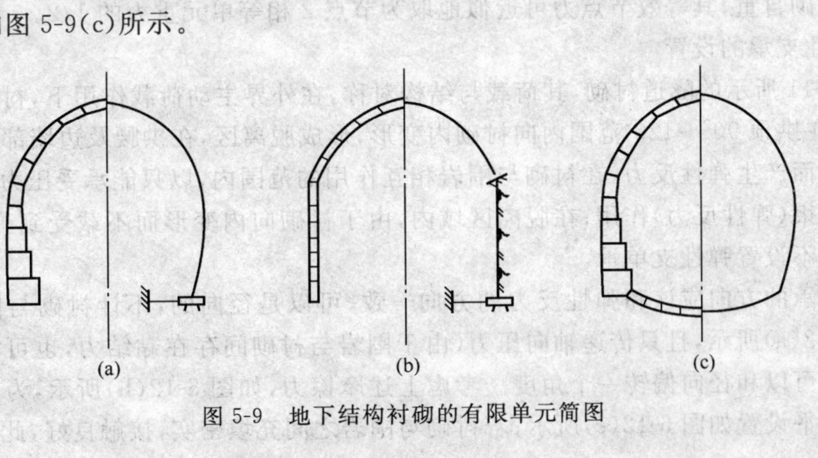

图 5-9　地下结构衬砌的有限单元简图

(2)均布荷载简化为等效节点荷载

为了配合衬砌的离散化，主动荷载也要进行离散，也就是将作用在衬砌上的分布荷载置换为节点力。严格地说，这种置换应按静力等效的原则进行，即节点力所做虚功应等于单元上分布荷载所做的虚功。但往往按简单而近似的方法，即简支分配原则进行置换，而不计作用力迁移位置时所引起的力矩的影响，对于竖向或水平的分布荷载，其等效节点力分别近似地取为节点两相邻单元水平或垂直投影长度的1/2乘纵向计算宽度这一面积范围内的分布荷载的总和，如图5-10所示。

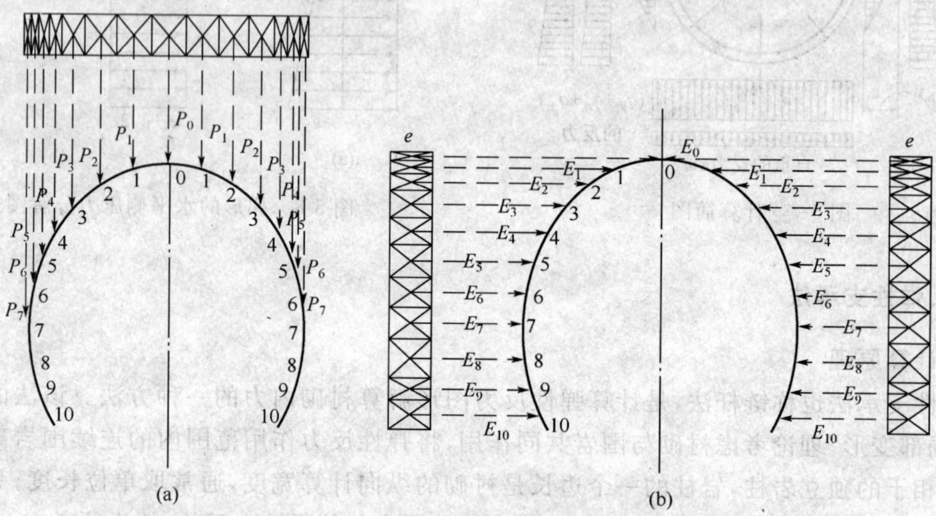

图5-10　主动荷载离散为等效节点力

例如，各节点的竖向节点力为

0节点：$P_0=q(x_1+x_2)/2=qx_1$

1节点：$P_1=q[x_1/2+(x_2-x_1)/2]=qx_2/2$

2节点：$P_2=q[(x_2-x_1)/2+(x_3-x_2)/2]=q(x_3-x)/2$

以此类推，可以求得每个节点的节点荷载。对于侧向荷载只需将水平坐标替换成竖向坐标即可。但要注意0节点的水平类中力每一侧只作用有1/2个单元长度上的荷载，即

0节点：$E_0=E_{y_1}/2$

对于衬砌自重，其等效节点力可近似地取为节点2相等单元重力的1/2。

(3)弹性支承的设置

如图5-11所示的隧道衬砌，其荷载与结构对称，在外界主动荷载作用下，衬砌结构将发生变形，一般在拱顶90°～120°范围内向衬砌内变形，形成脱离区，在拱腰及边墙部位将产生朝向地层的变形而产生弹性反力，在衬砌与围岩相互作用的范围内，以只能承受压力的弹性支承代替围岩的约束(弹性反力)作用；在脱离区域内，由于衬砌向内变形而不载受到弹性约束，可以在该范围内不设置弹性支单承。

弹性支承的方向应该和弹性反力的方向一致，可以是径向的，不计衬砌与围岩间的摩擦力，如图5-12(a)所示，且只传递轴向压力(由于围岩与衬砌间存在黏结力，也可能传递少量轴向拉力)；也可以和径向偏转一个角度。考虑上述摩擦力，如图5-12(b)所示，为了简化计算也可将链杆水平设置如图5-12(c)所示；若衬砌与围岩之间充填密实，接触良好，此时除设置径向

链杆外还可设置切向链杆，如图 5-12(d)所示。

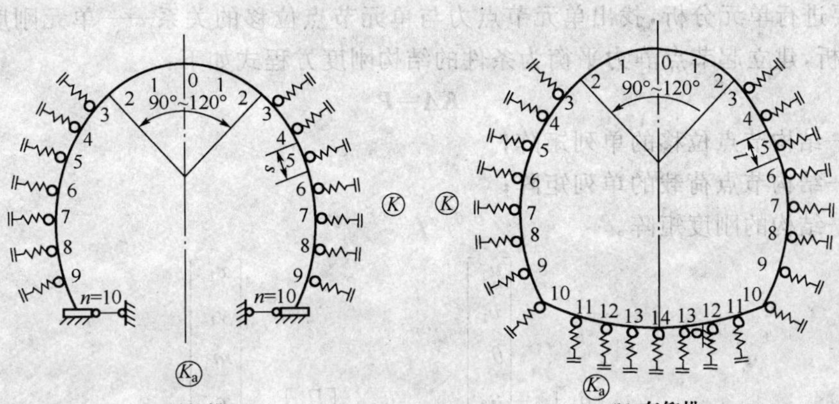

(a) 无仰拱　　(b) 有仰拱

图 5-11　弹性支承法计算模型和单元的划分

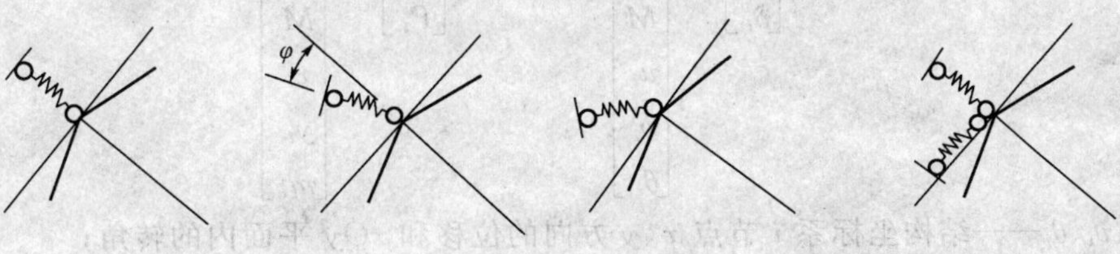

(a)　(b)　(c)　(d)

图 5-12　弹性支承设置

弹性支承法的适应性很广，可以适应如图 5-12 的任意结构形状，适应任意变化的地质条件。对于非均质地基，可以选用不同的弹性反力系数，也常常用于隧道的纵向计算，并且特别适宜将有规律的计算过程编制成有限元计算程序。因此，其计算原理得到广泛的应用，根据上述的分析可以得出解题的计算图示。如果以节点力为未知，简化成基本结构，这种方法称为力法；如果以节点位移为未知简化成基本结构，达种力法称为位移法。

2. 数值解——矩阵位移法

矩阵位移法计算衬砌内力时，选取节点为基本结构的未知量。这种计算方法适用于各种对称、非对称问题，概念清晰易懂，适用范围较广，如衬砌为任意外形、变截面及衬砌周围地层弹性性质变化等情况均能适用。

(1)用矩阵位移法求解的原理

图 5-13 表示简化了的隧道衬砌计算简图。

①基本原理

矩阵位移法的基本原理是：以每一个节点的 u、v、θ(分别为 x 方向、y 方向的位移及 xOy 平面内的转角)3 个位移为未知数，应用 2 个连续条件，即连接在同一节点的各单元的节点位移应该相等，并等于该节点的结构节点位移——变形协调条件；作用

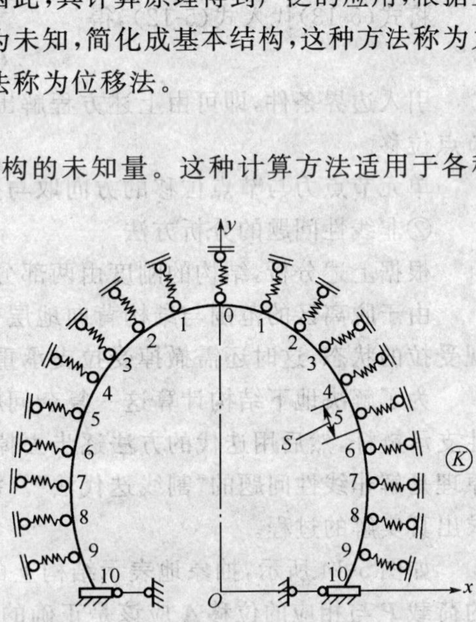

图 5-13　计算简图

于结构上某一节点的荷载必须与该节点上作用的各单元的节点力相平衡——静力平衡条件。因此，首先要进行单元分析，找出单元节点力与单元节点位移的关系——单元刚度矩阵，然后进行整体分析，建立起节点静力平衡为条件的结构刚度方程式如下：

$$\boldsymbol{K\Delta}=\boldsymbol{P} \tag{5-12}$$

式中 $\boldsymbol{\Delta}$——结构节点位移的单列矩阵；

$\boldsymbol{P}$——结构节点荷载的单列矩阵；

$\boldsymbol{K}$——结构的刚度矩阵。

$$\boldsymbol{\Delta}=\begin{bmatrix}\delta_1\\ \delta_2\\ M\\ \delta_i\end{bmatrix}=\begin{bmatrix}u_1\\ v_1\\ \theta_1\\ u_2\\ v_2\\ \theta_2\\ M\\ u_i\\ v_i\\ \theta_i\end{bmatrix},\quad \boldsymbol{P}=\begin{bmatrix}P_1\\ P_2\\ M\\ P_i\end{bmatrix}=\begin{bmatrix}x_1\\ y_1\\ m_1\\ x_2\\ y_2\\ m_2\\ M\\ x_i\\ y_i\\ m_i\end{bmatrix}$$

式中 u_i、v_i、θ_i——结构坐标系 i 节点 x、y 方向的位移和 xOy 平面内的转角；

x_i、y_i、m_i——结构坐标系 i 节点 x、y 方向的荷载及 xOy 平面内的弯矩。

根据前面的分析，$\boldsymbol{K}$ 由两部分组成，其形式为

$$\boldsymbol{K}=\boldsymbol{K}_1+\boldsymbol{K}_2 \tag{5-13}$$

式中 $\boldsymbol{K}_1$——不考虑弹性链杆作用时结构本身的刚度矩阵；

$\boldsymbol{K}_2$——由于弹性链杆作用对结构刚度矩阵的影响。

将式(5-13)代入式(5-12)，得

$$(\boldsymbol{K}_1+\boldsymbol{K}_2)\boldsymbol{\Delta}=\boldsymbol{P} \tag{5-14}$$

引入边界条件，即可由上述方程解出未知的结构节点位移，也就是连接该节点的各单元的节点位移。

单元节点力与节点位移的方向取与坐标方向一致为正，力矩和转角以逆时针转动为正。

②非线性问题的分析方法

根据上述分析，结构的刚度由两部分组成，即 $\boldsymbol{K}=\boldsymbol{K}_1+\boldsymbol{K}_2$。

由于脱离区的范围与结构背向地层变形的范围有关，常常会发生计算出的弹性支承力出现受拉的状态，这时还需撤掉受拉支承重新计算。这一过程会影响结构的整体刚度。

为了解决地下结构计算这一复杂问题，可以先假定衬砌结构上所有的节点全部作用有弹性支承链杆，然后用迭代的方法逐步去掉出现拉力的弹性支承，得出结构的真实解。该方法的原理是解非线性问题的“割线迭代法”。割线迭代法是根据荷载—位移曲线的割线刚度，逐步求出真实解的过程。

如图 5-14 所示，抽象地表示结构上的节点荷载与节点位移的非线性关系，设结构上作用的荷载 $\boldsymbol{P}$ 与相应的位移 $\boldsymbol{\Delta}$ 应该是正确的，如图中的 M 点。但我们无法一下子确定 M 点，因为影响结构刚度矩阵的弹性链杆的刚度无法一下准确地确定。在进行第 1 次计算时，可以假定

全部弹簧起作用。解出 $\boldsymbol{\Delta}_1$ 后，据除不起作用的弹簧并修正 $\boldsymbol{K}_2$，然后第 2 次计算。如此反复，直至相继 2 次解得的 $\boldsymbol{\Delta}$ 值相等时，此时的 $\boldsymbol{\Delta}$ 值即为接近或等于 M 点的解。

求得结构节点位移后，再由各单元的节点荷载与位移的关系计算各单元的节点抗力、单元内力及偏心距，还可根据材料的设计允许应力值求出各单元的安全系数。这些计算全部由程序自动完成。

(2)单元刚度矩阵及结构刚度矩阵的组成

衬砌单元的截面本来是变化的，如果单元的长度分得足够小，可以把它看成是截面尺寸不变的，在单元端点作用有轴力 $\overline{N}$、弯矩 $\overline{M}$ 和剪力 $\overline{Q}$ 的等直梁单元(图 5-15)。

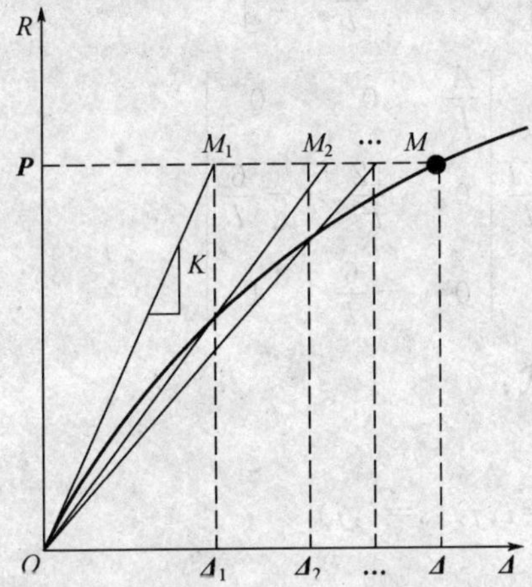

图 5-14 割线迭代法原理

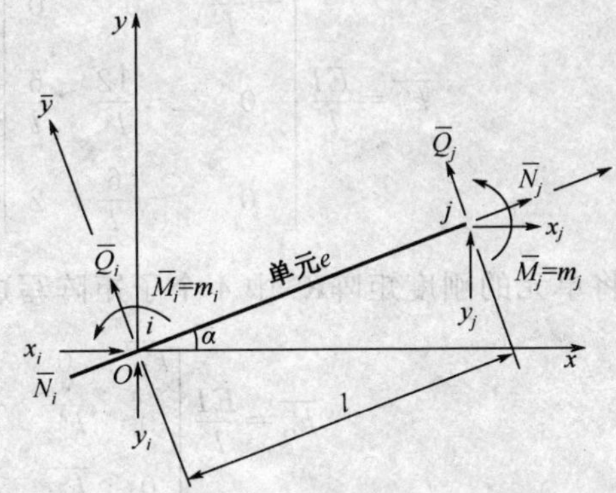

图 5-15 梁单元分析

对于局部坐标系($\overline{x}$，$\overline{y}$)中的梁单元刚度方程为

$$
\begin{bmatrix} \overline{N}_i \\ \overline{Q}_i \\ \overline{M}_i \\ \overline{N}_j \\ \overline{Q}_j \\ \overline{M}_j \end{bmatrix} = \begin{bmatrix} \frac{EA}{l} & 0 & 0 & -\frac{EA}{l} & 0 & 0 \\ 0 & \frac{12EI}{l^3} & \frac{6EI}{l^3} & 0 & -\frac{12EI}{l^3} & \frac{6EI}{l^2} \\ 0 & \frac{6EI}{l^2} & \frac{4EI}{l} & 0 & -\frac{6EI}{l^2} & \frac{2EI}{l} \\ -\frac{EA}{l} & 0 & 0 & \frac{EA}{l} & 0 & 0 \\ 0 & -\frac{12EI}{l^3} & -\frac{6EI}{l^2} & 0 & \frac{12EI}{l^3} & -\frac{6EI}{l^2} \\ 0 & \frac{6EI}{l^2} & \frac{2EI}{l} & 0 & -\frac{6EI}{l^2} & \frac{4EI}{l} \end{bmatrix} \begin{bmatrix} \overline{u}_i \\ \overline{v}_i \\ \overline{\theta}_i \\ \overline{u}_j \\ \overline{v}_j \\ \overline{\theta}_j \end{bmatrix} \tag{5-15}
$$

式中 E、I、A、l——单元的材料弹性模量、截面惯性矩、截面面积和单元长度。

缩写的矩阵形式为

$$
\overline{\boldsymbol{S}}^e = \overline{\boldsymbol{K}}^e \overline{\boldsymbol{\delta}}^e \tag{5-16}
$$

式中 e——等截面直杆单元的编号；

$\overline{\boldsymbol{K}}^e$——$e$ 单元在局部坐标系中的刚度，其值为

$$\overline{\boldsymbol{K}^e}=\begin{bmatrix}\overline{k_{ii}^e} & \overline{k_{ij}^e}\\ \overline{k_{ji}^e} & \overline{k_{jj}^e}\end{bmatrix}$$

其中　i——e 单元 i 端编号，

　　　j——e 单元 j 端编号。

$$\overline{k_{ii}^e}=\frac{EI}{l}\begin{bmatrix}\frac{A}{I} & 0 & 0\\ 0 & \frac{12}{l^2} & \frac{6}{l}\\ 0 & \frac{6}{l} & 4\end{bmatrix},\quad \overline{k_{ij}^e}=\frac{EI}{l}\begin{bmatrix}-\frac{A}{I} & 0 & 0\\ 0 & -\frac{12}{l^2} & \frac{6}{l}\\ 0 & -\frac{6}{l} & 2\end{bmatrix}$$

$$\overline{k_{ji}^e}=\frac{EI}{l}\begin{bmatrix}-\frac{A}{I} & 0 & 0\\ 0 & -\frac{12}{l^2} & \frac{6}{l}\\ 0 & -\frac{6}{l} & 2\end{bmatrix},\quad \overline{k_{jj}^e}=\frac{EI}{l}\begin{bmatrix}\frac{A}{I} & 0 & 0\\ 0 & \frac{12}{l^2} & -\frac{6}{l}\\ 0 & -\frac{6}{l} & 4\end{bmatrix}$$

将单元的刚度矩阵 $\overline{\boldsymbol{K}^e}$ 中 4 个子矩阵写成如下的形式：

$$\overline{k_{rs}^e}=\frac{EI}{l}\begin{bmatrix}\overline{k_{11}^e} & 0 & 0\\ 0 & \overline{k_{22}^e} & \overline{k_{23}^e}\\ 0 & \overline{k_{32}^e} & \overline{k_{33}^e}\end{bmatrix}\qquad (r=i,j)(s=i,j)$$

通过坐标变换可以得到在结构坐标系中，单元的节点力与节点位移之间的关系为

$$\boldsymbol{S}^e=\boldsymbol{K}^e\boldsymbol{\delta}^e \tag{5-17}$$

或写成

$$\begin{bmatrix}S_i^e\\ S_j^e\end{bmatrix}=\begin{bmatrix}k_{ii}^e & k_{ij}^e\\ k_{ji}^e & k_{jj}^e\end{bmatrix}\begin{bmatrix}\delta_i^e\\ \delta_j^e\end{bmatrix}$$

$\boldsymbol{K}^e$ 矩阵中的每一个子阵的通式为

$$k_{rs}^s=\frac{EI}{l}\begin{bmatrix}\cos\alpha & -\sin\alpha & 0\\ \sin\alpha & \cos\alpha & 0\\ 0 & 0 & 1\end{bmatrix}\begin{bmatrix}\overline{k_{11}^e} & 0 & 0\\ 0 & \overline{k_{22}^e} & \overline{k_{23}^e}\\ 0 & \overline{k_{32}^e} & \overline{k_{33}^e}\end{bmatrix}\begin{bmatrix}\cos\alpha & \sin\alpha & 0\\ -\sin\alpha & \cos\alpha & 0\\ 0 & 0 & 1\end{bmatrix}$$

式中　α——单元坐标与结构坐标系所成的角。

将其代入上式，并展开得

$$k_{rs}^s=\frac{EI}{l}\begin{bmatrix}\overline{k_{11}^e}\cos^2\alpha+\overline{k_{22}^e}\sin^2\alpha & (\overline{k_{11}^e}-\overline{k_{22}^e})\cos\alpha\sin\alpha & -\overline{k_{23}^e}\sin\alpha\\ (\overline{k_{11}^e}-\overline{k_{22}^e})\cos\alpha\sin\alpha & \overline{k_{21}^e}\sin^2\alpha+\overline{k_{22}^e}\cos^2\alpha & \overline{k_{23}^e}\cos\alpha\\ -\overline{k_{32}^e}\sin\alpha & \overline{k_{32}^e}\cos\alpha & \overline{k_{33}^e}\end{bmatrix} \tag{5-18}$$

式中，$r=i$、j，$s=i$、j。

从结构力学可知，一个单元 $i-j$ 的各个子阵在结构刚度矩阵 $\boldsymbol{K}_1$ 中所占的位置可以按它们各自的编号“对号入座”，其位置如下：

$$\begin{array}{c|ccccc} & & i & & j & \\ \hline i & \cdots & k_{ii}^e & \cdots & k_{ij}^e & \cdots \\ & & M & & M & \\ j & \cdots & k_{ji}^e & \cdots & k_{jj}^e & \cdots \\ \hline \end{array}$$

每一个子阵在 $\boldsymbol{K}_1$ 中占 3 行 3 列的位置。用这种方法将结构所有单元刚度的子阵对号入座，送入结构刚度矩阵 $\boldsymbol{K}_1$，则得出结构刚度矩阵式。

$$\boldsymbol{K}_1=\begin{bmatrix} K_{11} & \boldsymbol{k}_{12}^1 & & & & & \\ \boldsymbol{k}_{21}^1 & K_{22} & \boldsymbol{k}_{23}^2 & & & & \\ & \boldsymbol{k}_{32}^2 & K_{33} & \boldsymbol{k}_{34}^3 & & & \\ & & \boldsymbol{k}_{43}^3 & K_{44} & \boldsymbol{k}_{45}^4 & & \\ & & & \boldsymbol{0} & \boldsymbol{0} & \boldsymbol{0} & \\ & & & \boldsymbol{k}_{s-1s-2}^{s-2} & K_{s-1s-2} & \boldsymbol{k}_{s-1s}^{s-1} & \\ & & & & \boldsymbol{k}_{ss-1}^{s-1} & K_{ss} & \end{bmatrix} \tag{5-19}$$

式中　$K_{11}=\boldsymbol{k}_{11}^1, K_{22}=\boldsymbol{k}_{22}^1+\boldsymbol{k}_{22}^2,\cdots$

$K_{s-1s-1}=\boldsymbol{k}_{s-1s-1}^{s-1}+\boldsymbol{k}_{s-1s-1}^{s}$，

$K_{ss}=\boldsymbol{k}_{ss}^{s}$。

(3)弹性支承链杆对总刚度矩阵影响

设 r_i 为与结构坐标系成 α_i 角的一个弹性支承链杆，如图 5-16 所示，i 是和结构相连的一端，可称之为第 i 号弹性链杆。链杆的方向可以根据地层概况以及地层与衬砌的黏结情况做各种不同的假设。

令第 i 号弹性链杆所代表的范围内的地层弹性反力系数为 k_i，所代表的反力作用范围的长度(通常为相邻两单元长度和之半)为 S_i，则使弹性链杆产生的单位变形所需要的力为

$$P_{ri}=K_iS_ib \tag{5-20}$$

式中　b——衬砌纵向的计算宽度，一般取 $b=1$ m。

因为 i 为结构上一点，其位移为

$$\boldsymbol{\delta}_i=\begin{bmatrix}u_i\\ v_i\\ \theta_i\end{bmatrix}$$

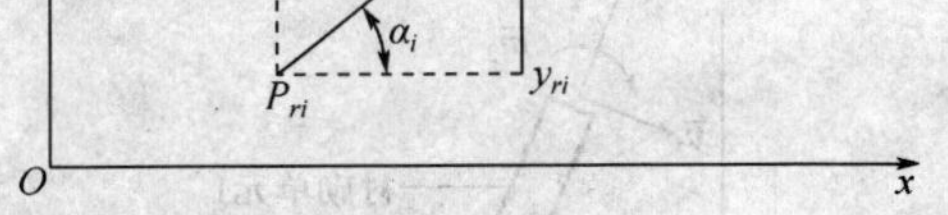

图 5-16　弹性支承单元分析

令 P_{ri} 为弹性链杆 i 端的力，则

$$\boldsymbol{P}_{ri}=\begin{bmatrix}x_{ri}\\ y_{ri}\\ 0\end{bmatrix}$$

根据轴力杆的坐标变换关系可得到 P_{ri} 和 δ_i 的关系为

$$\begin{bmatrix} x_{ri} \\ y_{ri} \\ 0 \end{bmatrix} = K_i S_i \begin{bmatrix} \cos^2\alpha_i & \cos\alpha_i \sin\alpha_i & 0 \\ \cos\alpha_i \sin\alpha_i & \sin^2\alpha_i & 0 \\ 0 & 0 & 0 \end{bmatrix} \begin{bmatrix} u_i \\ v_i \\ \theta_i \end{bmatrix} \tag{5-21}$$

由上式可知弹性链杆的刚度矩阵为

$$\boldsymbol{k}_{ri} = K_i S_i \begin{bmatrix} \cos^2\alpha_i & \cos\alpha_i \sin\alpha_i & 0 \\ \cos\alpha_i \sin\alpha_i & \sin^2\alpha_i & 0 \\ 0 & 0 & 0 \end{bmatrix} \tag{5-22}$$

式中　α_i——弹性链杆与 x 轴的夹角，弹性链杆的坐标系应由 i 节点指向地层。

由于这些弹性链杆为单向的，即只能承受压力，所以，计算之前不知哪些弹性链杆能起作用。因此，第 1 次计算时，假定全部弹性链杆均起作用，内力与变形性质有关——这就是非线性结构计算的一个普遍性质。

全部弹性链杆对总刚度矩阵的影响集中在主对角线两侧。

(4)墙底弹性支座单元的刚度矩阵

作用在衬砌上的荷载和自重所引起的轴力和弯矩传至墙底，墙底弹性支座(图 5-17)将产生相对应的压缩和转角位移。

对于基底的支承单元有两种基本情况，对于曲墙式衬砌的墙脚，1—2 单元的轴线常偏离竖支轴一个角度，而基底常做成水平的(图 5-17)。1—2 单元的刚度矩阵与标准单元的完全一样，边墙底的位移与反力的关系可以直接按结构坐标系写出

$$\begin{bmatrix} x_1 \\ y_1 \\ m_1 \end{bmatrix} = \begin{bmatrix} K_f b d_a & 0 & 0 \\ 0 & K_a b d_a & 0 \\ 0 & 0 & \dfrac{K_a b d_a^3}{12} \end{bmatrix} \begin{bmatrix} u_1 \\ v_1 \\ \varphi_1 \end{bmatrix} \tag{5-23}$$

式中　K_f——墙底围岩的接向综合弹性反力系数，包括了摩擦力与黏结力的影响，只有在发生水平位移时才考虑；

K_a——墙脚基底围岩竖向弹性反力系数；

d_a——墙底宽度。

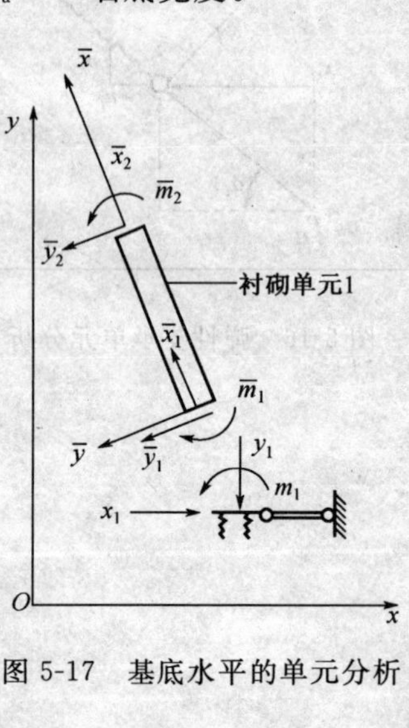

图 5-17　基底水平的单元分析

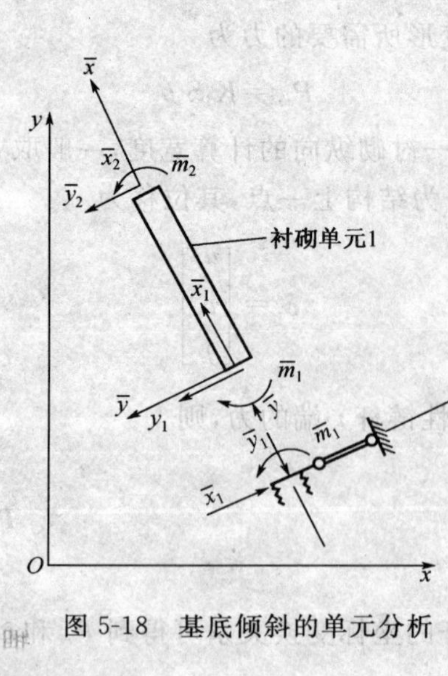

图 5-18　基底倾斜的单元分析

以缩写的矩阵形式表达，可得

$$s_1^1 = \boldsymbol{k}_{r1}^1 \boldsymbol{\Delta}$$

其单元刚度矩阵为

$$\boldsymbol{k}_{r1}^1 = \begin{bmatrix} K_f b d_a & 0 & 0 \\ 0 & K_a b d_a & 0 \\ 0 & 0 & \dfrac{K_a b d_a^3}{12} \end{bmatrix} \tag{5-24}$$

综合(3)、(4)两部分的讨论，可将弹性链杆与基底地层的刚度矩阵 $\boldsymbol{K}_2$ 归述如下：

$$\boldsymbol{K}_2 = \begin{bmatrix} K_f b d_a & & & & & & \\ & K_a b d_a & & & & & \\ & & \dfrac{K_a b d_a^3}{12} & & & & \\ & & & K_2 S_2 \cos^2\alpha_2 & K_2 S_2 \cos\alpha_2 \sin\alpha_2 & 0 & \\ & & & K_2 S_2 \cos\alpha_2 \sin\alpha_2 & K_2 S_2 \sin^2\alpha_2 & 0 & \\ & & & 0 & 0 & 0 & \\ & & & & & & \boldsymbol{0} \end{bmatrix} \tag{5-25}$$

对于基底支承单元的另一种情况(图 5-18)，即墙底截面沿拱轴或径向即墙平面为径向。其基底截面的刚度矩阵可以在式(5-24)的基础上进行坐标变换即可。

(5)结构的刚度矩阵及其特点

将 $\boldsymbol{K}_2$ 代入式(5-13)中即可得结构总刚度矩阵

$$\boldsymbol{K} = \begin{bmatrix} K_{11} & \boldsymbol{k}_{12}^1 & & & & & \\ \boldsymbol{k}_{21}^1 & K_{22} & \boldsymbol{k}_{23}^2 & & & & \\ & \boldsymbol{k}_{32}^2 & K_{33} & \boldsymbol{k}_{34}^3 & & & \\ & & \boldsymbol{k}_{43}^3 & K_{44} & \boldsymbol{k}_{45}^4 & & \\ & & & 0 & 0 & 0 & \\ & & & & \boldsymbol{k}_{s-1s-2}^{s-2} & K_{s-1s-1} & \boldsymbol{k}_{s-1s}^{s-1} \\ & & & & & \boldsymbol{k}_{ss-1}^{s-1} & K_{ss} \end{bmatrix} \tag{5-26}$$

式中　$K_{11} - \boldsymbol{k}_{11}^1 + \boldsymbol{k}_{r1}^1$

$K_{22} = \boldsymbol{k}_{22}^1 + \boldsymbol{k}_{22}^2 + \boldsymbol{k}_{r2}$

…

$K_{ii} = \boldsymbol{k}_{ii}^{i-1} + \boldsymbol{k}_{ii}^i + \boldsymbol{k}_{ri} \cdots$

$K_{s-1s-1} = \boldsymbol{k}_{s-1s-1}^{s-1} + \boldsymbol{k}_{s-1s-1}^{s-2} + \boldsymbol{k}_{rs-1}$

$K_{ss} = \boldsymbol{k}_{ss}^s + \boldsymbol{k}_{rs}^s$

结构刚度矩阵具有如下特点：

①结构刚度矩阵是一个对称矩阵。由于结构刚度矩阵的对称性，在计算程序中可以只存上三角形矩阵中的各元素。

②结构刚度矩阵式一个稀疏带矩阵。为了节省内存，还可以利用结构刚度矩阵的带形性质，只存上三角形矩阵中的非零元素。为了不使下标出现负值，对所有单元的编号都取 $j>i$，即在确定单元的局部坐标系时，应值 x 轴的正向由编号较小的节点 i 指向编号较大的节点 j。

③结构刚度矩阵是一个奇异阵。式(5-26)是假定所有节点都可以产生位移建立起来的，即假定结构没有受任何位移约束，可用刚体运动，所以结构刚度矩阵是个奇异矩阵。在求解结构刚度方程时，必须按结构的边界条件对某些节点给以某种约束，使 $\boldsymbol{K}$ 变成一个非奇异矩阵，才能求得方程的解。

由于墙底的摩擦力和黏结力甚大，横向位移假定为零，即 $u_1=u_s=0$；若不考虑竖直沉陷对弹性反力分布范围的影响(当结构或荷载不对称时，两边墙脚的相对沉陷对弹性反力的影响不宜忽略；在考虑切向弹性反力时，也不宜忽略竖直沉陷)，则 $v_1=v_s=0$。在组成结构刚度矩阵时可将相应于 u_1、u_s、v_1 和 v_s 的行和列去掉。也可保持原来的刚度矩阵不变，而是将上述位移所对应的主元赋大值(要根据电子计算机的容量选择)。这样未知位移就可迎刃而解。

(6)弹性链杆存在的判别条件

设已经求得的 i 节点的位移为 u_i 及 v_i，参见图 5-16 所示。令 δ_{ri} 为弹性链杆 i 方向的位移，简称为径向位移，那么当 δ_{ri} 指向地层时，则弹性链杆受压，此时弹性链杆的作用将存在，反之，则链杆应撤销。由图 5-16 显然可知

$$\delta_{ri}=v_i\sin\alpha+u_i\cos\alpha \tag{5-27}$$

判别条件是：当 $\delta_{ri}>0$ 时，弹性链杆存在；当 $\delta_{ri}<0$ 时，弹性链杆不存在。当 $\delta_{ri}<0$ 时，令 $K_{ri}=0$，修正 $\boldsymbol{K}_2$，组成新的结构刚度矩阵 $\boldsymbol{K}$。

(7)直接刚度法计算衬砌内力的基本步骤

①将衬砌结构离散化。将衬砌结构离散为若干个衬砌单元和支承链杆单元，衬砌单元的数目可视精度要求及计算机容量选定。结构、荷载及地层弹性特征均对称时可计算半个结构。

计算出各单元的面积、惯性矩、线刚度、单元切向角及节点径向角的正弦、余弦，并定出各衬砌单元的弹性模量和支承链杆单元抗力系数 K_i 及基底单元的 K_a、K_f 的值。

②将所有荷载换算成等效节点荷载。将荷载(竖直和侧向水平荷载及自重等)按结构坐标系方向化为等效节点荷载。

③组成结构刚度矩阵。按式(5-19)组成结构的刚度矩阵，按各弹性约束条件组成结构总的刚度矩阵，即

$$\boldsymbol{K}=\boldsymbol{K}_1+\boldsymbol{K}_2$$

再按边界条件做约束支承的处理。

④求节点位移的第一次近似值。

⑤判断弹性链杆方向的位移是否大于零(即朝向地层)：

若 $\delta_{ri}>0$ 则链杆存在；

若 $\delta_{ri}<0$ 则撤销该链杆，$K_{ri}=0$；并修正结构的总刚度矩阵 $\boldsymbol{K}$。

⑥计算节点位移的第二次近似值，并重复⑤、⑥步，直至相邻两次位移相等。

⑦求解各弹性链杆抗力，并计算各单元的单元节点力。

⑧如果需要的话可进而计算各节点截面偏心距、截面强度及安全系数。

八、衬砌截面强度检算

计算出隧道衬砌内力位移后，最后要作截面检算。

现行《铁路隧道设计规范》规定隧道结构计算分为“概率极限状态法设计”和“破损阶段法和容许应力法设计”两种形式。应用可靠性理论和推行概率极限状态设计方法，制定相应的结

构设计标准，是当今国内外工程结构设计发展的必然趋势。建筑结构、砌体结构、混凝土结构、钢结构等按概率极限状态法设计规范已相继制定并发布施行，由于岩土工程和地下工程结构所处的环境条件较为复杂，其作用和抗力不甚明确，有些因素没有充分认识或对它的变异性缺乏统计资料，如双线铁路隧道坍方高度统计资料缺乏，难以形成双线隧道结构荷载的统计表达式等等。因此，对一般地区单线隧道整体式衬砌及洞门、单线隧道偏压衬砌及洞门、单线拱形明洞及洞门结构可采用概率极限状态法设计，也可以采用破损阶段法设计。其他隧道结构则要求采用破损阶段法或容许应力法设计。

本节主要介绍按破损阶段法及允许应力法设计的隧道结构截面检算，而概率极限状态法设计在耐久性设计中介绍。

支护结构内力计算结果，可得到衬砌任一截面所受弯矩、轴力及剪力（图 5-19）。其中弯矩和轴力是主要的，为一偏心受压杆件，由图 5-19 可知

$$e_0 = M/N$$

隧道结构截面抗压强度按下式计算：

$$KN \leqslant \varphi \alpha R_a bh \tag{5-28}$$

式中　K——安全系数，可按表 5-5 取值；

N——轴向力（MN）；

R_a——混凝土或砌体的抗压极限强度（MPa）；

其他符号同前。

从抗裂要求出发，混凝土矩形截面偏心受压构件的抗拉强度按下式计算：

$$KN \leqslant \varphi \frac{1.75 R_1 bh}{6e_0/h - 1} \tag{5-29}$$

式中　R_1——混凝土的抗拉极限强度；

其他符号同前。

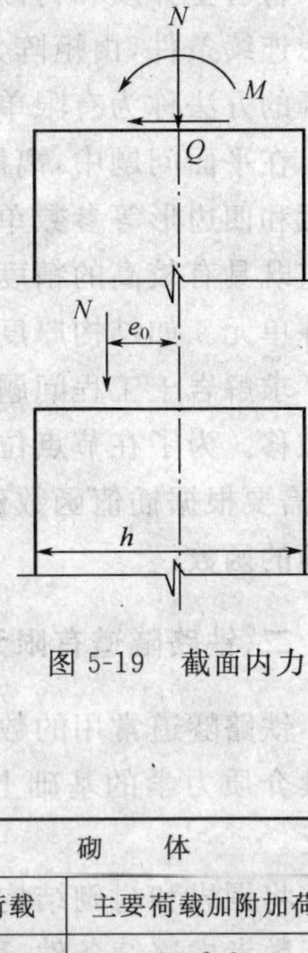

图 5-19　截面内力

表 5-5　混凝土和砌体结构的强度安全系数

圬工种类		混凝土		砌体	
荷载组合		主要荷载	主要荷载加附加荷载	主要荷载	主要荷载加附加荷载
破坏原因	混凝土或砌体达到抗压极限强度	2.4	2.0	2.7	2.3
	混凝土达到抗拉极限强度	3.6	3.0	—	—

对混凝土矩形构件，按现行《铁路隧道设计规范》规定的安全系数及材料强度数值计算结果表明，当 $e_0 \leqslant 0.2h$ 时，由抗压强度控制承载能力，不必检算抗裂；当 $e_0 > 0.2h$ 时，由抗拉强度控制承载能力，不必检算抗压。

第三节　连续介质力学方法

连续介质力学方法的出发点是支护结构与围岩相互作用组成一个共同承载体系，其中围岩是土体的承载结构，支护结构是镶嵌在无限或半无限介质孔洞上的加劲环。它的特点能反映出隧道开挖后围岩的应力状态。

对于这种模型，目前较为成熟的求解方法有：

(1)解析法。即根据所给定的边界条件，对问题的平衡方程解。由于数学上的困难，难在还只能对少数问题求解。

(2)数值法。几何方程和物理方程直接求数值法主要是指有限元法。它把围岩和支护结构都划分为若干单元，然后根据据量原理建立单元刚度矩阵，并形成整个系统的总体刚度矩阵，从而求出系统上各个节点的位移和单元的应力，它不但可以模拟各种建工过程和各种支护效果，同时可以介析复杂的地层情况（如断层、节理等地质构造以及地下水等）和材料的非线性等。因此，该法对分析整个支护体系的稳定性具有理论意义。

一、基本原理

将岩土介质和衬砌结构离散为仅在节点相连的诸单元。荷载移至于节点，利用插值函数考虑连续条件，由矩阵力法或矩阵位移法方程组统一求解岩土介质和衬砌结构的应力场和位移场的方法称为有限单元法。

在平面问题中，离散岩土介质常用的单元有常应变三角形单元、六节点三角形单元、矩形单元和四边形等参数单元等，这些单元各有优缺点，目前应用最广的是四边形等参数单元，因为它既具有较高的精度，又能灵活地适应复杂的边界形状。离散衬砌结构的常用单元一般是杆件单元。如结构厚度较大，也可采用上述的各种单元。

求解岩土工程问题采用的有限单元法一般是矩阵位移法，取用的基本未知数是单元节点的位移。为了在节点位移值与单元内任意点的位移值之间建立联系并保持元素之间的连续性，需要根据插值函数建立位移模式。位移模式的合理选择与单元的类型有关，将它们规定为坐标的函数。

二、铁路隧道有限元分析基本步骤

铁路隧道常用的数值方法有有限元法、边界元法和离散元法，其中有限元和边界元建立在连续介质力学的基础上，适合小变形分析，是发展较早、较成熟的方法，尤以有限元应用更为广泛。

将围岩和衬砌结构离散为仅在节点相连的诸单元的等价系统，将荷载移置于节点，利用般值函数考虑连续条件，引入边界条件，由矩阵力法或矩阵位移法求解围岩和衬砌结构的应力场和位移场的方法称为有限单元法。

1.计算范围的确定

无论是深埋或浅埋隧道，在力学上属于半无限空间问题，简化为平面应变问题时，则为半无限平面问题。从理论上讲，开挖对周围岩体的影响，将随远离开挖部位而逐渐消失（圣维南原理）。因此，有限元分析仅需在一个有限的区域内进行即可。确定计算边界，一方面要节省计算费用，另一方面也要满足精度要求。实践和理论分析证明，对于地下洞室开挖后的应力和应变，仅在洞室周围距洞空中心点 3～5 倍开挖宽度（或高度）的范围内存在实际影响。在 3 倍宽度处的应力变化一般在 10%以下。在 5 倍宽度处的应力变化一般在 3%以下。所以，计算边界即可确定在 3～5 倍开挖宽度。在这个边界上，可以认为开挖引起的位移为零。此外，根据对称性的特点，分析区域可以取 1/2（1 个对称轴）或 1/4（2 个对称轴），如图 5-20 所示。

当要求计算精度域高时、计算边界的确定就比域困难，可考虑采用有限元和无限元耦合算法。

2. 结构体系离散化

将岩体与支护结构离散为有限元仅在节点处铰接的单元体的组合是有限单元法的基础。对平面应变问题常采用的有限单元包括线单元和面单元，如图 5-21 所示，对于地下结构体系离散化后往往是各种类型单元的组合：二节点和三节点杆单元用以模拟锚杆；二节点和三节点梁单元用以模拟喷射混凝土；三节点和六节点三角形常应变元或四节点、八节点四边形等参单元用以模拟围岩和二次衬砌，因四边形等参单元具有应力变化连续、精度较高、便于网格划分的优点，采用四边形单元最为适宜。

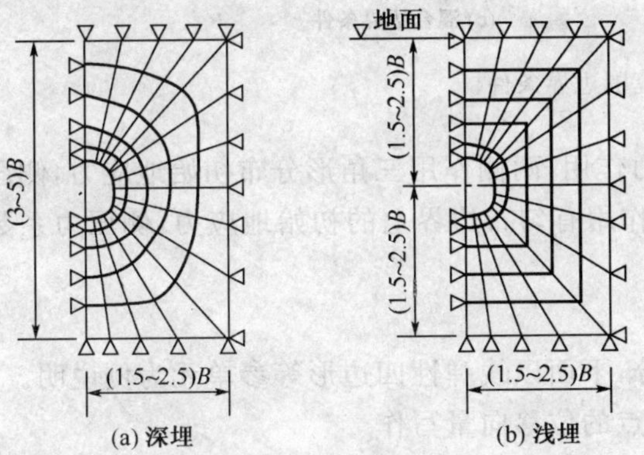

图 5-20　计算域单元划分方法示意图

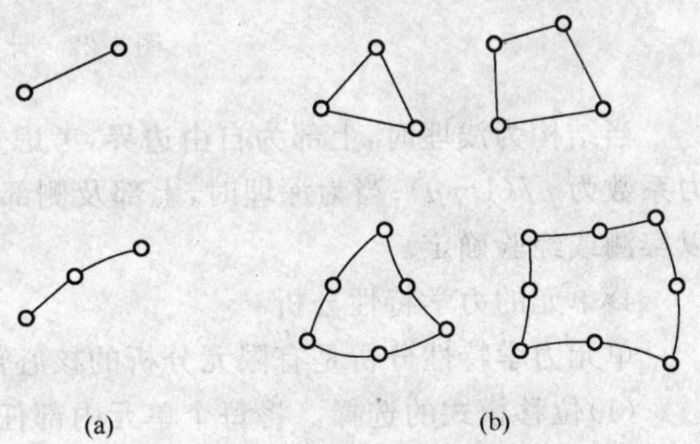

图 5-21　有限单元的基本类型

理论上讲，单元划分得越密越小、形状越规则，计算精度越高。模误差分析，应力的误差与单元尺寸的一次方成正比，位移的误差与单元尺寸的二次方成正比。但单元数多要求计算机储存量大，计算时间长。在地下结构物周围区域、地质构造区域等应力、位移变化梯度大以及荷载有突变的区域，单元划分可加密，而其他区域则可稀疏一些。疏密区单元大小相差不宜过大，应尽可能均匀过渡。

在结构体系离数化时需注意以下几点：

(1)单元的边长相差不能过大，两边夹角不能过小，各夹角最好尽量相等。

(2)单元边界应当划分材料的分界面上和开挖的分界线上，1 个单元不能包含两种材料。

(3)集中荷载作用点、荷载突变处及锚杆的端点处必须布置节点。

(4)地下结构和岩体结构在几何形状和材料特性方面都具有对称性时，可利用该对称性取部分计算范围进行离散。

(5)单元的划分要考虑到分期开挖的分界线和部分开挖区域的分界线。

3. 边界条件和初始应力

由于地下工程都是在应力岩体中开挖的，因而数值计算中一般采用内部加载方式计算，即由于开挖而在洞周形成释放荷载，其值等于沿开挖边界上原先的应力并以原来相反的方向作用于开挖边界上，如图 5-22 所示。

计算范围的外边界可采取两种方式处理：其一为位移边界条件，即一般假定边界点位移为零；其二是假定为力边界条件，由岩体中的初始应力场确定，包括自由边界($p=0$)条件。还可以给定混合边界条件，即节点的一个自由度给定位移，另一个自由度给定节点力（二维问题）。当然无论哪种处理都有一定的误差，且随计算范围的减小而增大，靠近边界处误差最大，这叫数“边界效应”。边界效应在动力分析中影响更为显著，需妥善处理。图 5-22 给出了几种边界条件形式。

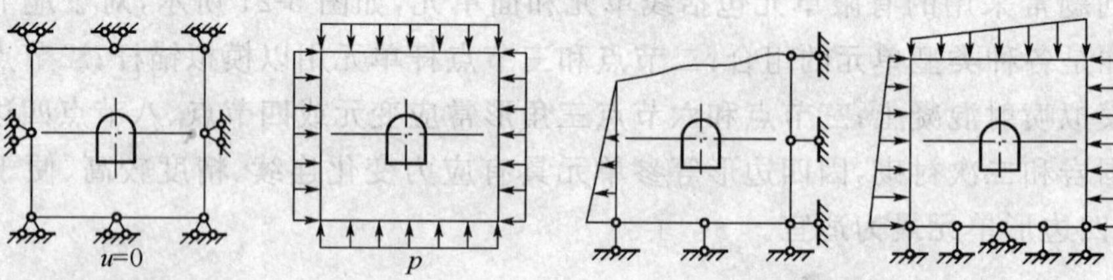

(a) 位移边界条件　　(b) 力边界条件　　(c) 混合边界条件

图 5-22　计算范围边界条件

当结构为浅埋时，上部为自由边界，考虑重力作用，两侧作用三角形分布初始地应力，侧压力系数为 $\mu/(1-\mu)$；当为深埋时，上部及侧部均作用有匀布边界上的初始地应力，侧压力系数以实测或经验确定。

4. 单元的力学特性分析

单元力学特性分析是有限元分析的核心部分，下面以线弹性四边形等参单元为例说明。

(1) 位移模式的选择。将每个单元内部任一点的位移向量写作

$$\boldsymbol{f}=\boldsymbol{N}\boldsymbol{\delta}^e \tag{5-30}$$

式中　$\boldsymbol{N}$——所选定的位移模式，其分量又称形函数，它是坐标位置的函数；

$\boldsymbol{\delta}^e$——单元各节点位移向量；

$\boldsymbol{f}$——单元内部任一点的位移向量。

$$\boldsymbol{N}=\begin{bmatrix} N_1 & 0 & N_2 & 0 & N_3 & 0 & N_4 & 0 \\ 0 & N_1 & 0 & N_2 & 0 & N_3 & 0 & N_4 \end{bmatrix}$$

其中 $N_1 \sim N_4$ 为形函数，按下式计算：

$$\left.\begin{aligned} N_1=\frac{1}{4}(1-\xi)(1-\eta),\quad N_2=\frac{1}{4}(1+\xi)(1-\eta) \\ N_4=\frac{1}{4}(1+\xi)(1+\eta),\quad N_4=\frac{1}{4}(1-\xi)(1+\eta) \end{aligned}\right\} \tag{5-31}$$

式中　ξ、η——局部坐标，是任意四边形映射成边长为 2 的正方形的局部坐标，取值范围均为 $(-1,+1)$。

所选定的位移模式应使单元内部的位移保持连续以及值相邻单元之间满足变形协调条件。

(2) 应变与节点位移的关系。利用几何方程，应变—位移方程为

$$\boldsymbol{\varepsilon}=\boldsymbol{B}\boldsymbol{\delta}^e \tag{5-32}$$

式中　$\boldsymbol{B}$——应变矩阵，对于四节点等参单元，即

$$\boldsymbol{B}=[B_1\quad B_2\quad B_3\quad B_4]$$

且有

$$\boldsymbol{B}_i=\begin{bmatrix}\dfrac{\partial N_i}{\partial x} & 0\\ 0 & \dfrac{\partial N_i}{\partial y}\\ \dfrac{\partial N_i}{\partial y} & \dfrac{\partial N_i}{\partial x}\end{bmatrix}\quad(i=1,2,3,4)\tag{5-33}$$

式中　x、y——整体坐标。

根据复合求导原则有

$$\begin{Bmatrix}\dfrac{\partial N_i}{\partial x}\\ \dfrac{\partial N_i}{\partial y}\end{Bmatrix}=\boldsymbol{J}^{-1}\begin{Bmatrix}\dfrac{\partial N_i}{\partial \xi}\\ \dfrac{\partial N_i}{\partial \eta}\end{Bmatrix}\tag{5-34}$$

而

$$\boldsymbol{J}=\begin{bmatrix}\dfrac{\partial x}{\partial \xi} & \dfrac{\partial y}{\partial \xi}\\ \dfrac{\partial x}{\partial \eta} & \dfrac{\partial y}{\partial \eta}\end{bmatrix}$$

式中　E、μ——岩体的弹性系数、泊松比。

(3)单元节点力和节点位移的关系。利用虚功原理建立节点力和节点位移的关系式

$$\boldsymbol{F}^e=\boldsymbol{K}\boldsymbol{\delta}^e\tag{5-35}$$

式中　$\boldsymbol{F}^e$——节点力向量，是构作用在各单元上的体力和面力按静力等效条件，按虚功原理转置到各个节点上所形成；

$\boldsymbol{K}$——单元刚度矩阵。

$$\boldsymbol{K}^e=t\int\boldsymbol{B}^{\mathrm{T}}\boldsymbol{D}\boldsymbol{B}\,\mathrm{d}x\mathrm{d}y=t\int\boldsymbol{B}^{\mathrm{T}}\boldsymbol{D}\boldsymbol{B}\boldsymbol{J}\,\mathrm{d}\xi\mathrm{d}\eta\tag{5-36}$$

式中　t——单元厚度。

上式积分遍及整个单元体积。

5. 建立体系的平衡方程，并求解单元的应力和应变

按照单元节点局部编码与体系节点总体编码之间的对应关系，将各单元刚度矩阵的元素汇集成总刚度矩阵 $\boldsymbol{K}$，将单元的节点荷载按照力的平衡条件汇集面成体系的总荷载向量 $\boldsymbol{R}$，得到体系的平衡方程为

$$\boldsymbol{K}\boldsymbol{\delta}=\boldsymbol{R}\tag{5-37}$$

其中未知量是各节点的位移 $\boldsymbol{\delta}$，引入必要的边界条件后，修改上述方程可求解方程式(5-37)中的节点位移，由节点位移可计算单元的应力与应变。

三、开挖模拟

坑道开挖在力学上可以认为是一个应力释放和回弹变形问题。为了模拟开挖效应，获得开挖坑道后围岩中的应力、应变状态，可以将开挖释放率的应力作为等效荷载加在开挖后坑道的周边上。

对上述过程的模拟通常所采用的方法有两种：J. M. Duncan 等人提出的“反转应力释放法”和“地应力自动释放法”。

1. 反转应力释放法(图 5-23)

“反转应力释放法”是把沿开挖边界上的初始地应力反向后转换成等价的“释放荷载”，施加于开挖边界，在不考虑初始地应力的情况下进行有限元分析，将由此得到的围岩位移作为由于工程开挖卸载产生的岩体位移，由此得到的应力场与初始应力场叠加即为开挖后的应力场。此种方法的不足之处在于：应力反转时释放荷载的计算困难，对于大型的地下工程如连拱隧道、地铁车站等，使得施工工序繁杂。

“反转应力逐步释放法”是以“反转应力释放法”为基础，将释放荷载按开挖和支护的工序分成几部分，多次逐步释放。图 5-24 表示应用“反转应力逐步释放法”开挖简单的圆形隧道时各个施工工况计算示意。图 5-24(a)为开挖前的初始应力状态，其中初始应力 σ_0 可根据实测地应力或用有限元法计算而加以确定，后者即为围岩的自重应力。

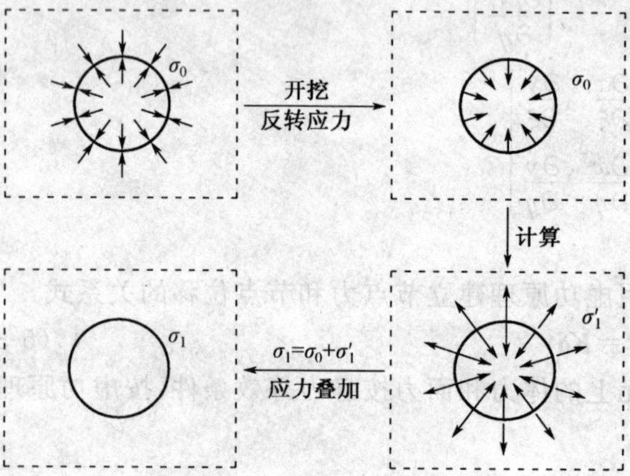

图 5-23　反转应力释放法

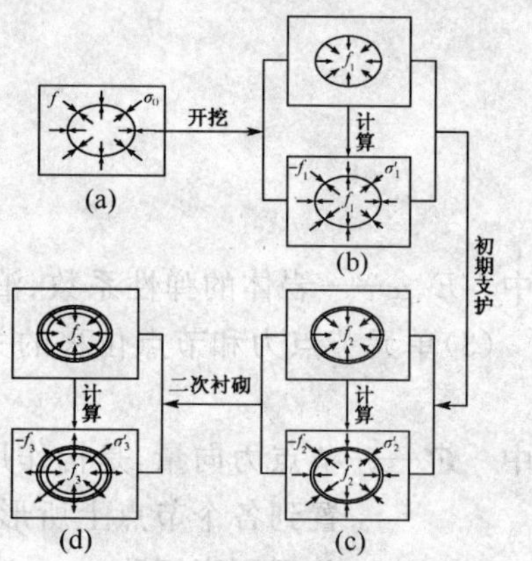

图 5-24　反转地应力逐步释放法示意图

在开挖阶段图 5-24(b)，作用在开挖边界上的释放节点荷载 $f_{1i}=\alpha_1 f_i$，式中 α_1 为此阶段的地应力释放率，可根据量测资料加以确定，通常近似地将它定为本阶段隧道控制测点的变形值与施工完毕变形稳定以后该控制测点的总变形值的比值。在缺乏实测变形资料的情况下，也可按工程类比法加以选定，并根据试算结果予以修正。

在初期支护施作阶段图 5-24(c)，作用在开挖边界上的释放节点荷载 $f_{2i}=\alpha_2 f_i$；二次衬砌阶段图 5-24(d)，作用在开挖边界上的释放荷载 $f_{3i}=\alpha_3 f_i$，式中 α_2、α_3 的确定办法与 α_1 相同。

围岩和衬砌的最后应力和位移值为各个施工阶段相应值叠加的结果：

$$\sigma=\sigma_0+\sigma_1+\sigma_2+\sigma_3=\sigma_0+\sum_{1}^{n}\sigma_j \tag{5-37}$$

$$u=u_1+u_2+u_3=\sum_{1}^{n}u_j \tag{5-38}$$

且有

$$\alpha_1+\alpha_2+\alpha_3=\sum_{1}^{n}\alpha_j=1.0 \tag{5-39}$$

式中 n 为施工阶段数，在图 5-23 中，$n=3$。

对于释放载荷的确定，常用的方法有两种：一是将释放边界一侧单元的初始应力转换相应的等效节点荷载，然后通过叠加，计算开挖边界上各节点总的等效节点荷载[式(5-39)和式(5-40)]。

$$F_0^e = \int_{\Omega} B^{\mathrm{T}} \sigma_0 \mathrm{d}\Omega \tag{5-40}$$

$$f_i = [f_{ix} \quad f_{iy}]^{\mathrm{T}} = -\sum_e F_0^e \tag{5-41}$$

式中　σ_0——单元初始应力向量；

B^{T}——应变矩阵的转置阵；

Ω——积分区间，平面问题为单元面积，空间问题为单元体积。

此节点荷载由连续节点 i 的被开挖掉的有关单元在节点 i 上的等效节点力综合贡献而成。

另一种确定释放载荷的方法：根据预计边界两侧单元的初始应力通过插值求得各边界节点上的应力，然后假定两相邻边界节点之间应力变化为线性分布，从而按静力等效原则计算各节点的等效节点荷载，见图 5-25，边界点编号按逆时针顺序。

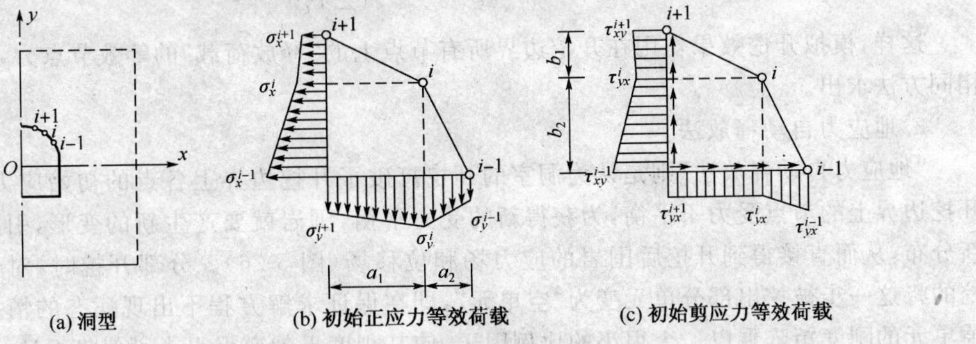

图 5-25　开挖边界线上应力及等效节点力计算图

对于任一开挖边界第 i 点的"释放荷载"的等效节点力为

$$\left.\begin{aligned} P_{xi} &= \frac{1}{6}[2\sigma_{x,i}(b_1+b_2)+\sigma_{x,i-1}b_2+\sigma_{x,i+1}b_1+2\tau_{xy,i}(a_1+a_2)+\tau_{xy,i+1}a_2+\tau_{xy,i-1}a_1] \\ P_{yi} &= \frac{1}{6}[2\sigma_{y,i}(a_1+a_2)+\sigma_{x,i-1}a_1+\sigma_{x,i+1}a_2+2\tau_{xy,i}(b_1+b_2)+\tau_{xy,i+1}b_2+\tau_{xy,i-1}b_1] \end{aligned}\right\} \tag{5-42}$$

式中，上标 i、$i-1$ 及 $i+1$ 为沿开挖边界上的有限元网格的节点号，$a_1=(x_{i-1}-x_i)$，$a_2=(x_i-x_{i+1})$，$b_1=(y_i-y_{i-1})$，$b_2=(y_{i+1}-y_i)$。

若初始应力场为均匀应力场，即各点初始应力相等，则式(5-24)可简化为

$$\left.\begin{aligned} P_{xi} &= \frac{1}{2}[\sigma_x^0(b_1+b_2)+\tau_{xy}^0(a_1+a_2)] \\ P_{yi} &= \frac{1}{2}[\sigma_y^0(a_1+a_2)+\tau_{xy}^0(b_1+b_2)] \end{aligned}\right\} \tag{5-43}$$

另一种情况就是单元内的初始应力是已知的，而节点上的初始应力却不知道，此时可以利用式(5-40)将单元应力转化为单元节点力。

对于Ⅰ单元的初始应力 $\boldsymbol{\sigma}_{\mathrm{I}}^0$ 而言，应有

$$\boldsymbol{F}_{\mathrm{I}}^e = [X_i^{\mathrm{I}} \quad Y_i^{\mathrm{I}} \quad X_j^{\mathrm{I}} \quad Y_j^{\mathrm{I}} \quad X_m^{\mathrm{I}} \quad Y_m^{\mathrm{I}}] = \int_{A_{\mathrm{I}}} \boldsymbol{B}_{\mathrm{I}}^{\mathrm{T}} \boldsymbol{\sigma}_{\mathrm{I}}^0 \mathrm{d}s \tag{5-44}$$

式中　A_{I}——Ⅰ单元面积；

$\boldsymbol{B}_{\mathrm{I}}$——Ⅰ单元节点位移—单元应变转换矩阵，它可以写成分块形式：

$$\boldsymbol{B}_{\mathrm{I}}=[B_{\mathrm{I}i}\quad B_{\mathrm{I}j}\quad B_{\mathrm{I}m}]$$

然后把相邻3个单元各自在节点Ⅰ处分配的节点力相加(代数和)，则

$$\left.\begin{aligned}\sum X_i=X_i^{\mathrm{I}}+X_i^{\mathrm{II}}+X_i^{\mathrm{III}}\\ \sum Y_i=Y_i^{\mathrm{I}}+Y_i^{\mathrm{II}}+Y_i^{\mathrm{III}}\end{aligned}\right\}\tag{5-45}$$

这就是要挖掉的那部分岩体，开挖前在 i 节点出是对隧道周边围岩的支撑力，开挖后，这个支撑力取消了，围岩支护结构将在与支撑力大小相等、方向相反的“释放荷载”的等效节点力作用下产生变形和应力重分布。所以，要模拟开挖效果，就应在开挖后的第 i 节点处加上“释放荷载”的等效节点力为

$$\boldsymbol{P}_i=\begin{Bmatrix}P_{xi}\\P_{yi}\end{Bmatrix}=-\begin{Bmatrix}\sum X_i\\ \sum Y_i\end{Bmatrix}\tag{5-46}$$

这样，模拟开挖效果作用在开挖边界所有节点上的“释放荷载”的等效节点力，便可按上述相同方法求出。

2.地应力自动释放法

“地应力自动释放法”则是认为洞室的开挖打破了开挖边界上各点的初始应力平衡状态，开挖边界上的节点受力不平衡，为获得新的受力平衡，围岩就要产生新的变形，引起应力的重新分布，从而直接得到开挖后围岩的应力场和位移场(图5-26)。分部开挖时，对于每一步开挖的将这一步被挖出部分单元变为“空单元”，即在保证求解方程不出现病态的情况下把要挖掉单元的刚度矩阵乘以一个很小的比例因子，使其刚度贡献变得很小可忽略不计，同时使其质量、荷载等效果值也设为0来实现的。在开挖边界产生了新的力学边界条件，然后直接进行计算就可得到此工况开挖后的结果，接着可用同样的方法进行下一步的开挖分析。此方法更符合隧道开挖后围岩应力重分布的真实过程，反映了开挖后围岩卸载的机理，可以实现连续的开挖分析。它不需要人为计算释放荷载，对于弹塑性分析计算只需建立弹塑性模型，其余计算过程同线弹性。

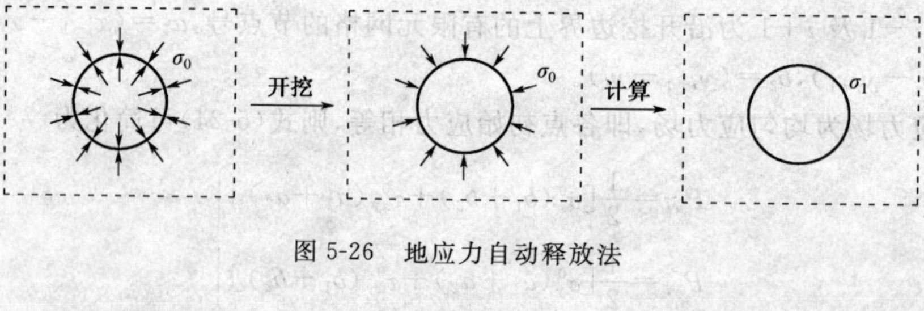

图5-26 地应力自动释放法

“施加虚拟支撑力逐步释放法”是在“地应力自动释放法”的基础上，通过在开挖边界施加虚拟支撑力的方法，来模拟围岩的逐步卸载，其示意图如图5-27所示。初始应力阶段(a)为初始地应力状态，与图5-24中完全相同；在阶段(b)，隧道的开挖引起开挖边界上的释放节点荷载 $f_{1i}=\alpha_1 f_i$。为实现这一过程，在初始应力场中挖去隧道单元的同时，在开挖边界上各相应节点施加虚拟支撑力 $p_{1i}=(1-\alpha_1)(-f_i)$，则产生新的载荷边界条件，继续进行计算，就直接得到开挖后围岩的位移场和应力场；在阶段(c)，初期支护施作后，又有一部分的节点荷载

$f_{2i}=\alpha_2 f_i$ 被释放，这时只需将虚拟支撑力减小为 $p_{2i}=(1-\alpha_1-\alpha_2)(-f_i)$，继续进行计算即得到初期支护后围岩和支护的位移和应力；在阶段(d)，二次衬砌施作后，剩余的节点载荷被完全释放，这时只需去除虚拟支撑力，继续计算就可得到最终竣工后围岩和衬砌的位移和应力。α_1、α_2、α_3 的意义及确定方法同式(5-39)。

四、隧洞开挖面空间效应的考虑

隧洞和洞室开挖施工是个三维问题。在施工过程中，洞室施工面的前方是尚未开挖的地层，后方是已开挖的地层。采用新奥法施工，支护必须紧跟开挖面施作，开挖面附近岩体的应力和变形，一部分是因开挖面向前接移逐步释放荷效引起的，一部分则是因围岩黏塑性变形随时间增长产生的蠕变引起的。如果采用三维弹—黏塑性有限元数值分析进行求解，可以较充分地反映三维的实际情况。

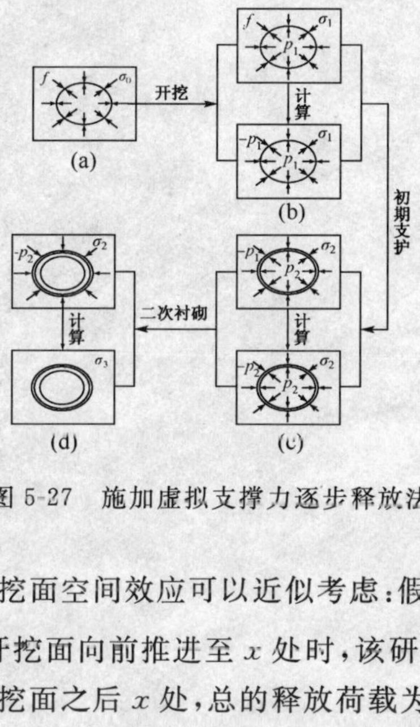

图 5-27　施加虚拟支撑力逐步释放法

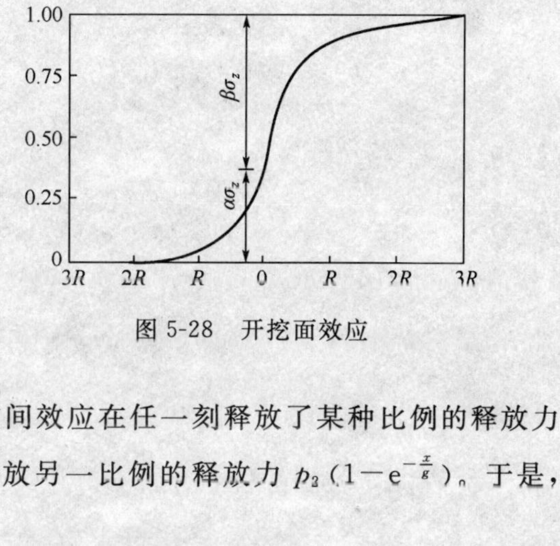

图 5-28　开挖面效应

开挖面空间效应可以近似考虑：假定开挖面空间效应在任一刻释放了某种比例的释放力 p_1，当开挖面向前推进至 x 处时，该研究截面又释放另一比例的释放力 $p_2(1-e^{-\frac{x}{g}})$。于是，在距开挖面之后 x 处，总的释放荷载为

$$p(x)=p_1+p_2(1-e^{-\frac{x}{g}}) \tag{5-47}$$

p_1、p_2 和 g 可根据现场实测资料取定。若缺乏实测资料，可沿用三维弹性分析的结果，如图 5-28 所示，即当 $x=\infty$ 时，$p(\infty)=p_1+p_2=\sigma_2$(初始地应力)。

设 $p_1=\alpha\sigma_z$，$p_2=\beta\sigma_z$，则有

$$\alpha+\beta=1$$

从三维弹性分析中，可以得到 $\alpha=0.3$，$\beta=0.7$。

于是，式(5-47)即为

$$p(x)=\sigma_z[0.3+0.7(1-e^{-\frac{x}{g}})] \tag{5-48}$$

这样，只要给定研究截面与开挖面的距离 x，就可以从式(5-48)中算得围岩已释放的荷载 $p(x)$。剩下的荷载 $\sigma_z-p(x)$ 在支护施作后释放。

复习思考题

1. 铁路隧道常用的设计方法有哪些?

2. 从围岩和支护结构的相互作用的角度说明结构力学方法和连续介质力学有哪些不同?

3. 地下结构信息反馈设计方法主要包括什么内容?量测信息反馈是怎样指导设计的?

4. 什么是收敛?什么是约束?从围岩与支护结构的相互作用说明支护刚度和支护设置时间应该怎样确定?

第六章 隧道衬砌结构设计

第一节 概 述

一、衬砌结构类型和功能

目前高速铁路隧道可用的衬砌结构类型有单层衬砌（模筑混凝土衬砌）、复合式衬砌、拼装式衬砌等。隧道衬砌结构类型的选择应综合考虑地质及埋深等环境条件、断面形状与大小、防水要求、使用功能、施工方法与施工措施等因素，而这些因素之间又是互相联系的。不同类型衬砌结构采用的设计方法不同。

衬砌结构必须满足使用功能要求。

1. 运营安全要求

高速铁路隧道运营安全要求包括衬砌强度、变形和耐久性三个方面，也就是在其使用年限内，隧道衬砌应能可靠地承受各种可能的作用而不致破坏，且不应出现影响正常使用的变形、裂缝等。此外，隧道内运行的是高速列车，其振动作用大，列车风力大，空气压力波动频繁，在远期的运营过程中局部细微的裂缝可能出现疲劳破坏，进而引起混凝土掉块，对行车安全构成威胁，因此，结构的抗裂性能尤其重要。

2. 防水要求

高速铁路隧道防水等级要求达到国家标准规定的一级，即隧道内不允许渗水，衬砌表面无湿渍。为保证隧道的防水效果，衬砌自身应具有一定的防水能力。

3. 美观要求

衬砌表面应平整、光滑，整体形状应满足“牢固、安全”的表观感觉。

二、衬砌结构类型选择

目前，隧道断面的划分采用国际隧道协会建议的标准，如表 6-1 所示。

表 6-1 国际隧道协会建议的隧道断面划分标准

断面划分	净空断面积（m^2）
超小断面	＜3.0
小断面	3.0～10.0
中等断面	10.0～50.0
大断面	50.0～100.0
超大断面	＞100.0

时速 350 km 的高速铁路双线隧道，要求净空有效面积为 100 m^2，断面开挖面积有仰拱时约为 160 m^2，无仰拱时约为 130 m^2；时速 250～300 km 的高速铁路双线隧道，要求净空有效面积为 92 m^2，断面开挖面积有仰拱时约为 150 m^2，无仰拱时约为 120 m^2。它们均属超大断面隧道。

与常速铁路隧道相比，高速铁路隧道由于

断面开挖面积增大,大断面开挖时围岩自稳能力变差,变形加快,松弛范围加大,要求支护和衬砌必须及时施作,能与围岩大面积牢固接触,必要时增加预支护措施,保证衬砌与围岩作为一个整体共同工作。

对于钻爆法施工的隧道,最有效的快速支护手段是采用喷锚支护和复合式衬砌,当然在围岩自稳能力好的地段也可直接采用模筑混凝土单层衬砌。

对于盾构掘进机法施工的隧道,可采用拼装式衬砌。

1. 复合式衬砌

复合式衬砌结构一般由中间设置隔离(防水)层的内、外两层结构组成,内层结构与外层结构之间可以传递压力,但一般不传递剪力。外层结构一般采用喷锚支护,内层结构一般采用模筑混凝土(或钢筋混凝土)衬砌。复合式衬砌结构具有以下优点:(1)防水性能好,从工程实践经验看,在地下水发育地段,复合式衬砌结构的防水性能明显优于单层衬砌;(2)外层结构采用喷锚支护,能适应固岩变形和充分发挥围岩自身的承载能力,具有良好的经济性;(3)内层结构采用模筑混凝土,既可以保证隧道内表面光滑平整,也进一步提高了结构的安全性。

目前复合式衬砌已成为世界各国及地区高速铁路山岭隧道衬砌结构的主流。我国客运专线铁路隧道衬砌结构类型选择中,在围岩稳定性差、地下水发育的地段,推荐采用复合式衬砌。采用复合式衬砌时,二次衬砌可根据设计要求和围岩稳定情况及时施作。

2. 单层衬砌

单层衬砌一般是由单层或多层混凝土构成的承载结构,其支护层与衬砌层一体的,共同组成支护体系,各层间能够充分传递剪力。

需说明的是,单层衬砌不等同于喷锚衬砌,喷锚衬砌仅是单层衬砌的一种。单层衬砌可以是单层的,也可以是多层的,可以是模筑混凝土,也可以是喷混凝土或喷纤维混凝土,其组合形态多种多样。单层衬砌与复合式衬砌的本质区别就是各支护层间不设置隔离层(防水板)。其承载机理是:支护层与衬砌层的力学动态是一体的,各层间能够充分传递剪力,组成共同承载体系。

单层衬砌多用于围岩稳定性较好的隧道,应用由来已久。近年来,单层衬砌在瑞士、法国、美国、巴西、加拿大、芬兰、南非、日本、比利时和西班牙等国都有不同程度的应用,而且一些国家还制定了相应的设计和施工规范。

在国内,应用历史悠久的整体式衬砌为模筑混凝土单层衬砌。20 世纪 60 年代在成昆铁路围岩较好的短隧道中,还成功地采用了喷射混凝土加锚杆的单层衬砌,使用至今,情况基本良好。国内外部分隧道采用单层衬砌的实例如表 6-2 所示。

综合考虑国内外单层衬砌应用经验,在围岩稳定性较好、地下水较少地段的高速铁路隧道,可以采用单层衬砌。目前,模筑混凝土单层衬砌、喷射混凝土加模筑混凝土单层衬砌已在合肥至武汉客运专线大别山隧道得到应用。

3. 拼装式衬砌

拼装式一般用于盾构掘进机法施工的隧道,隧道开挖后,利用管片拼装机将预制好的管片按规定的形状拼装成隧道衬砌结构。管片的类型有钢筋混凝土管片、钢管片、铸铁管片、钢—混凝土复合管片等,目前最常用的是钢筋混凝土管片。各管片接缝面设有可以防水的橡胶垫。

拼装式衬砌结构断面形状一般为圆形,也有矩形、单拱形、连拱形等形式。

表 6-2　国内外部分隧道使用单层衬砌情况

序号	国家	隧道或地下工程名称	建成年份	规模(m)	单层衬砌结构形式
1	挪威	Gjolasvik 地下冰球场	1991	宽 61、高 91、长 91	按挪威法 Q 系统支护设计
2	德国	慕尼黑地铁试验段	1992	不详	外层喷混凝土 15 cm＋内层喷防水混凝土 10 cm
3	巴西	某隧道	1992	长 1 699	外层干喷混凝土(有钢支撑)24 cm＋内层湿喷混凝土 21 cm
4	瑞士	费尔艾那隧道	1997	长 19 058	GFK 锚杆＋内外两层湿喷混凝土 25～35 cm
5	中国	汕头液化石油气储气工程	2000	宽 18、高 20、长 456	按挪威法 Q 系统支护设计
6	中国	昆石公路小团山隧道行车横洞	2002	长 30	中空注浆锚杆＋C45 湿喷钢纤维硅粉混凝土 20 cm
7	中国	大朝山水电站	2001	宽 26.4、高 63、长 234	按挪威法 Q 系统支护设计，喷钢纤维混凝土 20 cm

在国外高速铁路隧道中采用拼装式衬砌的例子较多，著名的有英法海峡隧道、荷兰绿色心脏隧道、西班牙瓜达腊马隧道等。我国在建的广深港客运专线狮子洋水下隧道用盾构法施工，也采用钢筋混凝土管片拼装式衬砌。

第二节　复合式衬砌结构设计

根据二次衬砌在运营期间是否承受水压力，复合式衬砌结构可分为排水型衬砌和防水型衬砌两种类型。前者二次衬砌不承受水压力，后者承受水压力。两种类型结构的设计原则与支护参数有所不同。

目前隧道衬砌结构设计仍以工程类比法为主。为了解结构设计参数的可靠性、安全性，本章对各种衬砌结构采用相应的理论计算方法进行了分析。

一、排水型复合式衬砌设计参数

1. 双线隧道排水型复合式衬砌设计参数

时速 350 km 双线铁路隧道排水型复合式衬砌设计参数见表 6-3，代表性衬砌结构断面见图 6-1 和图 6-2。时速 250～300 km 双线铁路隧道排水型复合式衬砌设计参数见表 6-3。设计参数拟定的原则是：初期支护承担施工阶段全部荷载，二次衬砌承担由于初期支护可能劣化而作用于二次衬砌上的荷载或由于软岩蠕变、环境条件变化等引起的附加荷载以及作为安全储备。

2. 衬砌结构的设计特点

(1)根据围岩级别、埋深、偏压等具体条件对围岩自稳能力和结构受力的影响，适当细化了衬砌类型。以往的习惯作法是浅埋段按降低一级围岩级别设计，这难以正确反映工程的实际特性，也不够经济，因为高速铁路隧道跨度大，对应的浅埋段在覆土厚度也增大，同时从环保要求出发，隧道洞口位置一般较以往习惯作法外延较多，致使浅埋长度较长，因此有必要专门设计用于浅埋段的加强衬砌。

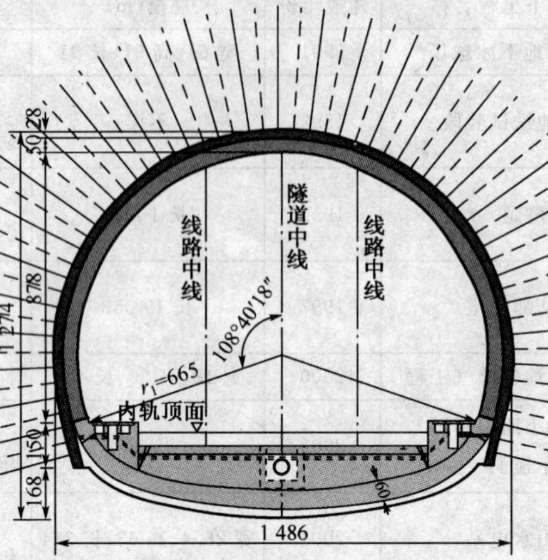

图 6-1 时速 350 km 双线铁路隧道代表性衬砌结构断面(Ⅴ级围岩)(单位:cm)

表 6-3 时速 350 km 双线铁路隧道排水型复合式衬砌设计参数

衬砌类型	初期支护							二次衬砌		预留变形量(cm)
	喷混凝土	钢筋网(ϕ8 mm)		锚杆		钢架		拱墙(cm)	仰拱/底板(cm)	
	部位/厚度(cm)	网格间距(cm)	设置部位	长度(m)	间距(m)(环×纵)	规格	间距(m)			
Ⅱ(无仰拱)	拱墙/8	—	—	2.5	局部	—	—	35	/30*	3～5
Ⅱ(有仰拱)	拱墙/10	—	—	2.5	1.5×1	—	—	35	35/	3～5
Ⅲ	拱墙/15	25×25	拱部	3.0	1.2×1	—	—	40	55/	5～8
Ⅲ偏压	拱墙/18	20×20	拱部	3.0	1.2×1	型钢	1.0(拱墙)	40*	55*/	5～8
Ⅳ	拱墙/25 仰拱/15	20×20	拱墙	3.5	1.0×1	格栅	1.0(拱墙)	45*	55*/	8～10
Ⅳ加强	全环/25	20×20	拱墙	3.5	1.0×1	格栅或型钢	1.0(全环)	45*	55*/	8～10
Ⅳ偏压	全环/25	20×20	拱墙	3.5	1.0×1	型钢	0.8(全环)	50*	60*/	8～10
Ⅴ	全环/28	20×20	拱墙	4.0	1.0×0.8	格栅或型钢	0.6～0.8(全环)	50*	60*/	10～15
Ⅴ加强	全环/28	20×20	拱墙	4.0	0.80×1.0	型钢	0.6(全环)	50*	60*/	10～15
Ⅴ偏压	全环/28	20×20	拱墙	4.0	0.80×1.0	型钢	0.5(全环)	55*	65*/	10～15

注:①表中带 * 者为钢筋混凝土;

②所有拱墙喷射混凝土中均掺加合成纤维;

③加强衬砌用于浅埋隧道段;

④喷射混凝土强度等级为 C25,素混凝土强度等级为 C30,钢筋混凝土强度等级为 C35。

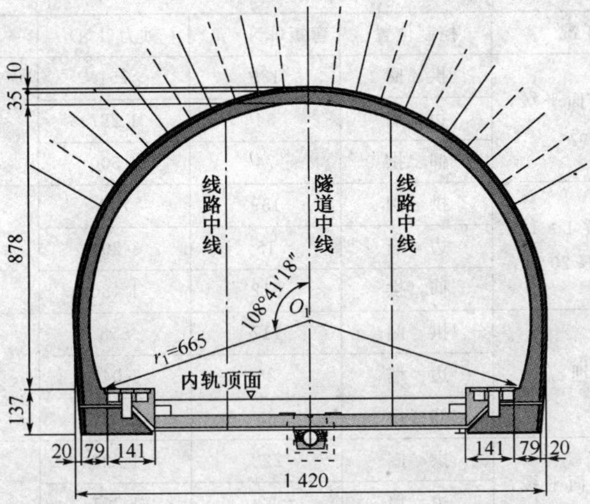

图 6-2　时速 350 km 双线铁路隧道代表性衬砌结构断面（Ⅱ级围岩）（单位：cm）

（2）突出“加强基底”和注重“刚度变化”的原则

①针对以往隧道底部易发生病害和高速列运行要求，加强了基底设计，Ⅲ～Ⅴ级围岩均采用有仰拱结构，且仰拱厚度较拱墙大。

②时速 350 km 双线隧道Ⅱ级围岩衬砌设计了有仰拱和无仰拱两种结构，根据地下水及岩性等具体情况选用。

（3）Ⅳ、Ⅴ级围岩和Ⅲ级围岩偏压段二次衬砌均采用钢筋混凝土结构，主要原由是：①考虑列车长期的振动作用；②可增加软弱固岩大跨隧道衬砌承载能力；③减少大跨混凝土结构的收缩裂缝。

（4）喷射混凝土中掺加合成纤维，既可减少回弹量，也可减少喷射混凝土硬化过程中的早期裂缝，有利于防水与耐久性。

二、排水型复合式衬砌结构计算分析

以时速 350 km 双线铁路隧道衬砌结构为例，对Ⅳ、Ⅴ级围岩的二次衬砌的计算结构进行介绍。

二次衬砌计算采用荷载—结构模型，衬砌采用弹性梁单元模拟，初期支护对二次衬砌的约束采用无拉弹簧单元模拟，弹性反力系数按《铁路隧道设计规范》中的参数范围取中间值计算。

深埋隧道与浅埋隧道的荷载按《铁路隧道设计规范》计算，Ⅳ级围岩取按规范算得荷载的50％加载，Ⅴ级围岩取按规范算得荷载的 70％加载。

二次衬砌按《铁路隧道设计规范》采用破损阶段法进行结构强度检算。

Ⅳ、Ⅴ级围岩各工况控制截面内力及强度校核结果见表 6-4，部分工况二次衬砌内力计算如图 6-3～图 6-6 所示。

计算表明，现行设计采用的支护结构参数，在设定的工况条件下，是安全的。

表 6-4 排水型复合式衬砌二次衬砌内力及强度校核计算结果

衬砌类型	计算工况	控制位置	弯矩(kN·m)	轴力(kN)	配筋	安全系数
Ⅳ加强	浅埋(地面平缓,覆土厚 20 m)	拱圈	139	751	5ϕ20	6.9
		边墙	34	1 287		8.4
		仰拱	74	1 500		8.2
Ⅳ偏压	地面横坡 1∶1.5 偏压,覆土厚 20 m	拱圈	159	739	5ϕ22	7.1
		边墙	15	1 291		9.9
		仰拱	212	1 480		7.3
Ⅳ	深埋	拱圈	117	558	5ϕ18	6.9
		边墙	26	1 047		10.2
		仰拱	63	1 187		10.2
Ⅴ加强	浅埋(地面平缓,覆土厚 40 m)	拱圈	222	1 228	5ϕ22	5.8
		边墙	92	1 761		6.4
		仰拱	184	2 080		6.0
Ⅴ偏压	地面横坡 1∶1.5 偏压,覆土厚 40 m	拱圈	218	1 236	5ϕ22	7.1
		边墙	15	1 857		7.7
		仰拱	345	2 161		5.4
Ⅴ	深埋	拱圈	276	1 097	5ϕ20	3.5
		边墙	82	1 767		6.4
		仰拱	153	2 028		6.3

图 6-3 Ⅳ级偏压工况二次衬砌弯矩图(N·m)

图 6-4 Ⅳ级偏压工况二次衬砌轴力图(N)

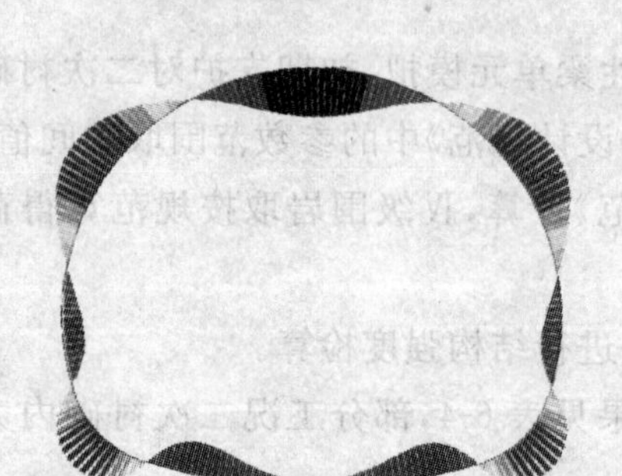

图 6-5 Ⅴ级浅埋工况二次衬砌弯矩图(N·m)

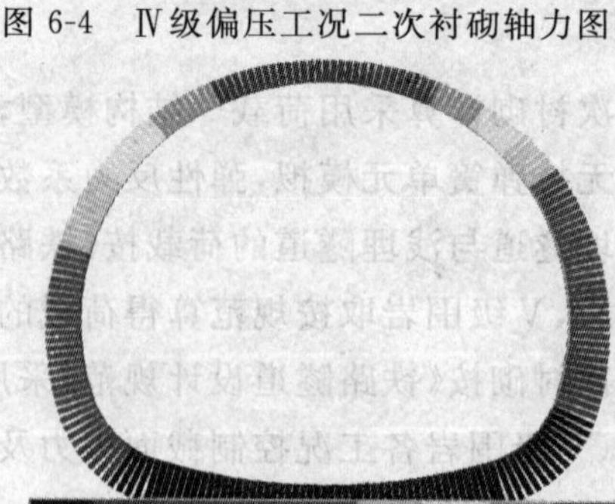

图 6-6 Ⅴ级浅埋工况二次衬砌轴力图(N)

三、复合式衬砌设计与施工中应注意的问题

1. 衬砌断面形状应力求圆顺

为减少围岩和衬砌在荷载作用下产生应力集中，衬砌断面应尽量圆顺。不论是喷射混凝土初期支护还是模筑混凝土二次衬砌，仰拱与侧墙连接处负弯矩(外侧受拉)均较大，在该处设计成圆顺连接是十分必要的。

2. 采用分部开挖时，应加强各连接点的强度和刚度

初期支护各分部连接处的应力集中现象十分明显，因此应加强接头处的连接，防止接头受力变形破坏。

3. 衬砌设计参数与施工方法关系密切

大断面隧道衬砌设计参数应根据施工方法适当调整，因采用的施工方法不同，开挖对围岩的扰动以及围岩应力释放也不同，需要的支护强度与刚度也应不同。

4. 合理设置二次衬砌纵向施工缝位置

二次衬砌纵向施工缝一般设置在仰拱与边墙的连接部位，而该处内力较大。为加强仰拱与侧墙的连接，施工缝处宜设置加强钢筋，且施工缝所在截面不应为水平，而应沿隧道的径向设置。

5. 应加强施工中的监控量测

监控量测是确保大断面隧道施工安全的重要措施，同时也可通过监控量测结果合理调整支护参数，做到安全与经济的协调。

第三节 单层衬砌结构设计

一、单层衬砌结构形式

单层衬砌结构形式是随着喷混凝土技术的出现和发展而不断发展和完善起来的，特别是湿喷技术的出现以及纤维混凝土在隧道工程中的应用，使得隧道工程师们成功地解决了混凝土衬砌的防裂和耐久性问题，为单层衬砌的发展创造了良好的条件。最早的单层衬砌结构形式主要是单层喷射混凝土加上锚杆构成的支护体系，后来逐渐发展出现了两层或多层的喷射混凝土和模筑混凝土构造。在瑞士费尔艾那隧道的第二工区，就采用了三层喷射混凝土的合成构造。表 6-5 为德国建议的单层衬砌构造形式，表 6-6 为挪威法的单层衬砌类型。

表 6-5 德国建议的单层衬砌构造形式

构造形式	第一层	第二层
1	喷钢纤维混凝土	喷钢纤维混凝土
2	喷钢纤维混凝土	模筑钢纤维混凝土
3	喷钢纤维混凝土	钢筋喷混凝土
4	喷钢纤维混凝土	棋筑钢筋混凝土
5	钢筋喷混凝土	喷钢纤维混凝土
6	钢筋喷混凝土	模筑钢纤维混凝土

表 6-6 挪威法的单层衬砌类型

编号	永久支护类型
1	无支护
2	局部锚杆
3	系统锚杆
4	系统锚杆＋喷混凝土(厚 4.5 cm)
5	喷钢纤维混凝土＋系统锚杆＋喷混凝土(厚 5.9 cm)
6	喷钢纤维混凝土＋系统锚杆十喷混凝土(厚 9～12 cm)
7	喷钢纤维混凝土＋系统锚杆＋喷混凝土(厚 12～15 cm)
8	喷钢纤维混凝土＋格栅喷钢纤维混凝土(厚 15.25 cm)＋系统锚杆
9	模筑混凝土(厚度大于 25 cm)

可以看出，国外单层衬砌的构成，多数采用喷钢纤维混凝土，它可以适应一定范围的不同地质条件，单层衬砌设计方法后来主要是针对喷钢纤维混凝土支护结构展开的，目前有基于挪威法的Q系统支护设计法、极限状态设计法及基于能量守恒的能量设计法。

二、单层衬砌的设计

目前我国高速铁路隧道单层衬砌的设计方法正在研究之中，在合武铁路大别山隧道正洞采用了单层衬砌。该隧道全长13.256 km，是合武铁路最长的隧道，工程地质条件主要为花岗岩、块状构造，岩体较完整，局部节理发育。地下水为基岩裂隙水，不发育。

1.单层衬砌设计

由于高速铁路隧道内列车空气动力学作用对衬砌结构有一定影响，为确保运营安全，单层衬砌设在Ⅱ级围岩地段，且采用以模筑混凝土为主的结构。根据工程地质及地下水情况，所用的单层衬砌有以下两种：

(1)喷射C25混凝土5 cm+模筑C30混凝土35 cm；

(2)局部锚杆+模筑C30混凝土35 cm。

由于取消了防水板，为减少模筑混凝土开裂，提高防水性，在混凝土内掺加合成纤维，掺量1.5 kg/m^3。

2.单层衬砌的防水性

与复合式衬砌相比，单层衬砌最显著的特征之一就是支护层与衬砌层之间取消了防水板，结构的防水布衬砌材料的自防水来实现。尽管单层衬砌施工法能增强各层混凝土之间的黏结作用，同时混凝土的水化热及收缩引起的强制应力较小，但存在着喷混凝土中的裂隙会引起渗漏水的严重问题。所以，单层衬砌的防水性一直是各国隧道学者关注的热点。

(1)采用硅粉钢纤维混凝土提高防水性能

目前多数国家都采用在喷钢纤维混凝土中加入硅粉的措施来提高混凝土的耐水性，一方面可提高混凝土强度和黏聚性，另一方面可抑制碱—料反应，防止混凝土出现泌水、离析。实践证明，这种做法是可行的。如费尔艾那隧道施作单层衬砌时，掺入硅粉后，黏聚力强，密实度大，渗水最大深度仅为13 mm。根据这一事实并生产出适合隧道防水用的“隧道水泥”其本身就含有硅粉。

硅粉钢纤维混凝土的组成材料如下：

①水泥。水泥应优先采用普通硅酸盐水泥，水泥强度等级不得低于42.5级。

②钢纤维。钢纤维规格、尺寸应符合试验要求，钢纤维表面应洁净、无锈、无油、无毒，不得使用因加工不良或生锈而黏结成团的钢纤维。

③水。喷射混凝土用水不应含有影响水泥正常凝结硬化的有害物质，不得使用污水及pH值小于4的酸性水和含硫酸盐(按SO_4计算)超过水重1%的水，水质应符合混凝土拌和利用水质量标准。

④砂。采用硬质洁净的小砂或粗砂，细度模量大于2.5，含水率5%～7%，使用前应过筛。

⑤石料。采用坚硬耐久的碎石，石料粒径不应大于10 mm，级配良好。

⑥拌合料。建议硅粉的掺量为30 kg/m^3。

⑦外加剂。包括减水稠度稳定剂和速凝剂，建议采用成套复合外加剂品种。

(2)采用聚合物水泥混凝土(PCC)提高防水性能

聚合物水泥混凝土(polymer cement concrete)是指在水泥混合时加入了分散在水中或者于在水中分散的聚合物材料而形成的混凝土。用于水泥混凝土改性的聚合物有4类，即水溶性聚合物、聚合物乳液(EX分散体)、可再分散的聚合物粉料和液体聚合物。对聚合物的一般要求是:

①对水泥水化无负面影响。

②对水泥水化过程中释放的高活性离子(如Ca^{2+}和Al^{3+})有很高的稳定性。

③有很高的机械稳定性,如在计量、输送和搅拌时的高剪切之下不会破乳。

④很好的储存稳定性。

⑤引气性低。

⑥在混凝土中能形成与水泥水化产物和骨料有良好黏结力的膜层,且最低成膜温度低。

⑦所形成的聚合物膜应有良好的耐水性、耐碱性。

在水泥混凝土中掺入聚合物后,会引起水泥混凝土的性质产生一系列的变化,诸如抗折强度提高、抗压强度降低、弹性模量降低、刚性降低、柔性增加、变形能力提高、耐磨性增加、黏结强度提高、耐久性提高等。关于聚合物改性混凝土的作用机理,目前比较一致的看法是:改善作用是通过聚合物在水泥浆与骨料间形成具有较高黏结力的膜,并堵塞砂浆内的孔隙来实现的。水泥水化与聚合物成膜同时进行,最后形成水泥浆与聚合物膜相互交织在一起的互穿网络结构。具有可反应基团的聚合物可能会与固体氢氧化钙表面或集料表面,发生化学反应,这种化学反应可改进水泥水化产物与骨料之间的黏结,从而改善混凝土的性能。

常用的聚合物有聚丙烯酸酯(PAE)、苯丙共聚物(SAE)、丁苯共聚物(SB)、乙酸乙烯酯-乙烯共聚物(VAE)、聚乙酸乙烯酯(PVAC)等。就上述聚合物而言,其价格高低顺序一般为PAE>SAE>SB>VAE>PVAC。对耐老化性、抗渗性和黏结强度都有较高要求时,应该选择聚丙烯酸酯。

聚合物水泥混凝土中聚合物的掺量一般为水泥质量的5%～25%,具体根据实际工程要求和聚合物种类而定。由于大多数聚合物均具有一定的减水作用,水灰比应稍低于普通混凝土。聚合物水泥混凝土的拌制与普通水泥混凝土相似,拌制时可使用与普通混凝土一样的搅拌设备。但搅拌时间应稍长于普通水泥混凝土,搅拌时间一般为3～4 min。

聚合物性能指标:外观无粗颗粒、杂质和胶凝现象,非挥发物含量≥35%,乳液改性砂浆的弯曲强度≥5 MPa,抗压强度≥15 MPa,与水泥砂浆黏结强度≥1.0 MPa。

3. 单层衬砌应用应注意的问题

以模筑混凝土为主的单层衬砌应选择在围岩较好、基本无水的地段应用。大量的工程实践表明,开挖时无水的地段经过若干年后仍可能有一定的地下水,因此,高速铁路隧道采用单层衬砌时，宜采取多种有效的措施确保衬砌结构自防水性能。

第四节 管片衬砌结构设计

一、管片衬砌设计参数

以圆形隧道为例,管片衬砌设计的主要参数有衬砌环类型、环宽、楔形量、衬砌环分块方式、拼装方式、管片厚度等。

1. 衬砌环类型

常用的衬砌环类型有直线环、楔形环(楔形环又可分为左、右转弯环和通用楔形环),也有螺旋形等形式。衬砌环类型的选择应根据线路曲线分布、衬砌断面大小、模板数量及施工单位的习惯等因素综合比选确定。

2. 环宽

衬砌环的宽度主要依据线路曲线、断面大小、盾构设备、施工进度及造价等因素确定。高速铁路隧道断面较大,曲线段半径大,不影响施工。从降低衬砌制造成本、减少接缝和漏水、提高施工进度等方面考虑,希望管片宽度大一些好。常用的管片宽度一般为 1.5~1.8 m。目前,在大直径盾构中,管片宽度有增大的趋势。

3. 楔形量

楔形量根据线路曲线、衬砌环类型、断面大小、围岩条件、施工纠偏、管片制造等条件确定。一般管片环径在 10~12 m 时,楔形量约为 35~80 mm。

4. 衬砌环分块方式

衬砌环一般由几块 A 型管片、2 块 B 型管片和 1 块 K 型(封顶块)管片组成。一般直径 10 m左右的隧道由 8 块管片组成,直径 14 m 左右的隧道由 10 块管片组成。

5. 拼装方式

管片拼接方式有通缝和错缝两种。通缝拼装的施工工艺相对简单,管片的制作精度要求较低。当制作精度不高时,引起的顶碎比错缝少。错缝拼装在控制结构变形方面比通缝好,在拼装质量有保证的情况下,接缝防水丁字缝比十字缝容易,但在拼装质量不高的情况下可能导致管片容易顶碎。

6. 管片厚度

管片厚度根据结构受力及使用要求确定。按经验,管片厚度一般为隧道外径的 4%~6%。

二、管片衬砌接缝设计

1. 管片连接方式

为了满足管片衬砌的受力、防水、施工、经济等要求,管片连接主要采用有螺栓连接、无螺栓连接和销钉连接等方式。其中,有螺栓接头又有直螺栓、弯螺栓和斜螺栓的连接方式,无螺栓接头又有球铰式和榫槽式等连接方式。

从施工方面考虑,球铰式接头虽制作简单,但拼装困难,施工中边缘易被碰开裂。榫槽式接头也因为边角多,在搬运、施工时易被碰坏,如图 6-7 所示。

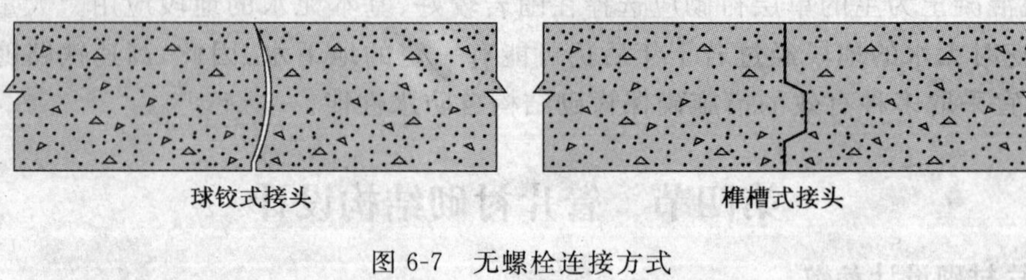

图 6-7 无螺栓连接方式

从受力方面考虑,销钉在结构上加强了构件的连接,防止接头两边错动,可有效地承担接头处的剪力,但抵抗弯矩的能力不如螺栓接头,且不利于抗震。

日本和我国目前所有交通盾构隧道均采用有螺栓连接,而欧洲较少采用螺栓,包括荷兰

“绿色心脏”高速铁路盾构隧道也未采用螺栓连接。

2.螺栓连接方式

管片采用螺栓连接时，根据连接螺栓形状可将连接方式分为直螺栓、弯螺栓和斜螺栓三种，如图 6-8 所示。

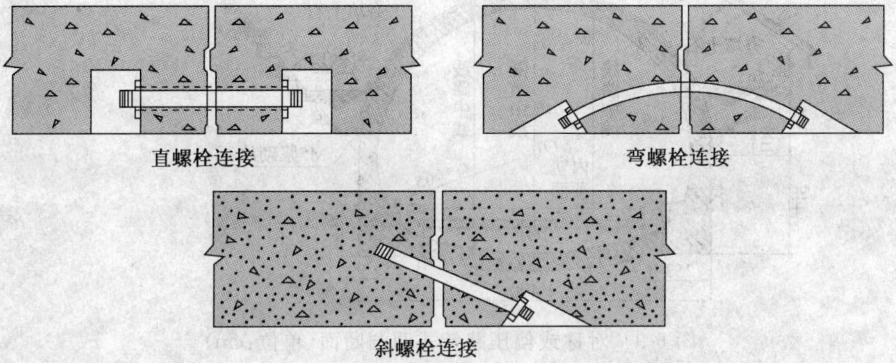

图 6-8　有螺栓连接方式

直螺栓施工方便，可有效减短螺栓长度，减少钢材使用量，同时管片接头部位能承担较大荷载，且便于施加预紧力。其不足之处在于所需螺栓手孔较大，对管片截面削弱多，致使管片端头及侧肋的各种应力水平较高，成为管片的薄弱部位。直螺栓设计中主要应考虑螺栓与管片肋部的匹配，即在肋部破坏前，螺栓应进入流塑状态。手孔设置应综合考虑各种施工影响，以及对接头断面的削弱，不可设置过小或过大。

弯螺栓多用于平板形管片，其主要优点在于所需螺栓手孔小，对截面削弱少。试验表明，弯螺栓比直螺栓更易变形，并且在螺栓预紧力和地震力作用下将对混凝土产生挤压作用，造成混凝土破坏。

斜螺栓亦多用于平板形管片，其主要优点是所需螺栓手孔小，对截面削弱少，安装方便，缺点是受力性能较差。

第五节　明洞结构设计

一、明洞结构类型及使用条件

为减少施工对洞口环境的影响或受隧道洞口段地形、覆土厚度等方面因素的制约，高速铁路隧道洞口段一般均设有明洞。明洞是高速铁路隧道的重要组成部分。参考以往铁路明洞的设计、施工经验，高速铁路拱形明洞结构设计了以下几种类型：

1.对称路堑式

对称路堑式明洞适用于地面横坡较为平缓、明洞两侧地形基本对称的情况。根据洞顶填土厚度的不同，对称路堑式明洞又分为浅埋式和深埋式。浅埋式明洞洞顶填土厚度小于 3 m，深埋式明洞洞顶填土厚度为 3～10 m。设计深埋式明洞主要是考虑在漫坡地段暗挖施工困难，而明挖后如填土不足又对环境影响较大的缘故，此外在上软下硬地层也经常需采用深埋式明洞。明洞断面见图 6-9。

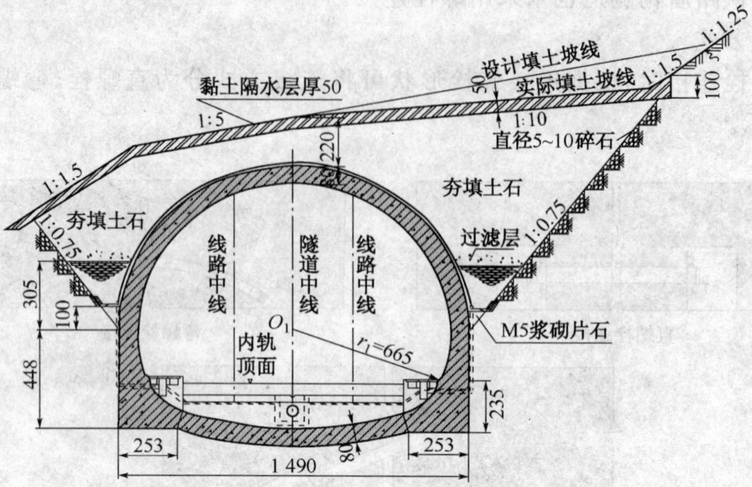

图 6-9　对称或偏压路堑式明洞断面(单位:cm)

2. 偏压路堑式

偏压路堑式明洞适用于地面横坡较大,但明洞外墙未露出地面,且外墙侧地层稳定的情况,明洞顶填土厚度一般小于 5 m。偏压路堑式明洞断面形状及结构厚度一般设计成与对称路堑式明洞相同,仅配筋量不同。

3. 单压路堑式

单压路堑式明洞适用于地面横坡较陡、明洞外墙露出地面,或外墙虽未露出地面但外墙侧地层不稳定的情况,明洞顶填土厚度一般小于 3 m。其断面见图 6-10。

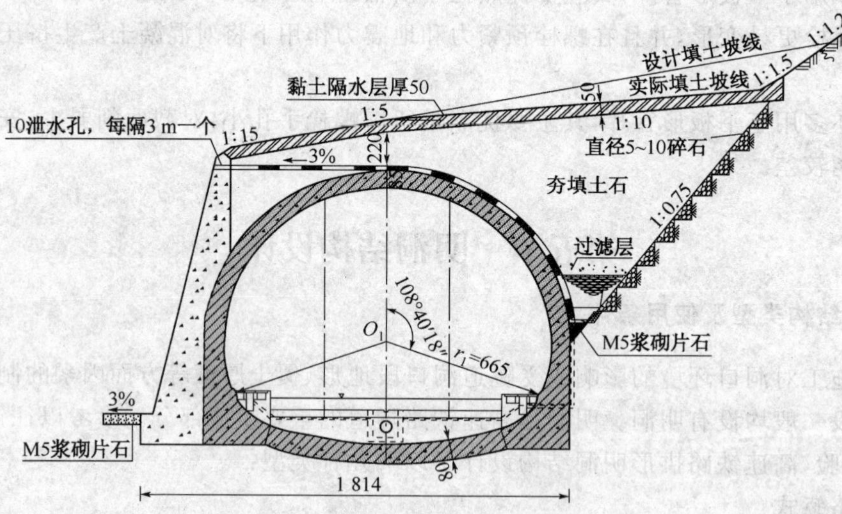

图 6-10　单压路堑式明洞断面(单位:cm)

二、拱形明洞结构设计参数

拱形明洞采用曲墙全环 C35 钢筋混凝土整体式结构,其内轮廓与隧道衬砌内轮廓尺寸完全相同。根据明洞结构类型及洞口段地质条件,明洞结构设计参数见表 6-7。

表 6-7　双线铁路拱形明洞结构设计参数

围岩级别	明洞结构类型	拱墙厚度(cm)	仰拱厚度(cm)
V	对称路堑式(浅埋)	80	80
	对称路堑式(深埋)	90	90
	偏压路堑式	80	80
	单压路堑式	85	85

三、明洞结构计算

1. 计算模型

明洞结构计算采用荷载—结构模型。计算中考虑了两种情况，即不考虑两侧土体弹性抗力和考虑弹性抗力。衬砌采用弹性梁单元模拟，仰拱底地基土对衬砌的约束采用无拉弹簧单元模拟。

作用在明洞上的荷载包括结构自重、回填土石(含规定的坍方储备)的垂直压力及侧向压力等，不考虑落石冲击力、列车活载等。结构计算模型见图 6-11～图 6-12。

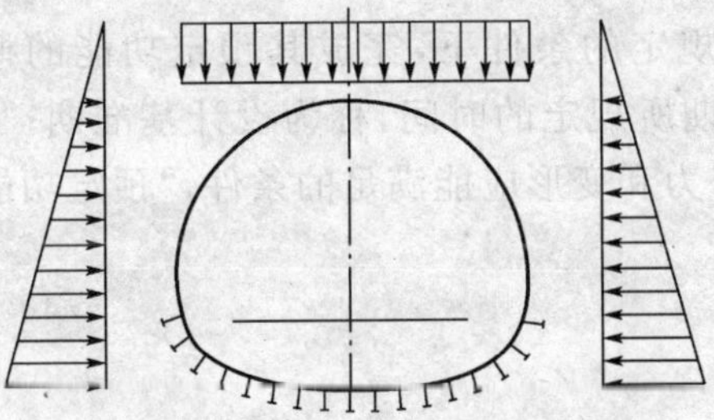

图 6-11　对称路堑式明洞计算图式

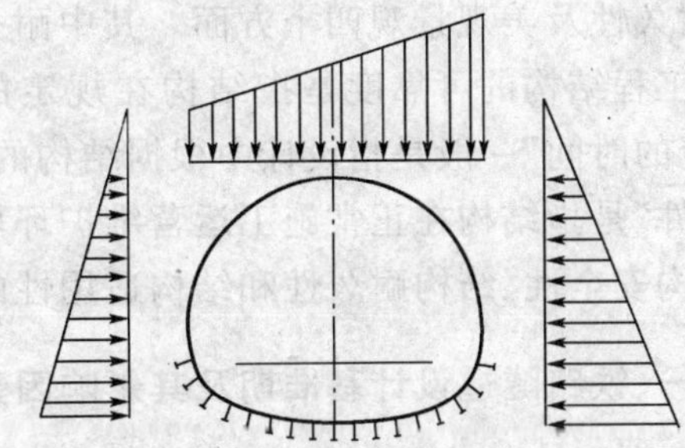

图 6-12　偏压路堑式明洞计算图式

2. 强度检算

明洞按现行《铁路隧道设计规范》(TB 10003—2005)采用破损阶段法进行结构强度检算。

3. 计算结果及强度校核

根据明洞顶回填土厚度和回填土坡度，对不同结构类型及地形情况进行了计算。部分工况明洞控制截面内力及强度校核结果见表 6-8。由计算结果可见，在不考虑边墙两侧弹性反力的情况下，结构强度安全系数满足规范要求。

四、明洞设计与施工中应注意的问题

1. 明洞两侧回填土体应密实

根据计算结果，当不考虑两侧土体的弹性反力时，拱圈个别工况安全系数偏小；当适当考虑两侧回填土体的弹性反力后，结构的安全系数可得到极大地提高。为此，设计中边墙两侧采用干砌片石回填，以确保回填密实，且能够提供一定的弹性反力，改善明洞受力情况，提高结构安全系数。

2. 应先施作仰拱再施作拱墙

计算中已考虑了仰拱与拱墙的共同作用，为确保共同受力，应先施作仰拱再施作边墙与拱圈。

3. 应保证仰拱底地基土的均匀

计算表明,当仰拱底地基土不均匀时,对仰拱受力极为不利。为此,应采取措施保证仰拱底地基土的均匀性,必要时可适当加深外边墙基础。

4. 单压路堑式明洞外边墙基础应位于稳定的地基上

单压路堑式明洞外边墙在防止结构整体滑移中起着十分重要的作用,且其整体变位对整个结构的受力影响较大,因此外边墙的基础应位于稳定的地基上。当地基软硬不均时,基础应加深处理。

5. 应采取有效措施保证边坡稳定

对明洞边坡,应根据地形、地质情况,选择合理的坡率、开挖方式和防护措施,并尽量避开雨季施工,以确保边坡稳定。

第六节　高速铁路隧道耐久性设计

目前结构物设计已经不单纯是强度设计,而是性能设计。所谓性能设计包括安全性、使用性、耐久性及美观景观四个方面。其中耐久性是不可缺少的性能指标之一。

工程结构的可靠度是指结构在规定的时间,在规定的条件下,完成其预定功能的概率。"规定的时间"一般是指设计中根据结构的有效使用期所规定的时间,称为设计基准期;"规定的条件"是指结构在正常施工运营维护环境下承担外力和变形应能满足的条件,"预定功能"包括结构安全性、结构耐久性和结构适用性的要求

一、铁路隧道设计基准期及其影响因素

1. 设计基准期

设计基准期是指设计中根据结构的有效使用期所规定的时间。结构物是作为社会资本来修建的也是具有企业财产或个人财产的特性。因此,种类、规模、重要度、使用期间不同的结构物,因耐久性产生的社会影响也是不同的。

结构物的耐用期间一般分为 1～3 级,分别为 100 年、65 年和 30 年。通常的构件混凝土结构物,一般取 65 年,要求耐久性高的结构物,可取 1.5 倍的 100 年。根据结构物的种类设定设计基准期间的大致标准见表 6-8。

表 6-8　设计基准期间的大致标准

结构物的种类	设计基准期
要求高耐久性的结构物	100 年
一般的结构物	65 年
耐用年数短的结构物	30 年

根据社会条件,要求高耐久性的结构物有:有纪念意义的结构物;收藏重要物品的结构物;劣化,损毁对人命可能有重大危险的结构物等。

根据经济条件,要求高耐久性的结构物有:劣化,损毁时如修理,更换在经济上有重大损失的结构物;延长结构物的法定耐用年数,在经济上有利的结构物等。

铁路隧道是属于要求耐久性高的结构物之一,因此设计基准期规定为 100 年。

设计基准期间也要根据维修管理的水平设定。此维修管理水平视是否进行定期检查,必要时是否进行加固等而定。如以维修加固为前提时,与使用期间比较,设计基准期间可设定短

一些。

2. 铁路隧道衬砌结构耐久性的影响因素

影响铁路隧道衬砌结构耐久性的主要因素就是结构物所处的环境。《铁路混凝土结构耐久性设计暂行规定》(铁建设[200]157 号)将混凝土结构所处的环境类别分为碳化环境、氯盐环境、化学侵蚀环境、冻融破坏环境和磨蚀环境。不同类别环境的作用等级可按表 6-9～表 6-13所列环境条件进行划分。

表 6-9　碳 化 环 境

环境作用等级	环境条件特征
T1	室内年平均相对湿度＜60％
	长期在水下(不包括海水)或土中
T2	室外环境
	室内年平均相对湿度≥50％
T3	水位变动区
	干湿交替

注:当钢筋混凝土薄型结构的一侧干燥而另一侧湿润或饱水时,其干燥一侧混凝土的碳化作用等级应按 T3 级考虑。

表 6-10　氯 盐 环 境

环境作用等级	环境条件特征
L1	长期在海水水下区
	离平均水位 15 m 以上的海上大气区
	离涨潮岸线 100～300 m 的陆上近海区
L2	离平均水位 15 m 以内的海上大气区
	离涨潮岸线 100 m 以内的陆上近海区
	海水潮汐区或浪溅区(非炎热地区)
L3	海水潮汐区或浪溅区(南方炎热地区)
	盐渍土地区露出地表的毛细吸附区
	遭受氯盐冷冻液和氯盐化冰盐侵蚀部位

表 6-11　化学侵蚀环境

化学侵蚀类型		环境作用等级			
		H1	H2	H3	H4
硫酸盐侵蚀	环境水中 SO_4^{2-} 含量(mg/L)	≥200 ≤600	＞600 ≤3 000	＞3 000 ≤6 000	＞6 000
	强透水性环境土中 SO_4^{2-} 含量(mg/kg)	≥2 000 ≤3 000	＞3 000 ≤12 000	＞12 000 ≤24 000	＞24 000
	弱透水性环境土中 SO_4^{2-} 含量(mg/kg)	≥3 000 ≤12 000	＞12 000 ≤24 000	＞24 000	—
盐类结晶侵蚀	环境土中 SO_4^{2-} 含量(mg/kg)	—	≥2 000 ≤3 000	＞3 000 ≤12 000	＞12 000
酸性侵蚀	环境水中 pH 值	≤6.5 ≥5.5	＜5.5 ≥4.5	＜4.5 ≥4.0	—
二氧化碳侵蚀	环境水中侵蚀性 CO_2 含量(mg/L)	≥15 ≤40	＞40 ≤100	＞100	—
镁盐侵蚀	环境水中 Mg^{2+} 含量(mg/L)	≥300 ≤1 000	＞1 000 ≤3 000	＞3 000	—

注:当环境中存在酸雨时,按酸性环境考虑,但相应作用等级可降一级。

表 6-12 冻融破坏环境

环境作用等级	环境条件特征	环境作用等级	环境条件特征
D1	微冻地区+频繁接触水	D3	严寒和寒冷地区+水位变动区
D2	微冻地区+水位变动区	D3	微冻地区+氯盐环境+水位变动区
D2	严寒和寒冷地区+频繁接触水	D3	严寒和寒冷地区+氯盐环境+频繁接触水
D2	微冻地区+氯盐地区+频繁接触水	D4	严寒和寒冷地区+氯盐环境+水位变动区

注:严寒地区、寒冷地区和微冻地区是根据其最冷月的平均气温划分的。严寒地区、寒冷地区和微冻地区最冷月的平均气温分别为 $t\leqslant -8$ ℃、-8 ℃$<t<-3$ ℃和 -3 ℃$\leqslant t\leqslant 2.5$ ℃。

表 6-13 磨 蚀 环 境

环境作用等级	环境作用特征	
M1	风蚀(有砂情况)	风力等级≥7 级,且年累计刮风时间大于 90 d
M2	风蚀(有砂情况)	风力等级≥9 级,且年累计刮风时间大于 90 d
M2	流水冲刷	被强烈流冰撞击、磨损、冲刷(冰层水位下 0.5 m~冰层水位上 1.0 m)
M3	风蚀(有砂情况)	风力等级≥11 级,且年累计刮风时间大于 90 d
M3	泥砂冲刷	被大量夹杂泥砂或物体磨损、冲刷

除了环境因素影响铁路隧道衬砌结构耐久性外,高速列车运行引起的压力波动以及列车振动作用也是影响结构耐久性的主要因素。有初始裂纹的衬砌结构,在气动压力波正压、负压的反复作用下,衬砌结构将产生疲劳,裂纹不断扩展,直到断裂破坏;同时,衬砌结构底部在列车振动荷载的作用下,也容易出现疲劳性破坏。因此,高速铁路隧道都要进行耐久性设计。一般铁路隧道也要考虑这一问题。

3. 复合式衬砌结构耐久性设计

目前,我国高速铁路隧道的衬砌结构多数采用复合式衬砌。复合式衬砌包括初期支护和二次衬砌两部分,所以在隧道衬砌结构耐久性设计中,要分别考虑初期支护和二次衬砌的耐久性,并应包括以下主要内容:

(1)明确混凝土结构的使用环境类别与环境作用等级;

(2)提出混凝土结构的设计使用年限;

(3)提出与结构耐久性有关的结构构造措施;

(4)提出混凝土原材料品质要求、配合比的主要参数及耐久性的具体指标;

(5)提出确保混凝土耐久性的施工质量关键控制要求与措施;

(6)确定钢筋混凝土保护层厚度;

(7)提出对结构应采取的防腐蚀附加措施;

(8)明确结构使用过程中的检测、养护、维修或局部更换的要求。

4. 初期支护的耐久性

初期支护一般包括喷混凝土、锚杆、钢架等,所以对每一种支护措施都应进行耐久性设计。

(1)喷混凝土

①在腐蚀性严重的场合,喷混凝土的强度等级应不低于二次衬砌混凝土的强度等级;

②喷混凝土的强度要满足长期强度(28 d)的要求,且 1 d 的抗压强度不宜小于 10 MPa。

(2)锚杆

锚杆宜采用全长灌浆式锚杆，并应设置垫板。在腐蚀性环境中，应采用防腐蚀的灌浆材料或者采用耐腐蚀的纤维锚杆。

(3)钢架

喷混凝土内设置的钢架，靠围岩侧的保护层厚度不小于 4 cm，另一侧不小于 3 cm。

5.二次衬砌的耐久性

二次衬砌是由混凝土或钢筋混凝土材料构成的，因此二次衬砌的耐久性问题归根到底还是混凝土的耐久性问题。混凝土结构耐久性研究可按学科及影响因素分类如图 6-13 所示。

- 混凝土结构耐久性研究
  - 材料学科
    - 钢筋锈蚀
    - 冻融循环
    - 碱-骨料反应
    - 化学作用
    - 混凝土配比
  - 工程结构学科
    - 抗力变化
    - 荷载变化

图 6-13　混凝土结构耐久性研究分类

6.复合式衬砌结构耐久性设计原则及方法

高速铁路隧道复合式衬砌结构的耐久性，应考虑环境因素的影响进行设计。

(1)当环境对衬砌结构侵蚀作用很小或无侵蚀作用时，可考虑初期支护和二次衬砌共同承担荷载。

(2)当环境对衬砌结构侵蚀作用明显时，一种设计方法是可考虑初期支护和二次衬砌共同承担荷载，这时初期支护和二次衬砌均应考虑耐久性；另一种设计方法是可不考虑初期支护的长期耐久性，只在构造上采取一些综合措施进行防范，满足施工期间的安全，而二次衬砌考虑全部承担荷载，并考虑耐久性。

二、铁路隧道可靠度设计基本方法

1. 结构极限状态

按极限状态法设计结构应根据承载能力极限状态及正常使用极限状态的要求，分别按下列规定进行计算和验算。

(1)承载能力极限状态

当结构构件达到最大承载能力或不适于继续承载的变形的下列状态之一时，应认为超过了承载能力极限状态。

整个结构或结构的一部分作为刚体失去平衡(如倾覆、滑动等)；结构构件或连接因超过材料破坏而破坏；结构或结构构件丧失稳定。

(2)正常使用极限状态

当结构或结构构件达到正常使用或耐久性的某项规定限值的下列状态之一时，应认为超过了正常使用极限状态。

影响正常使用或外观的变形；影响正常使用或耐久性能的局部损坏(包括裂缝)；影响正常使用的其他特定状态。

2.铁路隧道可靠度设计基本方法

按极限状态法设计结构应根据承载能力极限状态及正常使用极限状态的要求，分别按下列规定进行计算和验算。

(1)承载力及稳定：结构构件均应进行承载能力(包括压屈失稳)的计算，必要时应进行结构整体稳定性计算。

(2)变形：对使用上需控制变形值的结构构件，应进行变形验算。

(3)抗裂及裂缝宽度：对使用上要求不出现裂缝的混凝土构件，应进行混凝土抗裂验算；对钢筋混凝土构件，应验算其裂缝宽度。

隧道和明洞衬砌的混凝土偏心受压构件，除应按承载能力及正常使用极限状态验算外，其轴向力的偏心距不宜大于截面厚度的 0.45 倍。

3. 承载能力极限状态验算

$$\gamma_{sc} N_k \leqslant \varphi \alpha b h f_{ck} / \gamma_{Rc} \tag{6-1}$$

式中 N_k——轴力标准值(MN)，由各种作用标准值计算得到；

γ_{sc}——混凝土衬砌构件抗压检算时作用效应分项系数，按表 6-14 选用；

γ_{Rc}——混凝土衬砌构件抗压检算时抗力分项系数，按表 6-14 选用；

φ——构件纵向弯曲系数，对于隧道衬砌、明洞拱圈及回填紧密的边墙，可取 $\varphi=1.0$，对于其他构件，应根据其长细比查得；

f_{ck}——混凝土轴心抗压强度标准值(MPa)；

b——截面宽度；

h——截面厚度；

α——轴向力偏心影响系数，可由 e_0/h 值查《铁道隧道设计规范》(TB 10003—2005)。

式(6-1)的物理意义是：在考虑各种因素的概率影响之后的作用效应下，构件将出现的轴力设计值，应小于或等于同样考虑相关概率影响之后求得的截面极限抗压能力。

表 6-14　混凝土衬砌构件抗压检算各分项系数

分项系数	单线深埋隧道衬砌	单线偏压隧道衬砌	单线明洞混凝土衬砌
作用效应分项系数 γ_{sc}	3.95	1.60	2.67
抗力分项系数 γ_{Rc}	1.85	1.83	1.35

注：偏压衬砌的分项系数仅适用于Ⅳ、Ⅴ级围岩。

4. 正常使用极限状态验算

正常使用极限状态，即构件的变形(裂缝)、位移等，达到建筑物长期正常使用所规定的限值。对隧道衬砌来说，主要是不允许出现开裂。其检算公式如下：

$$\gamma_{st} N_k (6e_0 - h) \leqslant 1.75 \varphi b h^2 \frac{f_{ctk}}{\gamma_{Rt}} \tag{6-2}$$

式中 N_k——轴力标准值(MN)，由各种作用标准值计算得到；

γ_{st}——混凝土衬砌构件抗裂检算时的作用效应分项系数，由表 6-15 选用；

γ_{Rt}——混凝土衬砌抗裂检算时的抗力分项系数，由表 6-15 选用；

e_0——检算截面偏心距；

f_{ctk}——混凝土轴心抗拉强度标准值(MPa)；

其他符号同前。

表 6-15　混凝土衬砌构件抗裂检算各分项系数

分项系数	单线深埋隧道衬砌	单线偏压隧道衬砌	单线明洞混凝土衬砌
作用效应分项系数 γ_{st}	3.10	1.40	1.52
抗力分项系数 γ_{Rt}	1.45	2.51	2.70

注：①当 $e_0/h<1/6$ 时可不进行抗裂检算。

②偏压衬砌的分项系数仅适用于Ⅳ、Ⅴ级围岩。

复习思考题

1. 与常速铁路隧道相比，高速铁路隧道衬砌结构有什么不同？一般有哪些衬砌类型？
2. 复合式衬砌结构的设计特点是什么？
3. 与复合式衬砌相比单层衬砌有什么不同？
4. 管片衬砌设计主要有哪些参数？
5. 影响高速铁路隧道衬砌结构耐久性的因素有哪些？
6. 什么是承载能力极限状态？什么是正常使用极限状态？在铁路隧道中是如何进行验算的？

第七章 高速铁路隧道缓解气动效应工程措施设计

第一节 缓解空气动力效应的工程措施

列车在以高速通过隧道时会形成空气动力效应，对车厢中的乘客、隧道中的人员设备造成损害，同时对隧道出口区域的环境造成影响，而这种危害的强度受到多种因素的影响。根据作用机理的不同，车隧空气动力学问题主要有如下三方面的影响：

(1) 穿越隧道形成的瞬变压力，降低列车的舒适度；

(2) 列车在隧道中运行，形成活塞风，对隧道中的人员设备造成损害；

(3) 列车进入隧道形成的压缩波在隧道出口以微压波形式向外部辐射，对隧道出口的建筑物造成震颤，形成环境噪声污染。

针对不同的方面，人们提出了不同的解决方案。

1. 扩大隧道断面，降低阻塞比

随着隧道的断面面积的扩大，列车进出隧道的空气动力效应的强度会随之降低，降低到一定程度以后，就不再需要特别的措施加以解决。这一观点在德国、法国等一些欧洲国家具有一定的代表性。对既有隧道削减微压波，最主要的解决方案还是选取较大的隧道断面，减低阻塞比(列车断面与隧道断面的比值)。根据各国高速铁路的分析，可以得到这样的结论，当阻塞比小于 0.15(德、法等国)时，高速列车进洞所诱发的空气动力学问题基本上可以缓解。由此得出满足压力变动临界值 3.0 kPa/(3 s)的阻塞比：车速为 250 km/h，阻塞比取 0.14；车速为 350 km/h，阻塞比取 0.11。

当然，解决气动效应最有效的方法是扩大隧道断面，但是这必然带来建设投资的增加。因此，深入研究设置缓冲设施的效果、合理选择隧道断面，才是设计的出路。

2. 改善车辆性能，提高列车的气密性

当列车高速出入隧道，前部空气被压缩，余下气体被推向后方，如同漏泄的活塞在汽缸中运动。前方形成的压力波扩张连续反射直至尾部，并在车体外部产生强大压力波，车体结构的漏泄使压力传至车内。当车辆驶离隧道时，车外气压减至大气压。由于列车速度高，通过隧道压力变化很短暂而又迅速，这种迅速变化的压力，加上隧道数多而密，旅客将感受到阵阵声浪冲击，对耳膜和人体造成压痛感觉，难以接受。减轻这种效应的有效办法是车辆具有高气密性。

然而车内换气必须敞通大气，车辆活动部件密封性越高，如车门、车窗、通过台过道、厕所间、卫生间等就意味着高投资。严密的密封能引起空调冷凝水增多，引起车辆腐蚀和维修麻烦。选取合理的高速客车气密参数对保证旅客舒适和车辆精度要求至关重要。

专家指出高气密性将带来车辆设备的高投资,所以车辆气密性应有一定限度,应与旅客舒适范围允许的压力变化相结合。

专家指出要考虑下述五方面的问题:①高速客车气密性变化特性;②车体结构密封度;③空调换气与密封;④压力变化对旅客舒适度影响;⑤密封经济性。

国外从隧道设计角度解决空气动力学问题有两种途径:一种是以日本新干线为代表主要通过修建洞口缓冲棚和密封车辆来解决问题,另一种是以德国 NBS 为代表主要通过放大隧道净空断面来解决问题。

尽管如此,鉴于制造、维护密封车辆和修建洞口缓冲棚所引起的费用相当可观,还会带来运营的一些麻烦,在日本,仍然有人提出"是不是还是把隧道断面放大一些好"的议论。

根据计算,只要将在山阳新干线的隧道净空断面从目前 $A=63.4\ m^2$,放大到 $82.4\ m^2$(同德国 N BS 一致),阻塞比相应降至 0.153,最大压力变化值至少将降低至目前的 75%,即可满足 JNR/JR 的舒适度标准(发生列车交会时除外)。于是,有人将放大隧道断面同密封车辆两项措施作了经济比较,考虑车辆和隧道的寿命,得出的结论是:

对于东海道—山阳新干线,加大断面或多或少要合算些。对于东北和上越新干线,则还是密封车辆好。这种比较的结论,主要同隧道在线路中所占的比重以及线路运营的繁忙程度(即投入运营的车辆总数)有关。

表 7-1 新干线隧道数量和投入运营的车辆

线 路	隧道数量(座)	隧道总长(km)	隧道占线路比例(%)	车辆数(辆)
东海道—山阳	208	348.3	30	2 724
东 北	111	112.3	24	332
上 越	22	106.7	39	308

表 7-2 密封车辆与增大隧道断面附加成本的比较

线 路	最大速度(km/h)	密封车辆(MYen)	增大隧道断面(MYen)
东海道—山阳	270	1.46×10^5	1.31×10^5
东 北	240	1.78×10^4	4.21×10^4
上 越	270	1.07×10^4	1.00×10^4

还应该提出的是,这里所进行的密封车辆只会提高车厢内的舒适度,对于隧道出口的微压波的治理问题是无关的。因此,在具体实施过程中还要考察各种措施的适用性。但是,这样为我们提出了一个范例,就是在具体的隧道设计中应该对各种措施进行分析,以期达到技术和经济的最优。

3. 设置隧道附属设施,综合降低气动效应

隧道附属设施包括隧道出入口的缓冲设施及通风竖井、双洞单线隧道之间的连通道等。

隧道出入口的缓冲设施的种类很多:缓冲棚、无开口全封闭缓冲结构、有窗口的缓冲结构、开槽式缓冲结构、喇叭型缓冲结构等。

隧道出入口的缓冲设施的最初是以明洞的形式出现的。意大利于 1970 年开始修建高速铁路,隧道断面过小,为了解决微压波问题,也曾经修建了带孔洞的隧道明洞,竟长达 50 m。

在 1975 年山阳新干线在冈山和博多间进行试运行时出现微压波现象。鉴于新干线隧道已建成，隧道断面已不能扩大的情况，决定采用修建洞口缓冲结构的办法来解决问题。根据试验和现场测试结果表明，通过合理设置缓冲设施参数，可以将微压波峰值降至 20%～30%。

在隧道内合理地设置通风竖井，可将因高速行车产生的瞬变压力幅值降低 50%左右。当考虑修建竖井(或斜井)时，应尽可能利用施工中留下的竖井，因此在确定施工竖井的位置时，最好能兼顾到高速列车中降低瞬变压力的要求。

通过将隧道任何位置上由通风竖井引起的波的叠加的分析，发现竖井最有利的位置在下列区域里：

$$\frac{4M^2}{(1-M)^2}<\frac{X_s}{L}<\frac{2M}{1+M} \tag{7-1}$$

式中 X_s——竖井至隧道入口端的距离；

L——隧道长度；

M——列车马赫数。

研究还表明：不同隧道都具有各自最恰当的数量的竖井。对于单向运行的隧道，只要位置合理，一二个就行。但对双线隧道，就需要更多的竖井。因为列车可能从任何一个方向通过，而竖井的位置对一个方向来说是理想的，而对另一方向可能是不理想的。至于两个竖井的最小间距，大致应等于两个竖井的长度。竖井的最大直径，以不超过隧道直径的 35%为最佳。

在长隧道中设置多座竖井，不但能缓和列车通过时所发生的瞬变压力，而且也能降低行车的空气阻力。这是由于竖井的存在使列车前方压力较大的空气，不仅由隧道出口排出隧道，而且也由列车前方的竖井排出隧道；列车后方的负压不仅吸引空气由隧道进口流入隧道，而且也由列车后方的竖井流入隧道。于是列车前方与后方的空气压力差较无竖井的情况要小，因而在有竖井的隧道中列车的空气阻力也较无竖井的小。

4. 车厢内设置调压风机

列车进出隧道所引起的乘客不舒适主要是由于车厢内的压力变化，K. Akutsu 等人提出用风机来调节压力，消除瞬变压力所造成的危害。实践证明，取得了很好的效果，并预计可以满足消除车速达 300 km/h 的列车所引起的瞬变压力。

5. 其他可能的对策

(1)减小列车横断面面积和改善列车前端形状

从公式(7-1)可以看出：如果列车的横断面积减小，列车进入隧道产生的压缩波的波前压力梯度下降。对列车车前压力梯度的理论分析表明：列车有一个细长的前端也能减小压力梯度。图 7-1 表示模型实验研究得出的列车前端细长度的影响。

(2)在隧道中密集喷水

为了研究在长的风管中由于部分反射和部分传播而导致入射压力波的强度降低，曾经用过喷洒水和水帘幕法。在隧道中，压缩波传播通过密集喷洒水滴使其波前的压力梯度下降也是可能的。为了调查这个方法的效果，1990 年 9 月、11 月在“新干线”隧道的一个竖井中进行了现场试验，图 7-2(a)为现场试验布置示意图。压缩波从隧道中分流到竖井排出，传播通过了 30 m 密集喷洒水滴的距离。

密集喷水装置有 60 个喷嘴，其操作情况由空气、水滴双相流的计算机模拟确定，图 7-2(b)表示现场试验结果。

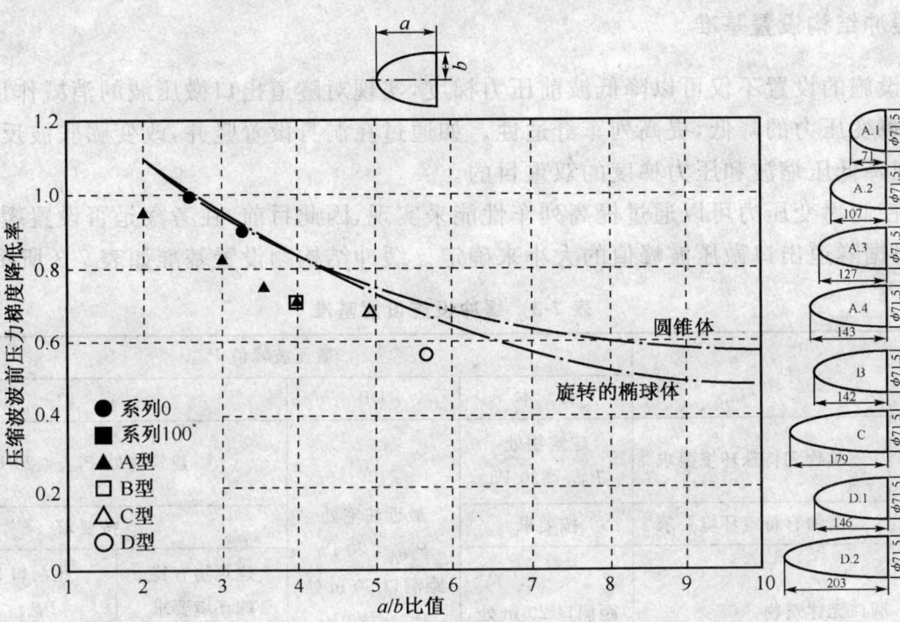

图 7-1　模型试验测试列车前端的细长现状对压力梯度的影响

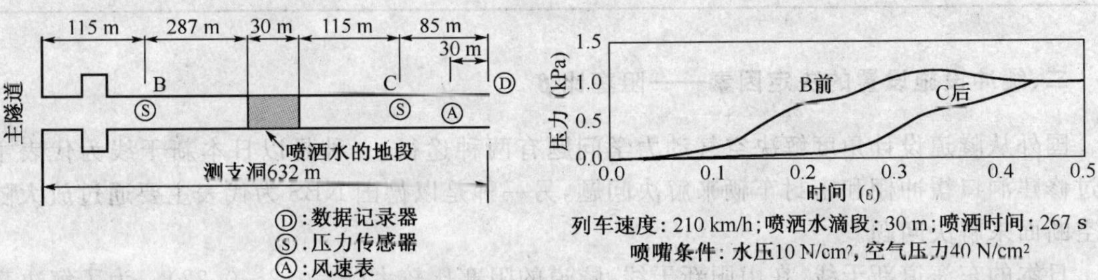

(a)在隧道内密集喷洒水滴的现场试验布置图　　(b)经过喷洒水滴段前、后压缩波的形状

图 7-2　喷洒水滴试验结果

(3)主动控制法

微压波被可通过主动控制装置产生的负微压波来减弱。这种方法已进行了模型实验，也使用了类似用于隧道入口棚罩试验的装置。由装在模型隧进的出口附近的扬声器产生负微压波，此扬声器由微型计算机和扩大器组成的主动噪音控制系统所控制。在小型模型实验中，用此法能降低微压波，也具有一定的效果。

通过上述的分析可以看到，缓解气动效应的措施有很多，可以根据具体的工程状况，因地制宜，合理选择应对措施。由于修建缓冲设施具有实施简单，维护费用低，可以实现一劳永逸的目的，因此被广泛采用。下面主要对洞口缓冲设施缓解气动效应的相关问题进行分析。

第二节　缓冲结构物设计的影响因素

在隧道入口及洞深设置缓冲设施，是消减微压波的主要措施。缓冲设施的形式多种多样，通过数值计算和模型试验，合理选取缓冲结构的设计参数，可以有效缓解车隧气动效应。

一、缓冲结构设置基准

缓冲设施的设置不仅可以降低波前压力梯度，实现对隧道出口微压波的消减作用，同时可以实现对瞬变压力的降低，提高列车舒适性。如通过在洞身设置竖井，改变膨胀波反射时间及强度，实现降低压缩波和压力梯度的双重目的。

由于控制瞬变压力可以通过提高列车性能来实现，因此目前，在考察是否设置缓冲结构物时，主要根据隧道出口微压波峰值的大小来确定。缓冲结构物设置基准如表 7-3 所示。

表 7-3　缓冲设施设置基准

<table>
<tr><td colspan="2" rowspan="2">条　件</td><td colspan="4">微压波峰值 $P_{\max}$</td></tr>
<tr><td>日　本</td><td>DB</td><td colspan="2">京　沪</td></tr>
<tr><td rowspan="2">洞口有建筑物</td><td>建筑物无特殊环境要求</td><td>建筑物处 $P_{\max}<20$ Pa</td><td rowspan="4">最近住宅处 $P_{\max}<20$ Pa
距洞口 50 m 处 $P_{\max}<20$ Pa</td><td colspan="2">建筑物处 $P_{\max}<20$ Pa</td></tr>
<tr><td>建筑物有特定环境要求</td><td>按要求</td><td colspan="2">按要求</td></tr>
<tr><td colspan="2" rowspan="2">洞口无建筑物
（或住宅距洞口大于 50 m）</td><td rowspan="2">距洞口 20 m 处 $P_{\max}<50$ Pa</td><td>建筑物有特殊环境要求</td><td>距洞口 20 m 处 $P_{\max}<50$ Pa</td></tr>
<tr><td>建筑物无特殊环境要求</td><td>不　设</td></tr>
</table>

二、缓冲设施设置的决定因素——阻塞比 β

国外从隧道设计角度解决空气动力学问题有两种途径：一种是以日本新干线为代表主要通过修建洞口缓冲棚和密封车辆来解决问题，另一种是以德国 NBS 为代表主要通过放大隧道净空断面来解决问题。

日本的东海道新干线、在山阳新干线，隧道的阻塞比较大（$\beta=0.2\sim0.22$）。为了解决高速列车气动效应问题，主要采取了修建洞口缓冲棚和密封车辆的措施。

根据对各国高速铁路的分析可以得出这样一个印象：当阻塞比 $\beta<0.15$（德、法等国）时，高速列车进洞所诱发的空气力学问题基本上可得以缓解。除了德国以外，法国 TGV 大西洋线（$\beta=0.13\sim0.15$）及意大利 Direttisima 线目前均没有采用特殊的密封车辆措施。

隧道阻塞比的降低，隧道断面的扩大必然带来修建费用的增加。但是对于初期投资费用的增加，却可以使线路运营费用降低。因此，具体方案的确定还要根据不同线路中隧道所占的比重以及线路运营的繁忙程度（即投入运营的车辆总数）综合分析。

总之，隧道阻塞比对线路的修建以及后期线路运行中，气动效应的强度都有着重要影响。从直观感觉，隧道断面扩大，阻塞比降低，列车进入隧道所产生的气动效应强度降低；相反地，隧道断面缩小，阻塞比增大，列车进入隧道所产生的气动效应强度加强。因此，可以推断，阻塞比与列车进入隧道所产生的压缩波峰值有一定的相关性。

Dr. Gaillard 根据敏感度分析得出结论，认为对于压力波动，诸因素中隧道横截面积是有最大影响的。

ORE 曾经系统地研究了各种因素对压力波动的影响。结果也表明，隧道净空断面面积，即隧道阻塞比是最主要的因素。根据计算分析，压力波动峰值与隧道阻塞比之间有下列关系：

$$P_{\max}=k\beta^{N}v^{2}$$

式中　k——条件常数；

β——阻塞比；

v——列车速度；

N——压力峰值对应的阻塞比幂指数系数，单一列车在隧道中运行时，$N=1.3\pm0.25$，考虑会车时，$N=2.16\pm0.06$。

为了验证阻塞比对压缩波峰值的影响，利用西南交通大学发射式高速列车模型试验系统，进行了实验研究。对两种阻塞比情况下，所采用列模型和隧道模型的材质一致，可以认为两种工况下条件常数相同。得到两种阻塞比情况下，压力峰值与车速、微压波峰值与车速的相关曲线如图 7-3、图 7-4 所示。

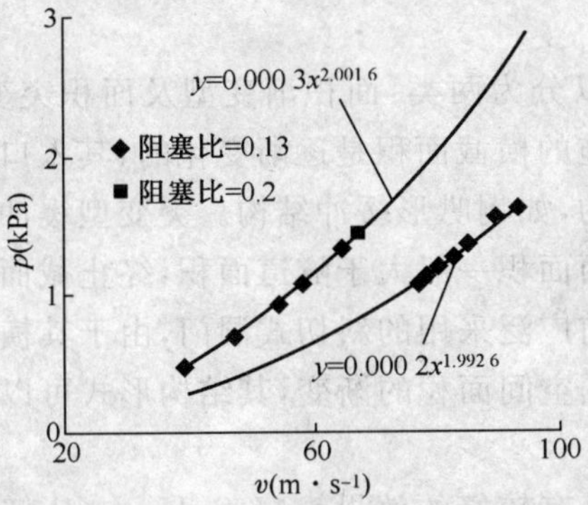

图 7-3　压力峰值与列车速度的相关曲线

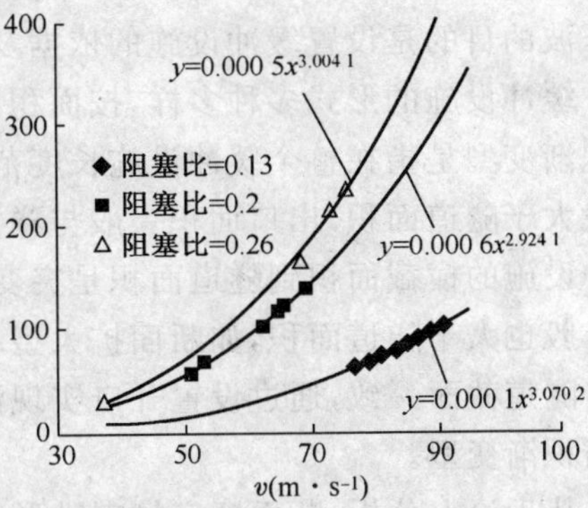

图 7-4　微压波峰值与列车速度的相关曲线

通过对实验数据的整理分析，得出压力峰值对应的阻塞比幂指数系数 $N=1.1$，与前期的分析结果是一致的。

为了确定微气压波压力与列车速度、阻塞比之间的关系，参照模型实验得到的拟和方程对不同速度时微气压波压力与阻塞比的关系进行分析，得出阻塞比与微压波峰值曲线，如图 7-5 所示。

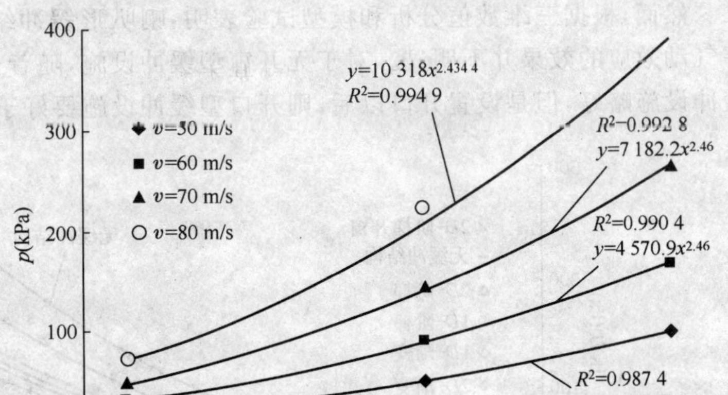

图 7-5　微压波峰值与列车车速、阻塞比的关系曲线

从微压波最大值与列车速度的关系曲线可以看出，微压波最大值与列车速度的三次幂成正比，这与已有的规律是一致的。从微气压波压力与阻塞比的拟和曲线（图 7-5）可以看出，不同速度下，微气压波压力与阻塞比的关系服从幂次关系，幂指数接近于 2.4。参照最大瞬变压力的方程，微压波的方程可表示为

$$P_{\max}^{\mathrm{mic}}=k\beta^{N^{\mathrm{mic}}}v^{3}$$

式中 $P_{\max}^{\mathrm{mic}}$——微压波最大压力；

N^{mic}——微压波对应的阻塞比幂指数。

微压波对应的阻塞比幂指数的确定还需要大量实验验证，根据本实验，并考虑可能的测试误差，初步确定 $N^{\mathrm{mic}}=2.4\pm0.25$。

三、缓冲设施的形式

1. 隧道洞口缓冲设施

列车从顶部及两侧无边界限制的开放空间突然进入隧道时，列车前端的空气受到限制，在很短时间内被压缩，形成很高的压力梯度，是引发隧道出口微压波产生的主要原因。如果在隧道入口设置一个附属设施，使列车车前压力逐渐变化，缓解压缩波瞬变的程度，从而起到消减微压波的目的是设置缓冲设施的依据及出发点。

缓冲设施的形式多种多样，按面积的变化规律可以分为两类：面积渐变型及面积突变型。面积渐变型是指在整个缓冲设施长度范围内，缓冲设施的横截面积是逐渐变化的，其入口面积一般大于隧道面积，出口面积一般与隧道面积是一致的，如喇叭形缓冲结构。突变型缓冲是指缓冲设施的横截面积到隧道面积是突变的，其开始截面面积一般大于隧道面积，终止截面的面积一般也大于隧道面积，如断面扩大型缓冲结构。目前广泛采用的斜切式洞门，由于其横截面积与隧道截面一致，通过设置开口实现泄压和列车周围空间面积的渐变，其结构形式可以划分为面积渐变型。

从理论上分析，断面渐变的喇叭形缓冲结构应该具有较好的效果。M. S. Howe 从理论上论证了“优化”缓冲结构的设置方法，确定其净空断面积随长度的变化应有如下规律：

$$A(x)=\frac{A_{\mathrm{t}}}{\left[\dfrac{A_{\mathrm{t}}}{A_{\mathrm{h}}}-\dfrac{x}{l}\left(1-\dfrac{A_{\mathrm{t}}}{A_{\mathrm{h}}}\right)\right]},\quad l\leqslant x\leqslant 0$$

式中 A_{t}、A_{h}——缓冲棚和隧道的净空有效面积。

然而，根据三维数值分析和模型试验表明：喇叭形缓冲结构与阶梯型缓冲结构相比，其缓解气动效应的效果并不明显。对于无开窗型缓冲设施，随着长度的增加，渐变型缓冲比阶梯型缓冲设施略好，但是设置开口以后，则开口型缓冲设施要好于渐变型缓冲设施（喇叭型）。

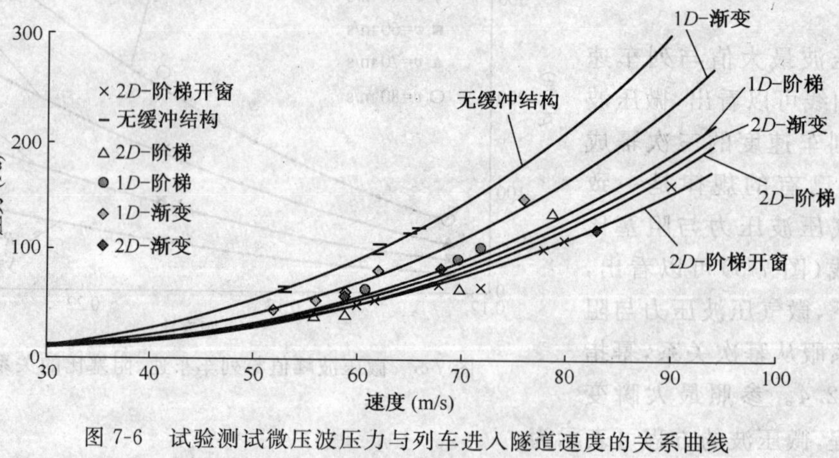

图 7-6 试验测试微压波压力与列车进入隧道速度的关系曲线

表 7-4　压力梯度和微压波峰值计算结果汇总表

($\beta=0.23, L_T=540$ m, $v=200$ km/h)

缓冲结构形式	喇叭型			方　型			拱　型		
缓冲设施长度	1*D*	2*D*	3*D*	1*D*	2*D*	3*D*	1*D*	2*D*	3*D*
最大压力梯度(kPa/s)	6.5	6.2	6.2	6.7	6.4	6.4	6.7	6.4	6.4
微压波峰值(Pa)	36.4	34.7	34.7	37.8	35.9	35.9	37.8	35.9	35.9

表 7-5　压力梯度和微压波峰值计算结果汇总表

($\beta=0.23, L_T=540$ m, $v=200$ km/h)

缓冲结构形式	2*D* 拱型两侧开口			2*D* 拱型顶部开口		
开口率	0.25	0.33	0.4	0.25	0.33	0.4
最大压力梯度(kPa/s)	5.4	4.7	4.3	5.5	5.0	4.7
微压波峰值(Pa)	30.2	26.5	23.9	30.9	28.4	26.5

* 表中,*D* 为隧道水力直径。

通过优化开口型阶梯缓冲结构的开口率会出现开口型阶梯缓冲结构优于喇叭形缓冲结构的情况。且由于其施工工艺较复杂,所以在实际工程中采用较少。

2. 隧道洞身缓冲设施

洞身缓冲设施形式包括竖井、横通道等。许多情况下,通风竖井为前期施工的遗留设施,可以在运营期间加以利用,并且其缓解气动效应的效果较为明显,在这里将重点介绍。

列车在进入带有通风竖井的隧道中时产生的压缩波如图 7-7(a)所示,在图 7-7(a)～(c)中,P_i 表示列车进入波,P_r 表示反射波,P_t 表示压缩波。当波传播到竖井与隧道的连接处时,一部分波以膨胀波的形式被反射,另一部分波则仍然以两个压缩波向前传播;一个波沿着竖井向前传播,另一个波则继续向隧道前方传播,如图 7-7(b)所示。当沿竖井向前传播的压缩波到达竖井的开口端时,压缩波以膨胀波的形式被反射回来,如图 7-7(c)所示。这个反射波沿着竖井向下传递到竖井与隧道连接处,再以压缩波反射并且以两个膨胀波传递到隧道的两端,反射波又往回传递到竖井开口端,这个过程反复地进行下去。

可以看出,设置竖井的基本原理是将列车进入隧道所产生的压缩波,通过设置竖井将部分能量释放到隧道外,使压缩波峰值降低,从而实现降低压力梯度及微压波峰值的目的;而在隧道入口设置缓冲设施则是通过加长压缩波产生所消耗的时间,使列车周围的约束空间逐渐缩小,实现压力梯度及微压波峰值降低的目的。

理论上说,竖井的面积越大,释放的能量越多,降低微压波的效果也越明显。但是应该注意的是:由于列车经过竖井下部进入隧道时,也是一个空间突然缩小的过程,与列车在隧道入口进入隧道的过程相似。竖井的面积过大,列车经过时就会产生很强的二次波,不能实现降低微压波的最终目的,因此必须合理选择竖井的面积。面积选取的基本原则是:使压缩波首波削减后的压力梯度与列车经过竖井所产生的二次波的压力梯度峰值基本一致,则说明竖井面积的选取是合适的。

为了说明竖井和隧道洞口缓冲设施降低压缩波及压力梯度的效果及原理,下面给出模型试验研究的实例。

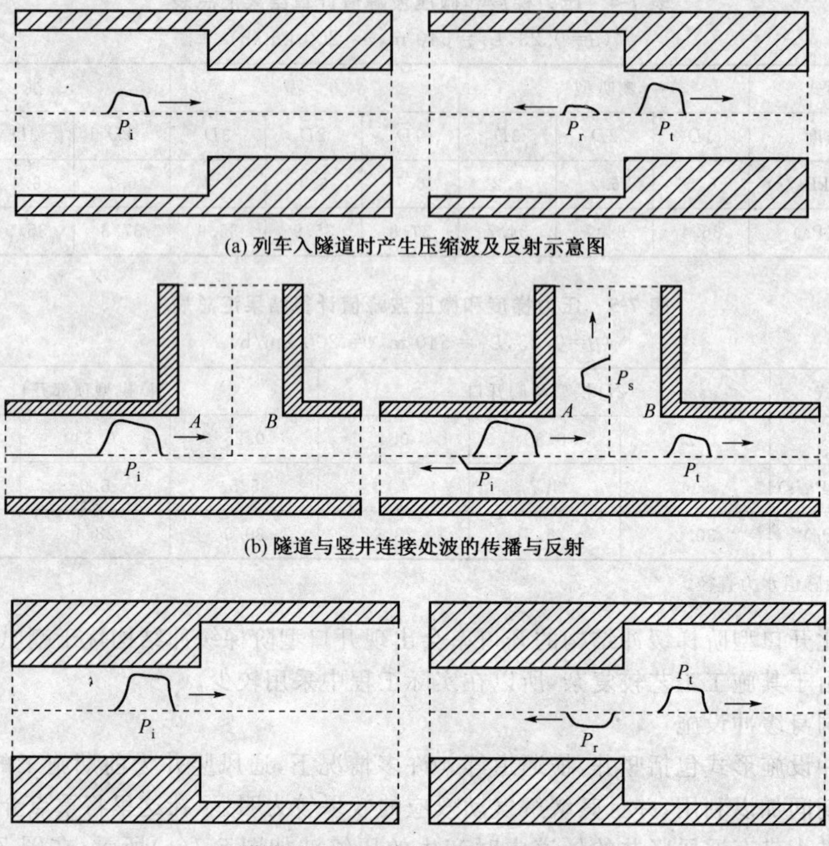

(a) 列车入隧道时产生压缩波及反射示意图

(b) 隧道与竖井连接处波的传播与反射

(c) 隧道出口以及竖井出口处波的传播与反射

图 7-7　波在面积突变断面处的传播反射规律示意图

3. 研究实例

隧道及缓冲设施模型总长度 4.8 m，其中隧道入口缓冲设施 40 cm。在隧道中部设置竖井，竖井距离隧道入口隧道 292 cm，竖井开口率为 7%。试验中，设置了两个测点，在竖井前、后设置。试验台的配置情况如图 7-8 所示。缓冲设施段的横截面积与隧道一致，为顶部开窗型缓冲设施。

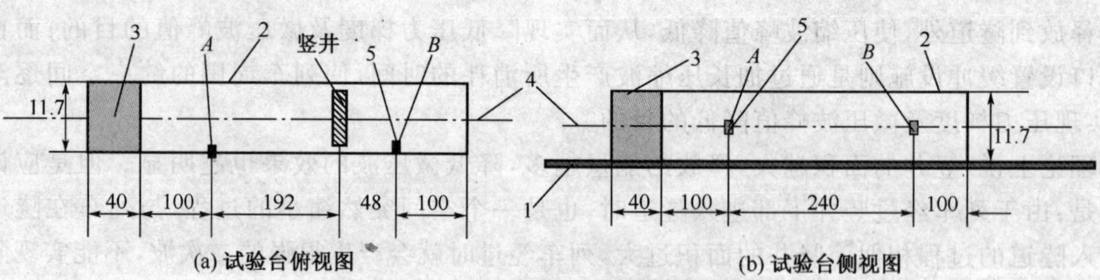

图 7-8　模型实验布置图(单位：cm)

1—模型实验台；2—隧道模型；3—缓冲设施；4—定向钢丝绳；5—测点

为了区分缓冲设施和竖井缓解气动效应的效果，试验分两种情况：

①隧道洞口不设置缓冲设施，只设置竖井(其他因素不变)。

②隧道洞口设置缓冲设施和竖井。

根据研究表明，对微压波的压力与压缩波的波前梯度成正比，所以将以压缩波的波前梯度作为衡量降低微气压波效果的指标。

(1)隧道洞口不设置缓冲设施，只设置竖井(其他因素不变)

模型试验得到的测点 A、B 处的压力波动曲线如图 7-9 所示。

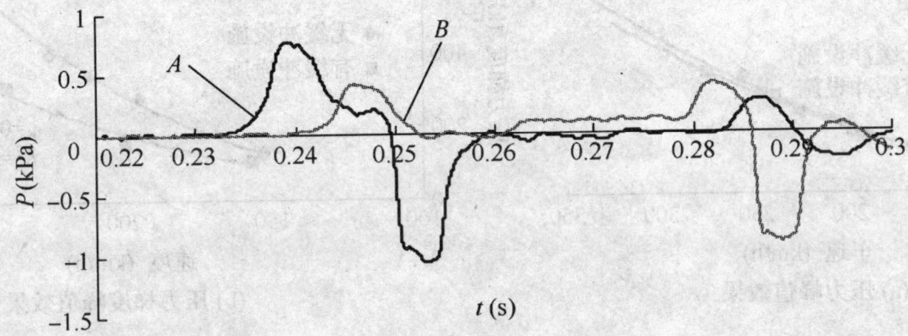

图 7-9　模型实验测试的压缩波时程曲线(v=212 km/h)

从曲线中可以看出：B 处测点的压力出现两个压力峰值。B 处测点的第一个压力峰值是由列车进入隧道时的首波引起的，第二个压力峰值是由列车通过竖井所引起的压力峰值。第一峰值和第二峰值基本一致，证明竖井开口面积的选取是合适的。

(2)隧道同时设置缓冲设施和竖井(其他因素不变)

有竖井、无缓冲设施和同时设置竖井、洞口缓冲设施两种工况下，竖井降低首波压力峰值和压力梯度峰值效果如图 7-10 所示。

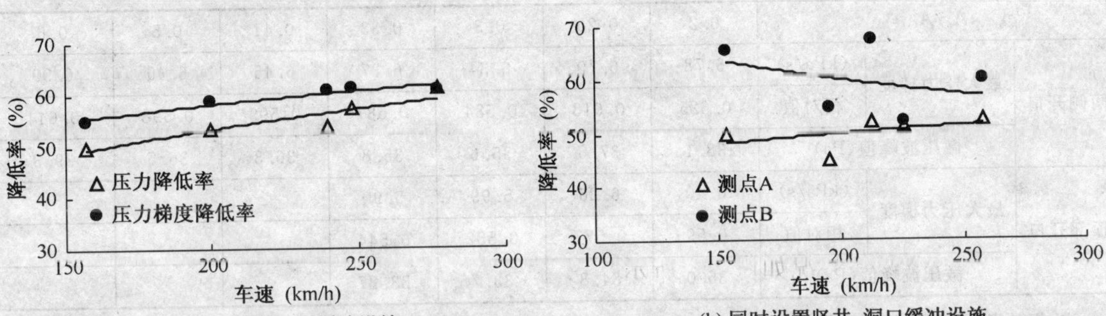

图 7-10　竖井降低首波压力峰值和压力梯度峰值效果比较

有无洞口缓冲设施对减压竖井降低首波压力峰值和压力梯度峰值的降低率无明显影响，这说明：缓冲设施的作用对于降低压缩波峰值无多大作用，而竖井降低压缩波峰值效果明显，在本试验中，可以降低 50%～70%，且降低压缩波峰值及压力梯度的效果基本一致。

缓冲设施降低首波压力峰值的效果不明显，降低压力梯度峰值效果明显，如图 7-11 所示。缓冲设施的设置延长了压缩波产生的时间，因此可以显著降低压力梯度。

四、缓冲设施开口面积的选取

缓冲设施的开口面积包括竖井的开口面积、阶梯型洞口缓冲设施的开口面积、洞身横通道的开口面积等。通过对竖井缓解气动效应的机理说明，合理的开口面积是保证首波和二次波的压力梯度峰值基本一致；对于洞口阶梯型缓冲设施的设置也有控制列车进入缓冲设施的首播与由缓冲设施突入隧道所形成的二次波的控制问题(对于渐变型缓冲设施无此问题)，因此，开口面积的选取非常重要。

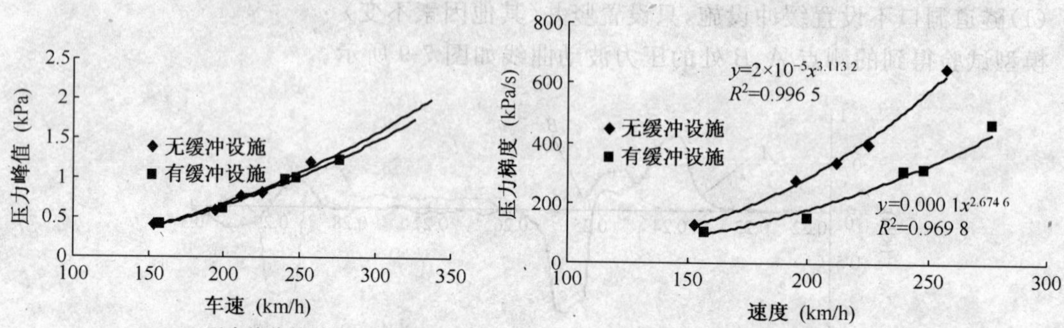

(a) 压力峰值效果

(b) 压力梯度峰值效果

图 7-11 缓冲设施降低首波压力峰值和压力梯度峰值效果比较

开口率是影响缓冲设施效率的重要因素，而最优开口率与缓冲设施的长度、开口形式、缓冲设施入口面积的大小、行车速度、阻塞比等都有一定的关系。在前面的表 7-5 中，给出了一些对比数据。

以缓冲设施的长度为 1 倍隧道水力直径为例，计算不同开口率降低压力梯度的效果如表 7-6 所示。

表 7-6 缓冲设施开口面积对降低压力梯度效率的影响

A_s/A_t			0.2	0.25	0.3	0.33	0.41	0.5	0.6
两侧开口	最大压力梯度	(kPa/s)	6.78	6.70	6.34	6.37	6.45	6.49	6.99
		相对值	0.625	0.618	0.584	0.587	0.595	0.598	0.644
	微压波峰值(Pa)		38.1	37.6	35.6	35.8	36.3	36.5	39.3
顶部开口	最大压力梯度	(kPa/s)	6.40	6.26	5.99	5.90			
		相对值	0.59	0.577	0.552	0.544			
	微压波峰值(Pa)		36.0	34.8	33.7	33.27			

注：相对值为与不设置缓冲结构对比。

由于影响缓冲设施开口率选取的因素较多，在具体工程应用中，应该结合线路及车辆运行参数，进行必要的计算和试验，以确定最优参数。

五、缓冲结构的入口面积 A_h

无论是阶梯型缓冲设施还是截面渐变型缓冲设施，缓冲设施入口面积的选取都非常重要。列车在从隧道外进入渐变型缓冲设施的时候，只有一次面积的突变。而列车从隧道外的自由空间进入带阶梯式缓冲结构段时要经历隧道自由空间→缓冲设施，缓冲设施→隧道的两次面积突变过程，相应地会产生两个压力波峰值。

根据日本模型试验资料(长 8 900 m，板式轨道，隧道面积 $A_t=60.4\ m^2$)，当 $A_h=1.55A_t$ 时，两峰值相等。因此，对不开口的阶梯式缓冲结构取 $A_h=1.55A_t$ 为最佳值(图 7-12)。通过三维数值仿真，对开口式缓冲结构亦得出了类似结论。

以方形结构为例，假定 $v=350$ km/h、$A_t=100$ m²、开口面积 $A_{开}=30$ m²、开窗率 $A_{开}/A_t=0.3$，对不同断面积缓冲结构的效果进行了计算（表 7-5）。

结论：计算表明，$A_h=1.6A_t$ 时效果最佳，这同日本备后隧道模型试验资料的结论基本一致。根据计算结果，当 $A_h=1.1A_t$ 时，开窗的缓冲结构即有显著效果（同最佳效果相差 11%左右）。在工程应用中，过大的缓冲设施入口面积会对施工及结构安全造成一定影响，因此，在实际工程中，要综合考虑多方面因素，选取合适的缓冲设施入口面积。

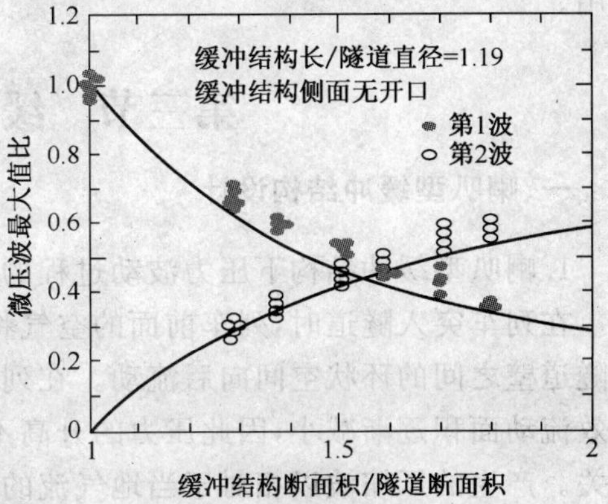

图 7-12　缓冲结构入口面积对降低微压波效果影响（日本试验资料）

六、缓冲结构的长度

日本新干线采用如下经验公式计算阶梯型缓冲结构的长度 L_h：

$$L_h=d\left[\left(\frac{v}{v^*}\right)^3-1\right],d<L_h<50\ \text{m}$$

式中　L_h——缓冲结构长度；

d——隧道换算直径；

v——列车速度；

v^*——列车视在速度，即相应于无缓冲结构情况微压波峰值为允许值（例如，距离隧道出口 20 m 处，$P_{max}=50$ Pa）时的列车速度。

对于我国高速铁路的几种情况，提出的缓冲结构的设计长度如表 7-8 所示。

表 7-7　缓冲结构入口面积对压力梯度的影响

项　目	无缓冲设施	A_h/A_t 1.3	1.4	1.5	1.6	1.7
压力梯度（kPa/s）	12.6	8.6	8.5	8.3	8.06	8.23
距离隧道出口 20 m 处微压波（Pa）	118	80	81	77	75	77
微压波降低率（%）	0	32.9	33.7	35.2	37.1	35.2

注：计算隧道出口 20 m 处微压波时，按 $P(r,t)=\frac{2S}{\Omega cr}\left[\frac{dp}{dt}\right]_{ex}$ 计算，取 $\Omega=\pi$。

表 7-8　适用于碎石道床的缓冲结构长度

列车速度	200		250		300		350	
隧道净空面积 A_t(m²)	52	80	52	80	70	100	70	100
缓冲结构计算长度 L(m)	—	—	2.6	—	7.9	5.3	18	15
缓冲结构设计长度 L(m)	—	—	d	—	d	d	20	20

注：d 为隧道水力直径。

上表仅适用于碎石道床的情况。对于板式道床，要考虑隧道长度增加时对微压波的激化作用。

第三节　缓冲结构的设计应用

一、喇叭型缓冲结构设计

1.喇叭型缓冲结构下压力波动过程的分析

在列车突入隧道时，列车前面的空气将受到压缩，而且只能沿隧道向前流动或者通过列车与隧道壁之间的环状空间向后流动。在列车头部要进洞之前，列车前端面与隧道洞口之间的有效流动面积逐渐减小，因此压力的升高不是瞬间产生的，而与车头形状和隧道断面积的大小有关。产生的压缩波以相对于当地气流的音速沿隧道传播，并将列车前方的隧道中空气压缩和加速。随着列车进一步移动入隧道中，环状空间的长度逐渐增长，列车和隧道壁的摩擦力使沿着环状空间形成压力梯度；因此列车前端的压力逐渐升高，以维持这一压力梯度，直到列车的全长都进入隧道为止。

模型试验对隧道入口未设缓冲结构(即图中无缓冲结构情况)和设置 1 倍及 2 倍长度喇叭型缓冲结构三种情况进行了测试，模型实验测点布置如图 7-13 所示，图 7-14 列出了这三种情况下的压力和压力梯度测试结果。

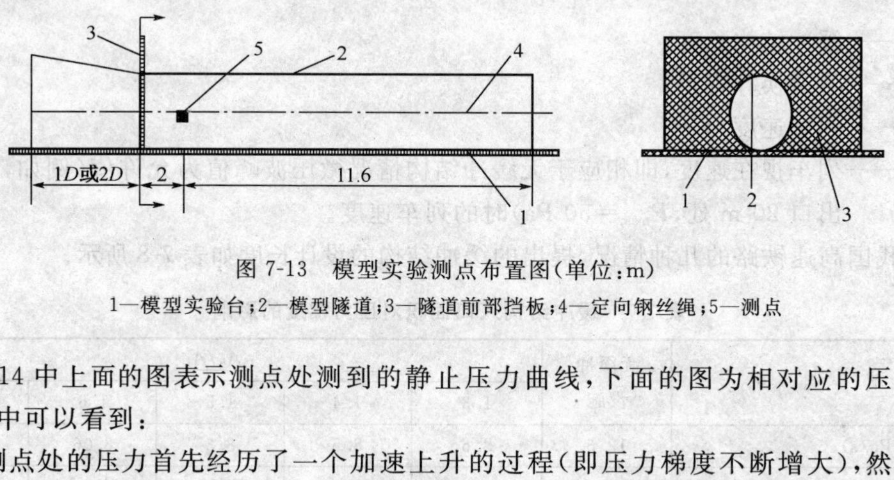

图 7-13　模型实验测点布置图(单位：m)

1—模型实验台；2—模型隧道；3—隧道前部挡板；4—定向钢丝绳；5—测点

图 7-14 中上面的图表示测点处测到的静止压力曲线，下面的图为相对应的压力梯度曲线。由图中可以看到：

(1)测点处的压力首先经历了一个加速上升的过程(即压力梯度不断增大)，然后又逐渐下降。

这个压力加速上升的过程基本决定了初始压缩波在隧道出口造成的微压波峰值的大小，其中的最大压力梯度值越大，通常在隧道出口处产生微压波峰值也会越大。

(2)有缓冲结构时，压力上升的时间和达到压力梯度最大值的时间相对于无缓冲结构时明显提前了。这主要是由于在隧道入口设置了缓冲结构后，列车前方的空气相应于无缓冲结构时受到压缩的时间也提前了。

(3)喇叭型缓冲结构对于最大压力值和最大压力梯度值均有比较明显的削减作用。在缓冲结构入口横断面积不变的情况下，缓冲结构越长，最大压力值和最大压力梯度值通常会越小，但是相对于缓冲结构长度增长的倍数而言，这种减弱效果增加的程度会变得越来越小。

喇叭型缓冲结构对于最大压力梯度值的消减作用明显大于最大压力值；2 倍长度缓冲结

构的作用优于1倍缓冲结构。当采用1倍长度的喇叭型缓冲结构时，隧道入口处的压力梯度将减小到无缓冲结构时的70%左右，相当于将列车速度降低到当前速度的89%左右时的效果；采用2倍长度的喇叭型缓冲结构时，隧道入口处的压力梯度将减小到无缓冲结构时的50%左右，相当于将列车速度降低到当前速度的79%左右时的效果。

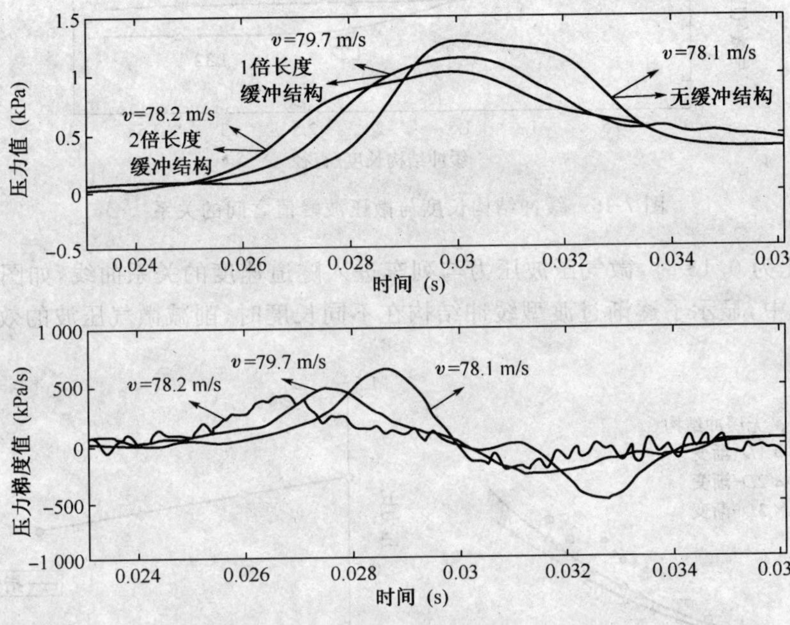

图 7-14 模型试验测量结果的比较

为了检验缓冲结构与面积变化率以及长度对减缓气动效应的效果，日本做了许多试验。在试验中，选取了两种母线形式、三种长度的隧道缓冲结构(图 7-15)。

缓冲结构的长度分为三种：

① $l=70$ mm，$l/d\approx1.11$；

② $l=140$ mm，$l/d=2.22$；

③ $l=210$ mm，$l/d=3.33$。

同时，入口面积又分为三种：

① $D\approx77.2$ mm，$(D/d)^2\approx1.5$；

② $D\approx89.0$ mm，$(D/d)^2\approx2.0$；

③ $D=99.6$ mm，$(D/d)^2\approx2.5$。

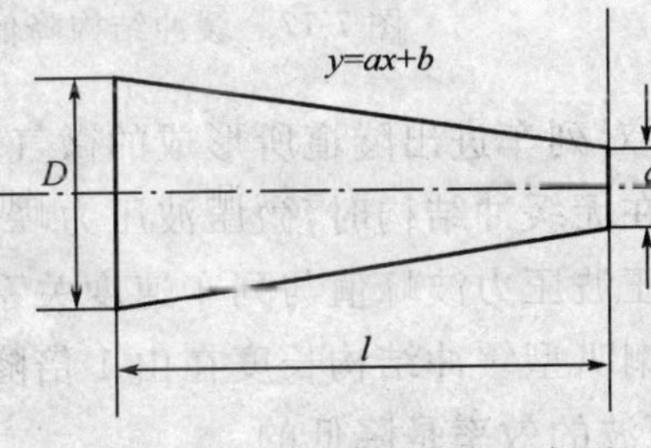

图 7-15 缓冲结构示意图

由此，得到试验测试曲线。如图 7-16 中的曲线标记号，L12 的意义为：第一个标记代表缓冲结构长度选项；第二个标记代表缓冲结构入口面积选项。

从测试结果可以看出，直线为母线的缓冲结构形式可以将微气压波降低到30%左右。同时，缓冲结构的长度、入口面积对缓冲结构的效果有很大影响。

2. 影响微气压波峰值的因素

利用西南交通大学高速列车模型发射系统，通过对大量实验，测试得到缓冲设施长度、阻塞比、车速与微压波之间的一般规律。

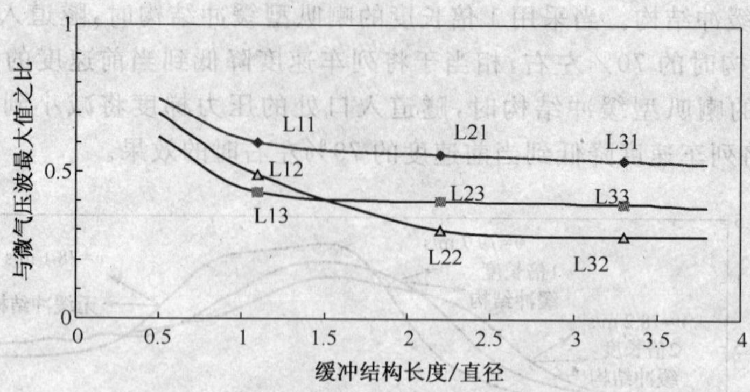

图 7-16　缓冲结构长度与微压波峰值之间的关系

对于阻塞比为 0.13 时，微气压波压力与列车进入隧道速度的关系曲线，如图 7-17 所示。图 7-17(b)中，显示了逐渐过渡型缓冲结构在不同长度时，削减微气压波的效果。

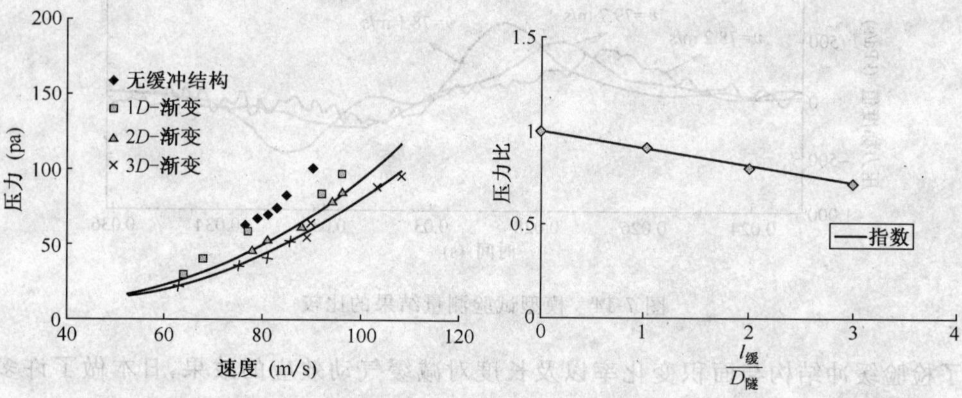

(a) 微压波与列车车速关系　　(b) 缓冲结构长度与降低微压波效果

图 7-17　缓冲结构降低微压波效果比较曲线(阻塞比＝0.13)

通过对列车进出隧道所形成的微气压波压力的测试分析表明：

(1)在无缓冲结构时，微压波压力峰值与列车进入隧道速度的 3 次幂成正比；设置缓冲结构后，微压波压力波峰值与列车速度关系曲线变缓，幂指数方程的指数小于 3。

(2)喇叭型缓冲结构长度在由 1 倍隧道直径增加到 3 倍隧道直径时，单位缓冲长度结构降低微气压波的效率是降低的。

二、开窗型缓冲结构

1. 开窗型缓冲结构形式(图 7-18)

根据开窗的形式不同可分为：两侧分别开 1 个窗、两侧分别开 2 个窗、顶部开 1 个窗等。

2. 开窗型缓冲结构的影响因素

对于开窗型缓冲结构，窗口形状一般为长方形，主要参数有：

(1) 开口率

$$开口率=\frac{开口面积}{隧道面积}$$

(a) 顶部开窗型缓冲结构

(b) 两侧开窗型缓冲结构

图 7-18　开窗型缓冲结构工程应用形式

(2) 缓冲结构长度 L_h

一般取 $L_h=1D$、$2D$、$3D$。

$$D=2\times隧道水力直径=2\times\frac{隧道面积}{湿周},D\ 为隧道等效直径。$$

(3) 隧道缓冲设施入口面积

经过大量的研究分析表明：隧道缓冲设施入口面积与隧道面积的比在 1.5 左右时，缓冲设施降低微压波的效果较好。

下面将结合遂渝铁路时速 200 km 隧道洞口气动特性的 研究，介绍缓冲的具体设计方法。

三、缓冲结构实际工程设计实例

遂渝铁路的修建项目，在国内首次采用模型试验和数值模拟方法，对 200 km 时速列车进取隧道的隧道洞口微压波以及缓冲设施的优化进行细致的研究分析，提出缓冲设施的优化设计方案。通过缓冲设施的设置，在满足微气压波标准的情况下，减小了隧道断面尺寸，节省了建设投资，取得良好的经济和社会效益。

为得到遂渝线列车进入隧道洞内首波瞬变压力的分布规律，对隧道无缓冲结构的工况(采用"中华之星"机车，隧道长度为 540 m)，进行数值计算和模型试验，模型试验的相似比为 1/73，参数如图 7-19、表 7-9 所示。

表 7-9　数值计算内容表

项目 / 缓冲	隧道断面 (m^2)	机车	阻塞比	隧道长度 (m)	列车速度 (km/h)
无缓冲	48.6	中华之星	0.23	540	160/200/250

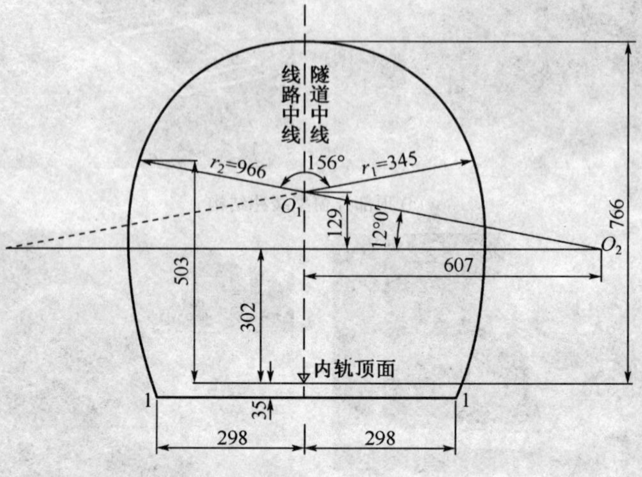

图 7-19　遂渝线单线隧道衬砌净空限界图(单位:cm)

采用数值分析软件,计算得到在不同速度时,隧道无缓冲设施时,列车进入隧道所产生的微压波峰值。试验和计算结果如表 7-10 所示。

表 7-10　模型实验和数值分析微压波峰值(β=0.23)

比较项目 / 列车速度(km/h)		160	200	250
微压波峰值 (Pa)	模型实验换算值	23	58.4	89.9
	数值计算值	24.5	63.1	90.8

注:表中测点,距离隧道出口 20 m 处微压波值。

为了研究加设各种缓冲结构后,遂渝线(时速 200 km,β=0.23)对应微压波峰值情况,拟定缓冲设施模型试验工况及模型试验测试结果如表 7-11、表 7-12 所示。

表 7-11　模型试验内容表

参数 / 缓冲结构	喇叭型	方型	方型开口	拱型开口缓冲结构 两侧双开口
缓冲结构长度	1D/2D/3D	1D/2D	2D	1D
开口率(%)	—	—	0.25	0.33
隧道断面(cm^2)	92			
阻塞比	0.26			
隧道长度(m)	3.54			
列车速度(km/h)	200			
试验组数	各 8 次			

表 7-12　换算微压波峰值试验结果汇总表(v=200 km/h,β=0.23)

缓冲结构 / 项　目	喇叭型			方　型		方型开口	拱型开口
	1D	2D	3D	1D	2D	2D	1D
微压波峰值(Pa)	38.7	29.2	19.0	40.2	32.1	21.9	35.8
是否符合要求	√	√	√	√	√	√	√

注:测点距离隧道出口中心 20 m,依据微压波无建筑物标准(<50 Pa)判断是否符合要求。

对两侧开窗和顶部开窗时,不同开口率的缓冲结构的压力梯度的数值分析的结果见表 7-13、表 7-14。

表 7-13　压力梯度和微压波峰值计算结果汇总表

(β=0.23,L_T=540 m,v=200 km/h)

缓冲结构 / 项　目	2D 拱型两侧开口			2D 拱型顶部开口		
	0.25	0.33	0.4	0.25	0.33	0.4
最大压力梯度(kPa/s)	5.4	4.7	4.3	5.5	5.0	4.7
微压波峰值(Pa)	30.2	26.5	23.9	30.9	28.4	26.5

表 7-14　压力梯度和微压波峰值计算结果汇总表

(β=0.23,L_T=540 m,v=200 km/h)

缓冲结构 / 项　目	1D 拱型两侧开口			1D 拱型顶部开口			1D 拱型双开口
	0.25	0.33	0.4	0.25	0.33	0.4	0.33
最大压力梯度(kPa/s)	5.2	5.4	5.7	5.7	5.5	5.9	5.2
微压波峰值(Pa)	29.3	30.2	32.1	32.1	30.9	33.4	29.0

注:测点距离隧道出口中心 20 m。

由于工程设施的复杂性,缓冲设施的设置受多种因素的影响。在选择具体的缓冲结构形式时,需要首先根据工程条件,初步拟定缓冲设置的设置形式位置等参数,然后结合试验、软件气动性能分析和工程成本进行综合评价,确定最终设计方案。

根据隧道出入口的地形、地质条件,在隧道出入口设置 1 倍隧道等效直径(即 2 倍隧道水力直径)的长度。缓冲结构的实际断面积为 72.85 m^2,面积为遂渝线隧道截面面积的 1.5 倍,长度为 8 m,开口率 0.33,开口形式见图 7-20,实际采用的隧道缓冲形式如图 7-21 所示。

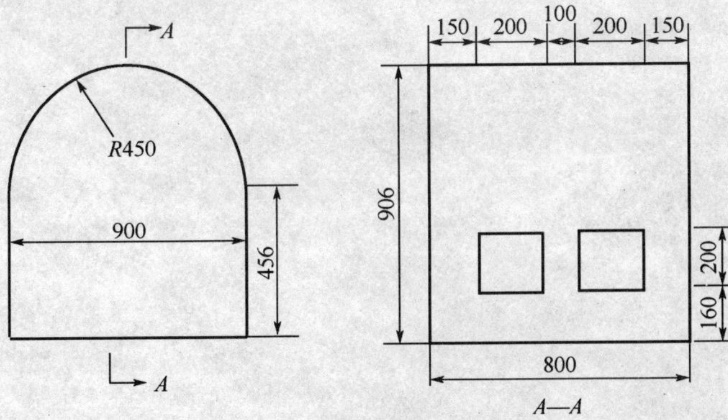

图 7-20　1D 拱型双开口缓冲结构图(单位:cm)

图 7-21　遂渝线隧道洞口缓冲结构实例

复习思考题

1. 控制车隧气动效应的措施有哪些？这些措施的出发点有哪些差别？
2. 缓冲设施的种类有哪些？设置缓冲设施主要是控制车隧气动效应的哪方面效果显著？
3. 参考已有的缓冲设施形式，提出新型缓冲设施形式。
4. 在对隧道进行缓冲设施设计时，应考虑哪些敏感性参数？

第八章
高速铁路隧道衬砌结构养护维修

第一节 隧道衬砌结构养护维修现状

隧道建筑物是铁路线路的重要组成部分。作为隧道主要承载结构的衬砌，应在设计基准期内经常保持其状态均衡完好，保证列车按规定的速度安全和不间断地运行，维持正常的使用功能。这就是对隧道衬砌结构进行养护维修的目的。

隧道养护维修工作的基本原则是：为确保隧道的使用功能和运营安全，而对影响隧道建筑物安全性、耐久性的变异进行检查及调查，并采取维修、大修等适当的对策和措施。

一、国外高速铁路隧道衬砌养护维修现状

近年来，日本的高速铁路隧道相继发生 3 次重大的衬砌混凝土掉块事故，引起了日本运输省的重视。1999 年 6 月 27 日，山阳新干线福冈隧道发生衬砌混凝土剥落造成列车破损的重大事故；同年 10 月 9 日，山阳新干线北九州隧道的边墙上端发生混凝土剥落事故；11 月 28 日，室兰干线礼文宾隧道发生重达 2 t 的拱部衬砌混凝土剥落造成货物列车脱轨事故。

日本从 20 世纪 80 年代起，在高速铁路隧道、水工隧洞中引入健全度概念，对结构物的剩余寿命进行评估，获得实质性进展，特别是将专家系统手法引入结构物健全度的评定，效果很好。美国则以结构损伤度的概念，进行结构物损伤的评估方法的研究，也取得一定的进展。在欧洲，瑞士联邦铁路公司专门制定了隧道检查维修标准，隧道在使用过程中从普通的常规检查到定期的、不间断的检查，一直到实时的全过程跟踪监测，都有其相关的工作流程、反馈程序以及维修对策。但从整体上看，对地下结构物耐用期的研究，是相当不充分的。

从各国的研究现状看，研究主要集中在以下几个方面：

(1)维修管理的基本模式；

(2)隧道结构变异现象的分类及其标准化；

(3)结构变异的原因、变异现象和变异原因的因果关系；

(4)结构变异程度的分级及其判定；

(5)结构变异的防治措施(整治、对策)等。

二、我国铁路隧道养护维修方面的主要问题

我国已建成的铁路隧道总长度已逾 4 300 km，管好、用好这些隧道，是养护维修工作的重要任务。在隧道的设计阶段、施工阶段就考虑建成后的养护维修问题，为运营阶段的养

护维修工作创造良好的条件是非常重要的。特别是我国将建的超过 1 000 km 的高速铁路隧道，标准更高，养护维修更重要。目前，我国在隧道养护维修方面存在的主要问题有以下几点：

(1)将维修管理的理论和方法运用到隧道的养护维修中，理论亟待提高。在维修管理中需要建立一个新的概念，即结构物在设计基准期内，受到劣化外力作用(环境条件的变化等)，要将劣化状态控制在容许水准以内为目标；同时，根据经济性，来设定材料规格、设计基准和施工工艺，并决定相应的维修管理基准的概念。

(2)缺乏早期发现变异现象的检查和检测方法，特别是铁路隧道由于洞内的运营条件差(潮湿、阴暗等)，很难早期发现变异的前兆和变异现象。因此在日常检查中，充实、改进和完善检查、检测方法，是当务之急。

(3)对既有隧道功能状态的判定和评价方法有待提高。

(4)铁路隧道变异的整治方法落后。不仅与国外隧道工程的变异整治方法比，就是与国内其他隧道工程的整治方法比也是落后的。这当然与隧道工程自身的特点有关，但缺少对整治方法、材料及工艺的系统研究和整理也有极大关系。将一些成熟的、有效的和先进的整治方法标准化是十分必要的。

第二节　隧道衬砌结构物的劣化现象和原因

一、混凝土结构物的劣化现象和原因

隧道结构物多数是由混凝土或钢筋混凝土材料构成的，因此，掌握混凝土结构的劣化类型和对耐久性有影响的因素，对弄清隧道结构物的现象和原因非常重要，表 8-1 列举了混凝土结构的劣化原因。

表 8-1　混凝土结构的劣化原因

劣化现象及原因	混凝土			钢筋			结构物
	物理的	化学的	其他	物理的	化学的	其他	
劣化现象	冻害、磨耗崩塌、开裂压溃等	侵蚀、变质、成分溶出、膨胀劣化	生物腐蚀	屈服、破坏等	腐蚀	生物腐蚀	变形、破坏、钢筋混凝土的粘附破坏
外部原因	气象、盐类磨耗、放射线、荷载作用、火热	酸、盐等以及有害气体液体的溶解电流作用		荷载作用、火热	空气、水、有害气体等以及电流作用、气象、高应力	荷载作用、不均下沉、温度变化、钢筋腐蚀	
内部原因	混凝土性质、含水状态空气量、使用材料的质量、施工缺陷			钢筋种类、尺寸及性质，设计事项，保护层开裂(钢筋配置等)、混凝土性质、设计、施工缺陷			混凝土及钢筋的性质、设计、施工

表 8-1 充分说明，混凝土结构物的劣化原因是多方面的，其表现也是多种多样的。因此，要研究结构物的耐久性，必须对其劣化现象、劣化原因进行适宜的分类和标准化，寻找其间的相互因果关系，才能使问题得到较好的解决。

二、隧道结构物的劣化现象和原因

隧道结构物是处于地下的混凝土或钢筋混凝土结构，其使用环境条件比地面结构恶劣得多，特别是地质环境条件更不容忽视，因此地下结构的劣化还具有一定的特殊性。

1. 劣化现象分类

既有隧道发生的劣化现象，根据劣化发生的地点，一般按图 8-1 分类。

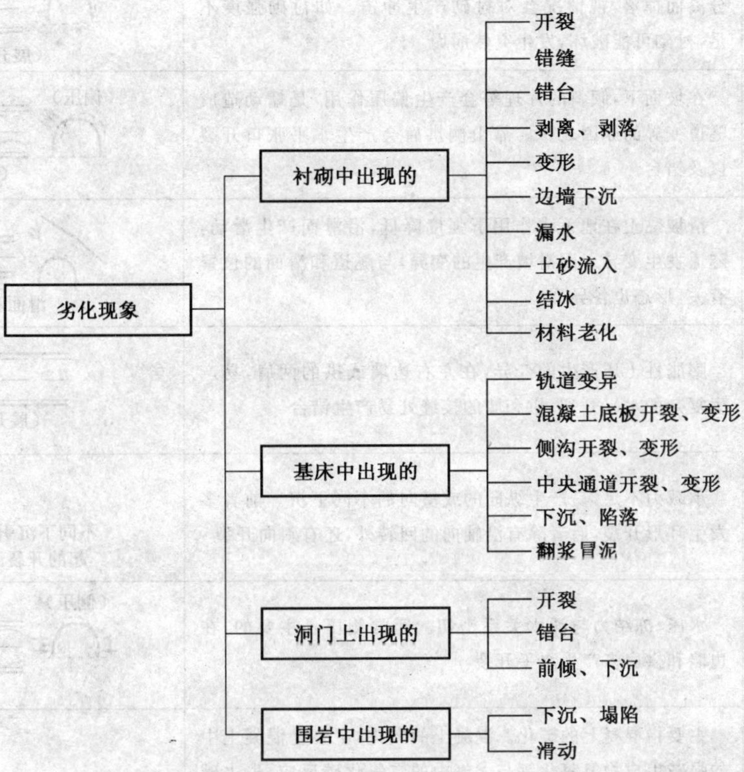

图 8-1　隧道劣化现象分类

隧道结构发生劣化现象后，发展到可能有碍正常使用的程度时，谓之“变异”。

2. 劣化原因及特征

既有隧道发生的劣化，有因外力造成的，有因材质劣化造成的，也有因漏水造成的。此外，设计、施工条件也会产生一定的影响。一般说，发生劣化时，表 8-2 所列劣化原因多数是交叉重复作用的。因此，即使进行详细的调查，有时也很难对劣化原因做出明确的判定。

3. 劣化原因分类

从表 8-2 可以看出，产生劣化的原因是多方面的，大体上分为外因（外力和环境等外部因素）和内因（材料和设计、施工等构造上的因素）两大类。

隧道的劣化多数是由多种因素产生的，应根据内因和外因的组合来推定劣化原因。为此，在正确地推定劣化原因时，要有隧道工程学的知识和经验，系统地理解各种现象的特征。

(1)外因

外因分为外力引起的劣化和环境引起的劣化，如图 8-2 所示。

表 8-2　劣化的原因和特征

原因		概要	备注
外力	松弛土压	松弛土压，指围岩自然松弛，不能承受自重，而作为荷载作用在衬砌上，以垂直压力为主。因此，拱顶多沿纵向发生张开性的开裂	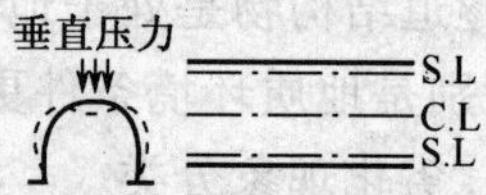
	突发性崩塌	隧道上部有比较大的空洞，空洞上部的岩块可能与围岩分离而掉落，视情况会对衬砌产生冲击。如衬砌强度不足，衬砌可能破坏，发生突然崩塌	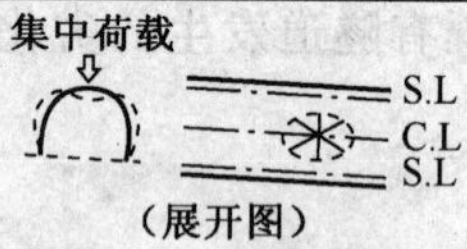
	偏压、坡面	在坡面下，倾斜的片理等会产生偏压作用，是蠕动造成隧道变异的原因之一。靠山侧拱肩会产生水平张口开裂以及错台	
	滑　坡	滑坡黏土在地下水作用下强度降低，沿滑面产生滑动，隧道发生变异。因滑坡产生的变异，与隧道和滑面的位置有关，形态也各异	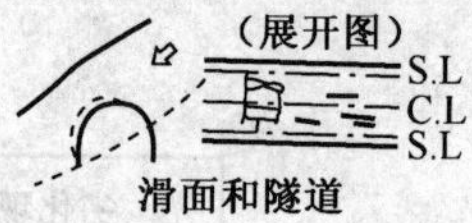
	膨胀性土压	膨胀性土压产生的变异，在左右边墙或拱的两肩，易产生复杂的水平开裂，拱和墙的接缝处易产生错台	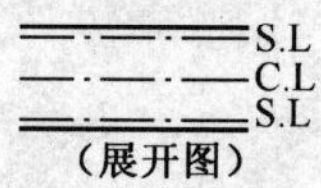
	承载力不足	承载力不足，易产生纵向的或横向的不同下沉。前者多发生环形开裂，后者除有沿轴向的回转外，还有斜向开裂	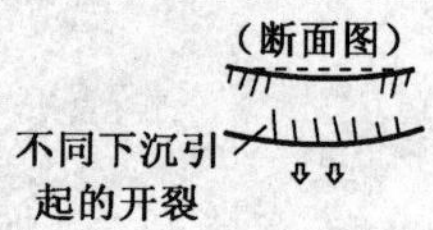
	水压、冻结力	水压、冻结力与涌水关系密切。通常侧压是主要的，在边墙和拱肩多产生水平开裂	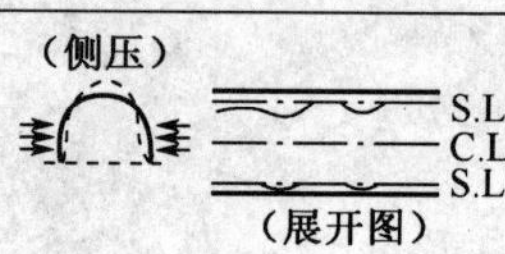
材质劣化	经常性劣化	主要指混凝上的碳化。混凝土的碳化，主要是混凝土中的强碱生成物氢氧化钙与大气中的二氧化碳反应，失去碱性而碳化	
	冻　害	在寒冷地区的隧道，冻害是衬砌劣化的最主要的原因。冻害的发生机制有混凝土中水分的冻结和伴随的体积膨胀	
	盐　害	此种变异主要是混凝土中的钢材腐蚀、海水和混凝土的反应产生的多孔质化	
	有害水	围岩中的地下水，如火山地带的强酸性水，对衬砌是有害水，是造成衬砌劣化原因之一	
	使用材料、施工方法	起因于使用材料和施工方法的变异，早期发生的较多。使用材料不当，会出现水泥异常膨胀；施工不当也会造成开裂	 干燥收缩及外气与围岩温差引起的开裂
	钢材腐蚀	因钢材腐蚀造成体积膨胀，使混凝土沿钢筋开裂和使钢材断面减少，造成承载力的降低	

续上表

原因		概要	备注
材质劣化	碱-骨料反应	因碱-骨料反应的变异事例，到目前为止，还比较少	
	火灾	火灾时，混凝土处于高温状态，会使强度、弹性系数等力学性质劣化。表面发生爆裂现象，会发生剥落、开裂等	
	其他	通行车辆的排气等与漏水等化合会产生强酸性水	
其他	背后空洞	背后空洞不仅是围岩松弛、土压增加的原因，也阻碍了被动土压的产生，是造成衬砌强度降低的原因之一	
	拱厚	设计厚度较小时，会造成变异	
	无仰拱	施工时没有设置仰拱，但施工后因某种原因使土压增大，造成无仰拱地段的变异	
	漏水	有的是因外力产生的变异引起的，有的是因衬砌自身引起的	

(2)内因

劣化隧道一般都有内因。内因可按图 8-3 进行分类。这是促进外因造成劣化的重要因素，在原因推定上是不能忽视的。

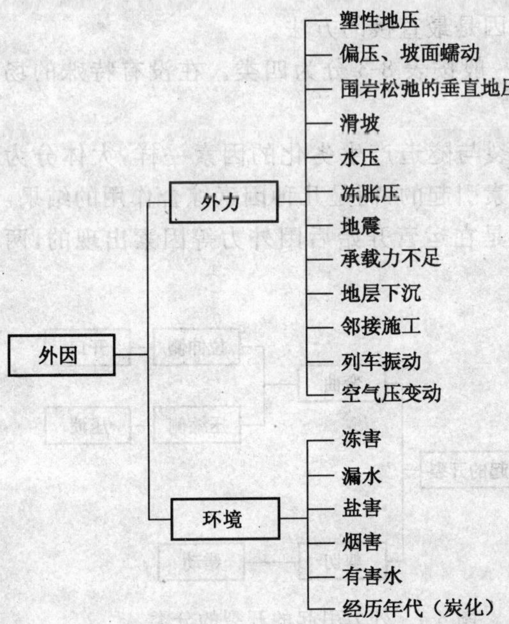

图 8-2　外因分类

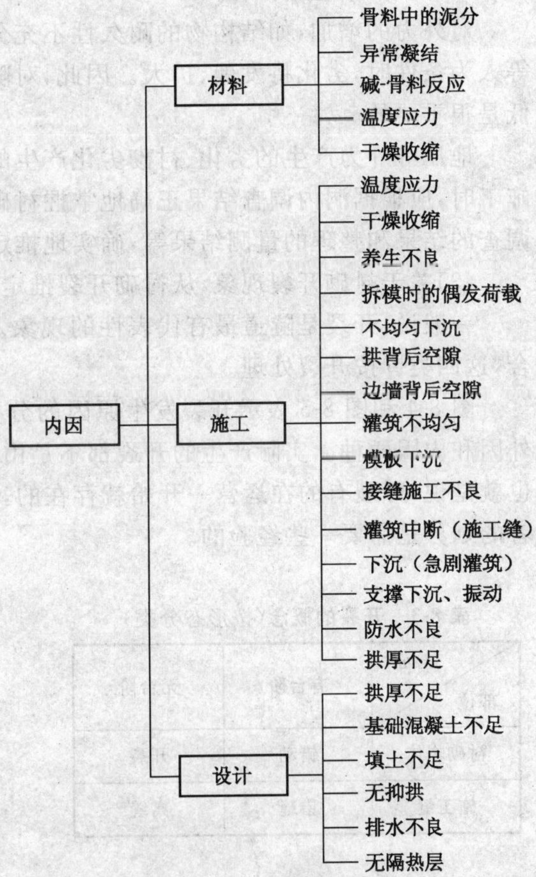

图 8-3　内因分类

4. 重要劣化原因分析

(1)山岭隧道是修筑在地层中的一种地下结构物，对土压等外力来说，是由围岩和支护结构双方共同承载的。同时采用与地下水相匹配的排水系统来保持隧道不受水压的作用是很重要的。

衬砌背后的空洞，对隧道来说是极为有害的。有外力作用时的隧道在被动区域的衬砌背后有空洞时，背后的围岩对变形不能提供反力，对外力来说，是易于产生变形的结构。空洞部分的围岩形状是凸凹不平的，被动区域和主动区域在衬砌背后与围岩是不均匀接触的，因此，会产生较大的应力。另外，空洞部分的围岩可以说是和毛洞状态一样的，围岩会因松弛而逐渐扩大。在没有充分的围岩支撑力的情况时，为不使隧道下沉，应设置仰拱等结构。

综上所述，要保持隧道内良好的排水条件，同时对衬砌背后的空洞进行回填，以防止外力作用而引起劣化。

(2)运营阶段外力的变化，对隧道结构物劣化影响显著。外力分类如下：

①施工阶段的外力在继续发展；

②在施工阶段或比较早期，外力有增加的趋势；

③外力间断地增大；

④外力加速地发展；

⑤外力间断地增减。

对外力的增加，如结构物的耐久性不充分时，或坡面不稳定，再加上围岩劣化、气象、地象等人为条件时，劣化将发展、扩大。因此，对隧道结构物的劣化，有无外力的增加和耐久性的降低是很重要的。

地压等外力产生的劣化、衬砌劣化产生的剥落、剥离等，在进行健全度判定和对策的设计、施工时，应根据洞内调查结果正确地掌握衬砌和道床的劣化现象，同时，根据资料调查和环境调查的结果和整理的量测结果等，确实地推定劣化原因。

(3)关于衬砌开裂现象，从衬砌开裂推定劣化原因是最直接的方法。

一般说，开裂是隧道最有代表性的现象。开裂一般按表 8-3 分为四类。在没有特殊的场合，这四类皆按开裂处理。

图 8-4 和图 8-5 表示开裂发生原因的分类。开裂与隧道产生劣化的因素一样，大体分为外因和内因两种。实际产生的开裂都不是由单一因素引起的，而是几种因素综合作用的结果。也就是说，开裂有的在运营一开始就存在的，也有的是在运营开始后因外力等因素出现的，两者的划分是需要一些经验的。

表 8-3　开裂的概念(按形态分类)

部位＼条件	有台阶	无台阶
衬砌本体	错动	开裂
施工缝	错缝	离缝

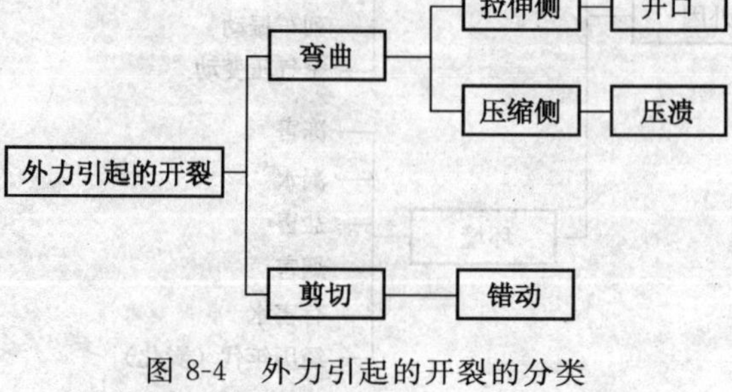

图 8-4　外力引起的开裂的分类

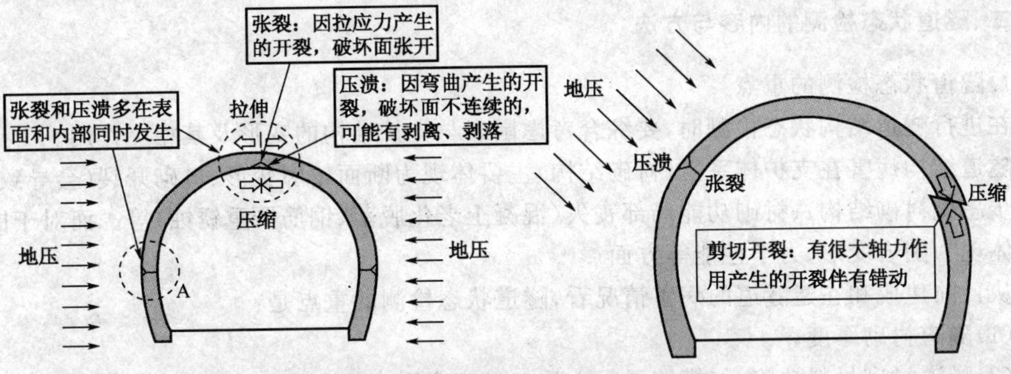

图 8-5　外力产生的开裂模式

为此，掌握不同因素产生的劣化的典型开裂形态进行综合判断，在查明开裂原因上是必要的。

第三节　高速铁路隧道状态检测

一、隧道结构状态检测

结构的状态检测是指利用现场无损传感技术，通过对结构现状检查观测和特性分析，达到检测了解结构损伤或退化的目的。通过长期的状态检测，可得到结构在其运行环境中劣化所导致的完成预期功能变化的适时信息。在详细分析结构状态检测的概念、系统组成和发展现状的基础上，结合隧道结构的具体特点，提出了隧道结构状态检测的定义，构建了一个集检测、诊断和状态评价为一体的隧道结构状态检测系统。一个完整的隧道结构状态检测系统见图 8-6。

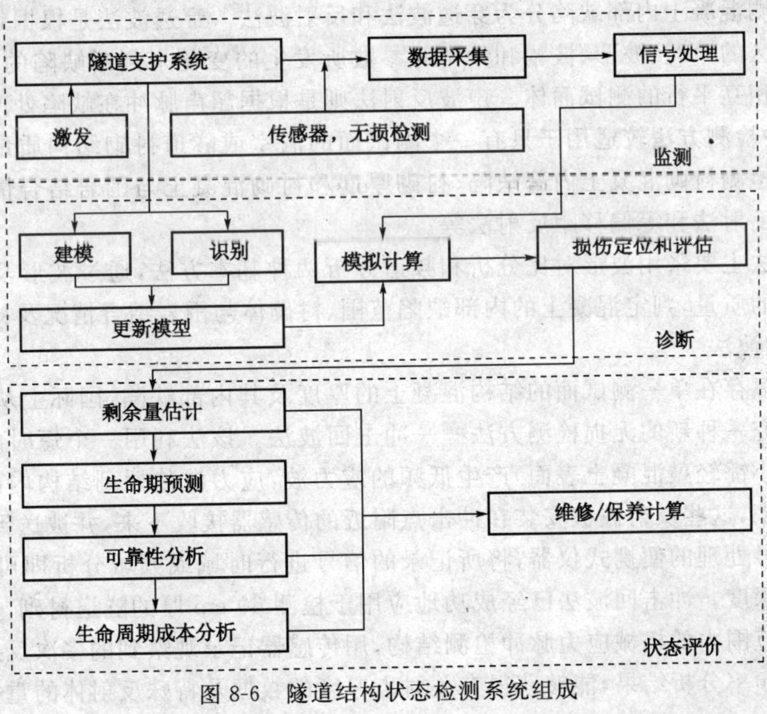

图 8-6　隧道结构状态检测系统组成

二、隧道状态检测的内容与方法

1. 隧道状态检测的重点

在进行隧道结构状态检测时，要综合考虑围岩与支护结构的变形及其相互作用。

隧道结构病害在支护体系上（衬砌结构）主要体现为断面轮廓变形、衬砌开裂（会导致渗漏进一步恶化衬砌结构）、衬砌功能局部丧失（混凝土老化脱落、钢筋严重锈蚀）等。而对于围岩，主要体现为围岩变形、力学性能等方面。

从目前建成和在建隧道的病害情况看，隧道状态检测的重点是：

(1)隧道衬砌厚度；

(2)隧道衬砌材料缺陷，如模筑混凝土施工过程中出现蜂窝或空洞等；

(3)隧道衬砌背后空洞，如在施工过程中由于塌方处理不当、回填不密实等原因造成衬砌与围岩接触不紧密或形成空洞等；

(4)地下水渗漏造成对衬砌材料的物理和化学腐蚀；

(5)隧道衬砌的开裂状态及其性质。

隧道状态检测就是利用传感器收集的隧道衬砌厚度、裂损部位、空洞空隙分析、混凝土结构完整性、力学强度、围岩变形等方面的信息，判断工程施工是否达到设计要求，诊断与评价既有衬砌与围岩的工作状态与安全性能，分析病害产生的原因，提出病害整治方案。

2. 隧道状态检测的方法

高速铁路隧道状态检测中最关心的是衬砌厚度、裂损部位、衬砌背后空洞空隙的分布、混凝土结构完整性、钢筋分布等方面的信息，用以判断工程施工是否达到设计要求，诊断与评价既有衬砌的工作状态与安全性能，分析病害产生的原因，提出病害的整治方案。

(1)声波反射法

声波法检测混凝土内部缺陷分为穿透波法和反射波法。穿透波法是根据超声脉冲穿过混凝土时在缺陷区的声时、波形、波幅和频率等参数所发生的变化来判断缺陷的，这种方法要求被测物有一对相互平行的测试面体。声波反射法则是根据超声脉冲在缺陷处产生反射现象来判断缺陷，这种检测方法较适用于只有一个测试面的洞室或隧道衬砌结构质量检测。声波反射法主要用于检测衬砌混凝土内部缺陷、衬砌厚度和衬砌混凝土与围岩结合情况。常用的检测方法有垂直反射法和等偏移距反射法等。

声波反射法主要采用波形对比分析和频谱分析两种基本方法，通过波形及频谱特征来确定衬砌混凝土的质量，判定混凝土的内部缺陷范围、衬砌体与围岩结合情况及衬砌厚度等。

(2)冲击回波法

为了检测只存在单一测试面的结构混凝土的厚度及其内部缺陷，国际上从 20 世纪 80 年代中期开始研究一种新的无损检测方法——冲击回波法。该法利用一个短时的机械冲击（用一个小钢球或小锤轻敲混凝土表面）产生低频的应力波，应力波传播到结构内部，被缺陷和构件底面反射回来，这些反射波被安装在冲击点附近的传感器接收下来，并被送到一个内置高速数据采集及信号处理的便携式仪器，将所记录的信号进行时域或频域分析即可得出混凝土的厚度或缺陷的深度。冲击回波法已经成功地应用于检测 60 cm 厚的隧道衬砌。用钢球产生的超声波和音速范围内的机械应力脉冲检测结构，用传感器记录观察到的多次反射波，并进行频率分析。根据频率分析结果，能够获得有关衬砌厚度的数据及特殊反射体的重叠。

冲击回波达到的检测深度依赖于要检测的材料结构、强度以及应力脉冲的频率,这些会受到所选球尺寸的影响,球的尺寸要适合给定的检测状态。

(3)地质雷达法

地质雷达是一种广泛应用于探测地下目标体的地球物理探测方法,应用领域涉及地质勘查、基础工程质量检测、灾害地质调查与考古调查、结构工程无损检测等。由于探地雷达检测技术采用了先进的连续透视扫描无损探伤技术,探测精度比传统检测方法高,且又是连续扫描,可获得隧道探测的连续结果。地质雷达能较好地对隧道衬砌的实际情况进行检测,是一种快速、高效、经济、简便的无损检测高新技术。地质雷达法近年来也被应用到隧道衬砌健康检测中,但是实际应用中有很多问题有待解决。

地质雷达数据处理的目标是压制随机的和规则的干扰,以最大可能的分辨率在地质雷达图像剖面上显示反射波,以提取反射波的各种有用参数(包括电磁波波速、振幅和波形等)来帮助解释介质的情况。

地质雷达依靠脉冲回波信号,其子波都由发射源控制。脉冲在介质中传播时,能量会发生球面衰减,也会因为介质对波的能量的吸收而减弱,在介质不均匀的情况下还发生散射、反射和透射,因此有必要通过数字处理以获得最佳雷达剖面图像。常用的数字处理技术有数字滤波(频率域滤波和时间域滤波)、偏移绕射处理等。

(4)其他检测方法

隧道断面轮廓和变形测绘法是一种间接检测方法,它通过检测隧道断面的变形情况反推隧道衬砌结构的工作状况,是一种辅助无损检测方法,在实际工程检测中也经常被采用。常用的断面轮廓仪是隧道激光断面仪。

隧道激光断面仪是建立在无合作目标激光测距技术和精密数字测角技术之上的。极坐标测量法与计算机技术紧密相结合,加上专门设计的图像处理软件,能迅速得到隧道断面图并与设计图进行对比,从而可以快速给出检测报告等文件。仪器利用激光的光时差原理来测定待测面的凹凸状况,进而确定待测面的轮廓。激光的光时差原理是指可以利用激光所走行程的时间差来反求测点到仪器的实际长度,即通过发光二极管发射激光到隧道衬砌面,由激光接收器接收反射光,利用时间差反算距离。测试时,系统控制激光传感器发射和接收激光束,该过程的光时差经模数转换器转换成数值信号后输出到电脑中存储,通过运行系统软件处理后即可得到实际的隧道断面轮廓。

另外还有机械振动法(结构动力学法、地震波反射法等)、射线技术法(γ射线反向射线法、中子反向散射法)和其他电气和电子技术法(涡流法、电势法等),光学技术法(红外线稳定记录法、多光谱分析法等)较少采用。

隧道状态检测的目的是要得到整个隧道衬砌状况完整的、可靠的数据。这些方法应用于验收新建隧道、长期监测已有隧道、检查隧道以及修复结果等。隧道中成功地采用无损检测方法的前提是这些方法必须满足交通隧道运营中的特殊要求,如不能干扰车辆的正常通行。为了满足这些要求,设备制造商既要适应其他领域现在采用的检测方法,又要能适应隧道中出现的特殊情况,同时研究新的、专门的检测方法。

隧道衬砌只是一侧暴露在外,另外隧道内各种设施可能对检测仪器的检测结果产生干扰,这些都会给检测工作增加困难。

3.隧道状态检测的主要内容

根据隧道状态劣化评定标准(参见本章第四节隧道衬砌结构状态评估),隧道状态检测应包括隧道衬砌裂损状态、隧道结构的渗漏水状态、冻害状态和隧道衬砌材料劣化状态,并根据以上检测结果确定隧道劣化的等级,以便采取相应的整治措施。

4.隧道状态检测的测点布置原则

在进行状态检测时,首先应根据隧道的结构特点和可能的破坏模式,确定结构的薄弱环节,以及隧道在特殊地段隧道结构的受力或受力变化,同时要考虑监测点的优化,确定出状态检测的内容和重点。

(1)隧道纵向测点布置原则

①围岩变化较大处。当隧道所处的地质条件有较大改变时,会引起隧道的差异沉降,使结构承受较大的荷载。

②水位较深处。在水位较深处,由于水压作用,易造成隧道周围含水量的变化,在外部荷载作用下,会改变结构的受力状态。

③联络通道处。联络通道处通常是受力较复杂、容易出现应力集中的地方。

④施工条件发生较大变化处。隧道施工方法的改变,会使隧道承受荷载、变形的能力发生变化。

⑤为了全面掌握隧道情况,每隔一定距离应设监测断面。

(2)横向测点布置原则

①拱腰部位;

②拱顶处;

③隧道底部。

5.隧道状态检测的步骤

为满足能够长期有效地为施工和运营提供可靠的数据保障,隧道的状态检测可分为两个阶段实施。

(1)在施工阶段,包括埋设传感器并读取数据,据此分析隧道在施工阶段的受力变化特征。

(2)在隧道竣工后利用通过通信网络把传感器数据传至中心控制系统,通过计算和分析来确定隧道受力特点和安全性能。因此,主动监测系统的数据采集器也应满足两个阶段的需要,即在施工阶段采用人工读数,并预留通信接口,以便在运营阶段并入监测系统中,自动采集数据。

6.监测信息的收集和处理

结构状态检测系统主要包括传感器系统、数据采集、通信传输设备及计算机监控中心。传感器监测的实施信号采集装置送到监控中心,进行处理和分析,从而对结构物的状态进行评估。若出现异常,由监控中心发出预警信号,并由故障诊断模块分析查明异常原因,以便决策者对结构物的隐患及早预防和排除。

(1)数据采集系统

软件设计系统的应用软件采用模块化程序设计的方法,主控制器部分、数据存储器部分以及 A/D 转换部分采用 MCS-51C 语言开发,由的 89C51 单片机执行程序;数据异步通信部分用面向对象的可视化语言 VB 编写,由 IBM-PC 上位机执行。各模块之间或者使用子程序调用,或者采用判别等待通信协议进行连接,使这个系统有机地连接成一体。数据通信程序设计串行通信程序包括单片机的通信程序与 PC 机的通信程序两方面。

(2)监测数据的处理

在数据处理和分析方面,可采用小波分析技术对监测系统反馈的数据进行处理,通过小波变换对聚集到的信号的细节进行频域处理。小波分析是数学理论中调和分析技术发展的最新成果,可以看作是一个传统 Fourier 变换的扩展。小波分析的优点在于利用一个可以伸缩和平移的视窗将聚焦到的信号的任意细节进行时域处理,提供多个水平细节以及对原始信号多尺度的近似,可以看到信号的全貌,同时又可以分析信号的细节,并且可以保留数据的瞬时特性。

第四节 隧道衬砌结构状态评估

高速铁路隧道在修建和运营过程中,由于受到环境、有害物质的侵蚀,车辆、风、地震、疲劳、人为因素等作用,以及衬砌结构自身性能的不断退化,导致结构各部分远没有达到设计年限前就产生不同程度的损伤和劣化。这些损伤如果不能及时得到检测和维修,轻则影响行车安全和缩短隧道结构使用寿命,重则导致隧道结构破坏和坍塌。因此,为保证隧道结构的安全性、适用性和耐久性,加强对隧道结构健康状况的监测和评估,应实施合理的养护维修工作。

我国铁路桥隧建筑物劣化评定标准给出了铁路隧道衬砌结构裂损、渗漏水、冻害以及衬砌材料劣化的类型、劣化等级和评定方法。它适用于评定铁路隧道劣化状态,并作为采取养护措施的依据。

1. 隧道劣化等级划分

隧道劣化等级划分见表 8-4。

表 8-4 隧道劣化等级划分

劣化等级		对结构功能和行车安全的影响	措 施
A	AA(极严重)	结构功能严重劣化,危及行车安全	立即采取措施
	A1(严重)	结构功能严重劣化,进一步发展危及行车安全	尽快采取措施
B(较重)		劣化继续发展会升至 A 级	加强监测,必要时采取措施
C(中等)		影响较少	加强检查,正常维修
D(轻微)		无影响	正常保养及巡检

2. 衬砌裂损劣化等级评定

隧道衬砌裂损劣化等级的评定见表 8-5。

表 8-5 隧道衬砌裂损劣化等级评定表

劣化等级 \ 裂损类型		变形或移动	开裂、错动	压 溃
A	AA(极严重)	滑坡滑动使衬砌移动加速;衬砌变形、移动、下沉发展迅速,威胁行车安全	开裂或错台长度 $L>10$ m,宽度 $B>5$ mm,且变形继续发展,拱部开裂呈块状,有可能掉落	拱顶压溃范围 $S>3\ m^2$;或衬砌剥落最大厚度大于衬砌厚度的 1/4,发生时会危及行车安全
	A1(严重)	变形或移动速度 $v>10$ mm/年	开裂、错台长度 L 为 5~10 m,但开裂或错台宽度>5 mm;开裂或错台使衬砌呈块状,在外力作用下有可能崩坍和剥落	压溃范围 $3\ m^2 \geqslant S \geqslant 1\ m^2$;或有可能掉块

续上表

劣化等级 \ 裂损类型	变形或移动	开裂、错动	压溃
B(较重)	变形或移动速度 v 为 3～10 mm/年，而且有新的变化出现	开裂或错台长度 $L<5$ m，且宽度在 3～5 mm 之间；裂缝有发展，但速度不快	剥落规模小，但可能对列车造成威胁；拱顶压溃范围 $S<1\ m^2$，剥落块体厚度大于 3 cm
C(中等)	有变形，但速度 $v<$ 3 mm/年	开裂或错台长度 $L<5$ m，且宽度 $a<3$ mm	压溃范围很小
D(轻微)	有变形，但不发展，而且对使用无影响	一般龟裂或无发展状态	个别地方被压溃

3. 衬砌渗漏水劣化等级评定

隧道衬砌渗漏水劣化等级的评定见表 8-6、表 8-7。

表 8-6　隧道衬砌腐蚀程度等级

腐蚀程度等级		pH 值	对混凝土的作用
A	AA(极严重)		
	A1(严重)	<4.0	水泥被溶解，混凝土可能会出现崩裂
B(较重)		4.1～5.0	在短时间内混凝土表面凹凸不平
C(中等)		5.1～6.0	混凝土表面容易变酥、起毛
D(轻微)		6.1～7.9	视混凝土表面有轻微腐蚀现象

表 8-7　隧道衬砌渗漏水劣化等级的评定

渗漏水危害等级		隧道状态
A	AA(极严重)	水突然涌入隧道，淹没轨面，危及行车安全；电力牵引区段，拱部漏水直接传至接触网
	A1(严重)	隧道底部冒水、拱部滴水成线，严寒地区边墙淌水，造成严重翻浆冒泥、道床下沉，不能保持正常的轨道几何尺寸，危及行车安全
B(较重)		隧道滴水、淌水、渗水及排水不良引起洞内局部道床翻浆冒泥
C(中等)		漏水使道床状态恶化，钢轨腐蚀，养护周期缩短，继续发展，将来会升至 B 级
D(轻微)		有漏水，但对列车运行及旅客安全无威胁，并且不影响隧道的使用功能

4. 衬砌冻害劣化等级定评

隧道衬砌冻害等级的评定见表 8-8。

5. 衬砌材料劣化等级评定

隧道衬砌材料劣化等级的评定见表 8-9。

表 8-8　隧道衬砌冻害等级的评定

冻害等级		隧道状态
A	AA(极严重)	冻溜、冰柱、冰椎等不断发展,侵入限界,危及行车安全 接触网及电力、通信、信号的架线上挂冰,危及行车安全和洞内作业人员安全 道床结冰、覆盖轨面,严重影响行车
	A1(严重)	避车洞内结冰不能使用,严重影响洞内作业人员的安全 冰楔和围岩冰胀的反复作用使衬砌变形、开裂并构成纵横交错的裂纹
B(较重)		冻融使衬砌破坏比较严重 冻融使道床翻浆冒泥,轨道几何尺寸恶化
C(中等)		冻害造成衬砌变形、开裂,但裂纹未形成纵横交错 冻融使衬砌破坏,但不十分严重 冻害使洞内排水设施破坏 冻融使线路的养护周期缩短
D(轻微)		有冻害,但对行车安全无影响,对隧道使用功能影响轻微

表 8-9　隧道衬砌材料劣化等级评定

劣化类型 / 劣化等级		模筑混凝土衬砌腐蚀
A	AA(极严重)	衬砌材料劣化严重,经常发生剥落,危及行车安全 衬砌厚度为原设计厚度的 3/5,但混凝土强度大大降低
	A1(严重)	衬砌材料劣化,稍有外力或振动即会崩塌或剥落,对行车产生重大影响 腐蚀深度 10 mm,面积达 $0.3\ m^2$ 衬砌有效厚度为设计厚度的 2/3 左右
B(较重)		衬砌剥落,材质劣化,衬砌厚度减少,混凝土强度有一定的降低
C(中等)		衬砌有剥落,材质劣化,但发展较慢
D(轻微)		衬砌有起毛或麻面蜂窝现象,但不严重

第五节　隧道衬砌结构养护维修对策设计

隧道衬砌结构的养护维修与加固设计,是建立在隧道状态检测基础上的,通过对监测数据的分析,衬砌诊断和当前隧道健康状态的评估,采取相应的措施。对于拱顶开裂、边墙开裂、衬砌厚度偏薄、背后有空洞等进行结构治理,同时也要对问题段的围岩进行加固处理。

一、基本原则

对策设计时,应综合考虑劣化现象、地形及地质等环境条件、衬砌结构,以及由此推定的劣化原因和健全度的分级等,选择最合适的设计方法进行设计。

劣化对策设计时,应正确掌握劣化现象的表现方式、环境条件(地形、地质、气象、地震等)、结构条件(隧道结构形状、维修状况等)。在设计中,多以参考过去的事例并基于经验的判断来进行。

1.衬砌补强设计原则

设计时，应考虑对策施工后确保列车运行的安全性，以及施工中的安全性、对策的施工性、耐久性及经济性等而进行规划。衬砌补强作业一般都是利用列车天窗时间进行，因此确保列车安全运行是前提条件。为此，应满足以下要求：

(1)不侵入建筑限界(确保对策施工后的限界富余)；

(2)确保轨道走行的安全性(轨道不能产生超过轨道整备基准的位移)；

(3)保持衬砌的稳定(不产生衬砌的剥落等)。

除满足上述要求外，还应考虑以下事项，进行设计规划：

(1)安全施工。在施工中，一边还要确保列车安全运行，一边还要设置临时设备，通常是很困难的，为此，要仔细调查设置的条件进行设计。

(2)施工可操作性。利用天窗时间进行对策施工中，因隧道断面小，不能全部有足够的作业空间，而且照明条件也不好，架空线也需要保护等，施工条件限制很多，为此，要求对策具有良好的施工可操作性。

(3)充分的耐久性。隧道不能频繁地进行对策施工，因此要具有长期的耐久性。

(4)经济的施工方法。

(5)其他。设计时，除地压产生的劣化现象外，也要充分掌握隧道衬砌、排水、基床构造等，同时也要掌握衬砌的构造缺陷和劣化、漏水等状态，并反映到设计中。因此，在对策设计时，可根据本书提示的补强方法，并结合隧道现场的具体条件选择合适的方法。

必要时，为确认对策的补强效果，应进行量测。这一点也要在设计计划中体现。

2.衬砌补强等级

在进行对策设计时，按 4 级进行补强等级的分级。此补强等级按劣化原因分别示于表 8-10～表 8-12 中。

表 8-10　补强等级分级(塑性地压)

补强等级	Ⅰ	Ⅱ	Ⅲ	Ⅳ
劣化的发展性 (净空位移速度基准)	有(小于 3 mm/年)	稍大(3～9 mm/年)	大(大于 9 mm/年)	极大(大于 2 mm/月)

注：(1)尽管结构没有缺陷(厚度、强度充分，背后没有空洞，施工缝没有结构上的缺陷)，但劣化在发展的场合应将补强等级提高一级。

(2)产生压溃及剪切开裂的场合和产生极大轴力的场合，补强等级应提高一级。

①产生压溃及剪切开裂的场合(长度小于 3 m)。

②产生宽度大的拉伸开裂或错动 3 mm 以上的场合。

③产生多数拉伸开裂并行的场合。

④根据应力测定，衬砌的轴力极大的场合。

(3)相当于以下场合的，应按补强等级Ⅳ级处理。

①净空位移呈加速度发展的场合；

②尽管有仰拱，但劣化仍在发展的场合；

③压溃及剪切开裂，长度大于 3 m 的场合。

(4)限界富余非常小的场合，宜适当提高补强等级。

(5)路基有劣化时，宜提高补强等级。

(1)塑性地压场合的补强等级

因塑性地压发生劣化的场合如表 8-10 所示。首先根据劣化的发展性进行补强等级的分级，再根据衬砌结构和劣化现象预计的地压规模修正等级，最后决定补强等级。

表 8-10 的适用条件如下：

①净空位移速度表示的数值系指一般断面的隧道、没有仰拱的隧道和没有任何结构缺陷的隧道。

②考虑劣化的发展性，补强等级应提高一级。

结构缺陷(衬砌构造)。尽管衬砌没有构造缺陷但有劣化在发展的场合，可能是地压大造成的，因此补强等级应提高一级。

劣化现象。压溃、剪切开裂、张开较大的拉伸开裂、错动等的存在，说明衬砌受到较大的断面力。同时，在素混凝土衬砌中，如果轴力小，可单独产生因弯曲产生的拉伸开裂，但轴力大和开裂开口小，会产生复数的开裂。为此，素混凝土衬砌发现复数的拉伸开裂，就说明有很高的轴力作用。

如上所述，预计衬砌有很大断面力产生的劣化现象的场合，就应考虑地压的规模较大，应把补强等级提高一级。

(2)偏压隧道结构的补强等级

偏压隧道结构产生的劣化多集中在拱部为中心的部位。因此，对拱部的稳定性评价是很重要的。为此，如表 8-11 所示，首先根据拱部的劣化程度(开裂的发展、变形、回转、移动)和发展性进行补强等级的分级，再考虑衬砌结构(特别是拱部的缺陷)坡面状况等进行修正。

表 8-11　补 强 等 级

补强等级	Ⅰ	Ⅱ	Ⅲ	Ⅳ
拱部的劣化现象	山侧肩部发生轴向开裂	山侧肩部以外部分发生轴向开裂	压溃或剪切开裂	拱部变形、断面轴回转或移动
劣化的发展性 (净空位移速度基准)	有(小于 3 mm/年)		稍大(3～9 mm/年)	大(大于 9 mm/年)

(3)围岩松弛垂直地压场合的补强等级

在这种场合，拱部的混凝土剥落是主要的。为此，如表 8-12 所示，首先根据拱部的劣化程度(特别是开裂的发展、崩落的可能性)和发展性进行补强等级的分级，再根据衬砌结构、上部围岩状况等进行修正。

3. 衬砌补强对策的选择

在进行对策设计时，不仅要考虑作用地压、隧道衬砌构造，还要充分理解各种对策的特性，并加以应用。

从补强效果、施工性、经济性等观点出发，下面以回填压注、锚杆补强、内衬及内表面补强作为标准的对策。

(1)回填压注

衬砌背后有空洞，因地压产生的衬砌变形，不能期待被动地压，衬砌易于变形，劣化程度也比较大。不管地压的状态如何，向衬砌背后回填压注是最有效的、最基本的对策。

表 8-12　补强等级(垂直地压)

补强等级	Ⅰ	Ⅱ	Ⅲ	Ⅳ
拱部的劣化现象	拱部发生轴向拉伸开裂	发生交叉拉伸开裂(轴向、纵向)	发生以下开裂： (1)放射状开裂； (2)块体开裂； (3)压溃或剪切开裂	拱部劣化显著(有崩落的可能)
劣化的发展性(净空位移速度基准)	有(小于 3 mm/年)		稍大(3～9 mm/年)	大(大于 9 mm/年)

注：尽管结构没有缺陷但发现劣化的场合，因地压大，应与塑性地压同样考虑，将补强等级提高一级。反之，拱部构造缺陷显著的场合(厚度非常薄、背后有很大的空洞或接缝的缺陷显著等)，因构造承载力小，只要劣化有很小的发展，就会降低拱部的稳定性，因此应同时采取补强构造缺陷的对策。另外，对于隧道上部的围岩松弛围岩内有空洞的场合，松弛地压可能增大，事前要把空洞填充好。如认为松弛和空洞有继续发展，应根据衬砌的状况按补强等级Ⅳ级处理，并采取加强围岩补强的对策。

(2)锚杆补强

锚杆补强对隧道壁面向净空侧的变形具有内压效果。同时与新建隧道的锚杆不同，为了积极发挥锚杆的作用，应加入预应力。

(3)内衬

内衬是在衬砌显著劣化、劣化损伤显著而全面改建又不可能的场合，用以代替与加强混凝土衬砌而采用的。

(4)内表面补强

采用碳纤维、玻璃纤维等板材张贴在衬砌内表面，或者张贴钢板，作为抗拉材料控制开裂的开口和衬砌的变形，防止衬砌掉块、剥落、剥离。在净空断面没有富余的场合也能采用。

二、养护维修对策设计

1. 回填压注设计

研究隧道劣化对策时，衬砌背后和围岩间有空洞时，应采用回填压注。编制回填压注计划时，应充分调查地形、地质、空洞的分布大小、衬砌的状况、涌水的状况及施工条件等。

隧道衬砌应与围岩密贴，能够承受均匀荷载的同时，还能够产生充分的地层反力，这是极为重要的。但在目前的施工技术条件下，特别是在用传统的矿山法施工的条件下，衬砌背后和围岩间留有空洞的现象，常常是不可避免的。此空洞的存在，使衬砌受到不均匀的荷载作用，不能产生充分的地层反力，为此，作为基本的劣化对策，应采用回填压注。

在用喷锚构筑法施工中，因喷混凝土与围岩是密贴的，背后空隙较少，回填压注的必要性也小。但在采用喷锚构筑法初期，在二次衬砌与喷射混凝土之间，仍然可能留有空隙，应加以注意。

下列难以采用回填压注的情况应充分注意：

(1)涌水大的场合(要认真选择压注材料，同时研究采用排水孔等降低水位的措施)；

(2)衬砌厚度不足的场合(有效厚度 20 cm 以下，与内衬、内表面补强等并用)；

(3)衬砌材质不良的场合(单轴抗压强度在 9 N/mm² 以下，与内衬、内表面补强并用，必要时加以改建)；

(4)衬砌开裂或断面缺陷显著，压注材料有可能流入隧道的场合(有必要采取修复断面或其他防止流入的措施)；

(5)存在背后排水堵塞问题的场合(背后排水堵塞有可能诱发其他劣化的场合，应与降低水位的方法并用)。

在进行回填压注调查时，掌握背后空洞的有无及其大小是非常重要的。

回填压注的设计应基于调查获得的资料，确定压注范围、压注量和具有充填效果的压注材料、压注方法、压注管的配置等。同时，压注材料的选定应考虑地质、空隙的大小、涌水状况等，同时具有良好的施工性和经济性。

2.锚杆补强设计

采用锚杆补强的目的是控制因塑性地压和偏压造成的劣化的发展，同时防止衬砌的掉块。其中前一个目的，是用锚杆把围岩连成一体，防止围岩强度的降低，从而控制劣化的发展。

在膨胀性围岩有很大地压作用的场合，可用灌浆锚索代替锚杆。

(1)如能用锚杆把周边围岩确实地锚固，就可以获得衬砌的加强效果。因此，在调查中确认围岩条件对能否获得确实的加强效果是很重要的。

(2)在编制锚杆补强计划时，要进行劣化调查，恰当评价劣化现象及程度。

(3)进行锚杆补强设计时，为了获得锚杆补强效果，应根据劣化程度、周边围岩状况、限界富余、隧道断面形状、尺寸等的调查结果，对锚杆材料、锚固材料、尺寸及其配置、拉拔力及预应力、对策范围等予以充分研究并分别进行设计。

3.内衬补强设计

内衬原则上采用钢纤维混凝土。

设计时，应充分调查因地压造成的劣化现象、限界富余、衬砌状况及施工条件等。

内衬作为隧道的劣化对策应用较多，其目的是对付地压、衬砌劣化、涌水及冻害等。仅作为地压对策而采用内衬时，应注意下列事项：

(1)内衬作为隧道衬砌补强时，可采用在混凝土中掺加钢纤维，或与拱架补强共同使用，或采用钢筋混凝土。因隧道的净空断面受到限制，内衬的厚度通常都比较小(150 mm以下)，同时因作业空间狭小，内衬采用钢筋混凝土结构时，常常不能确保保护层的厚度。因此，内衬原则上采用纤维混凝土。

纤维混凝土的纤维材料有钢纤维、玻璃纤维、尼龙和树脂纤维等，但若以含粗骨料的混凝土补强，则一般都采用钢纤维。

钢纤维混凝土施工时，应参考《钢纤维混凝土设计施工指南》。

(2)编制计划时，应根据劣化调查，恰当地评价劣化现象和劣化程度，其次应注意调查限界富余量、衬砌状况和施工条件。

①限界富余量

作为地压对策的内衬厚度一般采用70～90 mm，限界至少要有这样的富余。因此，要用断面测定等方法，确认断面的富余量。不能确保限界富余的场合，要从衬砌结构的稳定上详细研究凿除表面的可能性。

②衬砌状况

应调查衬砌厚度和衬砌表面的劣化状态、边墙底部的构造、漏水、冻结状态等，取得计划、设计所需的资料。同时，移设和防护隧道内各种设备有困难时，也要事前调查清楚。

③施工条件

选择内衬施工方法时，除要调查劣化程度和限界富余量外，还要调查作业距洞口的距离和作业时间等施工条件。

在内衬设计中，应根据劣化程度、限界富余、隧道断面形状、尺寸等，对材料、厚度及方法、对策范围、防止漏水等进行合理的设计。

纤维掺加率在1.5%以下的钢纤维混凝土中，抗拉强度大致与混凝土相等。因此，钢纤维混凝土构件开裂发生的断面力，与混凝土比较并没有改善很大。在钢纤维混凝土构件中，因钢纤维能够在开裂发生后保持荷载的性能，起到分散开裂的效果，可以期待提高构件的承载力和变形性能。

采用解析方法设计内衬时，应着重钢纤维混凝土的性能，即开裂发生后也能够保持荷载的性能。

4.衬砌拱架补强设计

补强拱架一般与内衬同时使用。

计划时，应充分调查劣化现象、限界富余、衬砌状况及施工条件等。

补强拱架除抵抗地压外，还有防止劣化衬砌剥落和补强有效厚度小的衬砌的目的，同时也可作为回填压注时的防护措施。

补强拱架单独使用的补强效果很小，与韧性的内衬并用则会增强其效果。在地压规模小的场合，也可以与能够防止剥落的金属网并用。在地压较大的场合也可与内衬并用。

单独使用时，应调查衬砌的剥落状况。

设计补强拱架时，应充分研究以下条件进行设计：

(1)材料；

(2)尺寸及间距；

(3)对策范围；

(4)其他(结构细节)。

在补强拱架设计中，要根据劣化程度、限界富余、隧道断面形状、尺寸等，合理地设计材料、尺寸及间距、对策范围和底脚、楔紧、接头等结构细节。

单独采用补强拱架的场合以及地压规模小的场合，可采用计算方法设计补强拱架。

5.衬砌内表面补强设计

内表面补强方法有采用碳纤维、尼龙纤维、玻璃纤维等纤维板黏着方法和钢板黏着方法。纤维板黏着方法中，作为隧道劣化对策，采用碳纤维板的比较多，采用尼龙纤维、玻璃纤维较少。

这两种黏着方法的特征和施工要点如下：

(1)纤维板黏着方法

①净空断面的确保

纤维板黏着方法如图8-7所示，是黏着非常薄的纤维板的方法，与其他补强方法比较，是净空断面减小最少的方法。

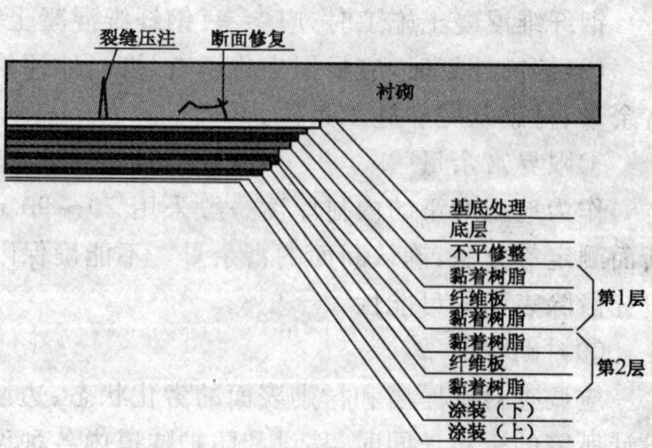

图8-7 纤维板黏着方法的断面

②补强效果

因在衬砌内表面黏着纤维板，可以承受内表面产生的拉应力。一般说，可以控制弯曲开裂的开口，同时有防止剥落的效果。

③施工性

a. 纤维板用含浸、黏着树脂的黏着作业是中心环节，施工比较容易。

b. 只用手工作业，不需要大型机械等，不受施工空间的制约。

c. 纤维板能够比较灵活地适应结构物的形状。

d. 可根据层数的增减调节补强量。

e. 轻，可搬性好，易于搬入，施工容易。

④耐久性、耐腐蚀性

不生锈，且因被树脂覆盖，能够防止衬砌劣化。

⑤施工要点

a. 受压力的场合，不能期待补强效果。

b. 含浸、黏着树脂是可燃物。

c. 衬砌混凝土劣化严重、混凝土强度小的场合，不能期待补强效果。

d. 含浸、黏着树脂的强度发展，需要时间，因此，要使施工过后在列车风压作用下不发生剥离现象，就要采取防止剥离的措施。同时，在施工环境寒冷的场合，黏着强度的发展也需要很长时间，更要引起注意。

e. 玻璃纤维、尼龙纤维没有导电性，碳纤维有导电性。

(2)钢板黏着方法

①净空断面

钢板黏着方法如图 8-8 所示，是把钢板黏着在衬砌表面的方法。要确保钢板和衬砌间有数毫米的树脂厚度，安装时用锚栓固定。为此，与纤维板黏着方法比较，会损失一点净空断面，但与其他补强方法比较，其净空断面减小较少。

②补强效果

衬砌内表面用钢板黏着，可承受内表面产生的拉应力，特别是能够控制弯曲开裂的开口，并有防止剥落的效果。

③耐久性、耐腐蚀性

因被钢板覆盖，能够抑制衬砌劣化。

④注意事项

a. 钢板比纤维板的重量大，施工性差。

b. 衬砌混凝土劣化显著、混凝土强度小的场合，不能期待补强效果。

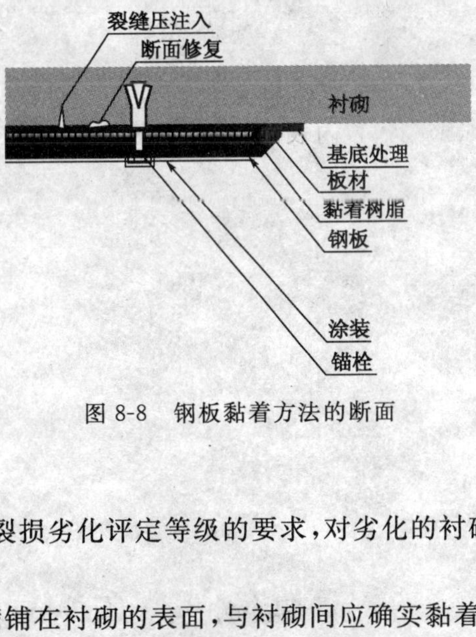

图 8-8　钢板黏着方法的断面

c. 钢板会腐蚀，应定期涂装。

d. 钢板有导电性。

采用内表面补强方法时，应根据劣化调查和衬砌裂损劣化评定等级的要求，对劣化的衬砌表面状态、天窗时间等施工条件进行充分的调查。

为了发挥内表面补强对策效果，纤维板、钢板要满铺在衬砌的表面，与衬砌间应确实黏着。因此，在调查中，要切实掌握衬砌表面的污染和衬砌材料的劣化、开裂、漏水、结露等状态，为设计取得必要的资料。

衬砌内表面补强因是采用环氧树脂黏着方法，掌握施工作业可能时间（天窗时间和搬入、搬出距离）和洞内气温是很重要的，同时也要调查通风条件、电缆等洞内设备等状况。

复习思考题

1. 高速铁路隧道衬砌结构物发生劣化的原因有哪些？
2. 隧道结构状态检测的内容及其方法为何？

第九章 隧道洞口景观设计

第一节 洞口景观设计的意义

近几年社会对土木工程的景观要求越来越高，景观设计成为结构物设计的重要内容之一。道路、桥梁、城市、河川等都在设计中引进了景观设计的内容，但对于隧道洞口，迄今还没有确立把景观概念引入到设计中。公路隧道已经开始导入景观设计的概念，而铁路隧道与公路隧道相比较，又大为落后。考虑到隧道洞口景观设计的重要性，国内外越来越多地开展了洞口景观设计的研究。

从宏观上说，随着社会对环境景观的日益重视，环境景观设计将得到蓬勃的发展。而在启动“国土绿色生态工程”之后，将铁路、公路变成国土的“绿色长廊”，使其成为一道道亮丽风景线的呼声也越来越高，而实现这个要求的方法之一就是要在隧道洞口设计中引进景观设计的概念。因此，在规划一条线路时，首先应从整条线路或一段线路出发，综合考虑线路包括隧道洞口、桥梁等工程的景观设计，从而确立整个线路的景观设计的总要求。

其次，在洞口周边一定范围内，考虑洞口的景观设计，其中包括周边结构物、洞口建筑、生态绿化等。为此，就要进行洞口范围的总体规划。一般说，仅仅依靠图面上的研究是有限度的，最好配合以模型来从总体上掌握才能进行总体设计。最后，在微观上，应根据每一个洞口的实态进行具有“个性”的景观设计，包括洞口形式的选择以及机理的处理。

根据地形、地质及周边环境等条件选择洞口形式，在良好的地质条件下，可选择直接贴壁的洞口环方式；在一般条件或地质条件不良时，均应首先选择突出式。突出方式是多种多样的，如削竹式、喇叭口式等，可根据具体的地形、周边环境条件选择。

为了减轻露出壁面的压迫感，降低辉度，要在隧道洞口，进行饰面等种种机理的处理。但其中最重要的是“视点的数目和广度”，即要从各个角度的视野来研究。隧道洞口造成一个对走行中的车辆逐步接近的连续的景观是最重要的，其次也要考虑附近的侧道、民居等的景观。

这样就能够实现“进入容易，美，与周边协调”的隧道洞口设计，这就是隧道洞口景观设计的基本理念和原则。

第二节 景观设计的原则和景观要素

景观设计是一种能够表达当前科学、技术和人类意识活动的形式语言。景观是一个综合的整体，它是在一定的经济条件下实现的，必须满足社会的功能，也要符合自然的规律，遵循生态原则，同时它还属于艺术的范畴，缺少了其中任何一方面，设计就存在缺陷。

景观设计应突出工程与自然的和谐，第一条原则就是要尊重自然，尊重天地，尊重自然的山、自然的地形地貌、自然的水。此外，景观设计还应遵循以下基本原则：

1. 适用性

建筑景观的设计主要是以使用者的需求为对象来考虑的，各种设施、设备、配置及动线均须符合人性化的要求，并综合考虑各项因素的影响，这样才能作出更合适的设计，以发挥所设计的结构物及其景观的最大功效。

2. 经济性

在设计上要做到对费用、空间和时间的合理利用，达到“省本多利”的目的。

(1) 费用

①合理花费。

②尽可能地使用当地现有的材料，或对不同品质、不同价格的建筑材料多加比较权衡。

③力求使设计简单化。

④对建筑景观设计分步骤、有次序地进行，减少建设初期的一次性投资，以时间换取金钱。

(2) 空间

①合理利用空间，使空间利用率达到最大的效果。

②运用空间经济方法：选择节省空间的材料；设施的布置简明有力，达到每种设施均有其独到的功能与目的，不显多余；利用借景(将远近景物借引入景观设计的空间中，有效地增加景观的特色并拓展空间；好的景色加以借引，不好的景色则遮蔽之)，使有限的空间扩展到无限；利用错觉使空间感觉大一些；寻求被浪费或未被注意的额外空间，充分发挥景观设计扩大空间感觉的效能。

(3) 时间

缩短成景时间，可以节约造价，并使施工和维护管理的时间减少。

3. 美观性

景观设计的美包括在视觉、嗅觉、听觉、味觉等多方面的享受，但目前多偏重于视觉上的美观。景观设计应在注重设计的社会性、群众性及经济实用性之后再论及美。景观设计的美实际上是指自然美加以人工化的人工模拟的自然美，因而可以由美的种类、美的表现方式及美的造型组合法则来表达。

(1)美的种类

①柔美：优雅可爱的组合。

②刚美：有个性力量的组合，使人看到后内心激动。

(2)美的表现方式

①形象美。

②意境美：意境美是意义与境界的表达，为一种内涵美；它需要所见者依经验、情感、灵性、修养去感觉和体会；它表现出东方庭院的特色，因人、因时、因地的感受不同；它体现为意境的美、变化的美，不易表达，须有感触始能创作出意境美。

(3)美的造型组合法则

①美是抽象的，各人感受不同。

②遵循调和、对比、均衡、比例、韵律等法则。

③组合方式应统一中求变化，表现出设计的独特风格。

隧道洞口景观设计主要应考虑自然景观要素与人工景观要素(造园艺术)。

自然景观要素主要包括地形和地貌两个因素。地形因素是洞门景观要素必须考虑的内容之一,植被有无、植被组成发育程度、秃山岩石形态等是隧道洞口景观设计要考虑的地貌因素。

人工景观要素包括:① 当地地理、历史、文化(建筑符号)。② 隧道洞口造型。几何图形、体的选择和组合。③ 相关工程。洞口相连工程(如桥隧相连、路隧相连),洞口设风机及辅助用房,双线水平之间有开阔地带可造园,双线高低、前后、错落等。④ 装饰材料(材质)。条纹、色彩、光线(照明)等。⑤ 铭牌形式。墙顶嵌入式、侧墙嵌入式、洞身侧壁镶嵌式、洞口架立式、洞口山体刻字、洞口建筑雕刻小品(孤石)。

在进行人工景观设计(造景)的同时,要注意与自然景观的和谐一致(借景),主张天人合一;各种人工景观(相邻工程)之间也应考虑相互之间的协调关系;除此之外,硬质景观(隧道洞门结构)与软质景观(洞口及周边的装饰、绿化、植被等)的协调一致也是不容忽视的。以上"三协调"要综合地加以分析,同时考虑费用上与需求之间的关系,才能做出合理科学的方案选择。图 9-1～图 9-3 是一些比较成功的工程实例。

图 9-1　中国台湾高速铁路某隧道洞口

图 9-2　韩国高速铁路隧道洞口

图 9-3　中国台湾高速铁路某隧道洞口

第三节　国内外洞口工程实例

铁路隧道洞口的设计应本着简洁大方、美观实用,以不刷坡或少刷坡、保护洞口坏境、体现自然美为原则。现代型铁路隧道洞口要尽量不用支挡,洞口段要全部采用天然植被或人工植被恢复成施工前状态(图 9-4)。然而有些地段由于稳定性的要求,需要护坡,则可以采取局部支挡措施。局部支挡的形式可以是下半部用混凝土支护,上半部恢复植被(图 9-5),也可以采用格栅或网格护坡,然后在网络中恢复植被,待到植被茂盛时,格栅或网格就被植被遮盖,达到比较好的效果(图 9-6);如果局部支挡还达不到稳定要求,则需全部支挡,不过也没必要完全封闭洞口段仰坡,可以采取阶梯形支护,每一个阶梯侧面支挡,顶面恢复植被,支护植被被交替出现,融为一体,待到植被茂盛时,上面的植被垂挂下来,支护就不会很明显,具有若隐若现之效(图 9-7)(注:图 9-4～图 9-10 均为中国台湾的高速铁路隧道洞口)。

图 9-4　不采取支挡的完全绿化洞口

图 9-5　局部支挡的绿化洞口

图 9-6　局部支挡(格栅)的绿化洞口

图 9-7　阶梯形护坡的绿化洞口

图 9-8　比较自然回填的绿化洞口

以上洞口都是先开挖洞口段少部分，施作明洞，再回填土形成的。回填土也是有文章可作的，比较自然的回填可以使人感觉不到开挖过的痕迹(图 9-12)。

随着经济的发展和社会的进步，开挖深路堑已经越来越少被采用，取而代之的是修建明洞再回填恢复植被，往日的一连串路堑被今日的隧道群取代，这也是今后环保日益受到重视的一种发展趋势(图 9-9～图 9-10)。

图 9-9　鸟瞰隧道群

图 9-10　中国台湾高速铁路隧道群

尽管铁路对景观的要求比公路低，主要以满足环保要求为标准，简洁大方，不做太多的装饰，不过在靠近城市或风景区的隧道洞口则需考虑进行一定的美化装饰。图 9-11 所示洞口虽然还未完全恢复植被，但你也许已经发现一双眼睛在注视着你，整体呈现出脸谱形状；图 9-12 所示为日本一隧道洞口，值得借鉴。

图 9-11　德国高速铁路某隧道洞口

图 9-12　日本一公路隧道洞口

切削式洞口建筑形式简洁、美观，符合环保。生态和景观设计的潮流，而且同时也是一种与缓冲结构的有机结合，可以说是达到了建筑学、景观学和力学的统一。

日本新干线由于修建得较早，隧道洞口采用的是传统型结构，为了缓解空气动力学效应，特意在洞口设置缓冲结构(图 9-13、图 9-14)。这在现在看来是不经济的做法。新型隧道洞口可以一步到位，无须另外设置缓冲结构。

图 9-13　矩形缓冲结构

图 9-14　拱形缓冲结构

图 9-15 为中国台湾高速铁路上的某座隧道洞口，洞口的扩大口和洞口顶部的两个天窗起到了如缓解空气动力学效应修建缓冲结构的作用，避免了旅客乘坐高速列车经过隧道时诱发的压力波动造成的耳膜不适。

图 9-15　中国台湾高速铁路某隧道洞口

图 9-16 和图 9-17 分别为韩国和德国的高速铁路隧道洞口，两者的洞口形式相似，都是在正切洞口的基础上加了帽沿的，帽沿的形式可以多种多样。

图 9-16　韩国高速铁路某隧道洞口

图 9-17　德国高速铁路某隧道洞口

由于我国地域辽阔、地形复杂，一种洞口形式包打不了天下，因此需要结合景观和缓解空气动力学效应的要求研究多种洞口建筑形式，以满足我国高速铁路隧道建设的需要，这是摆在隧道工作者面前的工作，也是应大力提倡研究的问题。

复习思考题

1. 简述隧道洞口景观设计的意义。
2. 隧道洞口景观设计有哪些原则?
3. 隧道洞口景观设计主要应考虑哪些要素?
4. 举例说明隧道洞口设计的几种形式。

第十章
铁路隧道抗震设计

第一节　隧道结构震害简述

长期以来，人们对地下结构的震害问题并未给予足够的重视，远远不及对地面建筑物（如桥梁、高层建筑）抗震问题的关注程度。然而事实上在一些大地震中隧道遭受严重破坏的实例不在少数，至于洞口被滑坡埋没、洞门裂缝变形、衬砌裂缝和剥落者更为数不少。

20 世纪以来，全球发生了许多大地震，对地下结构造成了不同程度的损害，其中比较重大的有：

1923 年日本东京 7.9 级大地震，使周围 150 多座隧道受到不同程度的灾害，多处发生坍塌。其中东京附近就有 25 座隧道受灾严重，这些隧道距离震中较近，均未穿越断层，其破坏形式主要表现为拱部和边墙坍塌、衬砌开裂、变形错动、洞门破坏等。

1952 年美国克恩郡地震，严重损坏了南太平洋铁路上四座隧道，这四座隧道通过风化破坏的破碎带，均用 30～60 cm 的钢筋混凝土加固。埋深 46 m 的 3 号隧道，边墙混凝土被压碎，一处边墙上跳并将扭曲变形的钢轨压在其下。4 号隧道埋深 38 m，一处边墙横向错动达 50 cm。这四座隧道在震后局部或全部改为明堑。

1976 年我国唐山大地震，地面建筑物产生了较为严重的破坏，对煤矿巷道、人防工程亦引起一定程度的破坏。

1995 年日本阪神 7.2 级地震，使 100 多座隧道发生不同程度的破坏，其中 10％的隧道遭受了显著的破坏，必须进行修复和加固；明挖施工的地铁车站部分立柱被压溃而造成地面塌陷，区间隧道部分主要为壁体表面材料开裂。

图 10-1　龙洞子隧道仰坡坍塌洞口被埋

图 10-2　龙溪隧道进口底部隆起

1999 年中国台湾地震，震后对台湾中部距离发震断层 25 km 范围内的座受损隧道进行调查表明受损严重者占 25%，受损中等者占 20%，受损轻微者占 55%，并且隧道的破坏与地质条件、隧道结构等多种因素有关。

2008 年 5 月 12 日我国汶川 8.0 级特大地震，震中地区烈度高达Ⅺ度，其破坏性之大实属罕见，多数公路隧道在地震中遭到了不同程度的破坏。都汶公路穿越“512 地震”的震中地区，公路隧道破坏主要表现为：洞口边仰坡跨塌、隧道洞口被埋，公路路面开裂、错台，隧道衬砌开裂、跨塌等。

图 10-3　隧道衬砌环向裂损

图 10-4　隧道拱部衬砌坍塌

第二节　隧道地震破坏机理

隧道震害形态的差异与地震强度、震中距、地震波的特性、地震力的作用方向、地质条件、衬砌条件、隧道与围岩的相对刚度、施工方法、施工的难易程度以及施工过程中是否出现坍方等有密切关系。

隧道处于周围地层的约束之中，并与地层一起运动，因而围岩的破坏就会引起隧道的破坏。

就横截面而言，若隧道结构刚度变化不大，其自震频率与围岩相似，二者发生同样的振动；若隧道结构刚度变化较大，则发生的振动就有较大差别，造成破坏。

就纵向而言，隧道是一种线形结构物，地震波的相位衍生应力和变形在隧道轴线方向上会发生很大变化，这实际上构成了隧道结构破坏的重要方面，而且表现为埋深越浅，破坏作用越显著。随着地震波的传播，在隧道结构内部同时产生纵向的拉压和横向的剪切两种作用，如果这两种作用的结果超过隧道本身的抗力极限，那么结构自然就会产生破坏。

地震的主要或次要效应均可使隧道结构遭受破坏，就其破坏本质而言，隧道受地震破坏的模式如图 10-5 所示，大体上有三种模式。

1. 洞门、洞口的受害

一般说，洞门、洞口多处于软弱的土砂地层中，地层的位移大，因而易于受害。其震害的代表形态有洞门墙的破损、倾斜和开裂等。图 10-5 的平时状态荷载是左右对称作用的，因地震动的位移和惯性力，加上单方向的水平力，而在拱肩部发生弯曲拉力的作用。

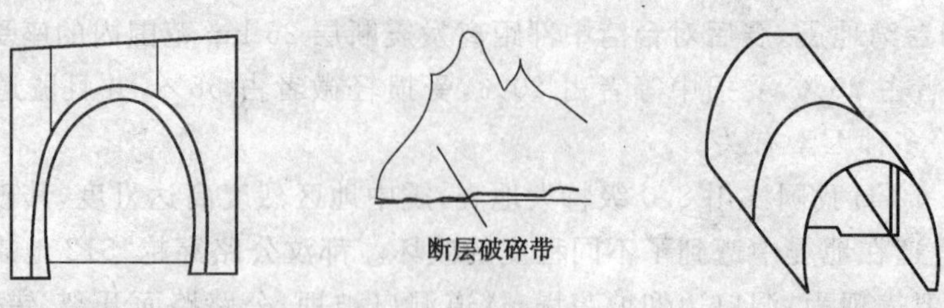

(a) 隧道洞门　(b) 不良地质　(c) 断层错动

图 10-5　震害模式

图 10-6　桃关隧道进口端墙严重开裂

图 10-7　毛家湾隧道出口被掩埋

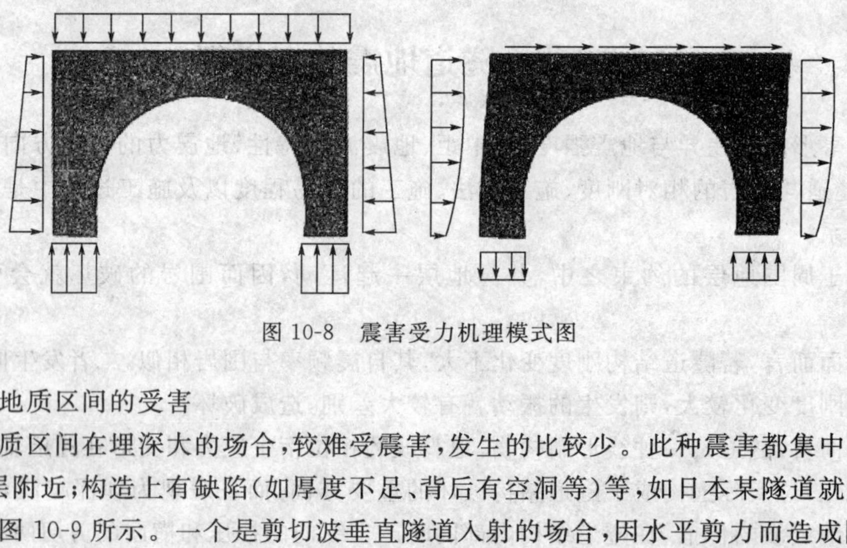

图 10-8　震害受力机理模式图

2. 不良地质区间的受害

不良地质区间在埋深大的场合，较难受震害，发生的比较少。此种震害都集中在有特殊条件的，如断层附近；构造上有缺陷(如厚度不足、背后有空洞等)等，如日本某隧道就是一例。其受害机理如图 10-9 所示。一个是剪切波垂直隧道入射的场合，因水平剪力而造成隧道轴向开裂。一个是剪切波与垂直成 45°角入射的场合，水平压力作用的场合，拱顶部产生压缩剪切破坏。

3. 断层错动的受害

隧道贯穿断层的场合，伴随断层的残留位移而受害。如盐屋川隧道的受害，该隧道在洞口附近接近断层，中部与另一断层交叉。在交叉位置隧道衬砌向右移动 8 cm，向上移动 5 cm。拱、边墙、仰拱沿断层方向产生许多环向开裂。其发生机理示于图 10-10 中，即隧道被断层或破碎带横切的场合，地震时地层沿断层面错动，隧道则产生相对位移。

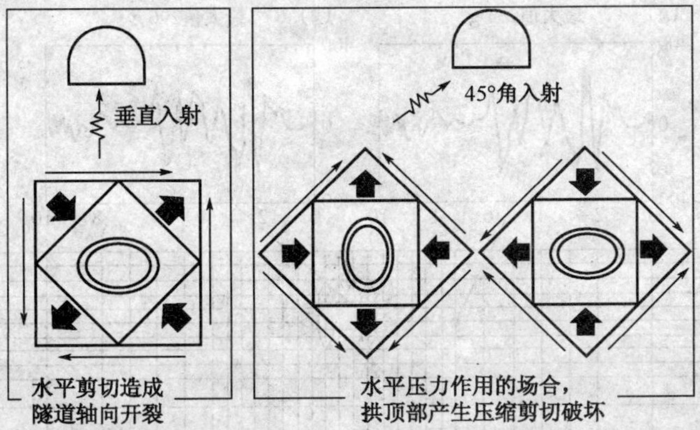

图 10-9　震害的受害机理

在伊豆大地震(1978 年 1 月 14 日)中，隧道因地震断层活动而发生比较大的灾害。根据调查，隧道中央地段与地震断层几乎直交，断层前后约 50 m，隧道错开约 50 cm，拱部混凝土崩落、边墙破坏、仰拱上抬等显著的被害。因为断层部分的围岩是膨胀性围岩，衬砌断面采用蛋形断面。恢复时，采用了加纤维的钢筋混凝土衬砌，底板也加入了钢筋及钢纤维。

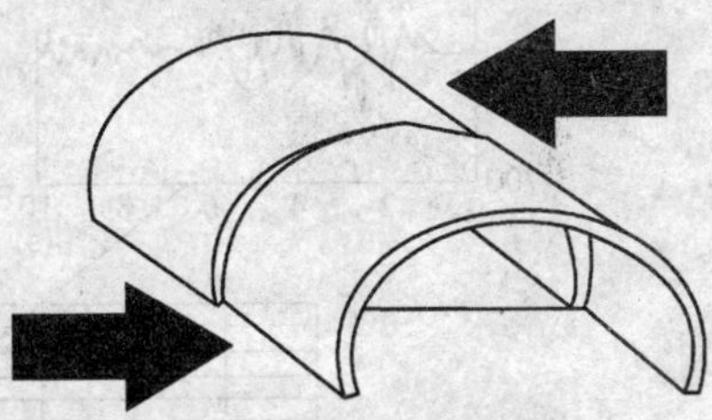

图 10-10　震害的发生机理

隧道的被害多发生在坡面灾害引起的洞门或洞口附近的衬砌变异、崩塌等。原因是洞口附近埋深小，地质条件差，易受周边围岩地震力的影响，地震时会发生偏压等作用。因此，在进行洞口段设计时，应尽量避免在洞口进行大的挖方。必要时，最好把洞口向前延伸，或者修筑抗滑桩、落石防护装置等。

第三节　隧道的抗震设计

隧道结构物的震害及其特征的研究，是从 1923 年的关东地震开始的。隧道管道的抗震性与地层密切相关，震害多发生地层条件变化大和产生地层破坏的地点。进入 20 世纪 60 年代，在海湾地区开始设沉管隧道，并对这种沉管隧道的抗震问题进行研究，开发出相应的抗震设计方法。1975 年提出“新抗震设计方法”并赋以响应位移法的名称，与“震度法”一样，是以隧道结构物为对象的静力设计法。

为了研究隧道结构物的地震响应特性，以同一形状、重量的结构物处于地上和隧道进行比较。隧道结构物是 RC 结构，混凝土的容重取 25 kN/m^3，净空断面视单位体积重量取 11 kN/m^3，周边地层的单位体积重量为 17 kN/m^3，这样两个结构在同样地震动作用下，结构物产生的响应示于图 10-11 中。

当地表在 600g 加速度振动时，地上结构物的最大加速度是 770g，为地表的 1.3 倍，波形也不同。而隧道结构物周围的地层与结构物的加速度是相同的，而且波形也相同。产生这种情况的原因有两个。

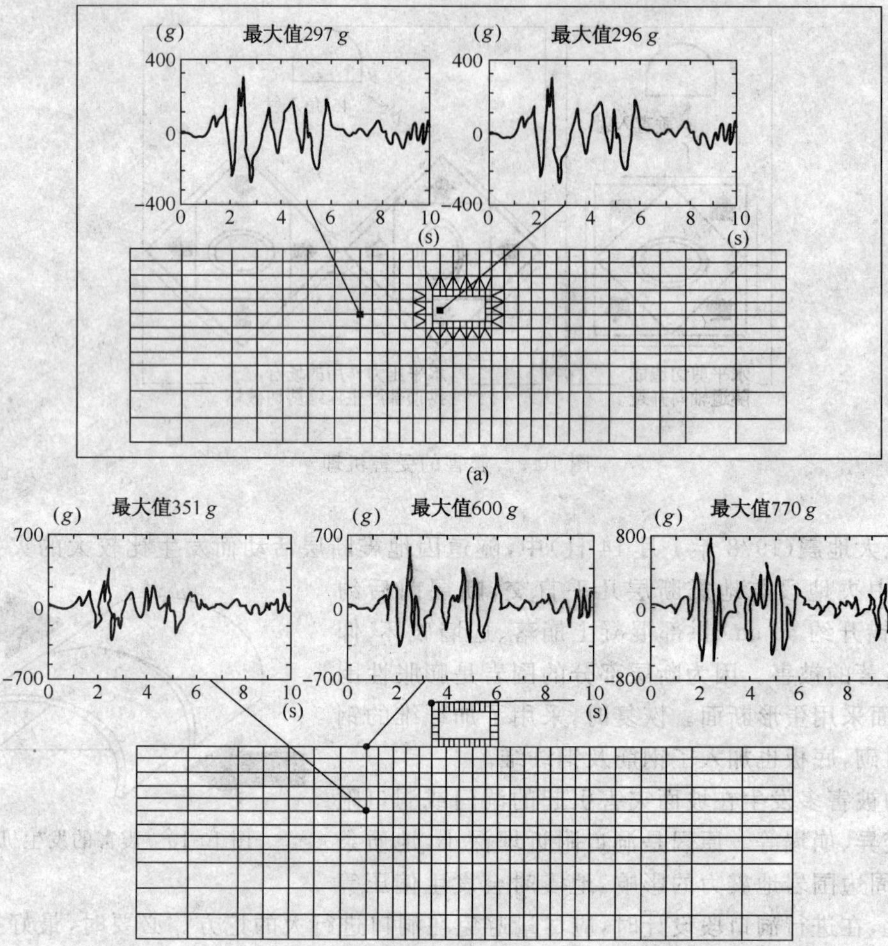

图 10-11　地上结构物和隧道结构物的地震响应

(a)地下构造物；(b)地上构造物

(1)净空断面的隧道结构物的单位体积重量一般取 11 kN/m³ 左右，比周边地层的单位体积重量小。为此，在隧道结构物中惯性力的效果小。与地上结构物比较，意味着在隧道结构物中使结构物振动的力小。

(2)隧道结构物与周围地层是一体的，从结构物散失到地层中的能量是很大的。逸散衰减用衰减系数评价时，临界衰减越大，其值越大。逸散衰减大意味着隧道结构物对周围地层的振动很快地减小。

地震时的地层位移，一般多采取图 10-12 所示的假定。在基岩以上的地层(表层地层)沿隧道结构物的轴线假定有压缩波和剪切波传递时的位移。对隧道结构物来说，最具破坏力的是地层的剪切振动，为此，图 10-12 的地层振动的振幅按剪切振动假定，同时还要规定出地层振动的波长 L。

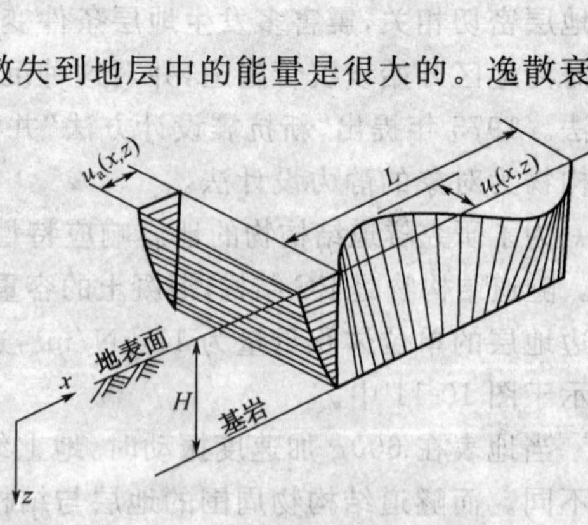

图 10-12　地震时的地层变形

1. 国内外研究现状

20 世纪 50 年代以前，国内外隧道及地下结构的抗震设计都是以日本学者大森房吉提出的静力理论为基础来计算地下结构的地震作用力。

20 世纪 60 年代初，前苏联学者在抗震研究中将弹性理论用于地下结构（拟静力法）计算，以此求解均匀介质中关于单连通和多连通域中的应力应变状态，得出了地下结构地震力的精确解和近似解。前苏联在修建贝—阿干线（BAM）地震高烈度区铁路隧道时，什干、埃里温地下铁道建设中也采用了抗震的车站和区间隧道结构。

20 世纪 60 年代末，美国旧金山海湾地区在建设快速地铁运输系统（BART）时，提出在对地下结构设计时，结构承受静荷载的同时，并不抵御惯性力而是具有吸收强加变形的延性设计思想，并提出了抗震设计标准。

20 世纪 70 年代，日本学者从地震观测资料着手，通过现场观测、模型试验，建立了数学模型，并结合波的多重反射理论，提出了响应位移法、应变传递法、地基抗力法等实用计算方法，使地下软基隧道和成层地基的抗震研究获得重大进展。

我国修建南昆铁路乐善村 2 号隧道时，采用了复合式衬砌、减震材料、设置明洞和减震缝等减震措施；高波、关宝树等学者以隧道洞口段为研究对象，从隔震角度出发提出了地下结构减震模式的基本思想；中国铁道科学研究院邵根大等进行了强地震作用下铁路隧道衬砌的耐震性研究，阐明了地震力的发生机理和特点，评价了锚杆的抗震作用，提出隧道抗震设计的基本原则等重要结论。

2. 目前采用的抗震设计

目前，关于隧道地震力的基本计算方法，根据建筑物的特性，可分为动力法和静力法两种，由于静力法计算较为简便，考虑到目前隧道围岩压力计算理论尚待进一步探索，因此，抗震验算中仍采用以往沿用的静力法计算地震力。《铁路工程抗震设计规范》（GB 50111—2006）规定：符合表 10-1 的隧道结构，才要求验算抗震强度和稳定性。

表 10-1 隧道的抗震验算范围表

铁路等级		Ⅰ、Ⅱ、Ⅲ级铁路及Ⅰ级工企铁路			Ⅱ、Ⅲ级工企铁路	
设计烈度（度）		7	8	9	7	8
洞门墙及洞口挡土墙		不验算	验算	验算	不验算	验算
洞口、浅埋和偏压地段	单线Ⅲ、Ⅱ、Ⅰ类围岩	不验算	验算	验算	不验算	验算
隧道衬砌	双线Ⅴ、Ⅵ类围岩	验算	验算	验算	验算	验算
	双线Ⅲ、Ⅳ类围岩	不验算	验算	验算	不验算	验算
明　洞	单　线	不验算	验算	验算	不验算	验算
	双　线	验算	验算	验算	验算	验算

验算隧道的结构抗震强度和稳定性时，地震作用应只与恒载和活载组合，其控制条件应符合下列规定：

(1) 隧道衬砌和明洞的结构强度，按破坏阶段验算时，其安全系数不应小于表 10-2 的规定。

(2) 洞门墙、洞门挡土墙、半路堑拱形明洞外墙和棚室明洞边墙的稳定系数、偏心距及材料容许应力,应符合表 10-3 的规定。

表 10-2 结构强度安全系数

材料种类		钢筋混凝土	混凝土	石砌体
受力特征	混凝土或石砌体达到抗压极限强度	—	1.8	2.0
	混凝土达到抗拉极限强度	—	2.5	—
	钢筋达到计算强度或混凝土达到抗压或抗剪极限强度	1.5	—	—
	混凝土达到抗拉极限强度(主拉应力)	1.8	—	—

(3) 地基容许承载力的修正系数如表 10-4 所示。

表 10-3 偏 心 距

地基土	偏心距
未风化至风化颇重的硬质岩石	$\leqslant b/3$
上项以外的其他岩石	$\leqslant b/4$
基本承载力 $\sigma_0>200$ kPa 的土层	$\leqslant b/5$
基本承载力 $\sigma_0\leqslant200$ kPa 的土层	$\leqslant b/6$

注:表中 b 为墙厚。

表 10-4 地基土允许承载力的修正系数

地基土	偏心距
未风化至风化颇重的硬质岩石	1.5
未风化至风化轻微的软质岩	1.5
基本承载力 $\sigma_0>500$ kPa 的岩石和土	1.4
150 kPa$<\sigma_0\leqslant$500 kPa 的岩石和土	1.3
100 kPa$<\sigma_0\leqslant$150 kPa 的土	1.2

大大增加隧道结构的刚度,即做成"刚性结构",这种隧道结构的地震反应接近于地面结构地震反应,由于隧道结构的变形是受围岩变形控制,而围岩主要是受剪切变形作用的,其变形规律是上部大下部小,因此,当采用刚性结构时,必然使隧道结构承受更大的荷载。为了增加隧道结构的刚性,必然要增加材料的用量,这将使隧道结构的质量增大,地震荷载也将增大。由此可见,采用刚性结构既不经济,而且破坏危险性也大。

目前,我国铁路隧道采用了这种方法,并规定隧道的洞口、浅埋和偏压地段,应为抗震设防地段,其衬砌结构应予以加强。当设计烈度为Ⅶ度时,Ⅱ、Ⅲ级围岩的双线隧道,或当设计烈度为Ⅷ Ⅸ度和Ⅸ度时,Ⅲ级围岩的单线和Ⅲ～Ⅳ级围岩的双线隧道,其设防段的长度可根据地形、地质条件确定。一般单线隧道的设防段长度不宜小于 15 m,双线隧道的设防长度不宜小于 25 m。抗震设防地段的隧道宜采用带仰拱的曲墙式衬砌,其材料按表 10-5 选取。

表 10-5 隧道衬砌的建筑材料

围岩级别	材料种类
Ⅴ、Ⅵ	钢筋混凝土
Ⅳ	混凝土或钢筋混凝土
Ⅲ	混凝土

对浅埋、偏压以及位于断层破碎带等不良地质地段的隧道,其衬砌背后应压注水泥砂浆。

第四节 强震区隧道工程抗减震技术

一、隧道工程的抗减震措施

为了减轻地下结构的地震灾害,可以采取的途径主要有两条:抗震和减震。抗震技术,即通过增加地下结构刚性来抵御地震的作用,但地下结构具有追随地震时地层变形的动力特征,如提高地下结构刚性,地震时,地下结构的内力就会增大,因此,对地下结构来说,抗震设计思想不一定合理。

既有地震资料表明，按非地震区设计和施工的单线铁路隧道，有能力抗御 a_g 为 $0.2g$ 的地震作用而不损坏。例如：1970 年云南通海地区发生 7.8 级地震后，在地震区调查了 19 座窄轨(轨距 1 m)铁路隧道，这些隧道修建于 1927 年前后，埋深约 7～15.5 m，有的通过坡积层和洪积层，有的穿越较坚硬的石灰岩，多数隧道内无渗水，个别隧道漏水严重。洞门形式有端墙式、翼墙式和石灰岩地区无端墙式洞门三种情况。震后上述构筑物基本完好。

一些调查资料还表明，地震对地下结构的破坏，是随其埋深的增加而减轻的。深埋隧道的衬砌，除地震引起断层错动产生破坏外，一般很少发生震害。在 8 度及以上的地震区地质较差的隧道，其主要震害发生在洞口、浅埋和偏压地段。单线隧道的抗震设防范围，应着重于设防烈度较高(8 度及以上)，地质条件较差的洞口、浅埋和偏压地段，对位于高烈度地震区的区域性断层破碎带地段的隧道衬砌也应重点设防，其衬砌结构应予以加强。活动断层破碎带地段，必要时可根据实际情况预留断面净空。洞口设防段的长度可根据地形、地质条件及设防烈度确定，并不宜小于 2.5 倍的结构跨度。

抗震设防段的隧道宜采用复合式衬砌结构，并采用带仰拱的曲墙式衬砌断面。设防段衬砌应设变形缝。

隧道的抗震强度和稳定性验算范围应符合表 10-1 的规定。

减震技术，在结构动力学的范畴里，“隔振”是指隔离振动，而“隔震”是指隔离地震。从而可知，“隔震”是“隔振”的一个特定内容。“减振”控制是指对振动进行抑制，尽量减少有害的振动，“减震”控制是指对地震的振动进行抑制，尽量减少振动对构筑物的有害影响。这样就可以很容易地理解所谓的减震实际上是隔振的范畴。隔振可以分成两类，一类是用隔振器将振动着的振源与地基隔开，以减少动力的传递；另一类是用隔振器将需要保护的设备与振动着的地基隔离开，前者称为主动隔振，后者称为被动隔振。这里所指的地下结构的减震主要是指被动隔振。

在地下结构中设置特殊构造，来降低地震时地下结构的内力，可能是比较好的方法，即所谓的减震方法(表 10-6)。

表 10-6　地下结构减震技术分类

序号	结构情况	减震方法	实现途径
1	改变结构	减小质量	采用轻骨料混凝土
2		增加强度	采用钢纤维混凝土
3		增加阻尼	采用聚合物混凝土
4			粘贴大阻尼材料，使其成为复合结构
5		刚度调整	增加厚度或采用钢筋混凝土
6			喷锚网支护或钢纤维喷混凝土
7			管片式拼装衬砌
8	不改变结构	设置减震装置	在衬砌与围岩间设置减震器
9			在衬砌与围岩间设置板式减震器
10			在衬砌与围岩间压注减震材料
11			管片衬砌接头部位设置减震装置
12		加强围岩	对围岩进行一定范围的注浆

减震措施是在隧道及地下结构或周围岩体中采取特殊的处理，以降低地震时地下结构的响应，主要有以下三种措施：

1.改变结构本身性能

通过改变地下结构刚度、质量、强度、阻尼等动力特性来减轻地震对地下结构的影响。这种方法主要有以下几种措施可以采纳：

(1)减轻地下结构的整体质量

可以采用轻质高强的材料来代替目前普遍应用的钢筋混凝土，在强度满足要求的情况下，使得地下结构的整体质量得到减小。

(2)增加地下结构的延性和阻尼，如采用钢纤维混凝土、采用聚合物混凝土、在地下结构中添加大阻尼材料。

(3)对地下结构的刚度进行调整。主要有三种情况：

①采用刚性结构

大大增加地下结构的刚度，即做成“刚性结构”，这种地下结构的地震反应接近于地面结构地震反应，由于地下结构的变形是受围岩变形控制，而围岩主要是受剪切变形作用的，其变形规律是：上部大下部小，因此，当采用刚性结构时，必然使地下结构承受更大的荷载。为了增加地下结构的刚性，必然要增加材料的用量，这将使地下结构的质量增大，地震荷载也将增大。由此可见，采用刚性结构既不经济，而且破坏危险性也大。

目前，我国铁路隧道采用了这种方法，实际上是一种抗震方法，根据《铁路工程抗震设计规范》(简称《规范》)规定，隧道的洞口、浅埋和偏压地段，应为抗震设防地段，其衬砌结构应予以加强，当设计烈度为Ⅶ度时，Ⅴ、Ⅵ级围岩的双线隧道，或当设计烈度为Ⅷ度和Ⅸ度时，Ⅳ～Ⅵ级围岩的单线和Ⅱ～Ⅵ级围岩的双线隧道，其设防段的长度可根据地形、地质条件确定。一般单线隧道的设防段长度不宜小于 15 m，双线隧道的设防长度不宜小于 25 m。抗震设防地段的隧道宜采用带仰拱的曲墙式衬砌。《规范》还规定，对浅埋、偏压以及位于断层破碎带等不良地质地段的隧道，其衬砌背后应压注水泥砂浆。

由此可见，目前我国隧道的抗震手段，主要是通过提高衬砌刚度来实现的。

②采用柔性结构

减小地下结构的刚度，即做成“柔性结构”，这样做虽然能有效地减小地下结构的加速度反应，减小地震荷载，但位移过大，可能会影响地下结构的使用，也可能使地下结构内部的装饰和辅助设施等遭受严重破坏。并且，在不可遇见的荷载或轻微地震作用下嫌刚度不足，影响正常使用。这种做法在软弱围岩情况下可能还不能满足静力要求，因此很难推广应用。

目前，隧道设计中采用的喷混凝土支护、锚杆、钢纤维喷混凝土支护等应属于该类结构，这种支护结构和围岩的联系更加紧密，因此，其变形将完全受控制于围岩，在软弱围岩情况下，地震时，围岩变形较大，则该类支护结构与围岩间的动土压力将增大，支护结构本身的位移、加速度等也将增大，此时，这类结构的耐震性将受到威胁，因此该类结构还有待于进一步研究。

③延性结构

适当控制地下结构的刚度，使结构的某些构件在地震时进入非弹性状态，并且具有较大的延性，以消耗地震能量，减轻地震反应，使地下结构“裂而不倒”。这就是“延性结构”。这种方法在很多情况下是有效的。例如，当隧道中采用管片式衬砌时，在管片的接头部位安装特殊螺栓，此时的地下结构就属于延性结构。

该类地下结构也存在很多局限性，首先，由于接头进入非弹性状，将使地下结构的变形增大，可能使地下结构内部的装饰、附属设备遭受严重破坏，损失巨大。其次，当遭遇超过设计烈度地震时，将使重要部位的接头非弹性变形严重化，在地震后难以修复，或在地震中严重破坏，甚至倒塌，其震害程度难以控制。所以，“延性结构”的应用受到了很大限制。

三种结构比较：对于地下结构减震来说，柔性结构优于刚性结构，延性结构优于柔性结构。但延性结构和柔性结构的位移都较大。因此，在地下结构中限制了延性结构和柔性结构的使用。

国内外研究人员在改变结构本身性能抗减震研究中，对隧道结构抗减震问题的定性研究相对较多，而关于不同抗减震材料之间的理论匹配关系研究较少，因此隧道结构的抗减震效果较差。

2. 地下结构与地层之间设置减震层

在隧道衬砌与围岩之间设置减震层，并使减震层具有较低刚度和足够的阻尼，使隧道结构在静力情况下能正常工作，在地震情况下能保证隧道结构在弹性阶段内正常工作，不发生任何非弹性变形或损坏，而减震层又可以减震、耗能，这是一种有效的减震方法如图 10-13 所示。对于地下结构，由于其复杂性，设置减震层的减震方法的研究刚刚开始，目前常用的减震系统有：

(1)减震地板。按照减震器与结构连接部位的不同，减震地板可分为支撑式和悬挂式。

(2)整体减震。美国的一些研究部门相继对利用回填材料构成整体减震体系进行了研究，经过多年的试验，得出了理想回填材料为颗粒材料(如火山渣)、泡沫材料(如聚苯乙烯、酚基塑料等)、泡沫橡胶、轻质混凝土。增加回填材料厚度可以提高减震效率，可选回填层厚度与结构半径之比等于 0.33 较为合适(因为超过了这个厚度，减震效果的提高极不明显)。

(3)多级减震。在整个减震结构内部设置减震地板，通过多级减震达到预期的目的。

(4)其他减震措施。如利用复合材料中的夹层减震，在坚硬物体表面敷设缓冲保护层，也有一定的吸能作用。

3. 改变围岩的力学参数

如对一定范围的围岩体进行注浆、设置锚杆等，充分发挥岩体的自承能力，以减小地下结构的地震响应，如图 10-14 所示。

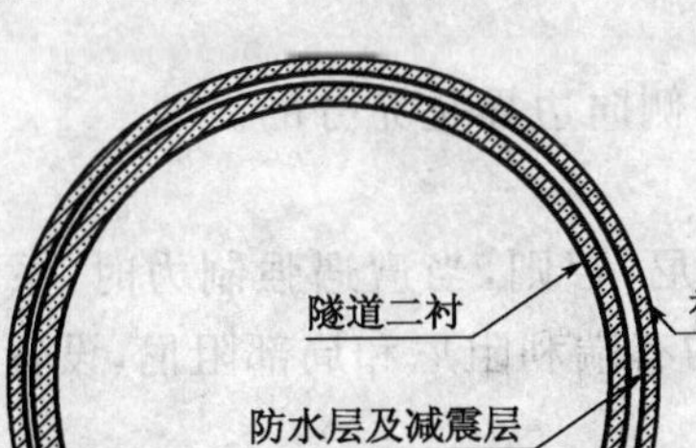

图 10-13　隧道减震层分布示意图

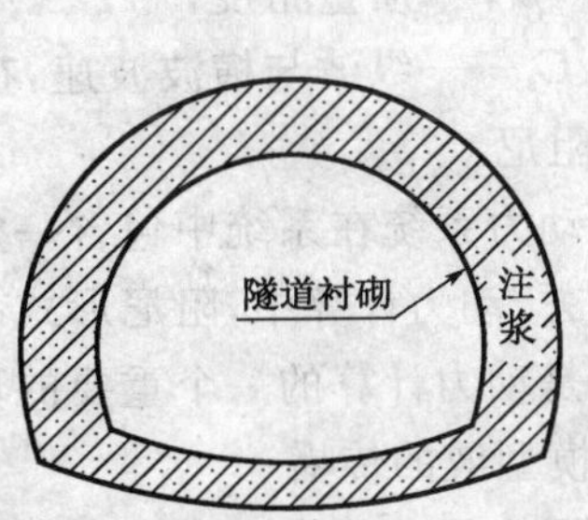

图 10-14　全环接触注浆分布示意图

(阴影部分为注浆层)

二、地下结构动力响应计算原理及其方法

近年来的研究结果表明，地下结构动力分析基础主要有两种：一种是相互作用法，它是以

求解结构运动方程为基础，把介质的作用等效为弹簧和阻尼，再将它作用于结构，然后如同分析地面结构模型一样进行分析；另一种是波动法，以求解波动方程为基础，把地下结构视为无限线弹性(或弹塑性)介质中孔洞的加固区，将整个系统(包括介质与结构)作为对象进行分析，不单独研究荷载，以求解其波动场与应力场。数值分析方法能解决复杂地形、地质条件下的地下结构的地震反应，能够考虑岩土介质的非线性以及复杂的地形地质条件，因此数值模拟分析方法是一种不可或缺的研究途径。

在考虑地下结构动力问题时，应注意到天然地基是无限延伸的，地基能量将向无穷远处逸散。在数值计算中如何正确有效地模拟无限地基的能量辐射作用，是决定是否能更精确的模拟地下结构地震反应的关键技术之一。采用数值模拟分析方法进行地下结构的动力分析时，无限域的模拟是一个关键性的问题。

计算方法是主要用拟静力，可参考相关规范。

1. 动力计算的方法

应用于动态分析主要考虑以下问题：①动态荷载和边界条件；②力学阻尼；③模型波的传播。

(1) 动态荷载和边界条件

在动力分析中，动力荷载可以是：加速度时程、速度时程、应力时程及变力时程；动荷载可以加在模型的边界上也可以加在模型内部的结点上。

数值方法总是用有限的区域来模拟无限或者半无限区域，因此边界的处理往往是计算的关键。例如：FLAC 软件动态分析边界包含两个主要的边界：静态(黏性)边界(quiet boundary)和自由场边界(free-field boundary)，以及两种类型的边界基础：柔性基础(the flexible base)和硬基础(the rigid base)。对于动态荷载分析，速度和加速度的输入不能直接施加在静态边界(柔性基础)上，而是转换成力作用在模型上。

静态边界方法涉及阻尼器，阻尼器独立地附在边界的法线与切线方向上。这些阻尼器提供的法线与切线方向的阻力由下式给出：

$$
\begin{aligned}
t_n &= -\rho C_p v_n \\
t_s &= -\rho C_s v_s
\end{aligned}
\tag{10-1}
$$

式中 v_s、v_n——边界上切线与法线方向的分速度；

ρ——质量密度；

C_p、C_s——纵波与横波波速，在某些情况下，基本的侧向边界是充分的。

(2) 阻尼

天然动力系统在系统中包含一定程度的震动能量阻尼，否则，当遭遇强制力时，系统将无限震动下去，动力计算中，阻尼形式有很多种，比较常用的有瑞利阻尼和局部阻尼，设置合理的阻尼系数是动力计算的一个重要的环节。

(3) 模型波的传播

模型网格尺寸的大小将决定动力模拟中是否会出现传递波的数值失真。输入波的频率含量与系统波速特征曲线都将影响波传递的数值精确性。Kuhlemeye 和 Lysmer 的研究成果表明：为了准确模拟波的传播，空间单元尺寸必须小于等于 1/10 到 1/8 输入波的最高频率部分所确定的波长。

在进行隧道地震动力分析时，可根据工程条件，先模拟静力状态，然后在此基础上进行动态分析，然后进行动力加载。要注意在静力状态下可以用位移边界条件，在动力分析时，则需要动力边界，一方面要设置透射边界，避免地震波在计算区域内的往复传播，同时，要考虑地震源的加载方式。不同的分析软件有不同的加载方法，如有的软件采用速度边界，有的采用加速变边界，有的采用动应力边界。在具体工程应用中，应根据工程软件的特点及所分析问题的特性，选择合适的边界和动力输入方式。

2. 例题：分析高烈度地震区交通隧道的动力特性

西部地区某隧道长 2 225 m，断面形式见图 10-15，进口坡脚与坡洪积扇缓坡相连，地形宽缓，较平坦，坡度约 3°～5°，隧道进口走向与斜坡近直交，洞口上部斜坡较陡，坡度角约 20°～35°。隧址区地层主要为三叠系上统～侏罗系下统白果湾群泥岩、粉砂质泥岩、泥质粉砂岩及石英砂岩，碳质泥岩、上覆新生界第四系全新统覆盖层，受附近大断裂带的影响，出口段基岩构造裂隙发育，岩体破碎。隧道洞口段均由残坡积碎块石土和白果湾群砂泥岩互层的强风化带岩体构成，地形地质条件十分复杂。线路多次跨越发震断层，地震设防烈度从Ⅶ度到Ⅸ度，地震动峰值加速度从 $0.15g$～$0.4g$，地震动参数在我国目前修建的交通干线中是最大的。

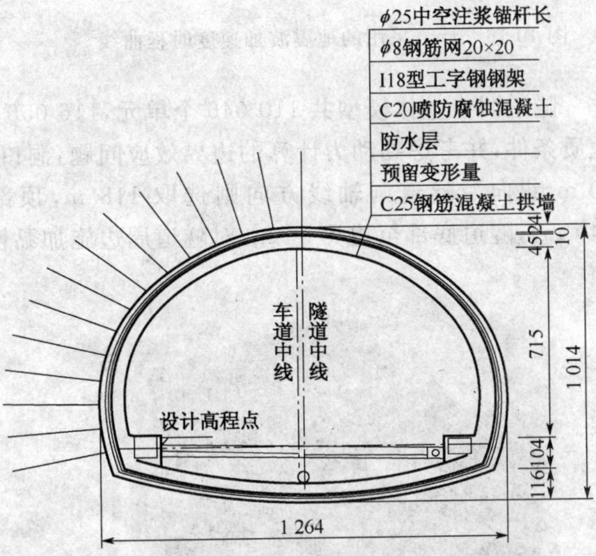

图 10-15　某交通隧道横断面图(单位：cm)

根据该隧道的地质勘查报告，各地层的物理力学参数取值如表 10-7 所示。该隧道地处Ⅷ度地震带，所采用的地震波以地震危险性概率分析结果得到的基岩加速度峰值和基岩加速度反应谱作为目标谱，用人工模拟方法合成得到的 50 年超越概率为 2% 的概率水准的基岩加速度时程曲线，该地震波经过三维时频分布得出地震波能量在时域以及频域内的分布状况，分析出地震波的能量主要集中在 15 s 前，因此可以取地震波前 15 s 进行计算(图 10-16)，在不损失地震波能量的下，可以节省机时，同时对该地震波进行基线校正(图 10-17)。

表 10-7　隧道减震层参数表

序号	材料	密度 (kg/m³)	弹性模量 (GPa)	泊松比	黏聚力 (MPa)	摩擦角 (°)
1	Ⅴ级围岩	1 850	1.2	0.4	0.2	30
2	Ⅳ级围岩	2 200	3.1	0.3	0.4	40
3	C25 二衬混凝土	2 500	30	0.2		
4	初期支护	2 200	25	0.23		
5	加固层	2 400	3	0.3		
6	减震缝	1 000	0.3	0.3		

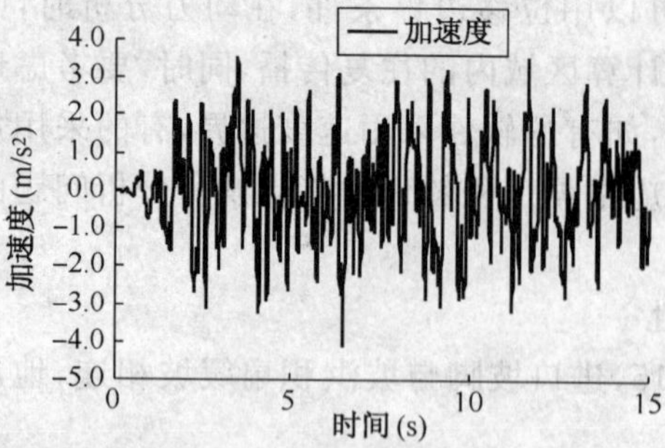

图 10-16　计算采用的地震波加速度时程曲线

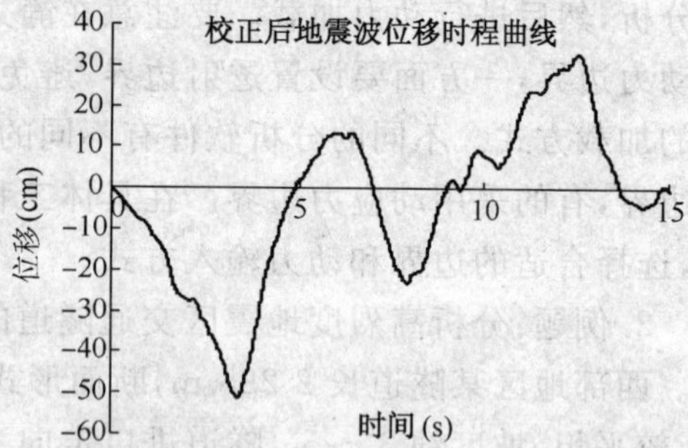

图 10-17　计算采用的地震波位移时程曲线

隧道洞口整体模型共 110 046 个单元，116 056 个节点（图 10-18），根据隧道出口的地形及地质条件，并考虑到动力计算的边界效应问题，洞口模拟水平方向范围选取洞门中心向外侧各 60 m，纵向沿隧道洞轴线方向则选取 118 m，顶部按照实际地质条件进行适当简化模拟（40 m），隧道底部至边界 50 m，对隧道周边施加黏性边界条件。

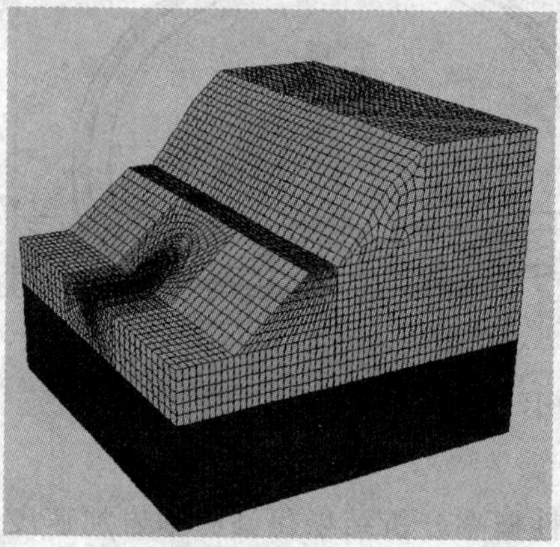

图 10-18　隧道三维模型图

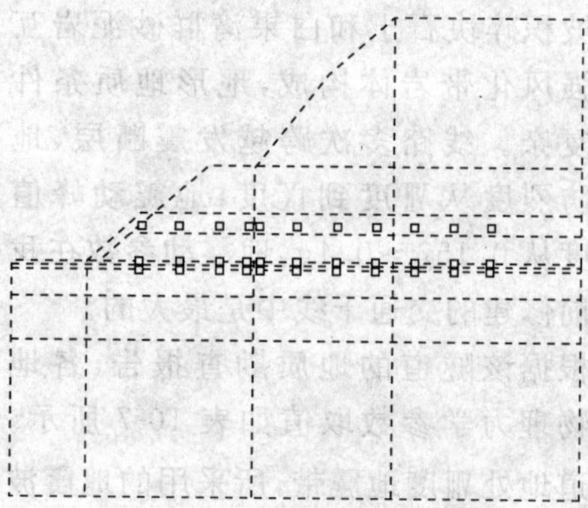

图 10-19　隧道纵断面测点图

从图 10-20 和图 10-21 隧道结构的位移时程曲线可以发现，各监测点变化规律基本相同，洞口处位移峰值最大，随着距洞口距离增大，位移峰值减小，衬砌监测点的峰值位移隧道埋深的增大而减小，说明埋深对隧道结构位移响应影响很大。在地震作用下的围岩的位移响应呈水平层状分布，测点位移时程曲线与输入地震波位移时程曲线（加速度积分后）基本一致。

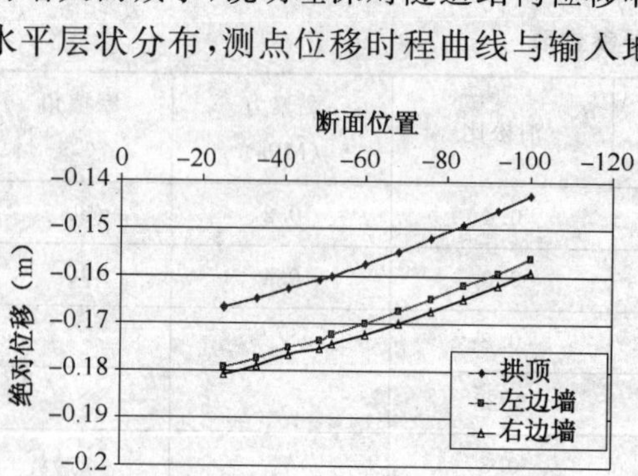

图 10-20　峰值位移沿纵向变化图

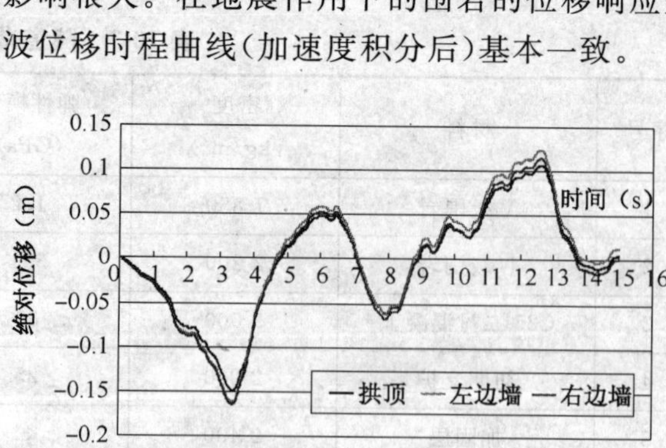

图 10-21　第 9 断面位移时程曲线图

从图 10-22 中可以看出，隧道一、三主应力的时程曲线变化各不相同，但其振动幅值变化不大，出现的峰值时刻也不同，但总的变化趋势基本一致。

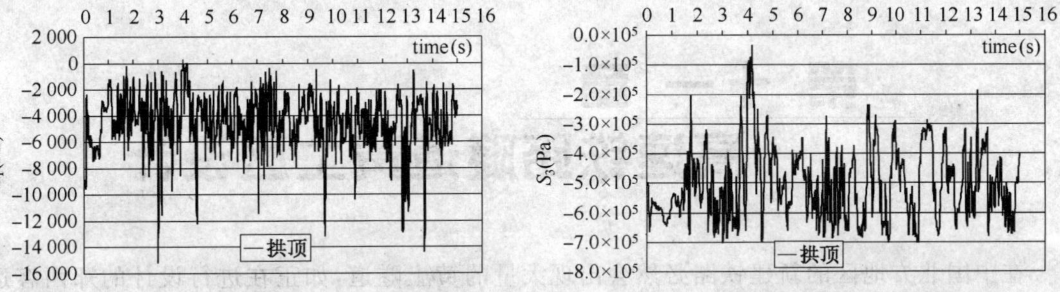

(a) 拱顶第一主应力时程曲线　　(b) 拱顶第三主应力时程曲线图

图 10-22　第 9 断面第一、三主应力时程曲线图

衬砌监测点的内力峰值(弯矩、轴力)发生在洞口处(图 10-23)，隧道同一断面最大弯矩峰值发生在左线洞口处右墙脚，线轴力峰值发生在左线洞口处右墙脚，不同断面、不同时刻隧道的不同内力峰值均分布于不同位置。

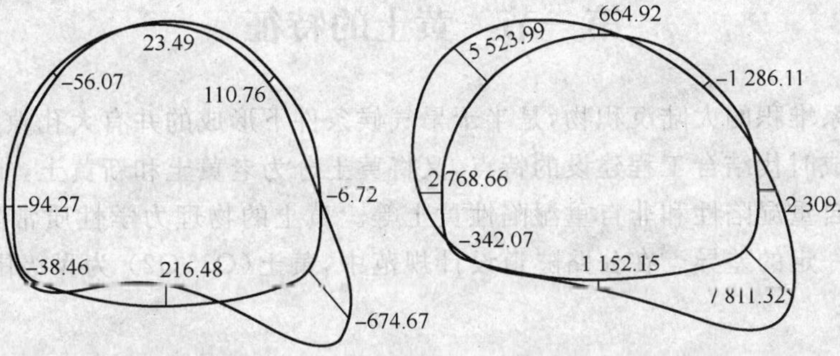

(a) 衬砌弯矩图　　(b) 衬砌轴力图

图 10-23　6.45 s 时刻第三断面隧道结构内力图示

复习思考题

1. 分析隧道地震破坏机理，并参考相关文献说明在控制隧道地震破坏时，所采取的工程措施的出发点是什么？

2. 在隧道的抗震设计中，检算的内容有哪些？

3. 在对地下结构动力响应进行数值分析时，与静力分析相比，有哪些差别？

第十一章 高速铁路隧道黄土区设计

在中国北方地区的新建铁路必然会出现大量的黄土隧道，如正在进行设计的郑西客运专线，正在进行前期研究的包头至西安客货共线铁路，就有大量的黄土隧道。由于黄土特殊的性质，在以往的黄土隧道施工中（如宝中铁路、西延铁路、神延铁路等）屡屡发生事故，建成的黄土隧道衬砌也几乎没有不发生渗漏的，给国家的财产造成重大损失。随着新一轮高速铁路建设高峰的到来，所遇到的黄土隧道的断面更大，施工中的危险性更高，建成后面临的安全问题会更多。

第一节 黄土的特征

黄土是第四系堆积的大陆沉积物，是半干旱气候条件下形成的并有大孔隙、垂直节理的特殊土。根据其形成时代结合工程建设的特点，又将黄土分为老黄土和新黄土，非湿陷性黄土和湿陷性黄土以及自重湿陷性和非自重湿陷性黄土等。黄土的物理力学性质常随其成岩时代、成岩地区表现出一定的差异。在公路隧道设计规范中，黄土（Q1，Q2）为Ⅳ级围岩，黄土（Q3，Q4）为Ⅴ级围岩。

第二节 黄土的工程地质性质

1. 物理力学性质

黄土的组成物质以粉土（0.05～0.005 mm）为主，约占60%，黏土颗粒（<0.005 mm）约占20%，大于0.25 mm颗粒少见，一般来说，黏土粒含量越多，黄土湿陷越弱，影响黄土湿陷性主要指标为天然孔隙比和含水量，当其他条件相同时，土的孔隙比越大，其湿陷性越强，反之则弱。

2. 黄土渗透性

黄土的渗透性是黄土的重要工程性质之一，如黄土地基的湿陷变形，黄土隧道的地下水渗漏等都与渗透性密切相关，黄土渗透性常以单位水力梯度下的渗流速度即渗透系数（K）表示，它与颗粒组成和结构特征有密切关系。

3. 黄土的节理和构造特征

黄土的节理和构造特征主要指黄土中发育在成岩过程中因水分运移引起的一系列物理、化学作用结果形成的原生垂直节理，由区域构造应力场作用形成的构造节理，以及黄土沟谷、路堑等两侧分布的张性卸荷次生节理等。

第三节　黄土受力后的破坏形态及对隧道工程的影响

黄土按成因不同从大的方面可分为残积土、沉积土、土壤层。典型的黄土由黄灰色或棕黄色的尘土和粉砂细粒组成，颗粒成分中以粉砂土(0.05 ～0.005 mm)为主，质地均一。黄土具有多孔性，垂直节理发育，层理不明显，透水性较强，具沉陷性。黄土的工程性质主要取决于土的结构构造、矿物成分、粒度成分及孔隙中水溶液的性质等，另一方面也取决于生成年代的长短、地理条件的变迁等。黄土含大量钙质或黄土结核，在干燥时较坚硬。其主要成分有氧化铁、石英，其中石英占60％～70％，除此之外还有氧化钙、氧化钾，这些都是可溶性的物质，遇水后溶解流走，节理被破坏，黄土层就会下陷。从微结构来看，黄土具有大孔性的特点，颗粒间相互结合不紧密，颗粒间有较大的孔隙。黄土的微观结构决定了黄土的压缩性质、剪切特性、应力—应变关系及黄土所具有的湿陷性。土体的固体颗粒之间及颗粒与水之间的相互作用，使土的物理力学性质很复杂。目前还没有一种严格的理论来表达土的力学性质，工程上还在把土当成简单的弹性体或理想的弹塑性体，在土力学中大量的应用弹性理论或弹塑性理论，这种近似的方法并不能准确的反映实际情况。不论是饱和黄土还是非饱和黄土，当受到扰动后土粒间的结构会遭到破坏，土的力学性质就会发生很大的变化。在地下洞室开挖以前，土层中的各点均处于三向受力的平衡状态，但这种平衡状态并不是一成不变的，随着自然界的地壳运动，雨水渗透，地层中的应力变化无时无刻不在进行着。当洞室开挖后，地层受到扰动，地层中的应力平衡就遭到破坏。

下面从土层处于原始状态开始研究洞室开挖后各个阶段土层中的应力变化过程。

(1)洞室开挖前，开挖边界上一点处于平衡的三维受力状态(图 11-1)。

(2)洞室开挖后，未加支护前开挖边界点处于二维受力状态(图 11-2)。

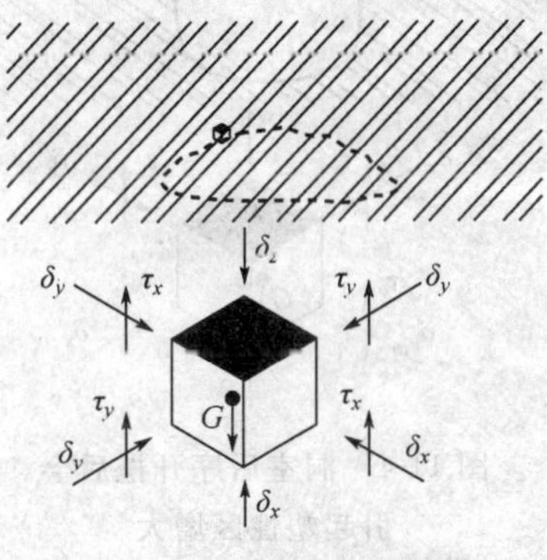

图 11-1　洞室开挖前开挖边界上一点受力状态

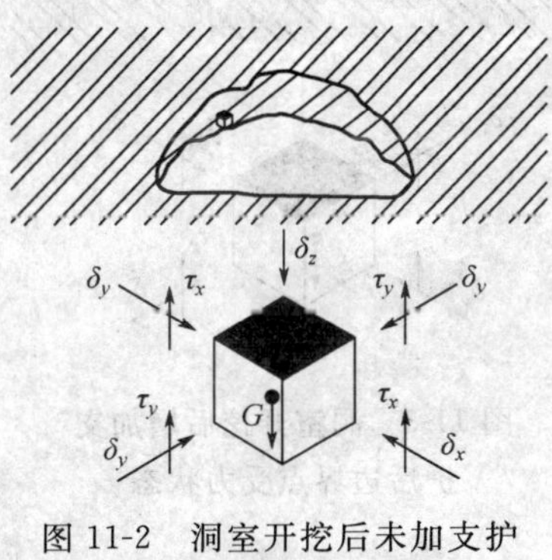

图 11-2　洞室开挖后未加支护前开挖边界点受力状态

由于在开挖过程中无法维持原受力状态，边界点处于二维受力状态，因为土颗粒之间的摩擦力无法平衡上部压力及自重，必然引起沉降变形，如果此时不加外部支撑，变形会进一步发展。土体中发生局部变形后，如果土体颗粒之间的黏结力及摩擦力不能承受上部压力及自重时，就会发生坍塌。此变形会不断地向上部发展，直到土粒之间的黏结力及摩擦力能够承受上部压力及自重为止。此时会产生一个拱形的暂时的稳定形态，这个就叫塌落拱。

(3)开挖面形成后,增加支护(图 11-3)

支护增加后,如果支护有足够的强度,能够平衡土粒之间无法平衡的部分竖向力,则支护边界上的土粒又重新受到三维应力,处于暂时的平衡状态。此时,边界上部附近的土体由于受到其上部变形沉降土体的压力及支护的支撑,其土体密度会增加,从而形成一个有一定承载能力的拱。这就是新奥法要利用的围岩自身承载力在土质隧道中的反映。这种状态一般可以维持一段时间,但由于塌落拱下部的土体全部是受到扰动的土体,其物理力学参数已与原状土有较大的变化,又由于洞室开挖后上层土体的下沉,在塌落拱顶面上会形成空隙,周围的土层中的裂隙水会逐渐渗入,塌落拱上的空隙会形成汇水廊道,初期支护上部的土体在含水量增加后力学参数会进一步恶化,土体的承载能力会大大降低。所以,要及时施作二次衬砌。需要说明的是,土体中含水率的增加是一个缓慢的过程,土体含水率增加后的变形也是一个相对缓慢的蠕变过程,因此,如果初期支护不是非常的强(一般也没必要非常强),洞室内的相对位移的变化是很难达到收敛的,而且即使出现了收敛的现象,也只是暂时的。因此,为了防止出现工程事故,及时施作二次衬砌很有必要。在黄土隧道中即使二次衬砌完成后,洞室周围土体的蠕变变形还是不会停止的,包西线神延段的许多黄土隧道衬砌在完工 1 年左右后才出现裂缝,足以说明这种现象。

(4)分步开挖中的后续开挖会引起塑性应力区的进一步扩大(图 11-4)

多步骤开挖时一定要注意在后序施工中保证已施作初期支护的稳定。因为多步骤施工中,后序施工必然引起前期已施作的初期支护中的应力增加,所以在前期步骤的初期支护设计中一定要考虑到这种应力的增加,并以全部施工过程中的最不利状态作为设计中的控制因素进行初期支护的设计。

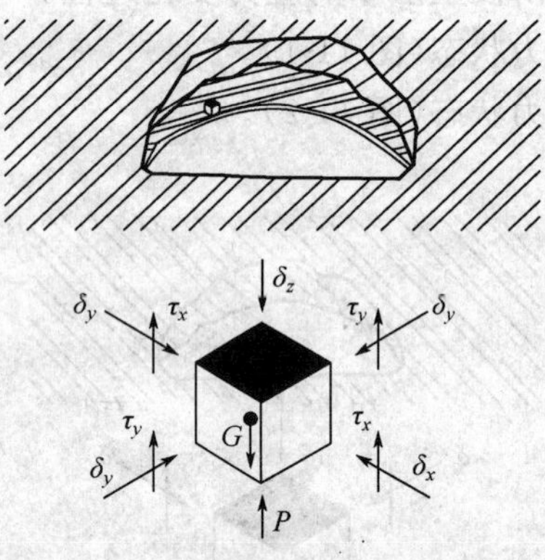

图 11-3　洞室开挖后增加支护后边界点受力状态

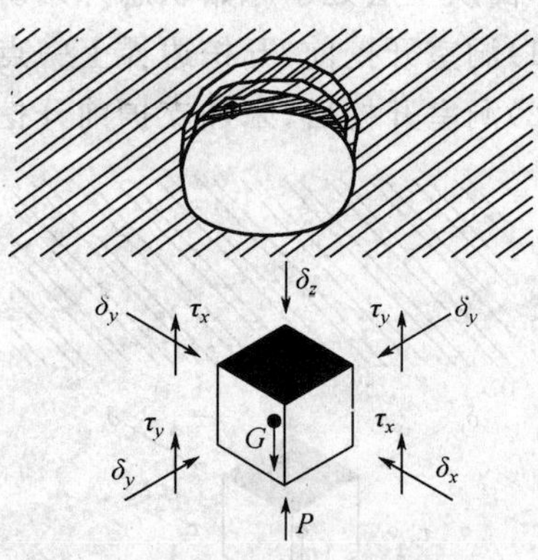

图 11-4　洞室后序开挖后会引起塑性区增大

(5)黄土地层的不良地质及对隧道工程的影响

黄土地层中发育的不良地质有多种,对隧道工程影响较大的有黄土陷穴和隐蔽的古沟槽。黄土陷穴在黄土地层异常发育,在勘测过程中必须准确地找到隧道中线附近的黄土陷穴并进行回填设计处理。古沟槽是被后期黄土掩盖的沟槽,在勘测阶段较难发现。古沟槽往往是地下水的汇聚通道,因此其各种力学指标比同期的地层差很多,如果在设计上未加以重视,必将带来严重的工程事故。

从以上在黄土中开挖洞室后产生的应力变化可以得到如下结论:黄土中洞室开挖后并不

像岩层中变形收敛最后可以达到稳定，黄土中即使能够达到收敛也只能是暂时的，并且应配合异常强大的支护。所以，在黄土隧道的施工中应注意施工步骤之间的衔接，快速施工，不要奢望初期支护会达到像岩层隧道中的稳定收敛状态；在比较破碎的岩层中可以采用压浆等辅助措施，但在黄土中如果压浆，由于浆液中的水会破坏土体的结构，将会使土体的受力状态恶化；而且由于黄土结构的特殊性，虽然黄土有很大的空隙率，但一般却很难压进浆液，所以黄土隧道的施工中可以利用小导管的棚架作用，但不主张压浆；黄土中分部开挖的每一步都会引起土层中的应力重分布，当初期支护达到承载能力极限状态时发生的坍塌是突然性的，灾难性的。因此，在初期支护的设计中要采用最不利工况的参数进行设计，才能保证安全；黄土被扰动后的变形是非常缓慢的蠕变，在这个变形过程中已经施工完成的隧道衬砌上的外力是不断增加的，因此黄土隧道设计采用的参数一定不能采用原状土的物理力学指标，这一点一定要认清。陕北多座铁路及公路黄土隧道按新奥原理设计施工完成后却出现渗漏水病害的原因就是如此。

第四节　高速铁路黄土地层隧道设计的要点

因为黄土地层的特殊性再加上高速铁路隧道断面大的特点，黄土地层中高速铁路隧道的设计理念应有较大的不同。在黄土地层中修建大断面的隧道，如何保证开挖过程中的安全并最终得到满足净空要求的隧道是设计首要考虑的问题，因此，可以说计划采用什么施工方法就对应有什么样的设计方案，简单地说就是“施工决定设计”。

1. 开挖方法及初期支护设计要点

黄土大断面隧道的设计首先应根据断面的跨度和地层特性确定采用哪种开挖方法，大断面隧道常用的开挖方法有预留核心土的微台阶法、双侧壁导坑法、CD法、CRD法等，对比较软弱的黄土地层，这些方法应配合对浅埋地层的地表加固或拱部超前支护。以上的各种方法都是将大断面分为不同的小断面分别进行开挖的方法，配合锚杆、钢架、钢筋网及喷混凝土对已经开挖好的洞室进行加固，这些步骤中最应注重的是控制变形，尽量减少上部土层受到的扰动。只有每个单步中对地层的扰动最小，最终形成的大断面洞室的变形才能最小，初期支护的受力才能得到有效的控制。为了达到这样的目的，在每步开挖的初期支护中应有明确的传力路径，不同步骤的受力转换节点应进行加强。通常应该加强的节点有拱部与边墙的连接处、边墙各段的连接处、边墙与仰拱的连接处。每个步骤的初期支护设计应按开挖全过程的最不利工况的受力进行设计，不能仅考虑本步骤受力。另外，还应采用先进的分析手段对开挖过程中的各个工况进行分析，找出控制性的关键工序，采取特殊的工程措施。

以上所有的连接处，在纵向均应有刚性纵梁进行联结。举例来说，施工过程中，开挖马口时不可避免地会出现拱脚悬空的情况，无数次的塌方正是出现在这个关键的时刻，将拱脚部位用刚性的纵梁联结为整体可以避免局部的承载力不足引起大塌方的事故。应特别注意初期支护整体的强度及刚度。在锁脚锚杆不能控制横向变形时，应采用钢筋混凝土横撑。对异常软弱的黄土地层应采用强力的初期支护结构体系。

特别应注意的是：CD法或CRD法的中间竖向临时支撑的底部应该落到仰拱以下，因为中间的临时支撑是在初期支护成环后才进行拆除的，如果其底部没有落到仰拱以下，当落底施工仰拱的初期支护时中间的临时支撑底部必然会悬空，因为这时初期支护还没有成环，中间临时支撑的卸载可能会给整个初期支护带来灭顶之灾。

设计的每一开挖步骤均要保证初期支护形成完整的封闭环，这样才能保证施工的安全。

2. 二次衬砌设计及施工要点

(1)设计理念

设计的断面轮廓与地层中实际的受力状态不一致是过去的隧道产生病害的主要原因。在二次衬砌的设计时，应该遵循实事求是的原则，针对不同的地层状况及要求的隧道断面大小，采用适当的分析手段，找出衬砌设计上的控制断面，进行有针对性的设计。应该摒弃过去那种只套定型图的完全经验的粗放的设计方法，因为过去的设计方法虽然在加快铁路建设的速度上有一定的成效，但由于设计过程中不加分析的生搬硬套带来的问题也是非常严重的，过去已经建成的隧道过半数以上均存在各种各样的病害与此就有很大的关系。定型图的设计理念用于设计上有以下的问题，围岩类别的划分并未考虑断面大小的因素，而所有的初期支护及二次衬砌又由围岩类别界定，这样就造成了在同是三类围岩的岩层和土中采用的衬砌是相同的，但这二者的差别却是明显的，这样的设计必然存在隐患。

不论是铁路还是公路规范上的围岩类别或界别的划分，均是一种比较粗的分类，是一种从比较大的方面对围岩的工程特性的分类，其中的多项指标均有一定的范围，地下工程的各种勘察手段得到的均是一孔之见，并不能完全反映实际情况，另外还有对同样的地层因人而异可以得到不同的结果，对由多种不同参数决定的围岩仅仅简单地采用单一的围岩类别就决定采用何种衬砌和支护方式显然有失偏颇。针对具体的工程设计，设计人员应具体分析围岩的各项参数，与具体工点的开挖断面大小相结合，采取一定的计算及模型试验，再加上工程人员的经验，得出符合实际的设计方案。

隧道衬砌因为存在和周围地层的相互作用，所以不能采用简单的荷载结构模式，在衬砌的不同部位应考虑其地层反力的作用。在开挖断面更大的高速铁路隧道中这样的空间作用将更加明显。在二衬设计上应力求断面轮廓的圆顺，避免应力突变。高速铁路隧道因其断面大，衬砌的设计荷载不能简单地模仿普通铁路隧道的围岩压力计算方法，应通过模型试验及有限元计算再根据过去的经验确定围岩压力的计算。

(2)材料及施工工艺

采用的材料不能满足实际要求是隧道产生病害的另一主要原因。铁路隧道属于重要的构筑物，按照有关的规范规定，应该达到百年的使用寿命，为此铁路隧道规范对衬砌结构各部分采用的混凝土强度等级均有明确的规定，在设计中应严格遵守。影响结构耐久性的因素有很多，但铁路隧道渗漏水病害的主要原因是衬砌结构的自防水不能满足要求，为此不仅要从材料本身解决，还要从施工工艺上加以改进。当前的隧道施工中普遍存在的问题是在浇筑混凝土过程中，由于粗骨料下沉，造成衬砌结构上下实际的结构强度与设计不符，拱部衬砌往往因为缺少粗骨料，混凝土强度下降，拱顶的混凝土往往不密实，这是造成拱顶渗漏水的主要原因。由于先浇筑下部混凝土使防水板受到张拉，上部衬砌的厚度得不到保证，不能满足设计要求。防水材料的抗张拉强度及耐久性问题也是已建成隧道产生渗漏水的原因，初期支护完成后的表面往往有尖锐的突出及外漏钢筋，在铺设防水板后容易被刺破，起不到防水作用，这些方面均应引起施工单位的重视。

(3)施工误差、测量误差、预留沉落量及维修养护增量空间

黄土地层中大断面隧道衬砌的设计净空除预留必要的施工误差、测量误差空间（约

50 mm)外必须预留足够的预留沉落量及后期维修养护增量空间。为便于隧道以后的运营养护及维修补强,另外预留必要的增量空间是应有的超前性的设计理念。在现今既有线的隧道病害整治中,往往出现整治后隧道衬砌侵限的问题,其原因就是没有预留维修养护增量空间。维修养护增量空间在现行的各种隧道规范中均未提及,但很有必要增加。维修养护增量空间以预留 15 cm 为宜,这样可以在增加少量开挖(约 115%)的情况下得到宝贵的后期加固整治空间。

3.设计参数建议公式

根据铁路、公路隧道设计经验并参考国内外大断面隧道的有关设计,总结出下面的公式,该公式适宜于计算黄土地层各种围岩级别下各种不同跨度的土质隧道的初期支护、二次衬砌、预留沉落量的采用值。

$$d=n^{(1+n/20)}\times B\times k$$

式中　n——与围岩级别相对应的数字(如Ⅳ级围岩 n 为 4);

B——隧道开挖宽度;

k——系数,计算初期支护厚度时取 0.3,计算预留沉落量时取 1.25,计算二次衬砌时取 0.75。

4.黄土隧道的防排水设计

防排水设计是隧道设计中的重要一环,新的客运专线暂行规定要求初期支护与二次衬砌之间必须加防水板。在过去隧道防排水设计中防水板也经常使用,但防水的效果却不令人满意。初期支护施作完成后,总会存在渗漏水点,完全封堵不仅不现实而且非常困难,况且,完全封堵后所有的水土压力均要初期支护来承受,但一般的初期支护是不承担水压力的(在设计上也不经济);但目标是在二衬施工后衬砌不能有渗漏点,所以在设计上要给初期支护的渗漏水一个排除的通道。为达到这样的目的,应该在防水方案上加以研究,将隧道的初期支护分为一块块的防水分区,各个分区之间的渗水除了预留的排水通道外不能到处流动。这样的好处是,即使将来某处漏水也只在该处进行处理就行。具体的防水措施如图 11-5 所示。

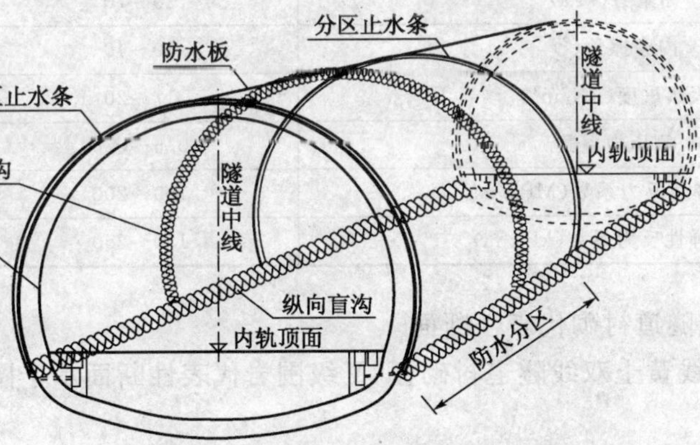

图 11-5　隧道分区防水示意

加强施工用水及地层渗漏水的管理是施工过程中应该特别引起注意的问题,黄土隧道施工中工程用水及地层渗漏水在不加管理的情况下往往会浸泡分步施工的基底,造成初期支护支撑部位的承载力降低,经常酿成突发性灾难事故,应该引起足够的重视。

第五节 黄土隧道衬砌设计实例

现以郑西客运专线黄土隧道为例加以说明。

1. 衬砌设计参数

郑西客运专线黄土隧道衬砌结构设计综合考虑了新老黄土(围岩级别及 c、φ 值)、隧道深浅埋情况及黄土天然含水量等因素,同时与已建成铁路双线隧道及公路黄土隧道进行工程类比,最终确定了黄土双线隧道衬砌设计参数,如表 11-1 所示。

表 11-1 郑西客运专线黄土双线隧道衬砌设计参数

衬砌类型	初期支护								二次衬砌	
	喷混凝土	钢筋网(φ8 mm)	锚杆				钢架			
	设置部位/厚度(cm)	网格间距(环×纵)(cm)	设置部位	间距(环×纵)(m)	长度(m)		规格	每榀间距(m)	拱墙(cm)	仰拱(cm)
					拱部	边墙				
Ⅳ	全环/26	20×20	拱墙	1.0×1.0	2.5	3.5	I20a 或格栅	0.8(全环)	50	60
Ⅳ加强	全环/30	20×20	拱墙	1.0×1.0	2.5	3.5	I22a	0.8(全环)	50	60
Ⅴ	全环/30	20×20	拱墙	1.0×1.0	2.5	4	I20a	0.6(全环)	60	70
Ⅴ加强	全环/35	20×20	拱墙	1.0×1.0	—	4	I25a	0.6(全环)	60	70

2. 黄土的物理力学参数

郑西客运专线黄土隧道衬砌结构计算采用的物理力学参数见表 11-2。

表 11-2 黄土物理力学参数

计算参数	老黄土	新黄土
黏聚力(kPa)	20～70	20～40
内摩擦角(°)	20～40	20～30
天然重度(kN/m³)	17～20	15～17
侧压力系数	0.5～0.6	0.5～0.6
侧向弹性反力系数(MPa/m)	100～200	80～125
基底弹性反力系数(kPa/m)	150～250	100～150

3. 黄土双线隧道衬砌代表性断面

郑西客运专线黄土双线隧道衬砌Ⅳ、Ⅴ级围岩代表性断面示于图 11-6 中。

第六节 小　结

(1)黄土地层大断面隧道可供参考的工程实例较少,黄土地层中洞室的坍塌具有突发性,在坍塌前一般没有明显的征兆,危害性很大,因此,要求设计人员对初期支护要进行详细的施工工艺设计,结合国内隧道建设的实际能力,使设计达到安全、经济。

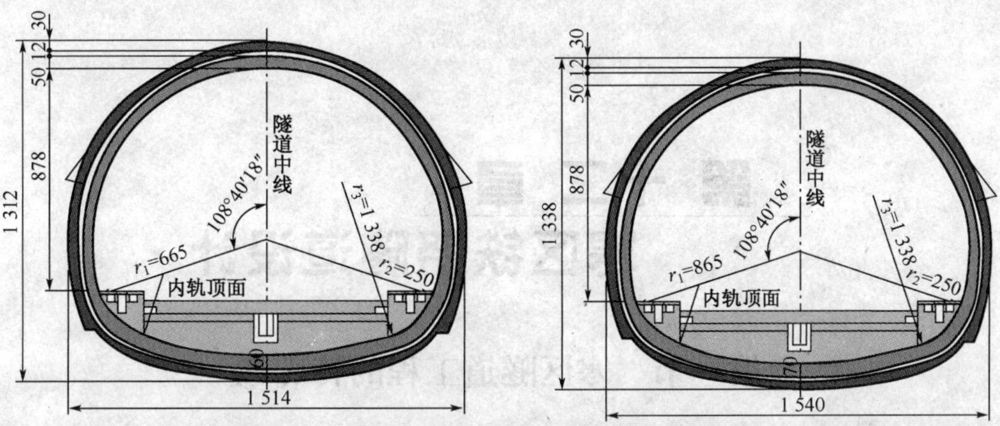

图 11-6　黄土双线隧道衬砌代表性断面(单位:cm)

(2)设计人员要有清晰的思路,在初期支护的每一步施工中,上部荷载要有明确的传力途径,严禁主要受力路径断开,主要受力部位悬空。

(3)设计人员应明确认识到,黄土地层的隧道衬砌完成后,隧道周围的应力变化才重新开始,由于周围地下水的汇聚,隧道周围的地层与勘察时的状态有很大的不同,因此,在进行二次衬砌的受力计算时,对勘察时提供的地层的物理力学参数应进行必要的折减,这样才能保证二次衬砌长期的安全。

(4)大断面洞室因为要分步开挖,各个步骤之间的受力转换是施工安全的保证,因此要特别注意施工步骤间的受力传递问题。

(5)大断面洞室对变形非常敏感,因此一定要重视隧道基底的处理,湿陷性及承载力低是黄土地层的重要特性,在隧道设计时一定要采取针对性的措施。

(6)黄土地层大断面隧道施工缺少工程实例,为避免造成工程事故或不必要的浪费,应组织相关的设计科研施工单位联合进行工程试验,尽快得出大断面黄土隧道上部土压力计算的经验公式,以便指导设计及施工。

(7)对隧道工程的投入应该有全新的认识,使隧道工程在设计使用年限内的建设及维修养护费用的总和最少是设计人员应追求的目标。过去在设计时一味强调降低工程造价,结果使交付运营后的隧道出现各种各样的病害,后期投入整治病害的费用有的竟大大超过隧道的原建设投入,这样的现状应该引起管理阶层的重视。

复习思考题

1. 黄土的特征和工程地质性质是什么?
2. 简述黄土受力后的破坏形态及对隧道工程的影响。
3. 简述高速铁路黄土地层隧道设计要点。

第十二章 寒区铁路隧道设计

第一节 寒区隧道工程的特殊性

寒区隧道工程作为一个重要研究课题被提到日程，是因为它具有一系列非冻土区所没有的特点与问题，或者一些问题虽具有共性，但在寒区中反映更为深刻，因此寒区隧道工程特殊性所带来的问题早已引起寒区国家工程界的普遍重视。

一、寒区隧道内气温及围岩温度变化较大

隧道工程首先改变了太阳直接照射的辐射条件，再者由于隧道贯通与车流影响，大大增强了对流换热作用。洞内的温度变化主要表现在：

(1)沿隧道进深不同段落气温普遍降低。天然条件下，隧道开挖时，洞中与围岩温度均高于相应地点的地表温度与气温。而隧道贯通后，洞中年平均气温、围岩表(界)面温度一般低于、等于相应地点的地表温度与气温。天然条件下同一地点气温低于相应的地表温度，这是具有普遍性的规律，就全国而言，同一地区年平均地面温度高于年平均气温 1～4 ℃，在青藏高原地区，前者普遍高于后者 3～3.5 ℃或更高。而在隧洞内，气温与围岩(衬砌层)界面的温度，是较为接近的(表 12-1)。

表 12-1 大坂山隧道内气温与洞壁温度

地段里程	观测时间	洞中气温(℃)	洞壁温度(℃)						
			西边墙下部	西边墙中部	西顶拱	正顶拱	东顶拱	东边墙中部	东边墙下部
K105＋320	1999-09-19	0	0	0	0	0	0	0	0
	1999-09-26	2	2	2	2	2	2	2	2
	1999-09-28	0	0	0	0	0	0	0	0
K105＋705	1999-09-19	2	2	2	2	2	2	2	2
	1999-09-26	2	2	2	2	2	2	2	2
	1999-09-28	1	1	1	1	1	1	1	1
K106＋450	1999-09-19	0	0	0	0	0	0	0	0
	1999-09-26	1	1	1	1	1	1	1	1
	1999-09-28	0	0	0	0.	0	0	0	0

(2)自然条件下地面温度是随气温变化而变的。基本是同步的,一年四季均表现为地面温度高于相应气温,仅是其差值不同。而隧道内气温与围岩界面(衬砌层)温度虽然也是同步变化的,但隧洞内不同进深段落的气温与壁面温度在一年四季中则可高于或低于洞外气温,即暖季洞内温度多低于洞外气温,寒季洞内温度高于洞外气温,即所谓洞内"冬暖夏凉"(图12-1)。大兴安岭西罗奇隧道中各段落的年平均温度均低于隧洞外的年平均气温,洞外年平均气温-3.5 ℃,而洞内均低于-6 ℃。

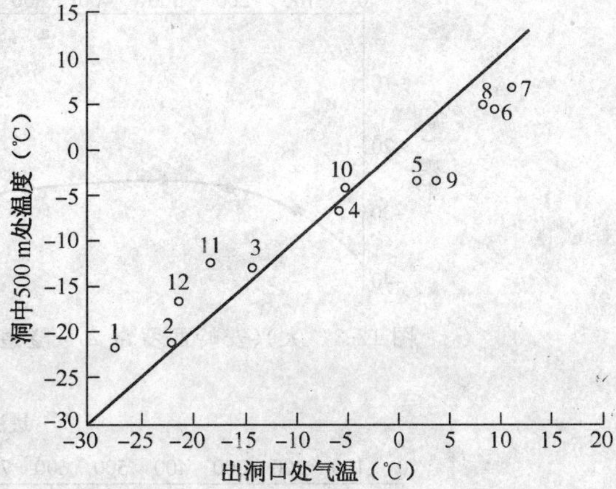

图 12-1 大兴安岭西罗奇隧道中月平均温度与出口处气温的关系

(3)寒区隧道中温度沿进深变化呈一定规律性,大致呈抛物线型分布,暖季为中间段低;寒季相反,中间高,进出口段低(图12-2～图12-5)。但是隧道内不同地段的温度差值受隧道长度制约,隧道愈长则洞外～洞口～洞中的温度差值愈大。表12-2为年气温最低的1月,洞外气温与洞内最高气温之差值,这个差值,一般是最冷月份最大,其次是最热月份,4、5月与9、10月差值最小(图12-6)。这个特点对不同进深围岩的冻融深度有很大影响。

表 12-2 寒区隧道1月份洞内外温度差值与隧道长度的关系

隧道名称	隧道长度(m)	由洞口至洞中1月最大的日温度差值(℃)
新疆天山奎先大坂隧道	6 150	24
大兴安岭杜草隧道	3 849	18
大兴安岭西罗奇2号隧道	1 160	15
青海大坂山隧道*	1 530	15
大兴安岭翠岭2号隧道(田庆丰,1982)	420	5

* 加设保温门。

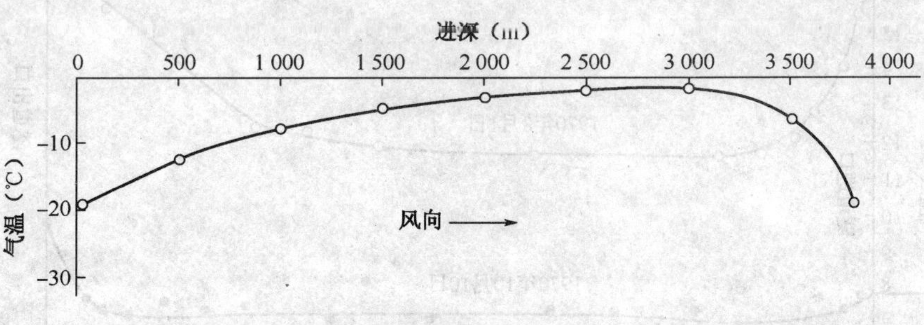

图 12-2 小兴安岭杜草隧道内气温分布(3 849 m长)(冬季1月)

(4)隧道内气温年较差减小,这在不同段落是不同的,一般规律是进出口段温度年较差小于洞外温度年较差,中间段温度年较差最小,表12-3、表12-4可见此规律。初步分析洞内温度年较差与洞外温度年较差的比值(表12-2～表12-5)随隧道长度增长而减小。

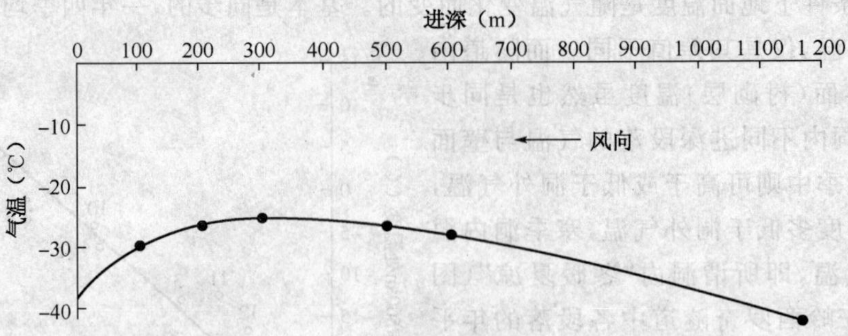

图 12-3　大兴安岭西罗奇 2 号隧道内气温分布(1 160 m 长)(冬季 1 月)

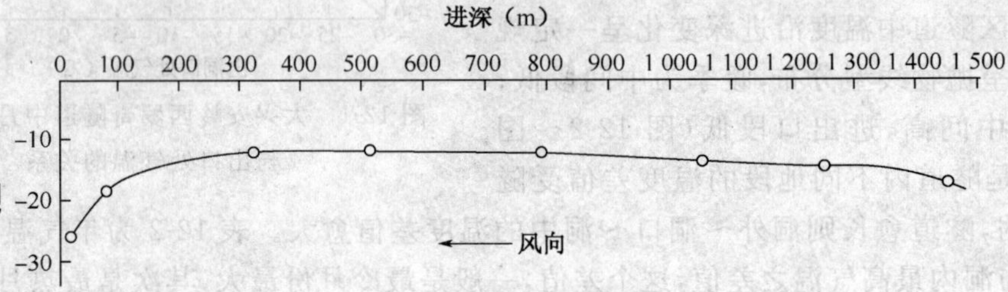

图 12-4　青海大坂山隧道内气温分布(1 553 m 长)(冬季 1 月)

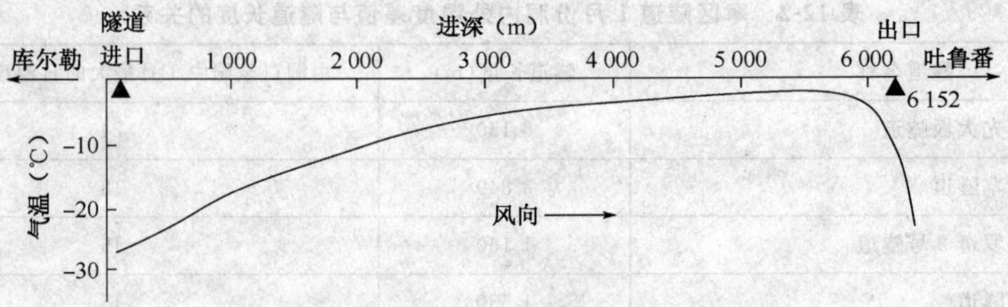

图 12-5　新疆奎先大坂隧道内气温分布(6 152 m 长)(冬季 1 月)

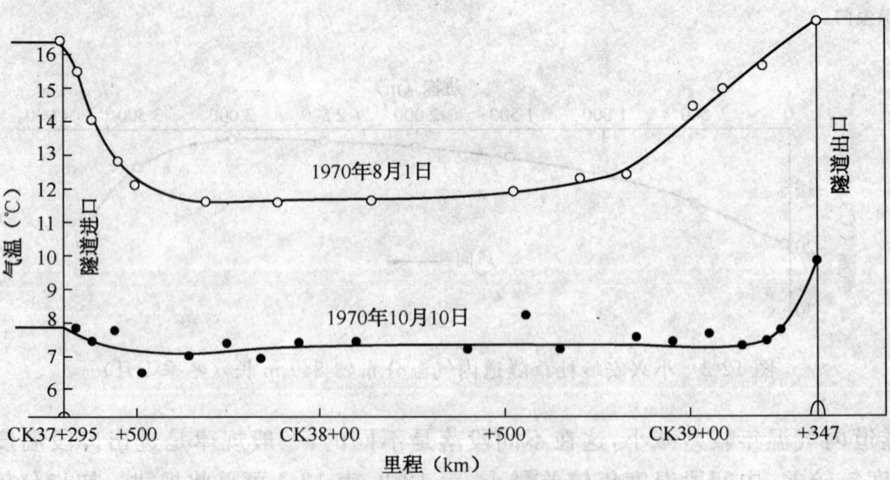

图 12-6　宁夏贺兰山隧道测温曲线(2 095 m 长)

表 12-3　大坂山隧道内的温度年较差(1 553 m)

测点号	洞内	2	3	4	5	6	7	8	出口
里程	K105＋020	K105＋070	K105＋320	K105＋520	K105＋705	K106＋050	K106＋320	K106＋450	K106＋500
温度年较差(℃)	23.7	15.3	13.4	11.3	12.9	12.3	13.1	15.5	23.1

表 12-4　大兴安岭西罗奇 2 号隧道温度年较差(1 160 m 长)

位　置	进口处	进口处	100 m	300 m	500 m	出口处
温度年较差(℃)	43.4	41.3	20.3	27.3	20.6	38.5

表 12-5　几个寒区隧道内外温度年较差

隧道名称	洞外温度年较差(℃)	洞内中间段温度年较差(℃)	比值(%)
大坂山隧道	23.7	11.3	0.40
西罗奇隧道	43.4	27.3	0.62
翠岭隧道	44.0	32.0	0.70

二、寒区隧道围岩形成新的冻土层

不论是多年冻土围岩或非冻结围岩，隧道贯通后围岩一般会形成新的冻土层。

(1)隧道全部穿越于多年冻土层之中，隧道原多年冻结的围岩则要发生融化，变为季节融化层，根据我国多年冻土的分布条件，此类隧道围岩每年从 4 月开始融化，9 月末开始回冻，到 11 月初完全冻结与未融化的多年冻结围岩形成统一冻结体。新的冻融层的最大融化深度可达 1.5～3.0 m 或更大。新的季节性冻融层也将对隧道衬砌层产生明显作用。

(2)隧道全部从非冻结围岩通过，这在我国寒区隧道是最常见的一种类型，包括中、深季节冻土分布区的。多年冻土分布区的，特别是进出口段采用挖方路堑技术的隧道。这类隧道在贯通后，围岩在当年的寒季就会产生新的季节冻结层。在中、深季节冻土区，10 月中、下旬发生冻结，翌年 3 月开始融化，4、5 月完全融化。而在多年冻土区，一般在 10 月初开始冻结，4～5 月开始融化。其冻深在中、深季节冻土区一般大于 1 m，最深大于 3 m。在多年冻土区，冻深一般大于 2 m，最深大于 7 m。同一隧道的最大季节冻深是进出口段大、中间段小。常年渗漏水地段一般不容易冻结。

(3)进出口段为多年冻结围岩，中间段为非冻结围岩，这在多年冻土区，特别是中、低温多年冻土分布区是常见的一种隧道。这类隧道进出口段多年冻结围岩将产生新的季节冻融层，在非冻结围岩段则将形成新的季节冻土，甚至逐步发展为新的多年冻土。

新的季节融化层或季节冻结层对隧道衬砌层稳定性均是极不利的因素。

三、寒区隧道围岩与衬砌层的强度损失

寒区隧道冻结期在 100 ～210 d 以上，如上面所述，其围岩反复冻融深度至少为 1 m，一般冻深均穿越衬砌层，强度损失不但是衬砌层，而且包括围岩。

混凝土，特别是饱水混凝土衬砌层的强度损失是比较大的。围岩也是不可忽视的，特别是风化围岩，例如片岩、页岩等黏土质围岩强度损失是很大的(表 12-6)。由表可见，经 23 次冻融

循环作用,最大强度损失达50%,一般在20%以上。这种地层在寒区尤其是青藏高原的分布是很普遍的。

表 12-6 大坂山隧道围岩冻融后的强度损失

编 号	密度 (g/cm³)	天然脱水条件下的抗压强度 δ_1(MPa)	天然风干后的抗压强度 δ_2(MPa)	经冻融循环的抗压强度 δ_3(MPa)	抗冻系数 δ_3/δ_2
大坂山—1号	2.73 2.77	—	103.05	54.48①	0.53
大坂山—2号	2.80 2.74	—	116.10	58.72①	0.51
大坂山—3号	2.75 2.82	—	121.60	59.72①	0.49
ZK—1	2.744	39.7	—	33.3②	0.84
ZK—5	3.019	40.8	—	19.6②	0.48
LS	2.832	54.6	—	42.2②	0.77
S(L)gp	2.828	12.10	—	9.2②	0.76
ZP	2.066	33.6	—	26.5②	0.79
T_6	2.014	95.9	—	73.5②	0.77
Q_6	2.918	90.3	—	68.6②	0.76

①样品直径5 cm、高度10 cm,冻融循环23次,样品取自洞内。

②样品大小为5 cm×5 cm×5 cm,冻融循环20次。

四、隧道衬砌层将反复遭受冻胀力的作用

隧道衬砌层后面的围岩,一般情况下每年均要发生冻结,若是含水围岩,则冻结后就要产生冻胀,当冻胀受到衬砌层与围岩自身的约束就要发生冻胀力。研究实践表明:在相似含水条件与冻结条件下,冻胀力随围岩与衬砌层的刚度增大而增大;在其他条件相似时,冻胀力随围岩的冻结深度增大而增大。按大坂山的围岩性质,当冻结深度由1 m增至4 m,其冻胀力要增加4～5倍;冻结围岩的含水度对冻胀力影响极大,冻胀力值几乎以等同于围岩含水率所增加的倍数而增加;总体来看,围岩含水且呈封闭、半封闭状态时,其冻结时的冻胀力是较大的,可以大于一至十几个兆帕或更大。虽然多数隧道围岩属于岩质,孔隙度小于松散土质,但是冻结时发生的冻胀力仍是很大的,这也是寒区含水围岩衬砌层大量遭受破坏的原因,因为隧道属地下工程,均在一定深度上穿越,含水围岩多具一定水头压力,再加上混凝土衬砌圈的封闭作用,因此含水围岩中的地下水一般呈封闭、半封闭状态,特别在隧道上覆地层为多年冻土或深季节冻土时,产生后封闭作用,因此,隧道围岩中地下水呈承压状态是普遍存在的现象。在封闭且刚度大的容器或孔隙裂隙中的水冻结成冰时,其冻胀力可大于50 MPa。隧道含水围岩冻结与此相类似,这就可以较好地解释一些良好岩质含水围岩上的衬砌层因冻胀力作用而大量发生破裂的现象。

五、寒区隧道围岩所含水分的温度较低

寒区隧道围岩含水层水温普遍较低，在中季节冻土区一般围岩含水层水温为 6～8 ℃，在深季节冻土区为 4～6 ℃，而多年冻土分布区一般为 0～4 ℃。低温为渗入隧道或集于排泄水沟的水发生冻结提供了有利条件。

寒区隧道围岩地下水水温在时间上的变化有一定规律，沿隧道不同进深围岩地下水水温一般具暖季高、寒季低的特点，从大兴安岭白卡尔隧道与青海大坂山隧道（图 12-7、图 12-8）中均可见到围岩地下水最高温度出现在 7～8 月间，而最低温度出现于 3～4 月，整个非冻结期的水温相对稳定，这显然是受到暖季高温降水渗入补给的滞后影响。而冻结期，水温则受所在处岩土温度的制约。隧道围岩地下水水温相对稳定，青海大坂山隧道内一处水温年变化小于 1.6 ℃，大兴安岭的白卡尔隧道水温年变化幅度也小于 1．7 ℃。

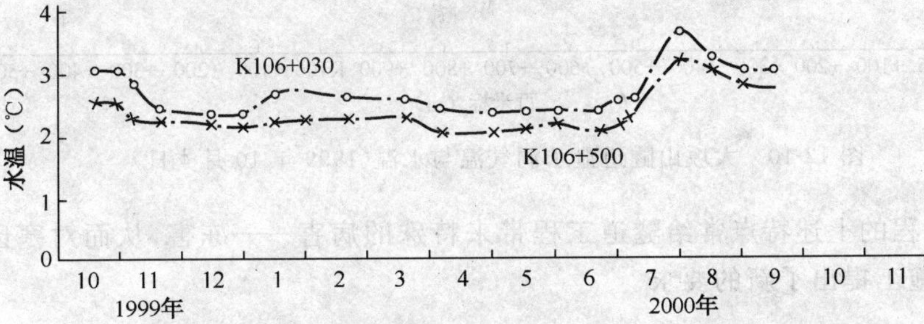

图 12-7　大坂山隧道泄水洞 K106＋030、K105＋500 处流水温度

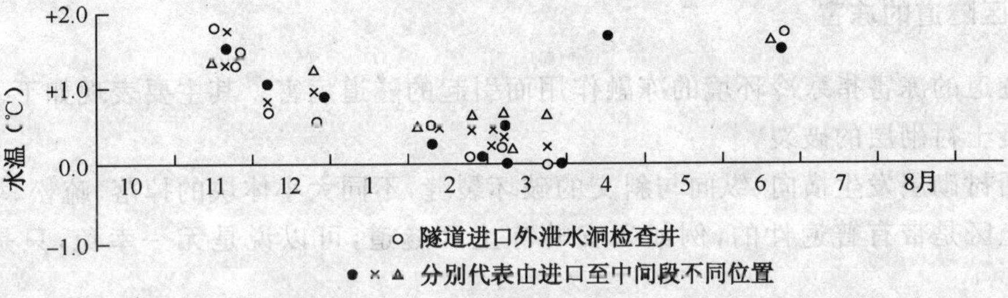

图 12-8　大兴安岭白卡尔隧道泄水洞内水温（非多年冻土隧道）

寒区隧道地下水水温有随流程变化的特点，沿隧道进深，不同地段的水温是不同的从青海大坂山隧道分析，不同地段水温主要受围岩地温的影响，图 12-9 反映寒季末期、暖季初期的情

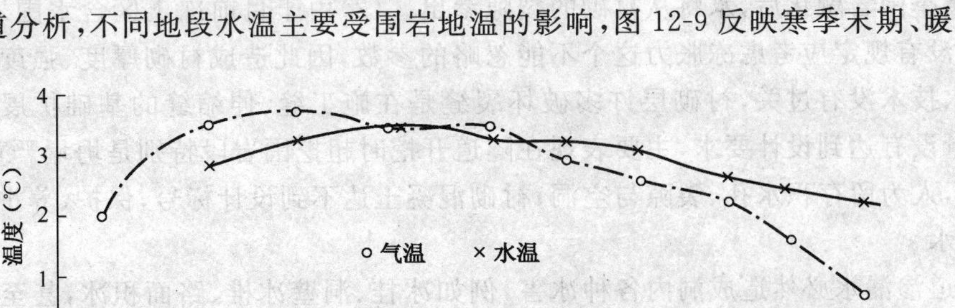

图 12-9　大坂山隧道泄水洞气温与水温（1999 年 4 月 17 日）

况,但由于此刻地温显然基本反映经寒季长期作用的结果,因此呈现进出口段水温低、中间段高的基本特征,与该处隧道的原始岩、水温度分布规律是相吻合的,而图12-10反映的是暖季长期间断性降水渗入补给与原始岩、水温度共同作用的结果,因此呈现出进口段(南坡)地温高、出口段(北坡)地温低的特点,这表明暖季外界水、气温影响是较大的。从最高水温出水点起算,至隧道出水口,水温降低1.0 ℃以上,寒季降低幅度大于暖季。

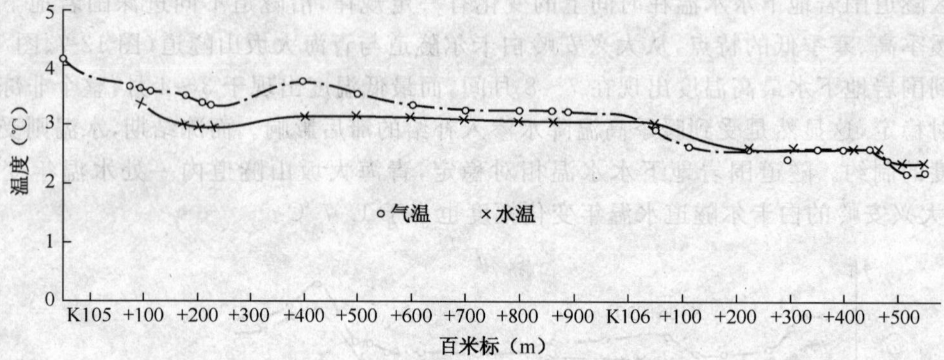

图12-10　大坂山隧道泄水洞气温与水温(1999年10月4日)

寒区隧道工程的上述特点常给隧道工程带来特殊的病害——冻害,从而对寒区隧道工程的勘测、设计和施工提出了新的要求。

第二节　寒区隧道的冻害及其防治

一、寒区隧道的冻害

寒区隧道的冻害指寒冷环境的冻融作用而引起的隧道病害。其主要表现如下。

1.混凝土衬砌层的破裂

它包括衬砌层发生横向、纵向与斜交的破坏裂缝,不同大小体块的掉落、疏松、坍塌等。这在多年冻土区是带有普遍性的,例如兴安岭冻土区隧道,可以说是无一幸免,只是轻重不同而已。

衬砌层破坏原因主要是:(1)含水围岩冻结产生的冻胀力与地压的共同作用超过了混凝土衬砌强度。据观测资料,衬砌裂缝产生于寒季冻结期间,随着冻结深度的加深、冻胀力增大,裂缝增大,当暖季围岩融化后,水将从衬砌的裂隙渗出。(2)由于目前冻土区含水围岩段衬砌层设计计算并没有规定应考虑冻胀力这个不能忽略的参数,因此造成衬砌厚度、强度普遍偏小。(3)由于防水技术没有过关,衬砌层许多破坏裂缝是在施工缝、伸缩缝的基础扩展而形成的。(4)施工质量没有达到设计要求,主要表现在隧道开挖时超挖围岩段特别是坍塌严重围岩段没有回填密实,人为留存积水孔、裂隙与空洞;衬砌混凝土达不到设计标号,保护、养护不到位。

2.渗漏水

寒区隧道渗漏水必然造成洞内各种冰害,例如冰挂、洞壁冰椎、路面积冰,甚至道床浸水,洞内冰塞。这种冰害每年达7~8个月之久或更长,影响行车或阻断通行,更甚者使隧道工程报废。

造成渗漏水的原因在于:衬砌层破裂,富水围岩地下水沿破裂缝渗(溢)入洞内。混凝土衬砌施工接头缝、伸缩缝由于多数防水措施(止水带、导水板等)失效,没有真正起防水作用,成为地下水渗入洞内的主要通道。最根本原因是防排水工程设计没有真正做到将含水围岩地下水集、汇于排水沟及泄水洞之中,或者是施工问题,使本应全年畅通的排水系统遭受堵塞埂阻。

3. 排水沟(洞)被冻

这也是寒区隧道的一种严重冻害,主要有如下情况:

隧洞两侧设置的"盲井"、"盲沟"因埋设过浅或离衬砌层太近而使井、沟中的水发生冻结,失去汇集水的基本功能。

隧道下部的排水沟或泄水洞,因埋设过浅或保温措施不力,或直接穿越多年冻土层,使它遭受冰冻。这在兴安岭多年冻土区多次发生,如岭顶隧道、翠岭隧道、奥拉岭隧道等,泄水洞结冰长度 400 余米,冰厚大于 1～7. 5 m,导致地下水溢上隧道道床,淹没线路。

隧道的总排水口,尤其是小流量、低水温的出口水,因没有采取防冰措施而被冻。

4. 隧道洞口路堑积雪和春融水结冰

西部高原降水(雪)量少,大多小于 300 mm/年,但由于风吹雪作用在低洼处也可能有较厚积雪,特别是越岭地段由于海拔高,降雪(水)量也随之增大。例如大坂山隧道进出口外降雪(水)量大于 800 mm/年,出口平台最大积雪厚度可大于 3 m,隧道进出口路堑也为积雪创造了条件,不及时清除积雪,则将严重影响通行。此外,春融期间(3～4 月)路堑顶斜坡融化雪水流入路堑,有一部分还顺坡流进隧道,夜间水流冻结成冰,造成春融冰害。

5. 其他冻害

隧道洞口破裂,这在兴安岭地区是很普遍的,主要原因是洞门上部冻胀性土没有被换填,而且积水排流不畅,有些是因采用抗冻胀性能差的砂浆片石材料所造成的。

洞外路堑支挡破裂,特别是非岩质路堑,可能是因为支挡设计没有考虑水平冻胀力,支挡背后没认真换填非冻胀性砂砾材料。

寒区隧道含水围岩在寒季可能发生突发性涌水(突水),这是因为含水围岩(包括混凝土衬砌后的含水围岩)在冻结过程中随着冻深的增大受到冻结层的作用,受压水随时可由局部融道或混凝土衬砌薄弱点而涌出,这通常发生在 11 月至 12 月间,水压均较大一般大量涌水几小时至 1～2 d,随后迅速减小。涌出水常就地结冰。另一个发生突水的时段是 3～4 月间,这时冻结层迅速升温并开始消融,使冻结层强度减弱,为承压水涌出创造了条件。而此时洞内温度多在 0 ℃之下,因而也会造成冻害。这种冻害较难预测,但均发生在施工中没有进行专门处理的富水围岩和含水破碎围岩段。

二、寒区隧道的冻害防治

从上节可知,寒区隧道冻害根源来自于水和含水岩土的反复冻融作用。因此冻害防治原则是"防水、排水、防冻胀",在具体方法上应采用"多道防护、综合治理"。

1. 围岩注浆

围岩注浆对象是寒区隧道内冻结含水围岩,尤其是富水的破碎带和含水裂隙围岩层。

(1)这种技术措施不但起着增大围岩强度、增强围岩稳定性、堵水、防止围岩渗漏的作用,而且还起着减轻和防止冻结围岩冻胀力的作用,因为在同一冻结条件下,围岩的冻胀力随含水量减少而降低。

(2)在多年冻土区内和气温低于 0 ℃的地区,凡是有常年性地下水补给的含水围岩一般均需采用此措施，除非能确保隧道围岩地下水能安全、顺畅地全部排出洞外，而不会渗入洞中。

围岩注浆范围，一般应包括隧道底板以上全部围岩。若勘探和开挖证实含水围岩具有较大水头压力，则可考虑全断面注浆防水。注浆深度取决于围岩破碎、裂隙发育程度、富水性及冻结深度，一般应不浅于围岩冻结深度。若不采取其他技术手段，注浆段围岩的最大冻深将会比没有注浆的围岩段大。

注浆段施工最好在衬砌喷锚之前进行，若因施工安全性、围岩稳定性要求等原因，在衬砌之后进行注浆，应回避下列问题：不能因注浆而破坏隔热保温层，即将保温层人为穿孔；若在设置盲井、盲沟后注浆要特别防止浆液堵塞盲井、盲沟。应特别指出的是：在冻结围岩没有完全融化时进行注浆，应先对冻结围岩进行人工消融，如通过钻孔（注浆孔）先进行热水循环；可利用天然最大融深，注浆时间以 7、8、9 月最为理想；若是采用“采暖”施工，应对围岩冻融状态进行监测，以判断是否跟随开挖进程进行注浆施工（围岩裂隙水冻结时是不能注浆的）；注浆材料要选择抗低温、快凝和防渗性能良好的水泥—化学剂混合注浆剂。

2. 防水、排水技术

能否成功应用防水、排水技术，是寒区隧道能否防止冻害的关键所在。

寒区隧道防水、排水成功的标志是，没有发生因含水围岩冻结产生的冻胀力而破坏衬砌层；没有发生地表、地下水渗入洞中而产生洞内挂冰，路面结冰；没有发生排水设施被冻而功能失效；洞外路堑没有发生春融结冰和地表水反流（路堑水流入洞内）。

寒区隧道工程，特别是多年冻土区隧道工程防水、排水技术措施分洞内与洞外两部分。

（1）全多年冻土隧道内设一般排水沟即可，主要功能是承接多年冻土围岩暖季融化渗出的少量孔隙水和裂隙水。在洞口路堑段应设置天沟防止冰雪融水渗入路堑。

（2）局部多年冻土隧道通常是进出口段为多年冻土，中间段为非多年冻土。隧道非冻结段围岩一般含水且有常年性地下水补给，进出口段多年冻土下限深于隧道底板 8～10 m。此类隧道应在非多年冻土段设置集水盲井与纵横向排水盲沟，将围岩渗出水汇入保温（或加热）深埋水沟或泄水洞，从而将地下水引出隧洞外。采用此种排水措施应视融化段特征与多年冻土分布厚度而定，若融化段属带（线）状横向融区（道），可将地下水直接通过在横向融区段设横向排水盲沟引出洞外。

排水沟或泄水洞必须通过多年冻土层时应采取如下措施：排水盲沟用高效工业保温材料（PU 等）保温，加热排水沟（洞）。当隧道进出口段多年冻土下限埋深浅于隧洞底板 5 m，排水盲沟或泄水洞应埋于多年冻土下限之下，此时仅需在洞外段进行必要保温即可。

局部多年冻土隧道融化段若自上而下贯通，地表水则可能直接渗入隧道围岩。此时应对地表进行必要整平，防渗铺盖处理，严防积水，疏导积水。隧道进出口为挖方路堑设计时，在路堑上方必须设置挡水墙，防止春融时节冰雪融水流入路堑。在这段时间内冰雪白天融化、夜间冻结，流入路堑内的融水也常造成严重冻害。

（3）如前所述，非多年冻结隧道无论在大片连续多年冻土区内还是岛状冻土区内分布均很广泛。气温在 0 ℃左右的非多年冻土区的隧道均属此类。这类隧道包括如下三种情况：其一隧道之上均被多年冻土层覆盖；其二是隧道之上有零星多年冻土分布；其三是隧道范围均为非多年冻土。

此类隧道冻害也是很严重的，但若防排水措施恰当、合理，冻害是可以得到很好控制的。此类隧道围岩大多不同程度含水，一般情况下需设纵向导水盲沟，在边墙之内设集水盲井和排水沟或泄水洞。这些措施能否发挥其功能，决定于这些排水设置能否真正构成畅通无阻集排水系统。因为是"盲工程"，对设计施工要求很高。再者就是这些排水设施不能被冻坏。这就要求布设位置与深度要合理，最理想的是布设在最大冻深范围之外。若配合保温、加热等措施，也可以适当减小埋深。

这类隧道地表水防渗处理是很重要的。大坂山隧道暖季与寒季洞内出水量相差一倍以上，洞内涌水受大气降水制约。洞顶地表防水防渗处理主要是填埋坑、洼地面，铺盖防水粘性土(严重者可采用浅孔注浆防水)，设置防渗排水沟，及时疏导地表积水。

3.工业保温材料的应用

寒区隧道工程应用保温材料是减少围岩冻结深度与多年冻土(岩)融化深度的一种有效措施。若采用直接喷涂发泡材料(PU)，则不但起隔热保温作用，而且起着隔水作用。当保温材料置于一衬与二衬之间还起着应力缓冲层的作用，特别是一衬后，衬砌层与围岩仍有明显流变应力作用，保温材料能在一定程度保护二衬混凝土不受流变应力作用，以确保混凝土的质量。

保温材料应在寒区隧道中予以普遍应用，特别是各类隧道的进出口地段、构造破碎含水围岩、裂隙发育含水围岩、富冰的Ⅰ、Ⅱ类软弱围岩段。保温层以"夹心层"放置为好，即置于一衬与二衬之间。对于富冰多年冻土围岩可直接将保温板放置于围岩表面，然后进行衬砌，这是保证混凝土质量的有效办法，也是减小对多年冻土(岩)扰动的一种措施。"夹心层"保温材料如上所述可同时起三种作用，因此必须采用喷涂直接发泡方法。采用此方法应满足如下条件：一衬混凝土表面温度应高于 5 ℃(一般用人工喷灯加热即可实现)，PU 黑白液料应加温至 50 ℃以上，为确保质量每次喷涂厚度不得大于 3 cm，发泡后密度不得小于 30 kg/m^3，干燥试样导热系数不得大于 0.018 W/(m·K)，吸水率应小于 4%。抗压强度应大于 0.3 MPa，聚氨酯(PU)用于隧道还要求有阻燃功能，应满足离开明火 3 s 之内必须自动熄灭的条件。PU 保温层厚度应通过计算确定。青藏高原冻土区隧道内年平均气温大致在 −3～−6.5 ℃之间或更低，若围岩年最大冻融深度(从衬砌层表面算起)控制在 2 m 之内，保温层厚度在进出口段可取 8～10 cm，中间段 7～8 cm，高温地区取小值，低温地区取大值。保温层直接粘贴施工，最好是使用 PU 或 XPS。施工质量决定于粘贴技术，接口要密合。若采用粘贴施工，则一定要专门设计隧道衬砌表面防火防燃。

4.做好隧道选型，提高衬砌层强度

寒区隧道的选型至关重要。应尽量采用近似圆结构，以减少应力过分集中于某一段落，特别要解决反拱与洞壁过渡带、顶拱与洞壁过渡带因应力集中而普遍发生衬砌层破裂的问题。对于裂隙发育、破碎含水围岩遭受严重冻融作用地段，应尽可能采用全断面衬砌结构。

提高衬砌层强度，使隧道衬砌层能抵御地应力、冻胀力的作用而不至于破裂，这是目前国内外寒区隧道、特别是多年冻土区隧道所要解决的共同问题。当前解决途径是：衬砌层设计计算不但要考虑山体压力，而且应把含水围岩强烈的冻胀应力考虑进去。封闭、半封闭围岩冻胀力是一个很复杂问题，冻胀力值很大，因此衬砌层厚度应相应加厚，并提高混凝土的标号，一般不能低于 C25。冻胀作用强烈段落应考虑采用钢筋混凝土或纤维加筋混凝土。有条件时，在提高衬砌层自身强度的同时，应尽可能配合使用保温塑料应力缓冲层，这也是防止和减少衬砌层破裂的一项有效措施。

寒区隧道工程多在低温、负温条件下施工，要确保混凝土质量，就应采取相应措施，如采用早强、抗冻、减水混凝土，提高喷涂温度或入模温度，做好入模后的保温防冻工作。这些虽是常规做法，但关键在于管理。在高山缺氧条件下，这些要求往往达不到。另外要防止衬砌过程、混凝土硬化过程受围岩流变应力作用而严重降低混凝土强度，这种潜伏病害是不易被发现的。

5. 加热措施

这也是防治寒区隧道冻害的有效方法，且是救急措施，已为发达国家例如欧洲、特别是北欧各国所普遍采用。由于受供电条件限制，近期在青藏地区尚难以大量推广这种方法，但可以相信，实际应用只是时间问题。下面重点介绍目前可以采用的加热措施。

锅炉蒸气加热，这可以作为一种备用设施。当隧道严重结冰时，可以配合临时性打冰，在进出口洞门临设保温棉帘作应急处理。含水围岩隧道设计时应考虑到这种情况，在隧洞两侧预留必要空间，以安设暖气管道。

在暖季应利用高气温，加快人工通风，增加与洞外的对流热交换，提高洞中温度，特别是排水盲沟、泄水洞在暖季要适当提高温度，这对寒季防止冻结是很有利的。

在车流有限情况下可以考虑采用保温门、保温帘，其最大优点是方便，在我国东北地区使用已近 40 年。青海大坂山隧道的保温门，在暖季全打开，寒季则间断打开(夜间和没有来车时均关闭)，隧洞中间段气温可提高 3 ℃左右。

有电源地点，可以预埋加热电缆，结合对隧道内气温与围岩温度的监测，急需时通电加热。

6. 关于突发性涌水

这种灾害由于难以预测，只能通过加强对富水围岩段和含水破碎围岩段的监测，及时发现和及时处理，避免发生冻害。

复习思考题

1. 寒区隧道内温度变化呈现哪些特点？
2. 简述寒区隧道冻害的具体表现。
3. 简述寒区隧道冻害的防治措施。

参 考 文 献

[1] 铁道部工程设计鉴定中心.高速铁路隧道[M].北京:中国铁道出版社,2006.

[2] 赵勇,唐国荣,倪光,武赞.我国高速铁路隧道主要技术标准和关键技术[J].铁道经济研究,2006(6):25—29.

[3] Gawthorpe R G. Tunnel aerodynamic design within the European High-speed rail network[A], Proc. 10th International Symposium on the Aerodynamics and Ventilation of Vehicle Tunnel[C]. Cranfield U K: BHR Group, 2000(17).

[4] 王建宇.列车通过隧道时诱发的空气动力学问题和高速铁路隧道设计参数[J].世界隧道,1995(01):3—13.

[5] 王建宇,万晓燕,吴剑.高速铁路隧道内瞬变气压和乘车舒适度准则[J].现代隧道技术,2008(2):1—5.

[6] 王建宇.关于高速铁路隧道设计参数问题.世界隧道[J],1998,5:1—7.

[7] 徐鹤寿,郝有生.高速铁路建筑限界的研究.中国铁道科学[J],1998 年 4 期,p75~82.

[8] M. S. HOWE. On the compression wave generated when a high-speed train enters a tunnel with a flared portal[J]. Journal of Fluids and Structures,1999,13:481—498.

[9] 周继宏.高速铁路隧道出口的微压波辐射[J].世界隧道,1996(4):62—67.

[10] 郑天中.高速铁路限界有关问题探讨[J].铁道标准设计,1996 年 Z1 期,P4~8.

[11] 铁道部工程设计鉴定中心.高速铁路隧道[M].北京:中国铁道出版社,2006.

[12] 关宝树.隧道力学概论[M].成都:西南交通大学出版社,1993.

[13] 关宝树.高速铁路与隧道工程[J].铁道建筑,1995 年第 6 期,P2~P6.

[14] 关宝树,杨其新.地下工程概论[M].成都:西南交通大学出版社,2001.

[15] 关宝树.隧道工程设计要点集[M].北京:人民交通出版社,2003.

[16] 钱立新.世界高速铁路技术[M].北京:中国铁道出版社,2003.

[17] 王悦新,张畬,钟世航.高速列车通过隧道时产生的瞬变压力场和舒适度标准[J].铁道建筑,1994 年第 1 期,P10~P12.

[18] 王悦新,刘启琛,何树第.降低高速铁路隧道空气动力效应的工程对策[J].铁道建筑,1994 年第 2 期,P10~P13.

[19] 钟桂彤.铁路隧道[M].北京:中国铁道出版社,1990.

[20] 冯卫星.铁路隧道设计[M].成都:西南交通大学出版社,1998.

[21] 朱永全.隧道工程[M].北京:中国铁道出版社,2005.

[22] 于书翰,杜谟远.隧道施工[M].北京:人民交通出版社,1999.

[23] 钱仲侯.高速铁路概论[M].北京:中国铁道出版社,2004.

[24] 张曙光.高速列车设计方法研究[M].北京:中国铁道出版社,2009.

[25] 李志业.地下结构设计原理与方法[M].成都:西南交通大学出版社,2009.

[26] 潘昌实.隧道力学数值方法[M].北京:中国铁道出版社,1995.

[27] 孙钧.地下工程设计理论与实践[M].上海:上海科学技术出版社,1996.

[28] 王毅才.隧道工程[M].北京:人民交通出版杜,2000.

[29] 孙钧,侯学渊.地下结构(上下册)[M].北京:科学出版社,1987.

